KB058401

역사, 경영을 말하다

역사, 경영을 말하다

고전에서 배우는
경영의 지혜 105

장샤오강 지음 | 임지영 옮김

21세기북스

서문

　이 책은 쉽게 말해 경영 실무자를 위한 역사 가이드라 할 수 있다. 나는 1980년대와 1990년대에 미국에서 정치학, 사회학, 역사학, 경영학과 미디어 등을 공부했고, 이때 수집한 자료와 기업체에 근무하며 접했던 국제 정세에 관한 보고서를 분석하여 이 경영 지침서를 쓰게 되었다. 최근 한 언론사의 재무 · 경제전략 고문으로 재직하면서 나는 세계의 정계 요인들과 기업가, 경영 관리자들을 가까이서 만날 기회를 얻었다. 이들과의 만남을 통해 나의 생각은 한층 깊어지고 발전했다. 따라서 나는 이 책을 쓸 때 일반 독자들에게 경영학 이론의 주요 개념을 어렵지 않게 전하는 동시에 일정한 경영학적 마인드를 심어주는 데 중점을 두었다.

　이 책의 의도는 다양한 업종에 종사하는 경영 · 관리 실무자들에게 새로운 시각의 역사서 읽기를 제안하고자 하는 것이다. 따라서 이 책을 읽으려면 약간의 비판적 사고력이 필요하다. 이는 생트집을 잡아 말꼬리를 늘리려는 의도와는 거리가 멀며 마음껏 상상력을 불러일으키되 현실과 동떨어지지 않은 재미를 추구하여, 언제 어디서나 적용할 수 있는 산지식을 얻는 것에 그 목적이 있다.

현대인은 하루 24시간을 쪼개어 바쁘게 산다. 알맹이도 없는 공허한 이론이나 난삽한 논리에 금쪽같은 시간을 허비할 이유가 전혀 없다. 매일 자고 나면 당장 처리해야 할 일들이 산더미처럼 책상 위에 쌓인다. 눈앞에 닥친 일들을 해결하기에도 빠듯한 현대인들이 지나간 역사에 귀를 기울여야 하는 이유는 뭘까? 역사서를 읽을 때 가장 중점을 두어야 할 사항은 주체적인 시각을 키우는 일이다. 이를 통해 작금의 관심사를 새롭게 재검토하고, 오랜 세월 동안 전문적인 논의를 통해 축적된 경험의 결과를 바탕으로 최근 발생하고 있는 여러 사안들을 해결해나가야 할 것이다. 충분한 논의와 연구과정을 거치지 않은 사례에서는 지혜와 교훈을 찾기 어렵다.

이 책의 제1장부터 제3장까지는 중국 사회를 구성해온 3대 조직과 이러한 조직이 현대 사회에서 어떤 모습으로 바뀌었는지에 관해 서술했다. 이를 통해 특히 과거의 원형이 현대의 기업 조직에 잠재되어 있는 양상들, 가령 고대 관료 제국의 틀을 벗어나지 못하는 대기업, 과거 전통적인 소농 경제의 패턴을 답습하고 있는 중소기업의 폐단을 지적하고자 했다. 심지어 놀라운 사실은 현대사회에서 고도의 경쟁력을 갖춘 기업 혹은 이러한 단계로의 진입을 눈앞에 두고 있는 기업 모두 알게 모르게 군대식 문화에 젖어 있다는 점이다. 지금까지 이러한 군대 문화를 이어 답습하고 있다는 사실은 도무지 이해하려야 이해할 수 없다.

제4장은 전략에 관한 내용을 담고 있다. 모든 전략은 현실에 대한 부정에서 출발한다. 가난과 실패를 수긍하지 못하고 타인에게 선두를 빼앗기는 상황을 받아들일 수 없다는 정서에서 전략이 시작된다는 것이다. 사람

들은 이를 기업가 정신이라고 한다. 하지만 이러한 정서를 단순히 기업가에게만 제한하는 것은 바람직하지 않다.

제5장 역시 전략을 논하고 있다. 제1장의 주제가 '용기 있는 자가 떨쳐 일어난다'라면, 제5장은 '지혜로운 자가 형세를 만들어간다'라고 할 수 있다. 형세를 만들어간다는 것은 타인을 기만하는 행위와는 다른 것이며, 풍부한 상상력과 고도의 논리가 뒷받침되어야 가능한 일이다. 만약 당신이 이러한 경지에 도달한다면 『손자병법』 속의 몇몇 주제와 일맥상통한다는 사실을 발견하게 될 것이다.

제6장은 리더십에 관한 장이다. 아무리 뛰어난 능력을 지녔다고 해도 승리를 이끌어내는 리더십이 없다면 아무 소용이 없다. 조직의 리더십을 어떻게 만들어갈 것인가? 이것이 관건이다. 서점가에서 볼 수 있는 리더십에 관한 책들에는 치명적인 오류가 있다. 타인과 융합될 수 없는 리더십은 눈먼 리더십이다. 다른 사람들과 화합하는 능력은 타고난 재능 이상의 리더십을 발휘할 수 있다.

제7장과 제8장의 주제는 '인력 관리'이다. 첫째, 어떻게 새로운 인력을 양성할 것인가? 둘째, 어떻게 충성심을 심을 것인가? 이 두 가지 측면에서 이 문제를 다루었다. 사람들은 역사 속의 인물을 충신과 간신으로 나누려고 한다. 하지만 현실이라는 저울 위에, 이것은 어느 한쪽으로 한정 지을 수 없는 문제이다. 솔직히 역대 수많은 간신들은 권력에 길들여졌으며 수많은 충신 역시 냉담한 권력의 틈바구니에서 탄생하지 않았는가?

제9장에서는 '학습'의 중요성을 강조했다. 대변혁의 시대를 살아가는 관리자들은 무엇을 배워야 할까? 누군가 평생 학생 신분으로 학문에만 몰두한다면 어느 한쪽에만 치우칠 수밖에 없다. 그러다 보니 종종 일자무식인 사람보다 더한 실수를 저지른다. 관리자들도 이제는 역사와 도덕을 배

워야 하며, 사회과학과 인문학에 숨겨진 위대한 가르침에 귀를 기울여야
한다.

끝으로 제10장은 창의성에 관한 내용이다. 흔히 중국을 '세계의 공장'
이라고 한다. 현재 지구상의 어느 나라를 가도 중국에서 생산된 제품이 팔
리지 않는 나라가 없을 정도로 '메이드 인 차이나'의 홍수 속에서 살고 있
다. 다만 이러한 현상은 다른 나라에 제품 그 이상의 가치를 전달하지 못하
고 있다. 이는 결국 중국 서비스 산업의 낙후성과 연관이 있다고 하겠다.

장샤오강

차례

제7장 인재 선발과 관리

제8장 인력 관리와 안정

제9장 학습과 조직

그림자의 노래를 들어라

경영철학자 찰스 핸디Charles Handy는 기업을 처음 설립할 때는 '자수성가형'보다 '그림자형'이 더 낫다고 말했다. 그는 기업가가 유년 시절에 겪은 여러 경험, 가령 학교, 가정, 군대 등에서 겪은 조직 경험 혹은 좋아하는 예술 작품과 문학 작품을 통해 얻은 심미적 체험이 훗날 기업을 경영할 때 중요한 원천이 된다고 보았다. 최근 이러한 비유와 다각적 관찰을 통한 조직 이론[1] 연구가 매우 활발해지고 있는 추세이다.

미국 사회의 조직과 운영 방식에 관해 알고 싶다면 지역사회(및 이러한 제도를 유지하는 종교)와 군대(혹은 스포츠 경기를 참고할 것), 그리고 정당을 살피면 된다는 말이 있다.

그렇다면 중국 사회를 이해하려면 무엇을 중점적으로 살펴야 할까? 첫째는 오랜 전통을 지닌 중앙집권적 관료제도이며, 둘째는 가정 경

---

[1] 영국의 조직이론가 가레스 모건은 『조직의 이미지』라는 책에서 조직을 기계, 두뇌, 정신병원 등에 비유했다. 미국의 리 바우만과 테렌스 딜은 조직의 이미지를 공장, 가정, 숲, 신전에 비유하기도 했다.

제, 셋째가 군사와 전쟁이다. 물론 중국의 군대 조직은 미국과 성격이 다르다. 물론 어느 쪽이 옳고 그른지, 어느 쪽이 더 우월하고 낙후한지를 따지자는 것이 아니다. 저마다 지닌 우월성과 병폐가 공존하기 때문이다.

기업 조직 이론에 관한 논의는 이 책을 관통하는 주제로, 앞서 언급한 세 가지 유형과 직간접적으로 연결되어 있다. 경영 철학에 관한 다양한 사례와 이론을 제한된 지면 위에서 모두 다루기에는 한계가 있으므로 이러한 기본적 유형에 따라 방법을 모색하고자 했다.

모든 나라와 민족의 유구한 역사와 전통, 그리고 체험과 이상은 평생을 그림자처럼 따라다닌다. 이러한 그림자를 들여다보는 일은 비단 내부의 고질적 병폐를 개선하는 데 도움이 될 뿐 아니라 더는 잘못된 길로 들어서지 않게 해준다. 따라서 자신의 그림자를 들여다보면, 우리 자신에게 과거의 원형이 스며들어 있음을 발견하게 된다. 다만 안타까운 것은 우리가 이러한 문화적 · 정신적 자원을 적절히 활용하지 못하고 있다는 것이다.

'현대 경영의 구루'로 불리는 피터 드러커는 이렇게 말했다.

"한 나라의 기업 문화는 그 나라의 문화와 닮아 있다. 절대 이것을 바꾸려고 하지 마라. 차라리 이러한 기풍을 사업적으로 이용하라."[2]

그의 충고는 매우 중요한 교훈을 담고 있다. 비근한 사례로, 최근 기업가와 경제인들이 앞 다투어 역사서를 읽고 있다는 점을 들 수 있다. 서점가에는 역사 관련 서적이 연일 베스트셀러 목록에 오르고 있다. 이러한 심리의 이면에는 지나간 역사를 되돌아보고 자신의 현주소를

---

[2] "Company cultures are like country cultures. Never try to change one. Try, instead, to work with what you've got."

인식하며, 나아가 경쟁자의 그림자까지 살피고자 하는 의도가 있는 것은 아닐까?

만약 그림자로부터 도망치고 싶다면 스스로 파멸하는 수밖에 없다. 과거의 그림자와 공존하는 방법은 역사에 대한 비판적 사고와 변별력을 기르는 일이다. 사실 그림자는 위대한 존재가 아닐까? 우리 뒤에 이러한 그림자가 버티고 있다는 사실만으로 더 이상 고독할 이유도 몰락을 두려워할 이유도 없을 테니 말이다. 어쩌면 개개인이 지닌 능력을 넘어서는 역량을 발휘하도록 도움을 줄 수도 있을 것이다.

"천추의 세월이 흘렀건만 선현의 원대한 뜻은 어제 본 듯 새롭구나."[3]

찬란한 역사적 문명을 누리고 있는 후손일지라도 오늘날과 같은 기업 풍토에서는 누구도 시련을 피해갈 수 없을 뿐 아니라 때로는 뒤로 물러설 퇴로조차 없을 때가 있다.

"진 왕조의 명월은 한대에 와도 빛나건만, 장성으로 떠난 사람은 어째서 돌아올 줄 모르는가?"[4]

비장함을 더해주는 옛 시 한 구절이 불현듯 떠올라 절로 한숨이 나오지 않을까?

"마음을 하나로 합하니 모든 계획이 뜻대로 이루어지는"[5] 한 해를 보내고, 마침내 전 직원이 지켜보는 앞에서 환희의 승전보를 알리는 순간 "사방에 북소리 울리니 서리 내린 매화도 기운이 솟고 삼군이 호령하니 음산도 들썩이는"[6] 장관을 당신도 몸소 체험하게 될 것이다.

3 류극장, 〈발침봉發枕峰〉
4 왕창령, 〈출새出塞〉
5 동방삭, 〈비유선생론非有先生論〉
6 잠참, 〈윤태가輪台歌, 봉송봉대부출사서정奉送封大夫出師西征〉

때로는 사업상의 뜻하지 않은 좌절 앞에서 이를 악물고 참아야 하는 순간이 어찌 없겠는가? 하지만 "승패는 병가의 상사, 모욕을 참고 이겨내는 것이 대장부"[7]라는 옛 선현의 충고를 가슴에 새기고 심기일전하는 계기로 삼아야 한다.

마침내 장거리 비행도 마다않고 충혈된 눈을 비비며 부하직원들과 함께 협상 테이블 앞에 앉아 모든 경쟁사를 물리치고 계약을 체결하는 순간, 상대는 아마 속으로 "달도 어두운 하늘, 기러기 높이 날고 오랑캐는 야음을 타 도망치네. 빠른 말 타고 쫓고 싶으나 큰 눈만 창칼 위에 수북이 쌓이네"[8]라는 시가를 떠올리지 않을까?

사업의 성공은 물론이고 개인의 발전이 비상을 거듭할 때마다 이러한 시를 가슴에 묻고 매일 아침 되새기는 묘미가 새로울 것이다.

"선현들은 근검으로 나라와 일가一家를 세우고 사치로 무너뜨렸다."[9]

혹 사업상의 성공이 서민들은 상상도 할 수 없는 막대한 부를 안겨줄 때는 마음속으로 "어찌 하면 수많은 집을 구해 천하의 가난한 사람들을 활짝 웃게 할 수 있을까?"[10]라는 두보의 시를 떠올려보라.

고대 선현들의 추상같은 정신이 살아 있는 시가는 시대가 변한다고 해도 결코 퇴색하지 않는 법이다. 아스라이 깊어가는 밤, 당신은 혹시 그림자가 들려주는 옛 패왕의 지혜와 강자의 용기에 귀 기울여보고 싶지 않은가?

---

7 두목, 〈제오강정題烏江亭〉
8 노륜, 〈화장부사새하곡和張僕射塞下曲〉
9 이상은, 〈영사詠史〉
10 두보, 〈모옥위추풍소파가茅屋爲秋風所破歌〉

제 1 장

제국형 조직

인의를 실시하지 않고 공수의
형세가 같지 않기 때문이니라.
仁義不施而政守之勢異也.
– 가의賈誼(서한西漢), 『과진론過秦論』, 한문제 2년(기원전 178년) –

1 강압적 조직은 실패할 수밖에 없다

조직 이론에 따르면 모든 조직의 '심리적 계약psychological contract'
은 '강제', '계산', '협력'의 세 가지로 분류된다.[1] '강제'의 뜻은 설명
하지 않아도 알 것이다. '계산'은 쌍방의 신분이 대등한 상황에서 각자
의 욕구를 충족하기 위해서 대가를 교환하는 방식이다. 여기에는 물질적
이익을 기본 대가로 제공하는 모든 조직이 해당한다. 즉 고용인이 임금
을 대가로 고용주에게 자신의 노동력을 제공하는 것이 전형적인 유형이
다. '협력'은 구성원 개개인의 목표와 조직의 목표를 동일시함으로써 각
자의 능력을 최대한 능동적이고 창조적으로 발휘하는 것을 골자로 하는
계약 형태이다. 이에 대한 대가는 물질과 금전이라는 단순한 보상을 뛰
어넘는다.

1 찰스 핸디의 저서 『최고의 조직은 어떻게 만들어지는가Understanding Organizations』는 1976년
초판 발행 이후 지금까지 100만 부가 팔린 스테디셀러로 수많은 기업과 대학에서 교재로 이용하
고 있다.

이러한 조직 이론에 따르면 '강제'의 심리적 계약은 성과가 미미할 뿐 아니라 기업의 장기적인 안정과 발전에도 큰 걸림돌이 되는 것으로 밝혀졌다. 주로 채찍으로 비유되는 이 강제적인 방식은 실행하기가 쉽고 단기간에 성과를 낼 수 있다는 점에서 매력적으로 느껴질 수 있다. 하지만 실질적인 효과는 시간상의 단축에 불과하다. 공포심을 유발하는 방식은 사회 구성원의 역량 발휘라는 측면에서 볼 때 임계점이 매우 낮다. 만약 최후의 임계점에 도달할 경우 상승 곡선이 급강하하거나 심지어 몰락의 한계점을 향해 추락하게 된다.

중국 역대 왕조 가운데 강제 계약의 전형적인 실패 사례는 진제국으로 기록되고 있다. 진승陳勝, 오광吳廣의 등장은 진제국이 임계점에 도달했음을 여실히 드러내는 역사적 사건이다.

진시황의 천하통일이 눈앞으로 다가온 시점, 육국의 제후들은 삼삼오오 모여 그에 대한 암살 계략을 꾸몄다. 이러한 계보는 연의 형가에서 한의 장량에 이르기까지 줄줄이 이어졌으나 아무도 성공하지 못했다. 어느 시인은 이를 일컬어 "어떤 술책에도 끝끝내 죽지 않으니 정녕 하늘의 뜻 이런가?"[2]라며 탄식했다.

진제국은 권력을 한층 더 강화한 후 반대파는 물론이고 잠재적 불순 세력까지 하나하나 제압해나갔다. 이로써 진시황에게 반기를 든 자는 더 이상 중원에 설 자리가 없는 듯했다. 그러나 진승과 오광이 이끄는 '농민 부대'는 삽시간에 국가의 기반을 흔들어놓았다. 강력한 진제국이 삽과 곡괭이를 든 무지렁이 농민에 의해 몰락으로 치닫게 된 이 역사를 두고 후세인들의 해석은 분분하다. 서한의 정치가 가의는 진제국이 멸망한 원인은 "인의를 실천하지 않고 공수의 형세가 같지 않았기"때문이라고 추론하였다.

---

2 심계진沈係震의 「독사讀史」에서 인용하였다.

강제적 계약을 내세운 조직의 구성원들은 오로지 공포에 쫓겨 업무를 수행한다. 진승과 오광이 무장봉기를 일으킨 근본 원인은 더 이상 이러한 공포가 통하지 않음을 스스로 인식했기 때문이다. 왜냐하면 진의 폭압적인 정치 아래서 농민들의 운명은 어차피 죽은 목숨이나 다름없었다. 따라서 죽음을 불사하고 항거하는 것만이 가혹한 운명에 맞서는 최선의 선택이었던 것이다. 설상가상 제2의 진승과 오광을 자처하는 이들이 연이어 나타나기 시작했다.

통계에 의하면 왕릉 건설에 강제 동원된 사람은 70만 명에 달했다고 한다. 만리장성의 축조에 동원된 인원은 30~40만 명에 이르렀으며, 도로 및 운하와 같은 각종 토목공사에 징발된 인원까지 합하면 중원에 남은 인구가 얼마 되지 않았을 정도였다. 후방에 남아 생업에 종사하는 백성들의 고충도 별반 다르지 않았다. 이런 상황에서 강제 부역에 내몰린 백성들의 고충이 어떠했을지는 짐작하고도 남는다. 당시 만리장성 축조에 동원되었다가 목숨을 잃은 백성의 수는 이루 헤아릴 수도 없었으니 "장성을 떠받치는 것이 백성의 뼈와 살임을 어찌 보지 못하는가"라는 시인의 탄식은 결코 과장이 아님을 짐작하게 한다. 또 다른 시인은 이를 개탄하며 "백성을 속여 변방의 요새를 쌓고 피의 칼로 중원을 일으켰구나"[3] 라고 읊었다.

> 진시황은 철 감옥과 견줄 장성을 쌓았으니
> 오랑캐들은 감히 임조를 지나지 못하네.
> 만리장성이 비록 구름에 닿는다 해도
> 요 임금 석 자 섬돌에도 미치지 못하네.
>
> 왕준汪遵, 〈장성長城〉

---

3 나업羅業의 「장성長城」에서 인용하였다.

흔히 요순시대를 태평성세라고 일컫는다. 확실한 검증을 거친 것은 아니지만 이처럼 요순시대를 추앙하는 심리의 이면에는 일종의 민간 신앙 혹은 상상 속의 '심리적 계약'이 존재하는 것을 알 수 있다. 진제국의 정책은 이러한 민중의 정서와 심리적·현실적 괴리감이 매우 컸다. 현대 사회에서는 이러한 고대의 강제 부역이 자취를 감춘 지 이미 오래이다. 하지만 폭압적 행태는 여전히 도처에 존재하고 있다. 즉 아직도 관리자들이 자신의 목표를 달성하기 위해 조직의 구성원을 위협하고 심리적 공포 상태를 조장한다는 것이다. 스스로 파멸의 길로 치달았던 진제국의 실패가 보여주듯이 강제의 '심리적 계약'을 내세우는 조직은 구성원의 소질 및 능력 여하와 상관없이 조직에 대한 창의성이나 책임감을 기대하기 어렵다. 실제로 이러한 조직 구성원의 대외 경쟁력은 현저히 낮으며, 내분을 일으킬 확률은 상대적으로 높다.

> 요순을 본받으면 절로 태평성세를 누릴 것을
> 진시황은 어찌하여 창생을 괴롭히는가?
> 재앙이 담장 안에서 일어나는 것도 모르면서
> 오랑캐를 막는다며 헛되이 장성을 쌓는구나.
>
> 호증胡曾, 〈장성長城〉

제2차 세계대전 당시 파시스트 정권이었던 독일의 경우 대외적으로는 세계 정복과 약탈 정책을 펴고, 대내적으로는 강압적인 노선을 고수했다. 전쟁을 치르는 동안 독일 경제는 일시적인 성장세를 보였으나 GDP, 즉 국내총생산은 진보 정치를 표방하던 영국에 뒤처졌다. 독일 역시 "인의仁義를 실시하지 않고 공수政守의 형세가 같지 않아서" 멸망한 또 하나의 실패 사례라고 할 수 있다.

2 최강 진제국은 어떻게 무너졌는가

가끔 이런 상상을 해본다. 만약 진나라 때 전국적인 네트워크를 가진 관영 매체가 존재했다면 어땠을까? 매일 아침 조정에 모인 문무 대신들이 각자의 지방 사투리로 승전보를 전하기에 바빴을 것이다. 승리에 도취한 이들이 진탕 먹고 마시며 거나하게 취기가 오른 상황에서 애써 표준어를 구사하려는 조정 대신이 이렇게 운을 떼지는 않았을까?

"오늘 이 자리에 참석하신 귀빈들을 소개합니다. 우선 만인지상의 황제, 대환관 조고, 그리고 대승상 이사께서 이 자리를 빛내고 계시며 그 뒤를 이어서……."

아마도 전국에서 구름처럼 모여든 문무대신의 관직명을 부르는 데만 족히 30분은 넘었을 것이다. 육국 가운데 당시 진의 강력한 추진력을 능가할 나라는 거의 없었다. 국제 전략(천하통일)을 향한 진의 추진력 및 첨단 군사력(병마용 유적으로 보아 이미 기술의 표준화를 이루었음을 알 수 있다)만 보아도 진이 얼마나 막강한 나라였는지 짐작할 수 있다. 정복자 알렉

산더의 대군과 비교해도 전혀 손색이 없었다.

천하통일 위업의 걸림돌이라면 무조건 제거해왔던 진시황은 승리에 도취되어 자신을 방해할 자가 아무도 없다고 확신했다. 그는 두려움을 모르는 군주였다. 기록에 의하면 전국에서 취합한 상소문이 매일 아침 조정에 산더미처럼 쌓였으며, 진시황은 이를 일일이 확인했다고 한다. 하지만 한 가지 분명한 사실은 죽간에 적힌 그 어떤 읍소도, 그 어떤 협박도 그의 폭정을 멈추지 못했으며, 부패한 사회 지도층의 각성을 불러일으키기에 역부족이었다는 점이다. 결과적으로 진의 붕괴를 자초하였다. 당대唐代의 시인 왕유王維는 이렇게 비유했다.

진시황이 장성을 쌓은 것은 얼마나 어리석은 일인가?
하늘이 실로 망하게 한 것은 진이지 북의 오랑캐가 아니라네.
하루아침에 재앙이 담장 안에서 일어나니
더 이상 위수와 함양으로 돌아갈 수 없구나.

왕유, 〈음마장성굴행飮馬長城窟行〉

동시대의 시인 주담周曇 역시 이런 논평을 남겼다.

어찌 사슴과 말의 구분도 어렵단 말인가?
나라의 안위를 점을 치는 것으로 대신하고
권력을 가진 대신들이 이처럼 문란할진대
나라가 망하는 것을 어찌 알아차리겠는가?

주담, 〈호해胡亥〉

진시황의 아들 호해의 주변에는 온통 아첨하는 이들뿐이었다. 그들은 불로초나 찾으러 다닐 뿐, 국가의 안전을 위협하는 존재에 관해서는 황제의 눈을 가리기에 급급했다. 유일한 위협 요인이라면 북방의 흉노족뿐이었다. 각지에서 강제 동원되어 대규모 토목공사에 투입된 백성들, 눈앞에서는 입 안의 혀처럼 굴지만 황제가 죽기만을 기다리며 호시탐탐 태자를 음해하려는 세력들, 군권을 사취하는 대신들, 각종 조서와 법률을 정비하는 척하지만 등만 돌리면 계략을 꾸미는 관리들, 이들은 모두 '담장 안에서 움트는 재앙'이라는 배신의 역사 드라마 한 편을 위해 자신이 맡은 배역을 충실히 이행하고 있었다. 설령 하늘의 뜻이 결코 진 왕조를 멸망시키는 것이 아니었다고 해도 경영 관리 이론상 이미 이 모든 요소들이 연쇄적으로 연결되어 있었기에 더는 국가의 기능을 유지할 수가 없었다. 왜냐하면 조직의 모든 구성원이 이미 도덕성을 상실했기 때문이다. 만약 그들 스스로 자멸하지 않았다면 하늘조차 용서치 않았을 것이다.

"담장 안에서 움트는 재앙은 아무도 막을 수 없다"[1]는 시는 진 왕조의 멸망을 설명하는 매우 적절한 비유다. 강제로 복종을 강요하는 체제 위에 설립된 조직과 제도가 얼마나 취약하고 비효율적인지를 알려주는 대표적인 사례라고 볼 수 있다. 진은 대내적인 최소한의 공감대와 유대감을 형성하는 데서도 실패했다. 사회 저변에서는 '죽음도 불사하겠다'는 백성들이 넘쳐났으며, 중간관리 계층에서는 온갖 권모술수와 탐욕, 부패가 판을 치고 있었다. 도처에서 자유가 아니면 차라리 죽음을 달라는 구호가 들끓고 있었다.

무수한 전란과 출정을 되풀이하는 동안 진 왕조는 서서히 침몰했다. 1,000년 뒤 금대에 이르러 옛 역사의 흔적을 따라 장성을 찾은 사람들은 사슴과 말조차 혼동하는 진의 정치 세태를 되돌아보며 어찌 통한의 심정이 들지 않았겠는가?

| 1 주권周權의 〈장성(長城)〉에서 인용하였다.

진의 멸망이 외적의 침입 때문이 아님을 어찌 알았겠는가?
궁에는 온통 사슴을 가리켜 말이라 하는 용렬한 노예들뿐이로구나.
리산을 뒤덮었던 풀은 예전 그대로인데
함양은 춘삼월에도 무덤으로 변해 폐허가 되었네.
황사와 흰 풀이 변방을 무수히 뒤덮으나
언덕 위에는 오로지 옛 터만이 남아 있다네.
단의필마短衣匹馬로 홀로 돌아올 때
그저 천고의 흥망을 탄식할 수밖에

주권周權, 〈장성長城〉

금 왕조 역시 강압적인 관리 방식으로 민심을 양분화하고 적지 않은 혼란을 야기했다. 이 시에서 엿보이는 짙은 회한과 탄식을 후대인들은 쉽게 이해하기 어려울 것이다.

3 전제정치의 함정

　한때 콧대가 하늘을 찌르던 이들이 결국 세간의 웃음거리로 전락한다면, 거기에는 반드시 한 가지 병폐가 있기 마련이다. 즉 그들의 사전에 실패라는 단어가 없다는 점이다. 이들이 남긴 전례는 우리 사회의 타산지석으로 작용한다. 진시황의 정책 실패가 불러온 병폐를 당대 문인들은 이렇게 풍자했다.

> 황제의 원대한 책략은 동으로 말을 몰아 해안에 닿았네.
> 자라와 귀신들이 앞을 다투어 도망치니
> 가련하구나. 사구沙丘에 이르기 전에는
> 어찌 인간이 죽음을 피할 수 없다는 사실을 믿지 않았단 말인가?
>
> 　　　　　　　　　　　　　　나은羅隱, 〈진기秦紀〉

　진시황이 해안선을 따라 동쪽의 여러 현을 시찰할 때였다. 꿈에 해신이 나타나자 진시황은 이를 불길한 징조로 여겼다. 기록에 의하면 그는 궁수들에게 바다의 대어들을 모두 쏘아 죽이라 명령했다고 한다. 인간적 측면에서 보자면, 그는 평생을 죽도록 고생한 끝에 결국 사구에 이르러 비명횡사하고 만 셈이다. 모든 권력에는 끝이 있으며 인간은 누구나 죽는다는 사실을 간과한 채 타지에서 쓸쓸한 죽음을 맞이한 것이다.

진시황의 강압적인 정책은 수많은 백성들을 억눌러가면서까지 자신을 막다른 골목으로 몰고 갔다. 이처럼 상대를 쥐어짜는 방식으로는 결코 좋은 결과를 기대할 수 없으며, 경영 관리상의 대표적인 실패 사례로 기록될 뿐이다.

물론 일시적인 효율성과 편의성 면에서 순간적인 착시 효과를 줄 수도 있으나 장기적 차원에서 본다면 오히려 커다란 멍에를 짊어지는 셈이다.

사회 초년생 시절, 홍콩의 모 금융회사에 근무한 적이 있었다. 사장은 '온통 밀어붙이기always push, push' 식으로 직원들을 혹사시켰다. 흡사 2,200년 전의 진으로 돌아가서 끝도 없이 만리장성을 쌓는 기분이 들었다.

일반적으로 초창기에는 어느 기업이든 자금이나 인력 면에서 규모가 크지 않다. 설립 초기에는 직원 모두 일치단결하여 고생도 마다않고 야근쯤은 기꺼이 받아들이는 분위기가 형성된다. 사장의 '밀어붙이기'는 회사가 정상 궤도에 진입한다는 청신호로 간주된다. 따라서 이러한 '밀어붙이기'가 있을 때마다 직원들은 단계적 상승을 기대한다.

하지만 현실은 종종 이러한 기대에 어긋나는 악몽을 펼친다. 이 악몽의 끝자락이 단지 진승, 오광을 제거하는 차원에서 그치지 않는다. 설상가상 업무의 핵심 인력이 외부로 이탈하는 현상이 벌어지며, 이들이 대거 빠져나간 후에는 나머지 구성원마저 현대판 '봉기'의 깃발 아래 저항을 결심하게 된다.

지인 중 한 명이 어느 기업의 창립 멤버로 초빙된 적이 있었다. 얼마 후 그는 사장으로부터 막중한 임무를 부여받는 동시에 '전시 상태'에 준하는 비상체제를 가동하게 되었다. 때론 '13일 격전'이라는 구호 혹은 '일주일 전투'라는 구호를 외치며 부하직원들을 달달 볶으며 다그쳐야만 했다. 훗날 토로하길 자신은 '갑'이 지시한 업무를 달성하기 위해 마치 '대규모 공사에 동원된 노예'처럼 일해야 했다며, 마침내 한 치의 미련도 없이 사표를 던지고 말았다. 그가 사표를 낸 진짜 이유는 바로 '진 시황에게 작별을 고하기 위해서'라고 한다.

기업의 또 다른 '압박'의 형태는 조직원의 성향을 합리적으로 고려하지 않고 관리자 임의대로 직위를 결정하는 것이다. 이 역시 강압적 정책에 속하므로 리더는 이것의 중요성을 간과해서는 안 된다. 내가 가르치던 학생 가운데 모 신문사의 기자 모집 광고를 보고 즉시 원서를 내 합격한 제자가 있었다. 하지만 국제단체에서 활약한 경력이나 전공에도 불구하고 전혀 다른 성격의 부서로 발령이 났다. 무려 2년을 헛되이 보낸 그는 끝내 가슴속의 웅지를 펼치지 못한 채 일신상의 사유를 들어 사직서를 제출하고 말았다.

비록 오래전의 일이긴 하나 최근 들려오는 소식에 의하면 제자가 잠시 몸담았던 그 언론사는 다른 매체로 인수·합병되었다고 한다. 번창했던 과거를 떠올리면 안타까움에 절로 혀를 차게 될 뿐이다.

유감스러운 사실은 인건비는 상승하고 인재는 부족한 상황에서도 조직의 수뇌부들은 이러한 현실을 직시하지 않으려 한다는 점이다. 특히 일부 기업에서는 '추진력'에 과도하게 집중하며, 불필요한 행정 처리에만 더욱 힘을 쏟고 있다는 것이 현실이다.

수하의 핵심 인물로부터 지지를 얻지 못하는 리더는 결코 자신의 한계를 뛰어넘을 수 없다. 가의의 말대로 '인의를 실시하지 않고 공수의 형세가 같지 않은' 방식은 기업의 파멸을 불러올 뿐이다. 『하버드 비즈니스 리뷰』는 이를 '가속화된 함정the acceleration trap'이라 표현했다.

진의 왕은 검으로 분노를 억누르고
병사를 파견하여 국경을 지키려 하네.
웅대한 계획은 아직 펼치지도 못했는데
공연히 바닷속에 화살만 쏘아댈 뿐이네.
누런 먼지는 하늘을 뒤덮고
보이는 것은 장성 밖에 어지러이 흩어진 시체들뿐이로구나.

서정徐晶,〈완공체阮公體〉

당대는 무武를 숭상하고 공적功績을 추구하던 시기였다. 이 시는 육국
의 권세를 무력으로 제압한 진시황이 나라의 위용을 과시하기 위해 천하
시찰에 나선 장면을 떠올리게 한다. 하지만 인간은 누구나 최저 한계선
을 지켜야 하는 법이다. 도덕적 실패야말로 반드시 조직 관리상의 실패
로 이어진다는 필연적인 논리를 간과한 것이다.

"웅대한 계획은 펼치지도 못했는데 공연히 바닷속에 화살만 쏘아댈
뿐이네"라는 탄식처럼 도덕적 타락이 진행되는 조직은 아무리 웅대한 이
상을 품은들 실현할 도리가 없다. 대제국을 건설해 백년 대업을 완수하
겠다던 진시황의 원대한 야망 역시 허튼 욕망에 불과할 뿐이다.

4 강희제가 장성 재건을 반대한 이유

숱한 전쟁을 겪어온 선조들은 "용성의 비장군이 있었다면 오랑캐의 말이 음산을 넘어오지 못했을 것을" 혹은 "백전불패의 장군이 있다면 장성을 쌓을 필요가 없었을 텐데"[1]라는 시를 통해 평화를 갈망했다. 하지만 태평성세가 어찌 용맹한 장수 한두 명의 힘으로 가능한 일이겠는가? 특히 여러 민족이 함께 살아가는 상황에서 공존과 평화는 중앙정부의 성의와 노력 여하에 달려 있을 뿐, 국방을 지킨다는 명분 아래 백성의 노동력을 착취하여 굳이 장성을 쌓는 데 힘을 쏟을 필요가 없다.

강희제康熙帝는 바로 이와 같은 노선의 정책을 실시한 통치자였다. 청나라의 태평성세를 구가하던 강희제 시대에는 빈번한 전쟁과 권모술수가 난무하였다. 황실의 권위를 강화하고 변방의 수비를 공고히 했던 그

---

[1] 왕창령王昌齡의 〈출새이수〉, 최식崔湜의 〈대막행大漠行〉에서 차례로 인용하였다.
[2] 이 시의 제목은 〈과독석구過獨石口〉이며 강희 1696년 가르단 2차 정벌 도중에 지었다. 독석구는 허베이河北 지구에 위치하며 전략상 매우 중요한 요새였다.

는 "노역과 전쟁은 모두 백성을 위한 것"[2]이라고 주장했다. 한 가지 다행인 것은 강희제는 온종일 회의만 진행하거나 보고서를 작성하는 것으로 일관하는 관리 방식에는 스스로 만족하지 못했다는 사실이다.

마침 이 시기의 강희제는 다민족 경영을 추진하는 한편 일부 대신들이 제안한 장성의 재건에도 반대하고 나섰다. 비록 몽골족 가르단의 반란에 골머리를 앓고 있었으나 이를 핑계로 북방과 중원을 가르려는 시도에는 반대했다. 이에 대한 대가로 강희제는 초원의 유목 민족과 그들 지역에 대한 지배를 포기해야 했다. 훗날 가르단을 정벌하고 돌아오는 길에 강희제는 한 편의 시를 지어 자신의 의지를 표방했다. 1683년, 고북구古北口를 지나던 강희제는 당시의 소회를 이렇게 털어놓았다.

> 가로막힌 산을 넘어 만리장성의 북문을 지나네.
> 석벽은 험준한 산길을 따라 펼쳐 있고
> 승리는 견고하여 의지하기 어렵네.
> 나라의 평화는 군주의 덕에 달린 것이라네.
>
> 강희제, 〈고북구〉[3]

이 무렵은 민생에 치중하는 한편 제국의 영토를 확장하는 시기였다. 물론 제국을 세운 뒤 뒤숭숭한 정세로 불안감이 팽배했으나 강희제는 북아시아 대륙의 전통적 관념에 따라 이러한 의지를 발현하고자 했다. 1697년, 강희제는 제3차 가르단 정벌에서 승전고를 울린 후에 중원으로 돌아오는 길에 장성을 지나며 〈입거용관入居庸關〉이라는 시를 지었다. 마지막 두 구절에서 그의 기백을 엿볼 수 있다. "장성을 세우는 것은 백성의 뜻을 따라야 하며 영웅은 홀로 우뚝 솟아난 것이 아니다."

| 3 고북구는 산하이관山海關을 말한다. 역대 장수들의 최대 접전지로 손꼽힌다.

현대 사회에서 기업을 설립하고 조직을 관리하는 일은 어느 측면에서 보면 고대의 황제 노릇보다 훨씬 힘든 일이다. 왜냐하면 최소한 고대에는 장성을 축조하는 일처럼 국제 경쟁에 대한 황제의 저항 의지를 상징적으로 내보이는 일들이 있었기 때문이다. 강희제는 이러한 수를 이미 간파하였기에 '민심을 모으는 일'이 장성을 재건하는 일보다 훨씬 가치가 있다는 사실을 알고 있었다.

　이러한 수를 현대의 기업에 대입해보자. 흔히 모든 장벽을 없애지 않으면 해외 시장에서 단절되기 십상이라고 한다. 비즈니스에는 국경이 없기 때문이다. 호경기에 접어들면 지구촌이 하나의 상권을 유지하지만 경기가 급속도로 냉각되기 시작하면 지구촌 시장은 무덤과 다를 바가 없다. 기업가라면 이러한 국제 경쟁에 대처하는 방법도 배워야 하지만 국제 자원을 이용하는 기술도 터득해야 한다. 심지어 정치 체제가 전혀 다른 나라를 포함하여 전혀 다른 문화권에도 관심을 기울이는 것이 바람직하다. 가령 제2차 세계대전 당시 미국은 과학기술 발전을 위해 한때 공산당원으로 활동한 적이 있던 핵물리학자 오펜하이머와 손을 잡았다. 그의 이러한 전력은 훗날 미국 정부로부터 공개적인 지탄을 받기도 했다.

　하지만 중요한 사실은 기업가와 달리 정치가들이 '민심'을 운운하는 것은 기껏해야 허울 좋은 구호일 뿐이라는 것이다. 그들에게서 실현의지를 찾아보기는 힘들다(물론 이를 실현하지 못한 결과가 치명적이라고 해도).

　기업가의 입장에서 볼 때 시장 경쟁의 압력은 상상을 초월한다. 예측 가능한 일이라고 해도 애초의 계획과는 여전히 차이가 있다. 따라서 '민심을 모으는 정책'을 실현할 의지가 없다면 현재 무서운 상승세를 보이는 사업일지라도 언젠가 곤경에 처하게 된다.

　관건은 조직의 역량을 키우는 것이다. 인재를 적재적소에 배치하고 조직의 화합을 우선으로 추구하는 리더십을 갖추었거나 최소한 이러한 리더십을 전제로 삼는 지도자만이 영웅이 될 수 있다. 강희제는 전대 왕조의 대신들에게도 자유로이 영향력을 발휘하였으며, 한족은 물론 서양 이민족까지 두루 포용하는 정책을 실시했다.

하지만 후대의 학자들에 의하면 강희제는 미래를 회피하고 분배를 싫어하는 단점을 지니고 있었다고 한다. 결국 이러한 폐단은 제국의 발전상 역사적으로 매우 중요한 시기를 놓치는 원인으로 작용했다.

량치차오는 강희제에 대해 "비록 민의를 거스르지 않았으나 실책의 책임을 면하기 어렵다"고 평가했다. 민심을 모으는 정책에는 소임을 다했으나 진보적인 제도의 정비를 이루지 못했던 것이 패인이었다. 그가 죽자 청 황실은 급속한 정치적 퇴보를 보였다. 틀에 박힌 풍조에 사로잡혀 참신한 발전을 이루지 못한 채 몰락을 자초하게 된 것이다.

청의 몰락은 일시적인 '민심' 부응책은 장기적 효과를 기대하기 어렵다는 사실을 반영하는 사례이다. 200년 전의 청 왕조를 상상하는 것보다는 20세기 미국의 매카시즘⁴을 떠올리면 이해하기 쉬울 것이다.

결국 민의를 최대한 모아 조직의 역량을 폭발적으로 확대하는 일은 부단히 조직의 역량을 키우고 활력을 유지하는 정책을 세운 뒤에야 가능할 것이다.

---

4 1950년대 초 미국 상원의원 조지프 매카시는 호전적인 반공 활동을 펼치며 수많은 우수한 인재들에게 누명을 씌워 정치적 압박을 가했다. 후에 그의 발언은 근거가 없는 대중 선동으로 드러났으나 극단적인 반공 사상을 지칭하는 말로 매카시즘이라는 신조어로 자리 잡게 되었다.

5 문화를 말살하는 조직은 도태된다

진 왕조를 세운 진시황은 자신의 나라를 기필코 천하제일의 강국으로 만들겠다는 의지를 천명했다. 진제국의 적나라한 대내외 정책을 이해하려면 이러한 전제에서 출발하지 않으면 안 된다. 그는 시가詩歌의 유파 혹은 철학적 사유에 천착하는 문화 지식인들을 향해 "고작 시가 따위를 믿고 어떻게 적군을 상대하겠는가?"라며 비아냥거렸다.

이러한 정치 집단은 결국 천하통일을 이루었고 『여씨춘추』를 집대성한 여불위呂不韋를 죽음으로 몰아넣었다. 그를 따르던 문하생들은 박해를 피해 뿔뿔이 흩어졌으나 끝내 분서갱유의 희생자가 되었다. 후대의 학자 가운데 진의 정책을 옹호하는 이들은 이 사건이 단지 일부 문헌을 불태우고 정적을 제거한 사건에 불과하다고 변명을 늘어놓지만, 결코 정당한 일로 볼 수 없다. 이유 여하를 막론하고 문화를 말살한 것은 분명하지 않은가?

문화는 군대와는 다르다. 겉보기에는 한없이 유약해 보이나 매우 강력하고 놀라운 침투력을 지녔다. 제국을 설립한 통치자들은 대부분 무력을 통해 문제를 해결하는 일에 익숙한 탓에 문화적 저항에는 효과적으로 대응하는 능력이 다소 부족하다.

문화적 저항의 특징은 누군가 의도한다고 해서 되는 것도 아니고 특정 인물이나 특정 세력이 만들어내는 것도 아니다. 문화의 본질은 기만을 혐오하고 평화를 갈망하며 피의 논리에 항거하는 진정성에 있다. 심오한 의미를 내포하며 가볍고 경박스러운 것을 멀리하고 자유를 숭상하는 문화의 특성상 강제성을 띤 법령으로 억누른다는 것은 불가능하다.

세찬 불길이 휩쓸고 간 들판 위에 새싹이 고개를 내밀듯이 분서갱유 이후 백성들 사이에는 한 가지 소문이 퍼져나갔다. 다리 위를 지나던 노인이 장량에게 귀한 서적을 전해주었다는 이 고사[1]는 신화적 요소가 가미되어 완전무결한 통치자를 염원하는 민심을 반영하고 있다.

> 백성들을 어리석게 할 작정으로 경전을 불살랐으나
> 과연 우매한 백성들의 나라는 아직 폐허로 변하지 않았네.
> 어쩔 수 없이 어리석지 못한 누군가는
> 깊은 밤 고심하며 병서를 읽는구나.
>
> 소립지蕭立之, 〈영진泳秦〉

다리 위의 노인이 실존인물인지 아닌지는 중요하지 않다. 중요한 것은 장량이 노인에게서 우연히 받은 책(병서)을 발판으로 한 왕조의 군주를 보좌하는 스승으로 거듭나게 되었다는 사실이며, 이러한 고사에는 분서

---

1 사마천의 『사기』에 실린 고사이다. 이교를 지나던 황석공은 다리 아래로 신발을 던지고는 장량에게 주워오라고 했다. 장량은 신발을 주워온 후에도 계속 수위를 높여가는 노인의 황당한 요구에 순순히 응했다. 마침내 노인은 "이 책을 읽으면 왕의 스승이 될 수 있다"면서 장량에게 『태공병법』을 전수해주었다. 『육도』라고 불리기도 하는 이 책은 주 왕조의 강상(강태공)이 지은 것으로 알려져 있으나 일반적으로 후대인들이 강태공의 저작을 사칭했다는 의견이 지배적이다.

갱유를 획책한 무리들을 향한 노골적인 저항 의식이 담겨 있다. 또한 문화 말살을 선동하는 자들은 문화적 차원의 응징을 피할 수 없음을 경고하는 것이기도 하다. 특히 '시서詩書'는 단순한 병서를 가리키는 말이 아니라 선진의 고대 법제를 지칭한다고 볼 수 있다.

> 머나먼 리산(병마용)에 횃불이 타들어가네.
> 재난의 불길은 어디쯤에서 옛 왕조와 마주칠까?
> 시서를 불태워버린들 아직도 건재한 것만 같구나.
>
> 정요신丁堯臣, 〈아방阿房〉

비록 시서를 불태우지 않았다고 해도 진 말기에 들판의 불길처럼 번져가던 봉기의 기세를 꺾지 못했을 거라는 사실은 변치 않는다. 이미 누군가 이러한 시대의 대세를 이어갈 차세대 주자들을 대상으로 '학습'에 돌입했기 때문이다. 유방의 휘하에 있던 육가陸賈[2] 역시 "말 위에서는 결코 천하를 다스릴 수 없다"며 통치자를 향해 엄중히 경고한 바 있다. 청대의 시 또한 이러한 사실을 입증한다.

> 유생들의 의관은 무덤에 내던져지고
> 문장과 풍류는 흙먼지로 변했네.
> 육가는 여전히 살아서 파묻지 못하네.
> 홀로 남은 그는 말 위에서 시서를 읊는구나.
>
> 육차운陸次云, 〈영사詠史〉

---

[2] 육가(기원전 240년~170년)는 초나라 사람으로 서한 초기의 정치가이자 학자이다. 유방은 무력에만 치중하고 시서를 멀리 했다. 그는 "말 위에 앉아서 천하를 얻을 수 있다"고 큰소리 쳤으나 결국은 "무력으로 빼앗아 법으로 다스리고 문무를 겸용해야 한다"는 육가의 제의를 받아들이며 치국의 방도로 삼았다.

이 시의 주제는 간결하다. 문화를 억압하는 관리 방식(혹은 정치)은 아무런 효력을 발휘할 수 없으며, 이러한 무의미한 방식으로는 결코 대중의 공감대를 얻을 수 없다. 강압적 수단으로 운영되는 조직이 아무리 무력을 동원하여 문화를 봉쇄하려고 해봐야 헛수고일 뿐이라는 것이다. 따라서 리더는 이성에 입각한 행동으로 솔선수범해야 하며, 특히 문화에 대한 오만방자한 태도를 버려야 한다. 문화적 번영을 통한 관리의 효율성을 제고하는 일에 관심을 쏟아야 할 것이다.

한 왕조(이후 일부 왕조를 포함)가 세워질 당시 대내·외적인 안정을 도모하여 국가 발전을 앞당긴 사례는 매우 바람직한 선례를 남겼다. 한 왕조의 가장 대표적 정책은 강압적 법령을 자제하고 문화적 수용을 표방했다는 사실이다. 이는 궁극적으로 강성한 제국을 공고히하는 지름길이 아닐 수 없었다.

"온 나라에 인의가 스며들면 폭압은 그 끝을 맺는다."[3]

문화세력과 반문화세력의 대결은 시간이 흐를수록 더욱 극명한 차이를 보인다. 당조 말기에 이르러 민간에서는 한 문제를 향해 제배를 올리는 경우는 있어도(왕릉 건설에 반대하는 이조차도 없었다) 처참히 훼손된 진의 왕릉을 돌보는 이는 하나도 없었다.

> 우거진 숲 속 무성한 나무 겹겹이 쌓여 있고
> 몰려오던 뜬구름 부질없이 흩어져버렸네.
> 청산은 누런 잎으로 뒤덮였는데
> 행인들 한 문제의 능 앞을 오가며 고개를 조아리네.
>
> 허혼許渾, 〈도경진시황묘途經秦始皇墓〉

| 3 왕무경, 〈북사장성〉

6 충신이 없는 조직은 살아남을 수 없다

중국의 역대 왕조는 모두 후대로 갈수록 초심을 잃었다. 창건 당시의 의지는 눈을 씻고 찾아도 볼 수 없었다. 여기에는 충신을 홀대하고 모함을 받은 선비의 억울함을 돌보지 않는 정치 풍조와 심지어 옳음과 그름을 가리는 일에 적극적으로 나서지 않는 사회 분위기도 한몫을 했다.

매우 탁월한 정치적 기량을 지녔다고 자부하는 사람들은 이러한 '대세'에서 벗어나지 못했다. 그들은 '인간의 도'를 논하는 일 따위는 우둔한 군주와 간신배들에게 넘겨버린 채 임기응변으로 정사에 대처했고, 갈수록 늘어나는 사회 지도층에 들기 위해 반대파의 여론(비록 당시에는 드러나지 않지만 반드시 역사에 기록된다)을 체제 밖으로 몰아내기에만 급급했다.

중앙정부(혹은 관리 핵심)와 사회(혹은 조직 내부)에서 재능을 충분히 인정받은 이들과 속세를 거부하는 이들이 나뉘기 시작하면서, 신뢰할 자와 중용할 자가 아무도 없는 수동적인 전략의 단계에 머물게 된다. 이렇게 되면, 위기 대처 능력이 현저히 떨어진다. 밀물처럼 거센 파도가 한 차례 몰려올 때마다 결국은 공동 관계와 사회공동체의 자원이 모두 소진되어 버리고 만다.

이러한 상황을 '스스로 장성을 허문다'라고 표현한다. 이 말의 유래는 남조 송대에 '삼십육계'를 창안한 단도재로부터 시작되었다. 송 문제는 전쟁에 나간 단도재가 수차례 혁혁한 공을 세우자 어느덧 그의 존재를 눈엣가시처럼 여기게 되었다. 통치자마저 공포에 떨게 하던 대상을 제거한 후 송 문제는 "짐이 만리장성을 허물었도다!"라고 외쳤다.

하지만 많은 이들이 남송의 악비岳飛를 빼놓고는 이러한 사례를 말할 수 없다는 점에 공감할 것이다. 당시는 신하 된 자로서 군주의 말에 불복하는 것도 죄요, 국력을 과시하여 항전을 주장하는 것도 죄로 다스리던 시대였다. 이처럼 불행한 시대에 뛰어난 실력으로 군대를 장악한 악비는 전선에서 소환되어 처형당했다. 송 왕조는 이로써 가장 강력한 실력자를 잃고 말았다.

"조정이 중흥의 뜻을 스스로 저버렸으니 변방에 나간 장수들의 죽음은 헛된 것이로구나."[1] 악비의 억울한 죽음은 국가의 존망이 촌각을 다투던 그 시기에 백성들 사이에서 퍼져나갔고, 이들의 태도는 돌변하기 시작했다. 조정을 향한 실망은 차가운 증오로 바뀌었고, 민심이 등을 돌린 결과는 오로지 몰락뿐이었다.

악비가 처형당한 이후 무창의 군사들 사이에는 원망의 함성이 하늘을 찔렀다.

"자고로 충신을 의심하는 군주는 충과 의로부터 멀어지는 법이다."

변경의 수비 강화를 주장했던 주전파 재상 호전은 이를 탄식하며 "돌로 쌓은 성곽 아래 온통 눈물짓는 백성들의 한숨 소리뿐이네"라는 시를

| 1 반음潘愔의 〈독악무목전讀岳武穆傳〉에서 인용하였다.

남겼다. 비록 악비의 누명은 나중에 벗겨지긴 했으나 민중의 불만은 걷잡을 수 없이 커져만 갔다. 유생 엽소옹(시인)은 월나라의 왕 구천을 피해 강호로 숨어야 했던 범려의 비극에 이를 비유하며 "서호에서 객사할 줄 알았다면 차라리 범려처럼 뱃놀이나 할 것을"[2]이라는 시를 남겼다. 여기에는 악비의 안타까운 죽음을 개탄하는 심정이 고스란히 드러나 있다.

시인 육유는 악비의 죽음을 국가의 수치로 간주하며 일갈을 퍼부었다.

> 고관들은 당파를 지어 종택을 제거하고
> 군대는 악비의 발을 묶어 움직이지 못하게 하네.
> 옛 유신들은 얼마나 비통한 일인지 알지 못한 채
> 속으로 눈물을 머금으며 옷깃을 적실 뿐이네.

만약 북방의 백성들이 남송 정권이 종택宗澤과 악비에게 박해를 가한 사실을 알았다면 어찌 눈물로 소매를 적시는 일에만 그쳤겠는가?

송이 망한 후에 전대 왕실의 가신이었던 조맹부는 "영웅은 이미 죽어 닿을 수 없고 천하에 의지할 곳이 없다"며 탄식했다. 원나라의 관운석은 "악비가 죽은 후 송 왕실은 기댈 강산이 사라졌다"고 망연자실한 심정을 토로했다. 청나라의 진치전은 "만리장성이 허물어지면 바람이 불 때마다 애산이 낮아지기 마련이다"[3]라며 다소 은유적으로 표현했다.

여기서 말하는 애산은 1279년 송 왕조의 마지막 황제가 세상을 떠난 장소를 가리킨다. 다시 말해 송 왕조의 종말을 선고받은 역사적 장소라고 해도 과언이 아니다.

---

2 무창군사武昌軍士의 〈무제無題〉, 호전胡銓의 〈적악비吊岳飛〉, 협소옹夾紹翁의 〈악무목왕묘岳武穆王墓〉에서 차례로 인용하였다.
3 조맹부趙孟頫의 〈악악왕묘鄂王墓〉, 관운석貫云石의 〈조송악무목사弔宋岳武穆祠〉, 진치전陳治典의 〈조송악무목사〉에서 인용하였다.

이러한 송 왕조가 막을 내리기 직전 악비의 명예는 가까스로 회복되었으나 청대 시인 원매는 그의 죽음을 기리며 이렇게 탄식했다. "하늘은 어찌하여 공을 곽분양으로 만들었단 말인가?"[4] 곽분양郭汾陽은 당나라 때 발생한 '안사의 난' 시기에 분양의 군왕으로 봉해졌던 곽자의郭子儀를 가리키는 말이다. 무능한 통치 집단은 악비라는 영웅을 중심으로 정치를 정상화하는 일에 무관심으로 일관했다. 그들의 면전에는 결국 두 동강이 난 조국의 피폐한 강산과 정계에 만연한 정서적 무력감만이 팽배해져 갔다.

하지만 통치자가 충신을 살해하는 비극이 어찌 악비 한 사람에게만 국한된 일이겠는가? 충신에 대한 정치적 박해는 역대 왕조마다 되풀이되어 이어지는 법이다. 명대에는 명장을 암살했고 청대는 개혁자를 억압했으며 장제스蔣介石의 무리들은 정치적 노선을 달리하는 반대파를 숙청했다. 이는 '문화대혁명' 기간을 거치며 숱하게 입증되었다. 루쉰은 쑨원의 죽음을 애도했으며 학자 양싱푸楊杏佛 역시 "언제 강남에 빗물이 흩뿌릴까? 백성들은 그를 기리며 눈물짓네"라는 시를 지었다. 문화대혁명 당시 정치적 박해를 받아 죽음을 맞이한 허룽賀龍을 추모하는 시 중에서 "창해가 용솟음치고 천지가 가로막혀도 결코 그대를 곽분양으로 만들지 않겠노라"[5]라는 구절이 눈길을 끈다.

사실 진승, 오광의 난으로 점화된 농민 봉기는 고대 전제 왕조의 기반을 흔들었다: 억울하게 희생된 백성들의 피와 눈물이 쌓이고 쌓인 결과 민심은 마침내 봇물처럼 터졌고, 취약해진 정권이 무너져 내리며 결국 몰락하고 말았다. 영웅에게 박해를 가하는 군주의 심리는 대체 뭘까? 절대 강적을 상대해야 하는 순간(혹은 절대 강적과 마주한다는 이유만으로), 적

---

4 원매袁枚의 〈알악왕묘이수謁岳王墓二首〉에서 인용하였다.
5 루쉰의 〈도양전悼楊銓〉, 양싱푸의 〈제하룽고거題賀龍故居〉에서 차례로 인용하였다.

군이 아닌 사람을 적군으로 둔갑시키는 오류를 범하고 결과적으로 제 손으로 장성을 허무는 어리석음을 저지르게 되는 것이다. 이런 어수선한 정국에서는 온갖 유언비어가 난무하며 상호 불신의 분위기 속에서 통치자의 생존이 걸린 정치적 기반마저 위태로운 지경에 이르게 된다. 이러한 정권은 아주 사소한 충격에도 치명적인 타격을 입게 된다.

　문화대혁명 후기의 중국 경제는 낙후성을 면치 못했고 강산은 피폐해졌다. 도시마다 구걸하는 사람이 넘쳐났다. 당국의 정책이 이미 정상 궤도에서 벗어났다는 사실에 많은 이들이 탄식을 멈추지 못했다. 중국의 개혁이 오명과 기만, 착오에서 시작된 것은 결코 우연이 아니다.

　당시 중앙당 서기 후야오방胡耀邦은 4,000여만 인민의 억울함을 풀기 위해서 앞장섰으나 그 여파는 1억 6,000만에 이르는 중국 인민 전체에게 커다란 파장을 일으켰다. 후야오방의 진실한 태도와 용기 있는 결단은 중국 역사상 과거에도 없었고 앞으로도 없을 것이다.[6] 후야오방은 건국 초기 촨베이川北 공작을 관장할 때도 온화한 리더십을 발휘한 것으로 유명했다. 따라서 그가 세상을 떠났다는 소식을 접한 수많은 중국 인민들이 눈물을 흘리며 애도를 표했다.

　　평생 민중을 향해 눈높이를 맞추고
　　충직한 간언은 그의 진솔한 성품을 보여주네.
　　언제 촨베이에 우파가 있었던가?
　　다행히도 류양瀏陽이 그를 탄생시켰다네.
　　일신의 공명정대함은 용기를 떠받치고
　　청렴결백은 후대의 자손들에게 귀감이 되네.

---

6 본문 내용은 〈후야오방 날조 사건의 정정을 논하며〉라는 류제생의 투고문(《염황춘추》, 2010년 8월) 가운데 일부를 인용하였다.

만백성이 비통에 빠지고 하늘마저 눈물지으니
장안에 어둠이 내리자 빗방울 흩뿌리네.

장렌샤常任俠,〈도념호요방동지悼念胡耀邦同志〉[7]

문화대혁명 이후 제1대 대학생 중에는 '출신성분이 낮거나' 혹은 '사상이 불순'하다는 이유로 온갖 박해 속에서 교육의 기회마저 박탈당한 사례가 있었다. 기업가 중에도 정치 운동 과정에서 아무것도 아닌 일로 트집을 잡혀 치명타를 입은 경우가 적지 않다. 이는 개혁과 개방을 주도한 간부들도 예외는 아니다. 얼토당토하지 않은 죄목으로 투옥되거나 유배를 떠난 이들도 있었다. 하지만 이처럼 왜곡된 정치 행태는 몇 년 후 서서히 자취를 감추고 비로소 국가 재건의 기틀이 마련되었다.

역사적으로 볼 때 부당한 대우와 박해를 받는 이들에게 관심을 보이고 구원의 손길을 내밀거나 억울한 누명을 풀어준다거나 응당 받아야 할 대우를 받도록 돕는 것은 개인적 차원의 일이 아니다. 하나의 조직이 새롭게 변화하려면 반드시 이러한 전제조건이 충족되어야 한다. 왜냐하면 개인을 구제하는 것은 조직을 구하는 것과 같으며, 허물어진 장성을 새롭게 재건하는 유일한 방법이기 때문이다.

---

[7] 장렌샤는 중앙미술학원의 교수이다. 전리군, 원본량의 평론집 『이십사적시사주평二十事迹詩詞注評』(광서사범대학 출판사, 2005년)59쪽의 내용을 발췌하였다.
"언제 촨베이에 우파가 생겨났는가?"라는 구절에 대한 장렌샤의 주석으로는 1957년 반反 우파운동이 활발히 전개될 당시에 각 성마다 우파가 있었으나 유독 촨베이에만 우파가 없었다고 한다. 다만 후야오방은 촨베이 반혁명을 진압하고 토지개혁사업을 추진하던 전력으로 인해 "우경 기회주의자"로 몰리기도 했다. 류양은 후야오방의 고향을 가리키며 장안은 베이징을 말한다.

제2장

가족형 조직

낮에는 밭을 갈고 밤에는 실 삼으며
촌에 사는 아이들 저마다 한몫을 하네.
아직 어린 손자손녀 밭과 베틀 모르지만
그래도 뽕나무 그늘 아래 오이 심기를 배우네.
晝出耘田夜績麻, 村莊兒女各當家. 童孫未解供耕織, 也傍桑陰學種瓜.
– 범성대范成大(남송南宋), 〈사시전원잡흥四時田園雜興〉, 순희淳熙 13년(1186년) –

7 태평성세와 민중의 삶

중국 역사상 최고의 '태평성세'는 중앙 집권 정치를 표방하던 시기와 일치하지 않는다. 중앙집권적 관료 제국은 대외적인 영토 확장은 물론이고(때론 변방 수호에도 허점을 보였다) 대내적인 변수에도 발 빠르게 대처하지 못하는 등 심각한 문제점들을 드러내고 있었다.

더욱 놀라운 사실은 역사적 전성기를 이룩한 원동력이 사실상 상위 계층이 아닌 중간 혹은 하위 계층에서 추진되었다는 점이다. 이 하위 계층의 자유농민을 이른바 '소농'이라 부른다. 자고로 (지구상의 어느 국가보다도 훨씬 더 오래전) 중국 사회의 생산 체제는 이러한 '소농경제'의 기반 위에 설립되었다고 해도 과언이 아니다.

전문적 통계 자료만 보면 소농경제는 생산성이라는 측면에서 결코 현대의 공업을 따라올 수 없다. 하지만 노예 계층이나 농노 혹은 자유민의 삶과 비교했을 때, 이들 소농 계층은 현지 인민들이 주체적으로 자발적 의사에 따라 분업과 협력을 했다는 점에서 특히 주목할 필요가 있다. 또한 이러한 특징을 전제로 조직 관리의 효율성을 극대화할 수 있다.

거대한 역사의 수레바퀴 속에서 하나의 문명이 생겨나고 발전하는 동력은 그 안에 내재된 자원에 달려 있다. 가령 고위 계층이 자신의 역량을 거의 상실했던 송대에는, 비록 이민족의 침입에 의한 전란이 끊이지 않았음에도 민간 경제 측면에서는 놀라운 발전을 이루어 상상을 초월하는 생산성을 보였다. 이를 입증하는 다음의 시가들은 문학적인 측면에서도 나무랄 데가 없다.

> 푸른 새싹 농부의 손길 받으니 더욱 푸르구나.
> 옅은 연기 자욱하게 퍼지며 비가 하늘을 가리네.
> 동풍이 불어와 삼천 경 논밭을 휘저으니
> 백로가 날아와도 머물 곳이 없구나.
>
> 우사량虞似良, 〈횡계당춘효橫溪堂春曉〉

> 메마른 길 위로 날이 맑았다 비가 오니
> 녹음이 짙고 연한 산들이 첩첩이 둘러싸였네.
> 저 멀리 초원 위에 소의 등이 보이니
> 새싹이 성근 땅 위에 농부의 자취가 느껴지네.
>
> 양만리楊萬里, 〈과백가도사절구過百家渡四絶句〉

> 아이들이 울타리에서 석양을 쬐고
> 콩깍지와 생강 싹 그리고 제사 고기 내음이 풍기네.
> 한 줄기 벼꽃은 누가 주인인지
> 붉은 고추잠자리와 푸른 사마귀가 한 쌍인 양 붙어 있구나.
>
> 악뢰발樂雷發, 〈추일행촌로秋日行村路〉

연꽃은 시들어 더 이상 하늘의 비를 가릴 수 없고
메마른 국화는 서리를 두려워하지 않고 우뚝 서 있네.
한 해 동안 좋은 경치를 떠올리려니
가장 좋은 시절은 등황색 귤이 푸르던 초겨울이라네.

소식蘇軾,〈증류경문贈劉景文〉

사계절의 정취를 노래하는 이 시에서 드러나는 정경들은 그저 문학적 표현에 그치지 않고 있다. 농촌의 생활에만 국한된 것도 아니다. 시 속의 정경은 억만 창생의 삶의 터전 그 자체이다. 언뜻 이들의 생활방식이 낙후하고 열악하며 상대적으로 1년 내내 '뼈 빠지게 일한 대가'가 형편없이 낮아 보일 수도 있다. 하지만 이것이 가리키는 것이 상승 중이든 하강 중이든 그 안에는 분명 틈새가 있다. 상향의 그래프는 농경 사회의 '태평성세'를 향하고, 하향의 그래프는 국가 파산이라는 최악의 상황에 도달한다. 상황이 이쯤 되면 통치자는 사회 생산력이라는 피드백을 전혀 기대할 수 없으며 크나큰 정치적 부담을 안게 된다.

역대 통치 집단은 단 하나의 예외도 없이 모두 이러한 백성의 생존방식 앞에 무릎을 꿇었다. 고대의 수많은 강압적 통치자와 엄격한 법 체제를 갖춘 왕조들은 이제 그 흔적을 찾아볼 수 없다. 하지만 이러한 시가를 통해 엿볼 수 있는 백성들의 삶은 변함없다. 현대의 가정과 중소기업으로 형태만 바뀌었을 뿐 그 위대한 생명력을 면면히 이어가고 있다.

8 제국과 농민의 균형

중국이 다른 어느 나라보다 먼저 중앙집권적 관료제 국가를 설립할 수 있던 중요한 사회적 원인으로, 학자들은 광활한 대지와 각지에 흩어져 사는 농민들을 우선으로 꼽았다. 고대 통치자들은 자신의 정치권력을 지키기에도 급급했기에 이들을 보호할 여력이 없었다. 통치자는 오직 중앙에 집중된 상류층의 권력에 의지하여 군대를 조직하고 만리장성을 축조하는 등 국가의 공공안전을 유지해왔다.[1]

사실상 이것이 바로 사회적 규약(이러한 규약 없이 쌍방이 공존하는 경우는 우연이거나 한시적일 뿐이다)이다. 중앙정부가 국방과 치안을 담당하고 사회 안전을 관리함으로써 각 농민의 보금자리와 일터를 유지하도록 돕는 것이다. 비록 농민의 현실은 1년 내내 뼈 빠지게 일하면서도 고작 입

---

1 재미 역사학자인 황런위黃仁宇의 저서 『허드슨 강변에서 중국 역사를 논하다』의 내용 중 일부 인용하였다.

에 풀칠이나 하는 수준에 그쳤으나 '한 왕조 일도 모르면서 진과 위를 따져서 무엇하리?' 식의 자포자기 심리가 저변에 깔려 있었기에 굳이 물질적 지표로 저울질을 할 이유가 없었다.

그러나 통일 관료 제국과 각 지역 소농 간의 관계는 항상 불안정했다. 왕조의 교체가 이루어진 뒤 한동안은 농민의 조세 부담이 감소하며 전쟁과 재난의 위험이 줄어드는 반면, 변방의 수비는 더욱 공고해졌다. 이런 상황에서 양자의 관계는 변하기 마련이다. 하지만 이러한 왕조 역시 어느덧 중기에 접어들면 사방에서 봉기가 일어나고 환란이 끊이지 않는다. 설상가상 관료층까지 부패하게 되면 '통일중앙정부'의 저울은 한쪽으로 심하게 기울어지기 마련이다. 이러한 사회상은 당대의 시가에서도 잘 드러난다.

> 예나 지금이나 명리의 길은 오로지 문 앞에 있다네.
> 늙을 때까지 집을 떠나지 않으면 일생 편안한 잠 들 수 있을 것을.
> 소와 양을 치다 밤늦게 돌아오면
> 아이들은 밭에서 놀이를 하네.
> 무엇하러 고관대작을 꿈꾸겠는가.
> 오로지 풍년이 들기만을 기다릴 뿐이라네.
> 세금을 걷은들 어찌 괴롭다고 말할까?
> 다만 관리들이 선해지기를 바랄 뿐이지.
> 관리들이 탐욕스럽고 혼탁해지면
> 농가 살림이 애를 태운다네.
>
> 왕정백王貞白, 〈전사곡田舍曲〉

유교식 교육을 받은 사대부들은 이와 같은 균형이 깨지는 것을 반대하고 나섰다.[2] 그들의 붓끝에서 소농 가정은 신음해야 했다. "깊은 밤 시름을 타고 밭가는 소리. 야윈 소는 힘을 못 쓰고 밭 매는 속도는 느릿느릿하기만 하네"[3]와 같은 상황이 속출했다. 그러다 보니 "새싹은 성글고 세금은 많구나. 먹을 곡식은 없건만 관가 창고에는 차곡차곡 쌓여만 가네"와 같은 저항 의식이 나타나기 시작했다. 이러한 시적 표현은 비단 도덕적 양심의 발동일 뿐 아니라 정치적 책임 의식을 나타낸다고 볼 수 있다. 왜냐하면 이들은 제국과 농민의 관계가 상당히 취약한 구조를 지니고 있음에 깊이 통감하고 있었다. 만약 저울의 균형이 깨진다면 치국의 근간마저 붕괴될 우려가 있음을 인식하고 있다는 반증이기도 하다.

오늘날 중국 사회가 당면한 최대의 난관은 각종 규제와 독과점이다. 만약 중소기업과 개인 사업자들이 성장할 수 있는 정상적인 통로를 가로막는다면 기층 민중의 안정된 기초생활을 실현할 길이 없다. 중국은 이러한 역사적 병목 현상을 어떻게 해결하고 발전을 가속화시킬 것인가? 우선 중산층을 늘리고 상위 계층과 하위 계층의 괴리를 없애야 한다. 일반 국민들이 정상적인 경제 상황 아래서 행정 관청이나 특정 단체의 압력에 위축되지 않고 오로지 자신의 노력으로 일상적 풍요를 누릴 수 있어야 한다.

사회적 기반이 평등한 체제 위에 구성되었는가? 중소기업의 지속적인 발전이 가능한가? 자유와 안정 속에서 사회의 구성원 모두가 자신의 생존 공간을 확보할 수 있는가? 이 질문에 그 해답이 달려 있다.

---

2 가장 대표적인 형태가 바로 동중서의 '한민명전限民名田'이다. 이는 농민과 개인의 토지 소유를 제한하고 토지 합병을 제지하는 내용을 담고 있다.
3 안인욱顔仁郁의 〈농가農家〉, 장적張籍의 〈야로가野老歌〉에서 차례로 인용하였다.

9 규모가 해결하지 못하는 정서적 만족

　중국 고대의 전원 시가는 공업화를 이룬 현대에 이르러 그 의미가 퇴색되고 있다. 전원시에는 유독 '작은 시골 마을'을 뜻하는 '소촌장小村庄'이나 '작은 채소밭'을 뜻하는 '소채원小菜園'과 같은 축소지향의 시어들을 쉽게 찾아볼 수 있다. 이러한 소농경제는 다른 나라에서는 쉽게 찾아볼 수 없으며, 농민들에게 풍요를 안겨다주었다. 심지어 소농은 화하문명華河文明의 후손으로서 유사 이래 최대의 태평성세를 창조한 원동력으로 작용했다.

　그렇다면 인류의 대공업화가 현대인에게 가져다준 것은 무엇일까? 전원시에 등장하는 '작은 시골 마을'과 '작은 채소밭'의 정취는 공장의 작업복을 입은 근로자들로 대체되었다. 자동차 매연과 공장의 기계음이 난무하는 시대가 도래하자 사람들은 이러한 대공업화의 물결이 마치 인류의 미래인 양 떠들었다. 하지만 뉴욕 뉴스쿨 대학교의 경제사회학 교수인 아서 비디크Arthur Vidich에 의하면 역사상 일정 기간 내에 엄청난 공업화를 이룬 국가 가운데 50% 이상의 사람들이 취업에 성공한 나라는 영국뿐이라고 한다. 게다가 이는 매우 특수한 사례에 속한다는 것이다.[1]

대공업화 이론의 핵심은 모든 시스템의 획일화와 고용률의 감소에 있다. 인류가 경제생활을 영위하는 이유는 최대한의 자아실현과 잉여 시간의 확보에 그 목적이 있다. 양자의 차이가 결정하는 것은 대공업화는 사회가 필요로 하는 일자리를 충족시키지 못한다는 사실과, 급변하는 시장 경제 체제는 개인의 특색을 강조하는 중소기업과 가족형 기업의 기반 위에 설립되어야 한다는 사실이다.

가족형 기업은 여전히 전 세계 최대의 국내총생산(GDP) 점유율을 차지하며 가장 많은 취업 기회를 제공하고 있다. 미국의 노스웨스턴 대학교 캘로그 스쿨에서 창업 관리를 전문적으로 연구하는 로이드 쉐프스키 Loyd Shefsky 교수에 의하면, 가족형 기업과 중소기업이 GDP의 50% 이상을 점유하고 있다고 한다. 1980년대 이후 각국의 창업 활동이 증가함에 따라 전문성을 보유한 중소기업의 창업과 가족형 기업의 생산 가치와 증가세를 분석해보니 양쪽 모두 부단한 상승세를 기록하고 있었다. 심지어 대기업이 주도하는 세계 경제의 판도를 추월하는 현상까지 나타나고 있다.[2]

상업이냐, 농업이냐 혹은 취업이냐, 창업이냐 하는 갈림길에서 자신이 무엇을 선택하는가는 개인에게 달린 일이다. 하지만 통치자가 자영농의 삶의 터전을 확보하는 일에 관심을 보이지 않는다거나 오늘날의 정부가 독립적 중소기업과 가족형 기업을 적극적으로 육성하지 않는다면 이러한 조직은 동서고금을 막론하고 경쟁력을 잃게 된다. 심지어 수많은 사

---

1 뉴욕에서 공부할 때 강의 시간에 기록한 노트의 내용이다. 아서 비디크는 『대중사회 속의 작은 마을Small Town in Mass Society』이라는 유명한 저서를 남겼으며 생전에 뉴욕 뉴스쿨에서 경제사회학 강의를 하였다.
2 나의 취재 노트를 참조하였다.

회적 문제(단적인 예가 바로 실업이다)를 드러내며 향후의 출로마저 봉쇄당하게 된다. 이것은 필연적인 역사의 법칙이다.

대부분의 중소기업 경영자(특히 관료와 행정기관에 전혀 뒷배가 없는)들은 사실 맨발로 온갖 설움을 참아가며 기업을 운영한다. 하지만 이들의 수익은 대기업의 고위 관리자들이 받는 연봉을 따라가지 못하는 것이 현실이다. 대도시 전문직이나 금융업 종사자와도 별 차이가 나지 않는다. 현대사회의 수레바퀴 속에서 이들이 걸어가는 길은 고대 소농의 운명과 다를 바 없다.

다만 확실한 사실은 인성에는 합리적인 일면이 존재한다는 점이다. 농업에 종사하는 이들의 살림살이는 예나 지금이나 쪼들리기 마련이다. 하지만 자유로운 신분인 이들은 비록 육체적으로는 고달플지 몰라도 자신의 터전을 일구며 살아가는 일상 속에서 정서적 안정감을 얻는다.

작황이 정상적이라면 농민들이 얻는 대가와 수확, 노동과 희열 사이의 간극은 생각보다 크지 않다. 이것은 빌딩이 즐비한 대도시의 사무실과 공장에서는 결코 맛볼 수 없는 소박한 정취를 담고 있다. 당시唐詩 한 수를 감상해보자.

> 작은 밭 일구면 먹고살기 충분하니
> 명승고적을 찾아 술잔을 기울이네.
> 채소를 심으니 내다 팔기에 좋고
> 금방 딴 푸성귀 모두 사라졌네.
> 온통 들마다 대나무 밭이니
> 황혼녘이면 마른 대나무 잎을 줍는다.
> 전원 농가의 마음은 철마다 넘치니
> 봄날의 정취가 석양까지 두루 미치네.

양안陽顏, 〈전가田家〉

10 가족적 주인의식을 가져야 한다

세계 군사와 전쟁사를 연구하는 윌리엄 맥닐William H. McNeill에 따르면 중국은 기원전 800년경 장강 이남을 기점으로 바다 쪽을 향한 민족의 대이주를 시작했다고 한다. 사실상 이주의 범위는 훨씬 먼 곳까지 확대되었으나, 근대 서양의 제국주의와 다른 점은 군사적 개입이 극히 제한된 매우 평화로운 상황에서 이루어졌다는 것이다. 이것이 갖는 더욱 중요한 의미는 민족의 대이주를 통해 방대한 인구의 이동이 시작되었으며, 그와 동시에 거대한 노동력과 기술의 전파가 이루어졌다는 점이다.[1]

화하문명의 전파는 결코 서양식의 정복 논리로 설명할 수 없다. 이것은 특정한 문예사조나 교리의 전파에 의한 것이 아니었으며, 강력한 통치자에 의한 상명하달식 정책과는 더더욱 거리가 멀었다. 이는 대부분 가정경제를 통한 전시 효과demonstration effect였다는 사실에 주목할 필

---

[1] William Mc Neill, *The Global Condition: Conquerors, Catastrophes, and Community* (Princeton: Priceton University Press, 1992), pp 15-16.

요가 있다. 화하 민족의 이주는 양쯔강 유역과 우링五嶺 이남 지역(광동성·광시성 일대), 쓰촨성, 윈난성, 산하이관과 동베이 지방까지 길게 분포되어 있다. 비록 원시적인 형태이기는 하나 황허黃河와 화이허淮河 유역에서 문명이 발원하였고 일부 지역의 문명은 한층 정교한 수준에 이르렀다.

따라서 농민들 사이에는 오랜 세월에 걸쳐 공동체의 이익을 먼저 고려하는 생활방식이 뿌리내리게 되었다. 이는 규율 없이 개인의 이득을 중심으로 하는 생활방식과 비교하면 확실히 우월한 시스템이다.

이러한 생활방식에 익숙하지 않은 사람에게 책임감은 당연히 부담으로 작용한다. 따라서 모든 구성원에게 이러한 공동의 책임감을 부여하는 일에 실패한 조직이라면, 아무리 간절히 협력을 원한다고 해도 소용없는 일이다. 의미를 확대해보면 만약 어느 조직이 공동 책임이라는 가치를 구현하려 하지 않는다면 조직 발전의 일반적 원리에 따라 결국 무법적 강탈과 무절제한 자원의 남용을 초래하여 마치 제 살을 파먹는 것과 다를 바 없는 자멸을 회피할 수 없게 된다는 것이다.

송대에 주류를 이루었던 대표적인 전원시 역시 농촌의 정경을 생생히 묘사하고 있다.

낮에는 밭을 갈고 밤에는 삼을 삼으며
촌에 사는 아이들 저마다 한몫을 하네.

---

2 범성대(1126~1193년)는 남송의 참지정사參知政事이다. 송 효종孝宗과 갈등을 빚어 두 달 만에 파직당했다. 『사시전원잡흥』은 1186년, 석호에서 요양하던 시기에 지은 시이다. 봄날과 봄밤, 여름날, 가을 겨울, 다섯 부분으로 나뉘며 모두 60수에 달한다. 첸종슈錢鍾書는 "내게 가장 큰 영향을 준 것은 중국 고대의 전원시이다"라며 전원 시가를 예찬했다. 송의 효종이 범성대를 재상에 임명하고자 했으나 "농사를 전혀 모르는 것이 흠"이라며 중용을 포기하자 범성대가 즉각 효종에게 이 시를 지어 올렸다는 고사가 전해진다.(첸중수, 『송시선주』 중에서 발췌) 본문에서 인용한 이 시는 사계절 중 여름에 해당한다.

아직 어린 손자손녀 밭과 베틀 모르지만
그래도 뽕나무 그늘에서 오이 심기 배우네.

범성대, 〈사시전원잡흥〉[2]

농가에서는 '큰아들은 콩밭을 매고 둘째아들은 닭 조롱을 엮는' 풍경을 어디서나 쉽게 찾아볼 수 있다. 다른 한쪽에서는 '온 가족의 생계가 농사에 달려 있으니 사내는 쟁기를 갈고 여인은 삼베를 물들이는' 광경이 여기저기서 연출된다. 모든 가정이 농업훈련센터를 표방하는 셈이다. 하지만 가장 중요한 특징을 손꼽으라면 가정의 모든 구성원이 '주인 의식'[3]을 갖고 있었다는 점이다.

중앙 관료와 행정 관리들에게서는 어째서 이러한 주인의식을 찾아보기 힘든 것일까? 사실 그들이 속한 체제가 주인의식을 허락하지 않기 때문이다. 각자 자신이 맡은 업무와 직분을 완수하면 될 뿐 굳이 심혈을 기울일 이유는 없는 것이다.

피터 드러커는 이렇게 말했다. "경영의 핵심은 사상으로 노동력을 대체하고, 지식으로 낡은 규범을 타파하며, 협력으로 강제성을 없애는 일이다."[4] 하지만 이러한 이상적인 경영 철학을 실현할 조직이 현실 속에 과연 존재할까?

---

3 신기질辛企疾의 〈청평락清平樂 · 촌거村居〉, 장초章樵의 〈가계伽溪〉에서 차례로 인용하였다.
4 "Management means, in the last analysis, the substitution of thought for brawnand muscle, of knowledge for folkways and superstition, and of cooperation for force."

11 자연의 섭리에 따른 장기지속성

중국 고전 전원 시가의 특징은 자연과 사물의 아름다움을 애써 포장하려 하지 않는다는 점이다. 전원생활의 아름다움을 한층 강조하기 위한 농밀한 묘사에 결코 치중하지 않으며, 단지 본연의 아름다움에 도취되어 눈에 보이는 그대로의 정경을 노래할 뿐이다.

> 시인은 봄날을 아쉬워하며 다투어 시를 짓고
> 천하에 꽃잎이 분분히 흩날리는 시절을 아쉬워하네.
> 농가는 오직 봄날이 다하는 것을 즐기며
> 황혼의 보리 언덕에서 명주실을 자아내네.[1]

장얼張孽, 〈차운석춘次韻惜春〉

---

[1] 왕안석의 시 가운데, "누에고치는 백설처럼 하얗고 뽕나무는 더욱 푸르네. 보리 이삭을 베어내니 벼가 푸르게 익어가네"란 구절을 인용한 비유이다.

시인은 '꽃잎이 분분히 흩날리는' 정경을 묘사했으나 현실에서는 꽃은 고사하고 그림자도 찾을 수 없었다. 다른 시를 예로 들어보자.

> 어린 보리 싹이 익어 누렇게 변하면
> 보리밭을 보호하려고 굽이굽이 샛길을 돌아간다.
> 벼를 심은 논두렁마다 물이 차오르면
> 집집마다 시루에서 밥 짓는 내음이 가득하네.
>
> 방악方岳, 〈농요農謠〉

시를 통해 농촌 개발과 경영상의 성과를 예찬하고 있음을 엿볼 수 있다. 전원 농가의 개발과 경영이 온 강산을 수려하게 물들이고 있다.

> 산과 들은 온통 푸르고 냇물은 흰데
> 두견새 울음 속에 안개 같은 비를 뿌리네.
> 향촌의 사월에는 한가로운 사람이 드물어
> 누에를 따자마자 다시 모를 심어야 한다네.
>
> 옹권翁卷, 〈향촌사월鄕村四月〉

물론 이 시의 정경에서 인위적 개입이 전혀 없다고 말할 수는 없다. 하지만 강압적이거나 생경한 느낌은 거의 찾아보기 어렵다. 고대 민간 경제의 장점은 열악한 자연 환경과 인간이 하나가 되어 상호 보완해나가는 경영 방식에 있다. 전원생활 속에서 대공업화의 폭발적 역량을 기대할 수는 없으나 누에치기와 모내기 등의 다양한 경영 방식을 통해 나름대로 자구책을 모색하고 있음을 알 수 있다. 이러한 민간 경제의 특징을 특정한 지표에 억지로 끼워 맞추는 것은 어리석은 짓이다. 인간의 계획이란 어차피 대자연 앞에서 무력할 수밖에 없지 않은가? 따라서 인간이 처한 자연 환경에 최대한 복종함으로써 제한적이나마 생존 자원을 얻는 고대의 방식이 훨씬 더 현명한 선택이었는지도 모른다.

미국 위스컨신 대학교의 농업경제학자, 프랭클린 킹Franklin. H. King 박사가 아홉 달 동안 아시아를 돌며 농촌의 실상을 직접 고찰한 후 펴낸 『4,000년을 이겨낸 농부들—중국, 한국 그리고 일본의 영구적 농업 기법』이 최근에 재출간되었다. 1911년에 출간된 킹 박사의 저서는 최근에 와서 새롭게 호평을 받고 있다.

인류와 자연의 관계는 단순한 개체 경영의 결과일 뿐이다. 대공업화 이론에 입각해 마치 개발 앞에 어떤 장애물도 없는 양 착각한 인류의 시도가 번번이 벽에 부딪힌 것은 역사를 통해 입증되었다.

그럼에도 불구하고 대공업화를 유지하기가 쉽지 않은 이유는 지나치게 전문적인 지표에 입각하거나 혹은 조직의 이익을 최우선 순위에 두기 때문이다. 따라서 사회 재창조를 위한 취업의 기회는 갈수록 줄어드는 반면 구성원에 대한 생산량 증대 요구는 갈수록 늘어나는 추세이다.

오늘날 경제 발전에 따른 대공업화는 경제 활동의 일부분이 되었다. 바야흐로 중소기업이 이러한 경제 활동의 대부분을 대체하고 있다. 제한된 조건 아래서 인류는 자연과 한층 융합된 관계를 창조해야 한다. 이것은 미래의 가족형 기업과 중소기업이 해결해야 할 숙제이다. 가족 구성원 모두가 근검절약하며 소박한 일상을 꾸리던 전원시의 정경이 적어도 궁색함이 아닌 미덕으로 인식되는 사회 분위기를 조성하는 것이 급선무일 것이다.

12 위험을 분산하는 지혜

    화하문명과 다른 문명의 차이는 무엇일까? 중국학을 연구하는 프랑스 학자 자크 제네Jacques Gernet는 이 질문에 이렇게 대답했다. 여러 가지 요인이 있을 수 있지만 그중에서 가장 먼저 꼽히는 요인으로 표의문자의 사용과 이를 기반으로 형성된 한자 문화 그리고 한자식 사유 방식을 들었다. 두 번째 요인으로는 노동집약적 농업 및 다른 나라와는 확연한 차이를 보이는 플랜테이션 농업과 목축업의 분리 경영[1]을 내세웠다.

    표의문자의 파급 효과에 관해 설명하려면 형이상학적 이론을 배제할 수가 없다.

    다만 벼 재배와 논농사 같은 노동집약적 농업이 시작된 후로 모든 가

---

[1] Jacques Gernet(J. R. Foster and Charles Hartman trans.), *A History of Chinese Civilization*(NY: Cambridge University Press), 1996. 중국에서는 『중국사회사中國社會史』라는 제목으로 출간되었으며 1972년 프랑스 최고 학술상을 수상했다. 저자인 자크 제네는 중국의 사회와 문화사를 전문적으로 연구하는 20세기 프랑스의 저명한 한학자이자 역사학자, 사회학자이다.

정은 협력의 분업화를 내세운 조직으로 변해갔으며, 생산 업종의 변화에 따라서 이러한 조직의 조합도 전환되었다. 양만리는 자신의 시에서 농촌의 가정이 4인조 경영 조직의 형태를 띠는 것으로 묘사했다.

> 농부가 모를 던지면 아내가 받고
> 작은아들이 모를 나누면 큰아들은 모를 심네.
> 삿갓을 투구 삼고 도롱이를 갑옷 삼지만
> 머리부터 어깨까지 온통 비에 젖어버렸구나.
> 아침 먹어라 부르며 잠시 쉬라 했으나
> 고개 숙이고 허리 굽힌 채 꼼짝도 않는구나.
> 모 뿌리가 아직 굳지 않으니 모내기는 끝나지 않고
> 조심스럽게 거위와 오리를 감시하네.
>
> 양만리, 〈삽앙가揷秧歌〉

이 시가에는 농부와 아내, 그리고 두 아들이 등장한다. 복잡다단한 생산 과정에서 이들 중 어느 한 사람이라도 빠진다면 그날의 업무를 완수할 수 없게 된다. 가족 구성원 각자 자신에게 할당된 역할을 수행하는 셈이다. 아내보다 완력이 센 농부는 파종을 담당하고, 아우보다 힘이 센 형은 모를 심는 일을 담당하는 것이다. 따라서 자신의 업무 이외의 다른 사람의 역할을 완벽히 대행하기는 쉽지 않다. 협력적 생산은 이처럼 각자의 능력이 다름을 인정하고 이러한 특징을 가진 구성원 간의 협동 작업을 요구한다. 중국 전통 가정 기업은 '사내는 밭을 갈고 여인은 직물을 짠다'는 인식이 기본 구조를 이루고 있다. 이러한 틀은 가정 내부의 두 주요 구성원의 전문화를 최대한 높은 단계로 끌어올리는 효과가 있다. 가장은 벼 모종에 능숙한 기술과 힘을 갖추었으며, 아내는 다양한 경영 수완을 보이며 특히 뛰어난 손재주를 자랑한다. 따라서 온 가족의 식사와 의복을 책임지고 담당하는 것이다. 이러한 분담 방식은 가족형 기업의 생존 위험도를 최대한 분산시키는 역할을 한다.

이러한 논리에 입각하여 가정에서는 '학습'과 '생산'을 동시에 추구하는 양상이 나타나기 시작했다. 이것은 결과적으로 여인들을 한층 속박하게 되었다. 왜냐하면 생산의 책임은 이제 그녀들의 어깨로 고스란히 옮겨갔기 때문이다. 구시대에 '학습'의 핵심은 과거 시험을 치르는 것이었으며, 주로 남자들에게 제한된 일이었다. 다만 학습의 결과 운이 좋으면 대폭적인 신분 상승이 대가로 주어졌다. 예를 들어 '고시'를 준비하는 남편 혹은 아들이 있는 가정은 언젠가 그 가족의 구성원들도 힘든 노동에서 벗어날 수 있기 때문이다.

기업 발전이라는 측면에서 보면 이것은 패턴의 전환을 의미한다. 노동집약적 분업과 협력이 학습을 통해 지식집약적 분업과 협력으로 전환되는 것이다. 생산형 분업과 협력이 고부가가치를 창출하는 서비스 분업과 협력으로 전환되는 가장 큰 관건이 바로 학습인 셈이다. 동양 사회에서 부모들이 자식들에게 교육 투자를 아끼지 않는 현상은 전혀 놀라울 것이 없다. 시인 육유陸游는 이를 이렇게 표현했다.

> 시월 동오東誤의 풀은 아직 시들지 않고
> 마을마다 목축과 경작이 뜻한 바가 있노니
> 비록 거두어들일 것은 박하고 작황도 중간 수준이나
> 백성이 내야 하는 세를 제하면 남은 곡식 얼마 되지 않지만
> 가정마다 다투어 스승을 구해 자식을 가르치니
> 마을 입구에서 세를 걷는 관리 찾아보기 힘들구나.
> 당대의 일이 기억나지 않으니
> 묻건대 원화元和에 이처럼 좋은 시절이 있었던가?
>
> 육유, 〈서희書喜〉[2]

계급투쟁 시대에는 육유의 시를 기층민의 암울한 삶을 태평한 척 애써 위로하려는 지식인의 위선으로 내몰았다. 하지만 시인은 자신의 정치성향을 암시적 표현을 통해 분명히 전달하고 있다. 즉 민간 경제의 활력을 불어넣고 숨구멍을 틔워주려면 반드시 조세 감면 정책을 실시하고 결코 노동력을 착취해서는 안 된다는 것을 강조하고 있다.

이러한 정경은 이제 중국의 '과거'일 뿐이다. 하지만 20세기 후반에 접어들며 동아시아의 불안 요인이 점차 줄어듦에 따라 가정경제의 다원화와 중소기업의 부흥이 도래하게 되었다. 내가 공부하던 미국 경영 대학원의 한국계 교수 한 분이 아시아인의 '실용주의'를 강의하는 도중에 다음과 같은 예를 든 적이 있다. 현명한 부모(기업의 이사회에 해당하는)는 비록 전쟁 중일지라도 네 명의 아들 중에서 하나는 관리를 시키고 하나는 혁명가로 만들며 다른 하나는 미국 유학을 보낸다는 것이다. 마지막 남은 아들에게는 가업을 물려주어 가족의 생계를 유지하는 방식으로 위험을 분산시킨다는 것이다. 이 방식은 훗날 평화가 찾아와서 가족 구성원이 모두 모일 경우 누구보다 빠른 시일에 가업을 번창시킬 수 있다는 장점을 지니고 있다.

반면에 과거는 물론이고 현대에 와서도 분업 · 협력의 패턴만 고수하고, '학습'을 소홀히 여긴 가정은 신분 상승의 기회를 얻을 수 없다. 하물며 오늘날에는 남녀 차별이 사라진 사회이므로 여성의 성장 기회는 도처에 있다.

지식은 현재 자신이 처한 상황에서 벗어날 수 있게 해준다. 가정의 삶

---

2 이 시는 당시 농촌 중산층의 생활을 표현하고 있다. 육유가 관직에서 물러나 고향 산음(지금의 소흥)에서 생활하던 때 쓴 시이다. 당시는 비록 작황이 중간 정도였으나 조세의 경감으로 인해 형편이 넉넉한 편이었다. 그래서 자식 교육을 위해 선생을 초빙하는 일이 잦았다. 삼국 시기 동오가 훗날 산음으로 지명을 바꾸었기에 동오라는 지명을 인용하였다. 후반의 원화元和는 당 헌종 이순李純의 연호로 '안사의 난' 후 일시적인 중흥기를 이른다. 시인은 과연 원화 시기에도 이처럼 안락한 전원의 삶이 가능했는지를 묻고 있는 것이다.

의 질은 물론이고 기업 발전을 위해서도 지식 투자에 인색해서는 안 될 것이다.

글로벌화를 지향하는 최근 기업에서는 100명 미만의 직원을 둔 '소형 다국적 기업'의 육성에 박차를 가하고 있다. 영국 《파이낸셜 타임스》는 한 생명공학 기업의 경영 방식을 소개하였다. 그 회사는 자금 유동성이 가장 원활한 국가에 기업의 법인을 등록하고 CEO는 가장 환경이 좋은 국가에 거주하며, 각종 실험과 샘플 취득은 법률이 가장 느슨한 국가에서 시행한다고 한다. 끝으로 생산과 서비스의 설비는 가장 투자 비용이 낮은 중국을 선택했다. 이런 방식의 경영이라면 세상의 어느 기업이 마다하겠는가?

13 지역사회 리더의 임무

기업은 어떤 방식으로 내부 협력을 진행해야 할까? 이 문제는 기업 대 기업의 협력과는 전혀 성격이 다르다. 학자들은 소농 간의 협력 역시 간단한 일은 아니라고 말한다. 만약 기업 내부의 상호 협력에 차질이 생길 경우 규모 효과(size effect, 규모가 작을수록 기업의 주식 수익률이 높게 나타나는 현상_옮긴이)를 전혀 기대할 수 없기 때문에 기업 관리에 고충이 따르게 된다. 이를 방지하기 위해 (1950년대부터 시작된) 강제적 집단화와 (지금도 일부 지방에서 진행 중인) 강제적 도시화가 시행되는 것이다.

사실 농업 사회에서는 협력에 반대하는 경우를 찾아보기 어렵다. 다만 보다 효과적인 협력을 도모하려면 반드시 친숙한 사회관계와 작업 형식을 제공해야 한다. 가령 '문화대혁명' 기간에 정치적 소명을 지닌 인민기업의 수뇌부라고 해도 중대한 사안을 논의할 때는 항상 대중의 폭넓은 지지를 받고 있는 민간 지도자와 농업 전문가가 함께 해결책을 찾아야 한다. 새로운 일이 발생할 때마다 가장 먼저 그들을 찾아가 상황을 보고

하고 의견을 교환해야 한다. 이러한 경영 방식을 골자로 하는 '농촌정화 사업'[1]이 개혁 · 개방 이후 농촌의 정치 생활과 경제 발전에 미친 영향은 여전히 세간의 주목을 끌고 있다.

대학도 예외는 아니다. 학교 안에는 학교 측으로부터 권한을 위임받은 학생 간부와 실제로 학생들의 여론을 장악하는 학생들이 동시에 존재한다. 학사 운영의 상당 부분은 이러한 양측 학생의 협력 여하에 따라 성패가 갈린다.

공장 내부에도 정식 노조가 존재하는가 하면, 비록 비공식적이긴 하지만 자체 조직의 리더도 있다. 만약 이 두 교섭단체 간의 원활한 협력이 현실적으로 요원하다면 기업 전체의 이익에 반하는 상황이 일어날 수도 있다.

고대 중국의 농업이 세계적인 수준에 도달할 수 있었던 배경은 단순히 각 농가마다 기업과 같은 형태의 분업화를 이루었기 때문은 아니다. 그보다는 가정이라는 토양 위에 종족宗族과 지역사회라는 한층 사회화된 체제가 뿌리내리고 있었기에 가능한 일이었다. 이러한 사회적 시스템은 지역사회의 가정 기업 간의 합작을 증폭시키는 연결고리 역할을 수행한다. 이러한 합작 형태는 송대의 시가 속에도 고스란히 반영되어 있다.

험한 산세에 여럿이 힘을 모아 나무를 자르네.
귓가에 노랫소리 흥얼거려도 일손을 놓을 수는 없다네.
밧줄을 당겨 논두렁에 씨앗을 심는다면
콩대와 벼이삭이 청산을 뒤덮을 텐데.
북산에도 씨앗을 뿌리고 남산에도 종자를 심어

---

1 황박, 류조운의 〈"농촌정화": 피할 수 없는 단어〉, 《중국사회과학보》 2011년 5월 1일자 기사를 참조하였다.

서로 도와 밭을 가니 어찌 치우침이 있을소냐.

원컨대 인간사 모두 내 맘과 같으니

세상천지 어디를 황무지라 하겠는가.

왕우칭王禹稱, 〈여전사餘田詞〉²

이 시는 낙후된 산간 지역에 거주하는 화전민들이 품앗이를 통해 열악한 토지를 개간하는 정경을 묘사하고 있다. 화전을 개간하는 동안 대개 노동력 고취와 생산성 제고를 위한 차원에서 노동요를 부르기도 하는데, 이때 주도자가 누구인지는 중요하지 않다.

산간 지역의 화전 마을과 비교하면 다소 발전된 지역(이곳의 수리사업이 언제 시작되었는지 기억하는 이는 없지만)에서도 지역사회 구성원의 노동력을 동원하기 위한 수단으로 노동요가 등장한다.

해마다 우장圩長이 장정들을 모으니

부르지 않아도 제 발로 모여드네.

동시에 구덩이를 내리쳐서 천 개의 삼태기로 흙을 퍼서 나르네.

모두 목청을 높여 목소리를 하나로 맞추니

강물을 휘돌아 흐르는데 도랑은 낮고 천 갈래 만 갈래 논으로 흘러든다.

수문을 닫으니 웃음을 멈추고 지휘에 따라 물의 양을 지켜보네.

양만리, 〈우정사십해圩丁詞十解〉

이 시에는 '우장圩長'이라고 불리는 지역사회의 지도자가 매우 세밀한

---

2 화전을 측량하고 더 많은 토지를 개간하고자 하는 화전 농민들의 마음을 표현한 시이다. 농민 출신의 작자 왕우칭은 북송 사람으로 우습유, 한림학사 등의 관직에 있었으나 직설적이고 과감한 표현으로 파직당하였다. 〈여전사餘田詞〉는 상주(지금의 산시성陝西省)의 부사를 지내던 기간에 지은 시이다.

수리공정작업을 지시하는 정경이 묘사되어 있다. 우장의 역할은 대체 무엇일까? 비록 시인의 자세한 설명은 찾아볼 수 없지만 여기에 동원된 장정들이 결코 강압적인 명령에 의해 모인 것이 아니라는 사실은 의심의 여지가 없다. 이러한 방식은 현대인이 추구하는 선진적이고 공개적인 생산 방식과는 거리가 멀다. 다만 우장이라는 직책이 반드시 그 지역사회의 원로일 필요는 없지만 최소한 지역사회의 원로(혹은 종족의 리더)가 인정하는 인물이어야 한다는 사실은 분명하다. 생산 수준의 고하를 떠나서 사람들의 폭넓은 신뢰를 얻지 못한다면 우장으로서의 역할을 더 이상 수행해나갈 수 없기 때문이다.

과거 중국 사회에서 사회적 네트워크의 구심점은 주로 사회 협력을 촉발시키는 주요 인물들이다. 예를 들어 민족의 리더 혹은 지역사회의 원로가 그들이다. 이러한 '원로협의제'는 국민 1인당 한 표의 선거권을 행사하는 현대의 민주주의 방식처럼 공개적이고 평등하지는 않다. 그렇다고 해서 비민주적이라며 색안경을 쓰고 볼 일도 아니다. 이러한 방식은 영향력과 인력, 경험 등을 중시하는 경제인들에게는 여전히 유효한 기제로 작용하기 때문이다. 여기서 규모를 더 확장하면 지역사회를 기반으로 한 지방 자치와 네트워크를 구심점으로 설립된 자치 업종의 발전에 많은 도움이 될 것이다.

한 가지 더 주목할 점이라면 오늘날 국제 사회의 RFID와 EPC, 그리고 CPFR[3]과 같은 국제 표준 시스템을 몇몇 상업 연합회가 소유하고 있다는 사실이다. 이들은 국제 상거래 업종의 정예화를 위해 회원들이 자발적으로 구성한 기구로, 월마트가 바로 이 기구의 '원로' 역할을 수행하고 있다.

[3] RFID(Radio Frequency Identification)는 전파 혹은 주파수를 이용하여 장거리 정보를 인식하는 기술이고, EPC(Electronic Product Code)는 전자 코드를 통한 상품 식별 추적 시스템, CPFR(Collaborative Planning, Forecasting and Replacement)는 기업 간의 협력적 예측과 보충 시스템이다.

14 송나라의 보위전쟁이 남긴 교훈

중국의 고성을 살피면 과거 전쟁의 흔적을 쉽게 찾아볼 수 있다. 전쟁의 포연 속에서 수없이 허물어져 내린 성벽과 그 아래 산더미처럼 쌓인 백골들을 떠올리면 당시의 비장함이 시공을 초월하여 고스란히 전해져 온다.

전쟁이 터질 때마다 장성은 매번 유실되었고 중원은 쑥대밭이 되었지만, 민초들은 분연히 떨쳐 일어나 맞서 싸워왔다. 이러한 역사적 사실을 통해 전통 사회 속에서, 생산 협력 형태와 이를 근간으로 형성된 무장 자위대의 역할을 고찰해볼 필요가 있다.

창샤長沙는 백성들의 피와 눈물로 얼룩진 역사적 도시이다. 이곳에는 '잉판지에侬盤街'라는 유적지가 있는데, 이곳에 주둔했던 남송의 신기질 辛棄疾 장군이 비호군을 창설했던 역사적인 곳이다. 신기질이 이러한 부대를 설립한 이유는 언제 닥칠지 모르는 금의 공격에 대비하기 위한 것이었다. 조정의 보급과 현지 조달(개인 출자를 포함) 방식으로 지역 무장

자위대를 조직했으나, 안타깝게도 온갖 모함으로 인해 이러한 취지는 흐지부지될 수밖에 없었다.

신기질 이전에는 향자인向子諲[1]이라는 지방관이 민간 세력을 조직하여 금의 군대에 맞서 결사 항전을 벌였다는 기록이 전해온다. 당시는 북송이 멸망한 후 두 명의 황제마저 볼모로 잡혀 있는 상황이었다. 남송의 황제마저 적병의 추격을 피해 온주까지 달아나는 혼란한 정국에서 그나마 다행이라면 각지의 백성들이 자위 부대를 조직하여 지역의 안정을 유지하고 있었다는 사실이다. 다만 향자인의 흔적이 담긴 관련 유적은 오늘날 자취를 찾아볼 수 없다.

신기질과 향자인은 둘 다 후대에 시[2]를 남겼다. 신기질은 비장한 심정을 시에 담아 "오구(갈고리, 주로 병기를 뜻함_옮긴이)를 잡고 사방을 돌아보네. 난간을 두드리니 아무도 모르리라. 산에 오르고 물을 내려다보는 뜻을"이라며 탄식했다. 향자인 역시 "고향은 보이지 않고 가슴만 애끓는구나. 저 멀리 물안개 몽롱하게 피어오르고 끝없는 산세가 아득하네"라는 시 한 수를 남겼다. 훗날 시인 진여의陳與義[3]는 향자인의 업적을 기리며 이러한 시를 썼다.

조정은 오랑캐의 침입을 막을 방법이 없고

---

1 향자인(1085년~1152년)은 송대의 대신으로 금에 강력히 저항하였다. 주전파 대신 이강과 친분이 두텁다는 이유로 조정 권신들의 미움을 받아 배척당하였다. 후에 금과의 화의를 반대하고 나서자 또다시 진회의 노여움을 사서 파직되었다. 연각延閣은 한대 황실의 장서를 보관하는 장소로 이 시에서는 향자인을 비유하고 있다.
2 신기질의 〈수룡음·등건강상심정水龍吟·登建康賞心亭〉, 향자인의 〈진루월秦樓月〉에서 차례로 인용하였다.
3 진여의陳與義는 북송 휘종 시기에 대학 박사를 지냈으며, 남송 고종 시기에 이르러 예부 시랑과 중서사인을 겸직한 학자이다. 송 건염 3년(1129년) 금의 군대가 강을 건너 임안을 향해 돌진하자 송 고종은 바다로 도망쳤다. 건염 4년 봄(1130년) 금의 군대가 다시 명주明州(지금의 닝보)로 진격해오자 고종은 원주로 도피했다. 그 해 금이 지금의 창샤까지 진격해오자 향자인은 군대를 이끌고 결사 항전하였다. 이 시는 바로 이러한 시기에 지은 것이다.

감천甘泉에 저녁 봉화가 타오르네.

도성에서는 금군의 군마 소리 들려오고

외진 바다에서 비룡을 볼 줄 어찌 알았겠는가?[4]

외로운 신하의 백발은 삼천 장이나 되고

해마다 아름다운 꽃들은 만개하여 피어나는데

한 가지 다행인 것은 장사의 태수 향연각이

지친 부대를 이끌고 금나라에 대항하는 것이라네.

진여의, 〈상춘傷春〉

'향연각向延閣'은 향자인을 가리키며 '지친 부대'는 비정규 무장 자위대를 지칭하는 말이다. 비록 이들이 밀려오는 파도처럼 거침없는 기세로 돌진하는 금군에 맞서기에는 역부족이며 그 과정에서 숱한 전략적 오류를 범했다고 한들 국가의 종묘사직이 허물어지는 것을 보고도 대항조차 하지 않는 중앙 정부의 군대와 비교한다면 이들이 당시 사회에 미친 파장은 결코 무시할 수 없다.

남송 시기는 금의 습격으로부터 성을 수호하기 위한 보위전이 끊이지 않았다. 성 주위를 에워싼 적군의 병력에 비하면 이들의 전력은 계란으로 바위 치는 격이었다. 향자인 장군의 업적은 지원군의 도움은 전혀 기대할 수도 없는 극한의 상황에서 이룬 것이라는 점에서 신기질 장군의 활약을 능가한다고 본다. 이러한 결과는 지방 장관의 통솔력과 지역사회의 협력이 이루어낸 눈부신 성과이다. 진규陳規[5]는 문관의 신분으로 최

---

4 감천은 한대 황제의 행궁을 지칭하며, 비룡은 송 고종의 범선을 지칭한다.
5 진규陳規(1072~1141년)는 지금의 산둥 출신으로 문무를 겸비하여 금의 주력 부대를 크게 격파하는 등 전공을 세웠다. 『수성록』에 의하면 진규는 대나무를 이용한 구식 화승총을 제작하여 성을 지키는 데 큰 공을 세웠다고 한다. 이 책에는 성곽 수비와 관련된 여러 가지 새로운 방식과 이로써 적의 공격을 대체하는 전략까지 자세히 기술되어 있다. 또한 구식 성곽을 개혁하여 방어 능력을 증강시킬 것을 주장하는 내용도 포함되어 있다.

첨단 화기를 발명하여 성을 수호하였으며, 중국 역사상 최초의 군사 서적을 편찬하기도 했다.

현대의 치열한 경쟁구도 속에서 중소기업은 지역사회와 업종, 가치를 중심으로 유지되는 지역 자위대의 모델을 벤치마킹할 필요가 있다. 원저우의 라이터 생산 업체들은 상인 연합을 통해 미국의 반덤핑 소송에 맞섰다. 이러한 사례는 중국이 WTO에 가입한 이후 국제 비즈니스 경쟁에서 지역사회 스스로 '자위 부대'를 동원하여 얻은 첫 승리로 기록되었다. 송대 자위 부대의 의미를 현대식으로 재해석하자면, 어떤 조직에도 '원로'의 존재는 반드시 필요하며 신기질, 향자인, 진규와 같은 정예화된 영웅들을 육성하고 이들에게 자문을 구하는 관리 체계의 마련이 시급하다고 본다.

관건은 이처럼 광대한 중소기업과 지역사회 조직을 누가 어떤 방식으로 취합할 수 있을까 하는 점이다. 국내는 물론이고 해외 시장에서 공동의 이익을 대변하는 자위 부대의 선구적 활동에 나설 '원로' 혹은 '영웅'은 과연 누가 될 것인가?

15 우둔한 정부가 영리한 기업을 만든다

해마다 5월 말이면 대도시로 떠났던 사람들이 허난성과 안훼이성으로 향한다. 바야흐로 보리 수확의 시기가 찾아온 것이다. 이곳 출신의 도시인들은 앞을 다투어 고향을 찾지만 보리 수확이 끝나고 나면 다시 도시의 일터로 돌아간다. 이는 가정경제의 일면을 엿볼 수 있는 사회현상의 일종이다.

가정경제의 가장 큰 특징은 바로 이러한 구성원의 수축과 확장에 있다. 게다가 이러한 구성원의 범주를 결정하는 것은 단지 가족 간에 서로 안부를 묻는 일부터 시작된다. 심지어 별도로 공지하지 않아도 이러한 구성은 자연스럽게 생성된다. 반면 현대 대기업의 내부에서는 종종 부서 간의 경쟁 혹은 개인의 이해득실이 자주 충돌하게 된다. 따라서 기업 전체의 구성원 사이에는 불평과 불만이 고조되는 등 가정과는 전혀 다른 양상을 보인다. 예로부터 가정경제를 대표하는 가장 전형적인 형태는 바로 가을 수확 시기였다.

집집마다 서리 내리기 전을 틈타 탈곡을 하네.

웃고 노래하는 소리에 가벼운 우레 소리 들리고

밤새도록 탈곡기 도는 소리에 날이 밝았네.

범성대, 〈사시전원잡흥〉

가정경제의 협력은 만족도가 매우 높다. 하지만 수확이 끝나면 일사분란하게 흩어져 각자 자신의 경영 전선으로 복귀한다(물론 당시 도시 근로자가 있을 리도 없지만).

왕안석의 석류는 붉은 피로 물들고

서늘한 연잎이 푸른 밭에 나부끼네.

준치를 시장에 내다 팔며

강남에는 이미 보리 수확 철이 끝났네.

진조陳造, 〈조하早夏〉

후대인들은 시를 통해 당시 성행하던 각양각색의 가내 협업 형태를 알 수 있다. "대나무 숲 밖의 복숭아나무 서너 그루, 봄 강물이 따스한 것을 오리가 먼저 아네"라는 시에서 농촌에서 기르던 가금류를 짐작할 수 있으며, "조각구름 하나 동정호에 유유히 떠 있고, 농어는 옥빛에 빛나고 감귤은 금빛이 찬란하다"는 시구를 통해서는 어업과 과수의 종류를 파악할 수 있다. "풀꽃의 아득한 향기 자욱하고 초록의 울창한 숲에서 뽕나무와 마가 움트며 자라나네"라는 시에서는 방직농업 작물을 엿볼 수 있으며, "논 두둑 좁다고 말하지 말게. 뽕밭과 채소밭이라네"라는 시구를 통해서는 각종 작물이 풍성하게 자라는 장원의 정경을 상상하게 된다.[1]

---

1 소식의 〈혜숭춘강효경이수惠崇春江曉景二首〉, 미불米芾의 〈수홍정垂虹亭〉, 방악方岳의 〈농요 오수農謠五首〉, 양만리의 〈상다갱도중팔수桑茶坑道中八首〉에서 차례로 인용하였다.

일찍이 서주西周에서는 다양한 업종이 매우 활발히 전개되었다. 『시경詩經』의 〈칠월〉 편을 보면 무수한 작물, 식물, 주업, 부업의 형태가 자주 등장한다. 하지만 여기서 언급된 업종은 효율성이 낮은 '초소형 경영'에 해당한다. 현대 경제의 제일 원칙은 전문화이다. 이 원칙에 따라 농촌에서도 대농업 방식으로의 전환에 열을 올리고 있다.

현대에 와서 대부분의 기업들이 맹목적인 다원화를 추구하는 바람에 내부의 유동자금에 문제가 생기거나 자금 회전이 지연되는 폐단이 일어났다. 더욱 심각한 현상은 사소한 문제가 하나만 발생해도 기업 전체의 자금난으로 확대된다는 사실이다. 하지만 본질적 측면에서, 현대의 기업이 확장 때문에 실패하는 이유는 다원화의 필연적 결과라기보다는 재무 구조상 각종 부서 간의 협력 부재와 상호 견제가 극에 달했기 때문이라는 의견이 지배적이다.

소농경제 속의 다원화는 재무 관리상 단기적으로 닥치는 업무가 기본 업무를 충분히 지탱할 수 있도록 밑받침해주는 효과를 불러오며, 이를 통해 발생한 현금성 수익은 장기적 리스크를 억제하는 결과를 가져온다. 이러한 다원화는 상당히 건강하다고 볼 수 있다. 농업 경제는 생산 기간이 길고 자금 회전이 매우 느리며 기후와 시장 변화에 매우 민감하게 반응한다. 만약 농업 생산성이 저하되면 농지 점유 자체에 위협을 받게 되므로 전체 가정의 사활이 걸린 신용과 보험마저 물거품으로 변한다. 따라서 가금류를 키우거나 가내수공업을 병행하는 일은 단기적 수입을 발생시키며, 만약 수입이 단절될 경우나 혹은 수입이 불안정할 때 농업의 지속적인 투자를 위해서도 필요하다. 이와 동시에 농지에 대한 지속적인 점유를 가능하게 해준다.

농업 수확에 영향을 미치는 중요한 시기, 예를 들어 추수의 계절 가을이 오면 가정의 모든 인력과 물력을 동원하여 가장 중요한 일부터 수행해나간다. 다종 경영 방식은 자원과 노동력이 부족한 상황에서도 주요 영업의 발전에 전혀 영향을 미치지 않는다. 이처럼 다양한 부업은 자원과 시간의 점유 면에 있어서 매우 유연한 탄력성을 지니고 있다는 것이 가장 큰 장점이라고 볼 수 있다.

지금까지 설명한 내용을 통해 소농경제가 조직의 형태로서는 물론 자원 분배와 재무 관리상의 모델로 적합하다는 결론에 이르렀다.

구시대의 계급투쟁적 관점에서 볼 때 정부란 오로지 농민을 착취하기 위해 존재하는 것이다. 사실 소농경제와 통일 관료 제국은 경제 모델 측면에서 비교해보면 상호 완충적이며 상호 보완적이다. 관료 제국의 기본 체제는 직책과 기능이 극히 제한적인 탓에 수많은 가정의 '재무 상황'까지 돌볼 여력이 없었다. 왕안석王安石의 변법에서부터 개혁·개방에 이르는 30여 년 동안 정부는 줄곧 사회적 책임을 면하지 못하고 있다. 이러한 상황에서 많은 가정과 기업은 국가 정책의 혜택을 전혀 누리지 못하고 있다. 결국 이들은 울며 겨자 먹기로 자영업의 절차를 밟아 유동자금을 빌리는 수밖에 없다.

소농경제 속의 다종 경영을 재무 업무라는 측면에서 평가하면, 상당히 다변적이며 임기응변(계절마다 수확하는 작물이 천태만상이 아니던가?)에 강한 수단이라 할 수 있다.

하버드 경영대학원의 교수들이 지적한 것처럼, 신흥 국가의 기업이 이해득실을 꼼꼼히 따지지 않고 무조건 공격적 전략만 추진한다면 반드시 문제가 생긴다. 다원화 경영은 자원의 손실을 보완(가령 중소기업의 금융 재무에 초점을 맞춘다면)한다는 측면에서 매우 유용한 수단이며, 이러한 경영 방식은 기업으로 하여금 자원의 순환과 생존 공간의 획득을 가능하게 해준다.[2]

---

2 타룬 카나와 크리스나 팔레퓨의 『하버드 비즈니스 리뷰의 경영 전략』(1999) 147-170쪽의 "Why Focused Strategies May Be Wrong for Emerging Markets"를 참조했다.

이를 가정경제에 비유하면 남편이 저지른 투자상의 손실을 아내의 수완으로 메우는 것과 다를 바 없으며, 국가의 범주로 확대하면 정부가 우둔할수록 생존을 위한 기업의 임기응변 능력이 높아지는 것과 같은 이치이다.

제3장

군대형 조직

병사를 어린 아기처럼 사랑하라. 깊은 계곡도 헤엄쳐갈 수 있을 것이다.
병사를 자식처럼 사랑하라. 죽음도 두려워하지 않게 될 것이다.
親卒如令兒, 故可與之赴深溪.
親卒如愛子, 故可與之俱死.
– 손무孫武(오吳), 『손자병법孫子兵法』, 기원전 515년경 –

16 최고의 단결력과 경쟁력을 갖춘 조직

지난 2,000년간 지속되어온 화하문명은 통일 관료 제국의 기틀 위에 세워진 소농경제의 굳건한 성장 덕분에 발전할 수 있었다.

관료 제국은 대내적으로 소모전이 끊이지 않고, 대외적으로 끝없이 방대한 영토를 수호해야 했다. 내부 조직의 세밀한 네트워크가 결여된 거대한 체제를 대표하는 상징이 바로 만리장성인 셈이다.

소농경제는 소규모 경작 형태가 낳은 문명의 산물이다. 모든 가정이 하나의 경영 단위 조직을 갖추었으며, 친족과 종족 관계를 토대로 형성된 분업 합작 형태를 띤다. 그렇다면 소농경제와는 또 다른 원형을 지닌 군대는 어떤 식으로 정의하면 좋을까?

일단 구체적으로 어느 시기의 어떤 군대를 대상으로 할 것인지 결정하기가 쉽지 않다. 왜냐하면 군대는 묵자와 그의 제자들로 이루어진 이상적 조직도 아니며(이미 현실에서는 더는 존재하지 않으므로 아무런 의미가 없지만), 재야나 강호를 주름잡는 의적이나 영웅(이들은 단지 자신만의 방식을 추구했을 뿐 높고 이상적인 목표를 지닌 것이 아니었다)이 아니기 때문이다. 군대는 '호전규 일당'[1]처럼 무장한 패거리(이들 역시 전투의 효율성을 갖추지 못했다)를 지칭하는 용어도 아니고, 공상과학영화에 등장하는 기계 군단(개체는 물론 조직마저 독립적 사유 능력이 결여되어 있다는 치명적 약점이 존재한다)도 아니기 때문이다. 따라서 전형적인 군대 조직을 예로 든다면 악가군岳家軍, 척가군戚家軍에서 시작하여 해방군에 이르기까지, 생면부지의 이방인으로 구성되었지만 최고의 응집력과 최대의 경쟁력을 갖춘 조직이 바로 군대이다. 끓어오르는 투지와 청춘의 패기로 충만한 조직이라고 볼 수 있다.

> 어린 시절에는 말타기와 활쏘기를 배우고
> 청년이 되어서는 의협심을 기르네.
> 일찍이 뜻을 세워 독립하고
> 전쟁에서 세운 공이 후대에 드리우네.
>
> 이기李頎, 〈새하곡塞下曲〉

> 부대마다 넘쳐나는 용사들,
> 서로 공을 세우기를 미루지 않네.
> 원컨대 티끌만 한 바람소리도 놓치지 않아
> 오랑캐의 막사를 빼앗으려네.
>
> 장위張謂, 〈동손구면관후등계루同孫枸免官后登薊樓〉

이들은 예상치 못한 적의 침입에 대처하기 위해 잠시도 긴장을 늦추지 못한다.

> 달빛이 날카로운 검을 비추니

막사 안의 진영이 대낮같이 밝구나.
온 산에 적으로 들끓는다는 소문이 파다하니
모두들 선봉에 나와 전투태세를 갖추네.

최국보崔國輔, 〈종군행從軍行〉[1]

때로는 신속한 출정과 야간 기습도 마다하지 않는다.

달은 저물고 기러기 높이 나니
오랑캐가 야밤을 틈타 도망가려 하는구나.
기병을 보내어 쫓고 싶은데
대설이 활과 검 위에 쌓이네.

노륜盧綸, 〈새하곡塞下曲〉

긴장을 놓을 수 없는 전쟁터에서 적을 향한 투지를 불사른다.

새벽에는 북소리 따라 싸우고
밤에는 옥안장 안고 잠들었도다.
원컨대 허리의 칼을 뽑아
당장 누란국의 원수를 베어버리고 싶구나.

이백李白, 〈새하곡육수塞下曲六首〉

때로는 자신의 안위를 돌보지 않고 떨쳐 일어나 적진을 초토화한다.

활시위를 당겨 나아가니

---

1 중국의 경극 〈사가빈〉에 등장하는 지방 무장 자위대를 말한다.

마치 비가 퍼붓는 듯하구나.
백 리 포위망을 뚫고
오천 병사의 수급을 끊어낸다.

류희이劉希夷, 〈장군행將軍行〉

고원한 이상을 실현하기 위해 고심을 다해 지혜와 지략을 모은다.

한신과 팽월의 계략을 가까이서 구하니
이미 손오의 전략을 꿰뚫고 있구나.
사나이 대장부로 태어나
천하를 소탕하려 하네.

류희이, 〈종군행從軍行〉

이들의 탁월한 전적과 용맹한 패기가 마침내 천하를 뒤흔든다.

북두칠성은 하늘 높이 있고
가서한(당대의 명장_옮긴이)은 밤중에도 칼을 차고 있네.
오늘에 이르러 말을 기르는 것을 엿보니
감히 임조를 지나치지 못하리라.

서비인西鄙人, 〈가서가哥舒歌〉

하지만 결코 무력을 맹신하지 않으며 병기를 함부로 휘두르지 않는다.

병기가 흉기임을 알았으니
성인이라면 어쩔 수 없는 경우에만 부득이하게 사용할 뿐이다.

이백, 〈전성남戰城南〉

미국의 경영대학원에서는 강의 중에 군대의 조직 경영 사례를 수업에 활용하곤 한다. 유명 인터넷 서점인 아마존닷컴에도 웨스트포인트(미국 육군사관학교)와 관련된 리더십 이론서가 거의 50여 종에 달한다.

최근 실전 경험이 풍부한 전직 군인들을 IT 기업 등의 고위 관리로 초빙하는 사례가 늘어나고 있다. 중국 사회 내부의 강도 높은 조직을 운영하는 중국의 기업들 또한 물론이고 마오쩌둥의 사상에 이르기까지 자신에게 적합한 모델을 모색하고 연구하는 데 힘을 기울여야 할 것이다.

17 적군을 아군으로 만드는 기술

중국 영화 〈개국대전開國大典〉은 사실적 묘사가 압권이다. 중국 해방 전쟁사의 3대 주요 전쟁(랴오선, 화이하이, 핑진_옮긴이)의 선봉에 서서 적진을 향해 불나방처럼 뛰어들었던 인민 전사들과 1949년 천안문 열병식에 군기를 등에 메고 참가했던 청년들을 주인공으로 다룬 영화다. 이 영화에는 대부분 이러한 중국 북방의 농촌 청년들이 등장하며, 남방 억양의 사투리를 쓰는 간부(지휘관)들의 활약은 좀처럼 찾아보기 어렵다.

영화 〈개국대전〉은 북방의 용사들로 인해 패권 시대가 막을 내렸던 또 다른 역사의 한 장면을 떠올리게 한다. 그것은 바로 '중군 일개 대대가 삼천 기병으로 구성되었으며 모두가 병주幷州의 협객'[1]이었던 당대를 연상하게 만든다.

소위 '협객'이라 하면 신분이 낮고 가난한 집안 출신인 경우가 대부분

---

1 융욱戎昱의 〈출군出軍〉에서 인용하였다.

이다. 현대인들은 그들의 삶을 완전히 이해하기 어렵다. 하지만 지금으로부터 반세기 전 태행산太行山 일대의 모습을 지금도 생생히 기억하는 이들이 있다. 1년이 넘도록 입에 고기 한 점 댄 적이 없으며, 목욕 따위는 상상도 할 수 없는 시절이었다. 하지만 전제 군주(진제국의 이론가 한비에서 일본 제국주의 침략군에 이르기까지)의 눈에 비친 그들은 사회의 불순세력이자 엄격히 구속하고 제거해야 하는 대상일 뿐이었다.

그러나 이들 계층은 중국 혁명의 핵심 세력으로 떠올랐다. 건국 초기인 1950년대와 1960년대에는 텔레비전만 틀면 하루가 멀다 하고 중국에서 가장 낙후된 오지의 사투리를 구사하는 전쟁 영웅이 방송에 출연하여 역사상 가장 치열했던 전투의 전 과정을 회고하는 모습을 심심치 않게 볼 수 있었다.

《인민일보》의 전 편집위원 정투어鄭拓는 태행산의 팔로군 병사 5인의 전투를 기리며 한 수의 시를 지어 바쳤다. 팔로군 병사 5인은 허베이성 이현에서 제1차 항일 전투를 치르는 도중 대부대의 이동을 엄호하기 위해 일본군의 총탄이 빗발치는 가운데 자신들의 목숨을 초개와 같이 던졌다(이들 중 두 명은 산허리의 나뭇가지에 걸려 구사일생으로 목숨을 구했다). 이것이 바로 그 유명한 '랑아산狼牙山의 다섯 용사'이다.

> 북악에 솟아오른 랑야산, 그 변경에
> 시뻘건 핏물이 물들었네.
> 옛 농부의 아들이 오늘은 팔로군의 영웅이 되었구나.
> 다섯 용사 가운데 셋은 장렬한 죽음을 맞이하고
> 역사의 용맹한 고풍을 이룩했네.
>
> 정투어, 〈랑아산의 다섯 영웅狼牙山五壯士〉

양쪽 군대의 병력 차이가 확연히 드러나는 생사의 각축전이 벌어지는 상황에서 공포를 느끼지 않을 사람은 없다. 어찌 한순간 나약한 생각이 들지 않겠는가? 어찌 한순간 배신의 유혹이 없었겠는가? 전제 사회에서 어찌 아부가 없을 수 있으며, 권모술수가 난무하지 않을 수 있다는 말인가? 탁월한 연기력으로 대중의 눈을 속이려는 부류(훗날 강생, 진백달 같은 기회주의자)들이 어찌 권세를 부리지 않았겠는가? 하지만 이 짧은 순간에 정말 믿기지 않는 일이 벌어진 것이다. 일개 부대만 해도 수백만에 이르는 군대와 이들을 지지하는 수천만 명이 참가한 사회운동의 진행 과정에서 어찌 죽음을 두려워하지 않을 수 있었단 말인가? 더구나 이들 모두는 포로병 출신이었다.

한마디로 기적에 가까운 일이 대체 어떻게 벌어진 것일까? 비록 극히 제한적이기는 하나 가난한 농민과 포로병으로 이루어진 혁명 군대가 제공하는 조직의 안정감과 온화함을 첫 번째 이유로 들 수 있다. 이들은 지금껏 단 한 번도 귀속감을 느껴본 적이 없었으며, 개인 차원의 바람이나 이상을 가져본 적도 없었다. 그럴수록 조직의 일원으로 기꺼이 참여하고자 하는 욕구가 누구보다 강하게 촉발되었으며, 이를 행동으로 보답하고자 하는 심리가 작용했다.

조직은 이들을 평등하게 대우하였으며 오로지 개인의 능력과 성과에 따라 기용했다. 따라서 성취도가 높은 사람은 영웅 대접을 받았다. 이로써 자아실현의 의지를 최대한 발휘할 수 있는 기회를 제공받게 된 셈이다. 심지어 이들 자신도 전혀 예상하지 못한 경지에 도달하게 되는 것이다.

가장 전형적인 사례로 류덩劉鄧 대군은 안휘이성의 포로병 왕커친王克勤을 공산당원으로 전향시킨 후에 전쟁 영웅으로 만들었다. 아울러 전군에 '왕커친 운동'을 펼쳤다. 《해방일보》에서는 사설을 통해 포로 왕커친이 구식 군대의 '우매한 노예'에서 벗어나 '지식과 인의, 용맹성을 갖춘 인민 전사'로 재탄생했다고 선전했다. 이러한 전향은 반드시 실천을 담보로 해야 하므로 생각처럼 쉽지 않다. 수백만의 포로(해방 전사)를 수용하여 이들의 의식을 바꾸려면 매우 강력한 제도적 뒷받침이 보장되어야 하기 때문이다. 이러한 제도적 뒷받침이란 사상 정치 공작을 전담하는 각급 정치위원과 정치공작자를 가리키는 것으로 이들이야말로 왕커친 식의 변화를 창조하는 주역인 셈이다.

전쟁의 역사를 훑어보면 이러한 영웅의 등장은 이루 헤아릴 수 없이 많다. 주더朱德² 총사령관은 감개무량한 심정을 시로 나타냈다.

"당의 영웅을 배출하는 일에 최선을 다했으니 귀밑머리의 반점을 걱정할 틈이 없구나." 가슴속의 확신에 찬 포부가 고스란히 드러나는 이 시에서 중공 내전의 진정한 승자와 패자가 누구인지 새삼 따질 필요는 없다.

개혁·개방의 중심에 있는 국유기업들은 우선 '우리 모두는 가족이다'라는 구호부터 떼어내야 한다. 개인의 업적을 중시하기보다는 평균화를 지향하는 관리 방식부터 과감히 개선해야 한다. 조직과 개체의 관계는 단순 명료할수록 효과적이다. 쉽게 말하면 '사장은 돈을 벌어서 좋고 직원은 월급을 벌어서 좋은 것' 그 이상도 이하도 아니라는 사실이다. 하지만 이 역시 다소 현실성이 떨어지기는 한다.

왜냐하면 사람들이 상상하는 단순 명료한 관계는 실천적 측면에서 효과가 낮은 편이다. 단순한 것도 지나치면 반드시 탈이 나기 마련이다. 단순 명료한 자본주의를 골자로 하는 대공업 초기의 관리 체제를 심층적으로 분석해보면 행정이 관리를 대신하고 있음을 인정할 수밖에 없다.

결국 이러한 방식은 개인의 발전을 부정하며, 구성원들의 귀속감을 높이는 데 방해 요인이 될 뿐이다. 개개인의 이상을 실현하는 데 아무런 도움이 되지 않을 뿐더러 평범한 사람이 영웅이 될 수 있도록 장려하지도

---

2 주더의 〈감사팔수용두보추흥시운感事八首用杜甫秋興詩韻〉, 〈공극석문攻克石門〉에서 인용하였다.

않는다. 지식과 기능 집약형을 표방하는 현대의 기업들은 이러한 전근대적인 방식에서 탈피하고자 안간힘을 쓰고 있다.

리더십을 연구하는 학자들은 독일의 사회학자 막스 베버Max Weber가 한 세기 전에 남긴 이론들을 분석한 후 다음과 같은 결론을 얻었다. 기업의 발전을 유지하려면 우선 경영자의 리더십에 전적으로 의지하지 말고, 구성원 모두가 경영자의 정신으로 기업의 모든 시스템에 관여해야 한다는 것이다. 즉 모든 구성원(특히 화이트칼라 지식인 노동자)이 경영상의 주체가 되어야 한다는 것이다. 그래야만 일상적인 업무를 무난히 처리하는 것은 물론이고 돌발적인 상황이 닥쳤을 경우에도 직원 스스로 주체가 되어 필요한 수단과 방법을 채택하고 이로써 임무를 완성할 수 있게 된다.

군대 조직에 이를 대입해보자. 비록 일개 병사였지만 이들은 위기에 대처하는 최고의 행동양식을 갖추었으며, 한마디로 영웅을 자처하였다. 이들의 존재 덕분에 중국은 혁명 시대를 겪으며 놀라운 업적을 창조해낼 수 있었다.

현대 사회의 개인이 자신의 이상을 실현할 수 있는 공간은 더 이상 전쟁터에 국한되지 않는다. 오늘날에는 크고 작은 영리 조직과 비영리 조직이 이를 대신하고 있다. 관리 업무에 종사하는 이들은 역사 속 영웅들의 지혜를 타산지석으로 삼아야 할 것이다.

18 유방 대군과 척가군의 혁신

폐철강은 제철업계에서 매우 유용한 원자재이다. 하지만 폐조직(실패한 조직)은 새로운 조직 건설에 걸림돌이 될 뿐이다.

유방의 대군은 초한 전쟁에서 적군의 병사들까지 아군으로 끌어들여 대승리를 거두게 되었으나 이들이 처음부터 승승장구의 역사를 기록했던 것은 아니다. 초반만 해도 봉기 부대(국민당의 가오수쉰高樹勛 부대처럼)를 포섭하는 일이 기대만큼의 성과를 올리지 못했다. 아군에 극력 저항하던 포로들의 마음을 되돌리는 것은 여간 골치 아픈 일이 아니었지만, 결국에는 왕커친과 같은 정예 부대를 탄생시키기도 했다.

후대의 학자들이 이러한 요인을 분석해본 결과 만약 이들이 기존의 제도를 타파하지 않았다면 이처럼 혁혁한 성과를 올릴 수 없었을 거라는 결론에 도달하게 되었다.

하지만 오로지 기존 제도의 타파에만 주력한다고 모든 것이 가능해지는 것은 아니다. 포로들의 억울한 심정을 털어놓을 수 있는 모든 수단과 방법을 동원함으로써 개조 대상의 변화는 물론이고 심지어 이들의 사상과 심리, 행동의 변화까지 기대해볼 수 있다.

자고로 포로병의 전면적인 흡수를 주장하는 장수는 많지 않다. 다만 조직의 새로운 구성원으로서 기존 군대에 자연스럽게 수용되기를 바랄 뿐이며, 엄격한 기준에 의해 새로운 인재를 선별하고 새로운 군대를 건설하고자 했다. 척계광은 스물여섯 나이에 절강성의 병사를 조직하여 왜구 평정에 나섰으나 처음에는 그 역시 숱한 좌절을 겪었다. 후에 절강 의오義烏 등지의 인민들을 대상으로 "혈기로 하나 되고 저항으로 분연히 일어서라!"는 구호를 외치며 신인을 기용하여(요즘에는 이를 신선한 피를 수혈한다고 표현한다) 새로운 군대를 조직했다. 이렇게 조직된 '척가군'은 후에 절강 이남의 건장한 의병 4,000명을 모집하여 굳건한 역량을 발휘하였다.

중국의 고전 병법에서는 규모는 작지만 강한 전투력을 지닌 정예 부대를 최고로 손꼽는다. 현대 특수부대의 전신이라 할 수 있는 척계광의 병사들은 하늘을 찌를 듯 사기가 높았고, 군율의 확립이나 군사기밀 면에서도 엄격했다. 이러한 상황은 다음의 시에 잘 드러나 있다.

> 왜구를 몰아내자고 말 달린 지 10여 년 바닷물은 차갑게 변했네.
> 외로운 신하는 이곳에 올라서 멀리 황제의 수레 있는 곳 바라보니
> 서리가 다한 곳에 가슴속 충정이 끓는구나.
> 봉우리마다 붉은 단풍 절정을 이루네.

이 시의 제목은 〈망궐대望闕台〉이다. 척 장군이 절강에서 왜구를 몰아내고 복건성에 이르러 지은 시로 알려졌다. '망궐대'란 그가 부하들과 함께 높은 누각에 올라 국토를 바라보던 곳이다.

서리 내린 계곡 곳곳에 깃발이 펄럭이네.
높이 나는 새도 졸음에 겨워 기습을 눈치채지 못했다네.
둥둥 북 치는 소리 높은 지대에 울려 퍼지니
심산의 고승마저 놀라지 않을 수 없구나.

이 시의 제목은 〈효정曉征〉이다. 전반의 두 구절은 쥐도 새도 모르게 실행된 기습 작전의 정경을 묘사하였으며, 후반의 두 구절은 전투의 시작을 알리는 북소리가 하늘에 울려 퍼지는 정경을 표현한 것이다. 심산유곡에 기거하던 노승조차 전쟁의 기미를 전혀 알아차리지 못했을 정도로 긴박한 순간이 아닐 수 없다.

무더운 곳에서 피땀을 흘리며 일곱 번째 봄을 맞이하네.
어스름한 그믐달을 따라가며 강나루를 건너니
물새조차 알게 하지 말라.
한 조각 뜬구름이 이내 몸이려네.

이 시의 제목은 〈독병과조주도督兵過潮州渡〉이다. 당시 척가군은 복건성의 모든 연안을 봉쇄한 후에 광동 지역을 향해 은밀히 이동하며 새로운 전투를 준비하고 있었다. '한 조각 뜬구름'이라는 시어에 자신을 이입하는 동시에 세속의 부귀영화에 초연한 그의 심정을 엿볼 수 있다.

기업의 경영인이라면 직원들이 뜻대로 따라주지 않거나 혹은 사업이 벽에 부딪힐 때마다 밀려오는 절망감이 얼마나 큰지 모두 공감할 것이다. 현실적인 제도의 옳고 그름을 막론하고 기존 조직의 틀을 깨부수지 않는다면 개혁의 의지를 실현할 방법이 없다. 인수합병이 결정된 기업의 개편 과정에서 두 개의 조직이 순조롭게 융합되는 경우는 거의 찾아보기 힘들다. 따라서 업무의 진행상 시간을 지체해서는 안 되는 경우에 기존 시스템 이외에도 새로운 기준에 따라 임원을 선출하고 별도의 단체를 조직하는 사례가 종종 있다. 전통의 '올드보이' 자리를 '새로운 피'로 대체하는 방식의 전면적인 수혈이 이루어지는 것이다.

신생 기업이나 조직의 발전 단계를 보면 오랜 전통을 가진 동종 업계의 국유기업 혹은 조직의 낡은 기풍과 문화에 자신도 모르게 동화되는 현상을 막기란 쉽지 않다.

일례로 공립학교의 교사에게 상당한 액수의 연봉을 제시하여 사립학교로 초빙한 경우 기존의 교육제도와 새롭게 '접목'하는 과정에서 폐단이 속출했으며, 학생들의 부담마저 가중되었다. 결국 몇 년 후 이 사립학교는 공립학교와 다를 바 없는 침체된 분위기로 변했다. 이들이 당초 기대했던 '특색 있는 교풍 창출'이라는 구호는 흐지부지되고 말았다.

이와 같은 사례는 '포로'가 '아군'으로 개조된 것일까? 아니면 '아군'이 '포로'로 개조된 것일까?

19 병사를 가족처럼 사랑하라

'악가군岳家軍'과 '척가군戚家軍'의 탄생은 역사상 어떤 의미를 지니고 있을까? 이와 같은 군대는 비록 소규모 조직이지만 상당히 뛰어난 전투력을 지녔으며 매우 긴밀한 내부 조직을 갖추었다는 특징이 있다. 이로 인해 마치 피를 나눈 형제와 같은 결속력을 유지할 수 있었다.

하지만 부대의 명칭에 굳이 '가家'를 붙인 이유가 단순히 '가족 같은 군대'라는 전통적인 개념 때문은 아니었다. 이들의 조직 내부는 상하를 따로 구분할 필요가 없었으며, 엄격한 군령으로 구속하려는 규정도 존재하지 않았다. 정서적인 유대감이 탄탄하다는 것은 이들이 가진 가장 큰 장점일 것이다.

사실 고도의 경쟁구도 속에서 공격적인 성격의 업무를 맡은 조직의 경우, 몇 차례의 치열한 전투과정에서 만약 전군이 몰살당하는 비극을 용케 피하고 난후에는, 더욱 긴밀한 정서적 유대감이 형성된다. 이처럼 한 단계 승화된 정서적 체험은 비단 전쟁터의 병사들에게만 한정된 경험은 아니다.

고전 병서들이 '병사를 자식처럼 사랑하라'고 거듭 강조하는 이유가 바로 이 때문이다. 이 말의 의미는 지휘관을 '가장'으로 여기고 복종하라는 것이 아니라 병사를 자기 자식처럼 여기며 돌보아야 한다는 의미가 더욱 크다.

이 말은 병사들을 통솔하는 지휘관에게 시종일관 자애로운 가장의 본보기를 보여야 한다는 강제의 뜻은 아니다. 노나라의 오기吳起는 제나라 출신인 아내의 목숨을 제 손으로 끊었으며 손무는 궁녀를 살해했고 이광李廣은 포로를 죽였다. 지난 역사의 페이지를 들춰보면 지휘관의 일면에는 이토록 냉혈하고 잔악한 인성이 숨겨져 있음을 인정하지 않을 수 없다. 매니지먼트 연구자들이 리더십의 유형을 나눌 때 '마법사와 전사 wizard and warrior'로 귀납하는 이유를 바로 여기에서 짐작할 수 있다.

병사들을 통솔하는 임무를 맡은 지휘관이라면 조직 내부의 관계와 협력이 전투의 향방을 가르며 자신들의 생존을 좌우한다는 사실을 결코 간과해서는 안 된다. 전쟁에서 승리하고 싶다면 포악성을 자제하는 한편 평소 병사들과 동고동락하는 모습을 실천해야 한다. 특히 유사시에는 병사들보다 한 발 앞서 적진을 향해 돌진하는 솔선수범이 무엇보다 중요하다.

여기 재미있는 사례가 있다. 변방 수호에 평생을 바친 이광李廣은 비록 전쟁사에는 그 이름이 크게 거론되지 못했으나 후대로 갈수록 그 업적은 더욱 빛을 발하고 있다. 특히 무를 숭상하던 당대에는 이광의 발자취를 기리는 시가가 이루 헤아릴 수 없이 많았다. 이러한 현상은 그와 동시대를 살았던 장수 위청과 곽거병을 무색하게 할 만큼 매우 이례적이다. "용성에 비장군이 있었다면 오랑캐의 말이 음산을 넘어오지 못했을 텐데"라는 시가를 비롯하여 "비장군이 왜구를 쫓아낸다면 전쟁에 나갔던 말들이 살아 돌아올 것을" 혹은 "위청 장군의 불패는 하늘이 도운 것이지만 이광이 공을 세우지 못한 것은 실로 불가사의한 일이다" 또는 "그대는 진정 전쟁터의 고통을 보지 못했는가? 이제 와서 이광 장군의 넋을 추모할 뿐이네" 등등의 시가[1]를 통해 충분히 확인할 수 있다.

송대에 유행했던 사詞 가운데도 이광 장군을 칭송하는 내용이 종종 눈에 띈다. 가령 "천고에 빛나는 이 장군의 용맹함이 오랑캐의 말을 빼앗았네. 사람들은 이광에게 제를 올리고 그를 제후에 봉하였네", "이 장군이 황제를 만나니 어찌 수많은 제후들이 도를 논할 가치가 있으랴" 혹은 "백발이 된 노인들도 지금까지 이광보다 훌륭한 장수는 없었다며 한이 맺힌 듯이 말하네"[2] 등등 헤아릴 수 없이 많은 문인들이 그의 업적에 찬사를 보냈다. 그중에서도 신기질의 〈야독이광전夜讀李廣傳〉이 주는 감동은 백미라 할 수 있다.

장군은 늦은 밤에야 돌아와서 길가의 정자에 앉아 말의 안장을 풀었다. 그는 거나하게 취한 파릉의 군관을 혐오하며 총총히 발길을 옮겨야 했다. 자고로 복숭아와 배나무는 자신을 내세우지 않아도 아래에 발자취가 절로 생기는 법이다. 장군이 호랑이처럼 산을 내달리니 돌 구르는 소리에 온 산이 놀라 깨어났다. 제후로 봉하는 일은 번번이 실망으로 변하고 세밑의 전원을 서성거린다. 누가 상마桑麻로 뒤덮인 두곡杜曲을 향해 단기필마로 남산을 옮기려 하는가? 보아하니 세속의 인심이 개탄스러울 뿐이니 웃으며 여생을 한탄하였다. 한때 한의 변방을 달리며 만 리에 공명을 떨쳤으나 할 일이 없을 뿐이니 창밖에는 비스듬히 바람 불고 가

---

1 왕창령의 〈출새이수出塞二首〉, 엄무嚴武의 〈군성조추軍城早秋〉, 왕유王維의 〈노장행老將行〉, 고괄高适의 〈연가행燕歌行〉, 엄무의 〈군성조추〉에서 차례로 인용하였다.
2 신기질의 〈복산자卜算子〉, 유극장의 〈심원춘沁園春〉, 유진옹劉辰翁의 〈모어인摸魚人〉에서 차례로 인용하였다.

랑비가 흩뿌리니 한바탕 찬 공기가 밀려온다.

신기질, 〈팔성감주八聲甘州〉

신기질은 단순히 자신이 느낀 감상만 토로한 것이 아니었다. 왜냐하면 그 역시 이광처럼 불운한 말년을 보냈기 때문이다. 이광에 비하면 신기질은 능력을 발휘할 기회조차 얻지 못했다. 기록에 의하면 병사들을 지휘했던 두 사람의 행적은 하늘을 우러러 한 점 부끄러움이 없었다. 이광의 발자취를 기록한 『사기』에는 이런 글이 적혀 있다.

"이광은 병사들이 목말라하는 모습을 보면 자신은 물 근처에도 가지 않았고, 병사들이 굶고 있으면 자신의 입에 음식을 가져다 대지도 않았다. 그는 병사를 제 몸처럼 아끼고 사랑하는 것을 오히려 낙으로 여겼다." 짧은 문장이지만 부하를 향한 이광 장군의 온후하고 자애로운 사랑을 짐작할 수 있다. 그런 그가 여느 지휘관처럼 부하에게 가혹행위를 했을 리 없지 않은가? 병사들은 그런 이광 장군을 향해 가슴에서 우러나오는 존경심을 품었으며, 하물며 그와 함께라면 고된 출정도 마다하지 않았을 뿐 아니라 오히려 영광으로 여겼다.

신기질과 관련된 또 다른 기록을 보면 그가 사재를 털면서까지 비호군 창설에 최선을 다했다는 사실을 알 수 있다. 훗날 그는 모함을 당한 현실을 탄식하며 "부끄럽게도 율무로 명주를 만들었으니 맨손으로 호랑이를 묶어야 하는 책임이 막중하구나"[3]라고 말한 가운데 그의 착잡한 심정을 엿볼 수 있다.

『사기』의 기록을 보면 지휘관으로서 이광이 거둔 성과는 위청, 곽거병

---

3 신기질의 〈송호남부곡送湖南部曲〉에서 인용하였다. 『후한서』〈마원전馬援傳〉에 의하면, 마원이 교지를 평정하고 돌아올 때 마차에 율무를 싣고 온 적이 있었다. 사람들은 그의 마차에 실린 율무가 희고 빛나는 것을 보고 진주로 오해하고 그를 모함했다. 이 이야기는 후대에 와서 '억이명주薏苡明珠'라 하여 억울한 모함을 받는 것을 뜻하는 말로 쓰였다. 여기에 인용된 문장은 지휘관으로서 모함을 받은 억울한 심정을 마치 빈손으로 호랑이를 막는 용사에 비유하고 있다.

과 비할 바가 아니었다. 이러한 기록을 통해 이광의 이름이 이토록 오래 칭송되고 있는 이유를 알 수 있다. 사마천은 아마도 이광을 향한 따스하고 애정 어린 시선을 감출 수 없었을 것이다. 따라서 그의 사적을 기록할 때마다 이처럼 감개무량하고 애틋한 심정이 자연스레 붓끝에서 묻어나온 것이 아닐까? 구비문학이 지닌 특성상 이는 결코 누군가의 강요나 억압에 좌우되는 것이 아니다. 변방의 끝에서 진한 형제애를 나눈 경험 혹은 피비린내 나는 전쟁터에서 생사의 존망을 함께한 전우가 아니면 쉽게 형성되기 어려운 동지애라고 말할 수 있다.

『사기』의 〈이장군 열전〉이 바로 "복숭아와 배나무는 스스로 내세우지 않아도 그 아래 저절로 발자취가 생긴다(桃李不言, 下自成蹊)"는 고사의 출전이다. 이처럼 옛 선조들의 도덕의식이 반영된 글을 읽으며 신기질은 못다 이룬 자신의 건군 경험을 떠올렸을 것이며, 창밖의 빗소리에 잠을 이루지 못했을 것이다.

이로써 내릴 수 있는 결론은 고도의 경쟁 사회에서 개개인의 역량을 충분히 발휘하게 해주는 조직, 예를 들어 적군으로부터 '비장군'이란 호칭을 얻은 군대(이를 일개 장수의 호칭으로 간주해서는 안 된다)의 조직 문화는 결코 관료 조직(중국의 경우 중앙집권적 관료 사회를 말한다)의 조직 문화와 동급일 수 없다는 사실이다. 이는 민간 조직(소농경제 속의 가내수공업과 지역사회의 합작 형태를 포함한다)의 조직 이론과도 구별된다.

이러한 조직은 세속과는 전혀 다른 노선을 추구한다. 관료풍의 사고에서 탈피하여 참신하고 독특한 모델을 지향한다. 여기에는 오로지 감정적 유대와 정서적 공감대가 우선적으로 작용한다. 심지어 생면부지의 낯선 조직원(혈연, 지연, 출신, 문화권마저 전혀 다른)들을 하나로 응집하는 고도의 경쟁력과 창조성(각종 병법의 전략을 실현하기 때문에)을 지닌 긴밀한 조직 형태를 띤다. 사실 이러한 조직은 정신적 자원과 도덕적 가치를 책임지고 실현해나가는 그 사회의 정예 집단이라고 할 수 있다. 현대 사회에 와서는 다수와 차별화된 업적을 창조하거나 극심한 시장 경쟁 속에서 기발한 상품을 출시하거나 독특한 서비스를 창출하는 기업들이 이처럼 실천성이 강한 정예 부대에 해당한다고 할 수 있다. 그들의 조직 문화는 전형적인 대조직(대관료 기구, 대기업)이나 자발적인 소조직(가정 혹은 개인)과 확연히 다른 특징을 지니고 있다.

만약 남의 귀감이 되는 솔선수범을 중시하고 스승을 숭상하는 중국 문화에서, 지휘관(혹은 관리자)의 역할을 수행하는 자가 정부와 사회의 중간 계층에 놓인 정예 조직원(백성)을 대하는 방식이 서툴거나 위기의 순간이 닥쳤을 때 최소한의 책임마저 보이지 않는다면, 이들은 근본적으로 조직의 목표를 달성할 수가 없다. 이광은 비극의 주인공이다. 그는 한 번의 실패 이후 스스로 목숨을 끊어 지휘관으로서의 명예를 지켰다. 반면에 한때의 반짝 인기에 영합하여 자신의 업적 쌓기에만 바쁜 이들(당조의 이융기를 포함)은 모범적인 역할 수행은 항상 뒷전으로 미루기 때문에 결국 모든 조직원을 파멸로 몰고 가는 더 큰 비극을 초래한다.

20 한나라 군대와 인의 정치

경영 · 관리 연구자들은 한결같이 강조한다. 어느 조직을 막론하고 불확실한 요인에 직면했을 때 '인적자원'을 최우선적으로 내세울 수 없다면 그 조직의 구성원들은 결코 하나의 목표에 집중할 수 없다. 조직의 목표를 위한 어떠한 추진 동력도 이끌어낼 수 없는 상황에서, 리더십의 발휘는 기대조차 할 수 없을 것이다. 춘추전국시대(유사 이래 최대의 불확실성 시대라는 사실은 아무도 부정하지 못할 것이다)에는 수많은 학파가 우후죽순으로 등장했다. 시기상 유가보다 훨씬 앞서 조직된 학파도 있었으며, 상당히 긴밀한 조직망을 갖춘 학파도 다수 있었다. 이들 중에 일부는 남부럽지 않은 체계를 갖추고 상당히 현묘한 이론을 대중에게 제시했다. 하지만 결국 사회적으로 가장 널리 인정을 받은 것은 유가 학파에서 제창한 '인의仁義'였다. 인간의 기본이 되는 공공의 가치는 비非 유가, 예를 들어 잡가, 도가, 병가, 법가에 이르기까지 적지 않은 영향을 두루 미쳤다.

비록 형식상 육국을 정복한 것은(이것은 가의의 견해이다) 진제국이지만, 사상적인 측면에서 천하통일을 이룬 것은 '인의의 가치'라고 할 수 있다. 바로 여기에서 진의 권력 붕괴가 이토록 급속히 가속화된 이유를 찾아볼 수 있다. 진을 이은 한 왕조 역시 절반의 성공과 절반의 실패로 그치고 말았다.

'인의'는 한 무제 때에 동중서가 유교 중심주의의 핵심 가치인 '독존유술獨尊儒述'을 제창하기 전에도 이미 고전 정치학의 기본으로 인식되었다. 이는 전국시대 후기의 문헌을 통해 확인할 수 있다. 이러한 유가의 핵심 개념은 실천적 측면에서도 더욱 빛을 발하였다. 한나라 건립 초기에는 '인의'에 입각하여 조직을 편제하거나 민심을 얻었다.

장량張良이 노인으로부터 전수받은 정치학 교재(『황석공삼략黃石公三略』에는 '병법'에 관한 내용만 있는 것이 아니다)는 이념 측면에서 강력한 군주의 권력에 집중하던 진의 법가와 매우 거리가 멀었다. 평등한 조건에서 어느 소그룹에도 얽매이지 않은 전문성을 갖춘 인사들을 대거 기용하자는 것이 핵심 요인일 뿐 졸개들을 양성하여 정치적 기반을 양성하고 근거지를 쟁취하려는 것이 목적이 아니었다.

유방은 비록 귀에 거슬리기는 했으나 육가가 "말 위에서는 천하를 다스릴 수 없다"고 충고했을 때 이를 받아들였다. 육가는 한 발 더 나아가 『시경』과 『서경』의 중요성을 강조했는데 이는 '문무병용文武竝用'의 가치를 군주에게 천명하기 위한 것이다.

장량의 충고는 여기서 멈추지 않았다. 그는 번쾌와 함께 함양을 점령한 후 유방에게 결코 '부가옹富家翁'에 마음이 흔들려서는 안 되며, 한의 군대에게는 '약법삼장約法三章'을 내세워 현지 백성들의 민심을 다스리기 위한 관리상의 효율과 관용[1]을 강조했다.

---

1 초한 전쟁 시기에 두 나라의 정책은 임검명, 조굉의 『진한간사秦漢簡史』(복건인민출판사, 1995년) 를 통해 확인할 수 있다.

그러나 초나라 군대는 이들과 달리 포로들을 생매장하고 방화를 일삼으며 현지 지방 관리들을 내쫓는 등 연맹 조약을 깡그리 무시했다. 심지어 그들이 옹립한 군주를 축출하기까지 하는 등 명예를 중시하는 정치적 명분마저 짓밟는 악행을 서슴지 않았다. 당대에 와서 '초는 인의 정치를 베풀지 못했으며 병법을 왜곡시켰다'[2]는 평가를 받게 된 것도 당연한 일이다.

허물어진 아방궁을 찾는 이 누구일까?
방방마다 활짝 창문을 열어보지만
진대의 천추 대업은 초나라 병사의 손에 하루아침에 재가 되었구나.
노인들은 그 끝을 알고 있으나 산 자의 뜻은 돌아올 줄 모르네.
어찌하여 폭정으로 일으키고 폭정으로 무너졌단 말인가?
조상의 수염이 끊어지면 목덜미의 수염도 꺾이고 마는 것을.

장호張祜, 〈경함양성經咸陽城〉

송대의 시인도 비난의 목소리를 보탰다.

항우는 하늘이 내릴 때부터 인을 따르지 않았으니
어찌 아부亞父(범증范增_옮긴이)와 더불어 천하를 모의하랴.
홍문연에서 술잔을 기울이기 전에 뜻을 이루었다면
상과 진의 군주가 되고도 남았을 텐데.

전순선錢舜選, 〈항우項羽〉

행간을 통해 항우는 무자비한 약탈을 자행했을 뿐 아니라 정치적으로

━━━
2 왕준汪遵의 〈항정項亭〉에서 인용하였다.

도 진대의 전철을 밟고 있음을 알 수 있다. 과거의 역사를 어떤 시각으로 바라볼 것인가 하는 문제는 여전히 논쟁거리이다. 사마천의 시각을 옹호하는 현대인들은 이미 명문화된 그의 기록을 통해 진제국 시대의 백성들은 유방의 군대가 내세웠던 인의 정책에 감화되어 적극적인 협조를 아끼지 않았다고 생각한다. 하지만 당시 백성들은 심지어 "패공(유방)이 진의 왕이 되지 않을까"[3] 오히려 두려워했다. 훗날 유가는 생활 속 실천 개념으로서의 '인의'로 발전하기보다는 '지나치게 번잡스럽고 허례허식으로 가득 찬 설교와 예법'으로 변질되었다.

'인'과 '인이 아닌 것'의 경계는 마치 물과 기름처럼 확연히 나뉜다. 때로 별 차이가 아닌 것처럼 보이는 이 틈새는 지향하는 가치에 매우 커다란 차이가 존재한다. 오늘날에는 기업 간의 인재 경쟁과 임금 기준의 저울이 한쪽으로 편향되는 현상이 두드러지게 나타나고 있다. 이런 시기에 과연 누가 기회를 잡을 것인가? 어느 누가 선점할 것인가, 하는 문제는 기업이 근로자 개인의 발전을 위해 얼마나 많은 공을 들였는지에 따라 극명하게 갈라진다.

중국에 진출한 외국 기업의 경우 수익성도 월등하지만 직원 복지 차원에서도 많은 노력을 기울이고 있다. 예를 들어 사원주택을 짓고 대출 기회를 늘려주며 직원 자녀 대상으로 육아와 학교 시설 등을 제공한다. 단순히 이런 점만 비교해봤을 때 일부 기업(국내 기업이든 외국 기업이든)의 경우는 인적 인프라 형성은 고사하고 인재 양성조차 기대할 수 없는 상황이니 향후 과연 무엇을 가장 중요한 요소로 삼아 기업을 유지할지 우려된다.

---

3 사마천(주평 : 한조기)의 『사기』〈고조본기高祖本紀〉(악록서사, 2004년) 202쪽에서 발췌한 내용이다.

21 군주에게도 스승이 필요하다

　겉보기에는 처세에 어둡고 고지식해 보이는 사대부들도 한 시대의 태평성세를 평가할 때 군주 한 사람의 치적으로만 돌리는 경우는 매우 드물다. 유가의 선비들이 그토록 공자를 떠받들었던 이유는 단지 핑계에 불과했을 수도 있다. 그들의 원래 목적은 당대 위정자(혹은 전대 왕조)들을 깎아내리기 위한 속셈인지도 모른다.

　현대인의 관점에서 과거 그들의 문헌을 재해석해보자. 군주(이들에겐 대부분 참모가 있다)가 자신의 이상을 위해 역사를 창조했다기보다는 군주의 참모 역할(이들이야말로 진정한 안목을 갖춘 전략가이다)을 맡은 자들이 군주의 사상을 지배함으로써 자신의 이념을 역사에 구현한 것에 불과했음을 짐작할 수 있다.

　역사상 가장 위대한 성공 사례는 군신이 서로 협력했을 때 가능하다. 초한 시기의 흥미진진한 역사에 후대인이 끊임없이 열광하는 이유는 당시의 군신 관계(특히 유방과 장량)에 대한 무한한 동경 때문은 아닐까?

심지어 현대 역사가들은 역대 왕조와 비교했을 때 한의 초기 정치체제를 경직성과 잔혹성으로 점철된 중국 통일 관료 제국의 모델에서 벗어난 시기로 규정한다. 그 이유는 군주와 귀족 사회가 전문 관리의 역할을 수행하는 참모들에게 불필요한 제한을 두지 않았기 때문이다.

이상의 논리로 볼 때 리더십이란 일개 지도자의 범주 안에서만 파악하기 어렵다는 사실을 알 수 있다. 리더십이란 최고 권위를 지닌 한두 사람의 담력이나 능력만으로 설명할 수는 없으며, 이보다 훨씬 복합적인 요인에 의해 결정된다. 그 첫 번째가 고위 관리층(혹은 지도층)을 구성하는 성원들 각각의 상호 업무 관계를 들 수 있다.

일개 조직의 수장이 아무리 그럴듯한 완장을 차고 아무리 뛰어난 능력을 보인다고 한들 모든 면에서 완벽할 수는 없다(이것이 21세기 중국의 현실이다. 굳이 이러한 현실을 부정할 필요는 없다). 그렇다면 일단 이러한 현실을 인정한 후에는 무엇을 해야 할까? 누군가 나서서 해결하기만을 기다리며 무관심으로 일관한다면 21세기 국민으로서의 책임과 의무를 기만하는 일이 될 것이다.

그렇다면 현실에 대한 분노로 가득한 청년들처럼 걸핏하면 시위를 벌이고 구호를 외쳐야 할까? 아니면 고의성이 다분한 '청개구리'식 저항이라도 고집해야 할까? 하지만 이러한 방식은 어떠한 사상적 체계도 갖추지 못했을 뿐 아니라 건설적인 제안으로 인정될 수도 없다. 현대 시민의 성숙한 자세라고 보기도 어렵다. 이보다는 개인의 의견을 취합하여 조직의 정책에 직접 반영하려는 노력이 뒤따라야 할 것이다. 이로써 조직의 효율적 관리를 촉진하는 것이 가장 효과적인 방법이라고 여겨진다.

역사상 가장 확실한 성취를 보여주었던 군주나 지도자의 배후에는 항상 지혜로운 참모의 역할을 수행하는 인물이 있었던 것도 바로 이러한 이유이다. 참모들은 자신의 기량을 충분히 발휘하여 군주로 하여금 각종 정보와 지식을 통합하여 정책을 조정하고 전략을 실시할 수 있도록 돕는 역할을 한다. 이로써 군주는 최고 가치를 구현하게 되는 것이다. 현대 매니지먼트 학자들에 의하면, 기업의 리더십은 CEO와 그 측근들이 맺는 관계에 달려 있으며 이를 경제 용어로 'intimate counselor'라고 한다. 중국에서는 이를 '친밀한 전우'의 관계[1]로 인식한다.

예로부터 '용사자왕用師者王'이란 군주들이 자신이 존경하는 인물을 스승으로 모시고 자문을 구하는 것을 말한다. 실제로 백성들이 권력을 불신하는 가장 뿌리 깊은 요인은 지혜로운 자를 멀리하고 지식을 폄하하거나 혹은 아예 지식과 단절된 자가 '왕'으로 군림하는 일이다. '왕의 스승'으로 상징되는 참모의 식견과 이미지는 정책 결정과 대중의 호응을 가늠하는 매우 중요한 지표이다. 이들의 제안은 대개 그 조직의 성패와 운명의 향방을 결정하기 때문이다.

왕의 스승으로서의 역할은 뒷짐을 진 채 유유히 팔자걸음이나 걸으며 실생활과 동떨어진 이론이나 들먹이는 '유학자'와는 거리가 멀다. 이들은 급박한 위기 속에서 생존의 지혜를 짜낸다. 예를 들어 초한 전쟁에서 일시적인 열세에 처한 유방이 한신에게 출병을 재촉했으나 한신은 그런 유방에게 서한을 보내 자신을 왕으로 봉해달라고 요청했다. 화가 머리끝까지 치민 유방은 당장 한신을 제거하려고 했으나 장량과 진평은 한사코 그를 만류하였고, 결국 유방은 한신의 요구에 응하였다. 후대인들은 이 사실을 놓고 이렇게 평가했다.

웃음 속에 천하를 걸고 두 마리 용을 지켜보니
회음淮陰의 시선이 닿는 곳에 승패가 갈라지네.
왕을 흥하게 하는 계략은 어디에도 찾아볼 수 없으나

1 Kerry Sulkowicz, "Worse Than Enemies: The CEO's Destructive Confidant", Harvard Business Review, February 2004, pp. 65-71

이미 범려 선생은 일엽편주에 몸을 실었네.

양만리, 〈독자방전讀子房傳〉

'두 마리 용'은 유방과 항우를 지칭하는 말이며, '회음'은 한신을 말한다. 한신이 누구를 지지하는가에 따라 천하의 승패가 갈리는 상황이었다. 그러나 이러한 결정적인 시기에 유방은 대체 무엇을 했을까? 그에게는 전체 국면을 꿰뚫어보는 전략적 안목이 전혀 없었으며 창의성도 부족했다. 따라서 참모의 말을 따를 수밖에 없었다. 훗날 장량의 도움으로 천하를 차지한 유방은 결국 이러한 사실을 스스로 인정하기에 이르렀다.

"장막 안에서 짜낸 전략으로 천 리 밖의 승패를 좌우하는 장량을 어느 누가 따를 수 있겠는가?"

현대식 군대에는 전략 자문 시스템 차원에서 참모부와 참모장이라는 직책을 두고 있다. 참모의 자질에 대한 논의는 개개인의 견해가 다르기 때문에 다음에 별도로 다루기로 한다.

중국은 고대의 어느 시기를 막론하고 일정 계급 이상의 장관은 자신의 막부를 설치하거나 혹은 자문 조직을 설립했는데, 막부의 구성원은 자신이 직접 선별하였다. 역사를 돌이켜보면 참혹한 전쟁이 치러지던 옌안延安에서도 고위 관리층의 이론 학습이 시행되고 있었는데, 당시 일부 내용 중에는 클라우제비츠의 『전쟁론』과 『손자병법』의 비교 연구 등이 포함되어 있었다.

이처럼 이론 학습의 목적은 조직의 리더가 목표 달성을 위한 과업을 이행하는 과정에서 각종 유용한 정보들을 종합하여 만족할 만한 효과를 얻기 위한 것이다. 그러나 현대 기업에는 고위 관리층의 정책 실현을 보좌할 만한 위기 대처 시스템이 전무하다. 급변하는 세계 정세와 사회의 조류 속에서, 최신 정보와 지식을 전달해줄 진정한 참모의 역할을 기대하기 어려운 실정이다.

리더를 수행하는 정책 비서 및 이에 상응하는 수많은 기구는 이미 정책 자문의 역할을 이행하지 못하고 있다. 정책 비서실의 젊은 엘리트(젊지 않은 경우도 있겠지만)들은 리더의 서류가방을 들어주는 역할 이상을 해내지 못하고 있다. 이와 같은 시스템에서는 막강한 영향력을 지닌 막부의 기능을 기대할 수 없다.

만약 이러한 상황이 개선되지 않는다면 기업은 위험에 처할 수 있다. 사상은 행동의 가이드이다. 하지만 기업가들의 피부에는 창업보다 학습이 훨씬 더 어렵게 느껴질 수 있다. 스탠퍼드 비즈니스 스쿨의 교수 제프리 페퍼Jeffrey Pfeffer는 현대 기업가들이 당면한 문제 중 하나로 매일 새로운 지식과 정보의 도전에 직면해 있다는 사실을 꼽았다. 더 큰 문제는 비록 기업가 스스로 지식과 정보의 가치를 추구하지만 실상은 바쁜 업무 탓에 이를 연구할 시간이 없다는 점이다(매일 아침 몇 분을 할애하는 것으로 충분하지 않다). 그렇다고 독서를 게을리한다면 틀에 박힌 정보 conventional wisdom에 의지하는 수밖에 없다. 하지만 이러한 정보의 유통기한은 제한적이므로 상황이 변하면 오류를 범하기 쉽다.

일정한 규모를 갖춘 기업의 경우에는 내부에 정책 보조 기구를 설립해야 한다. 유연한 사고를 갖추고 현대화(개인 컨설턴트)와 전문성을 갖춘 스터디 그룹의 형식을 더한다면 현대 기업에 상당히 적합한 모델이 될 것이다.

노파심에 한마디 더 보탠다면, 고대의 막부 체제는 비록 군신의 상하관계로 형성되었으나 서로 다른 의견이 공존했으며 리더는 이를 적극 수용했다. 중국변과 그의 참모들이 논의한 내용을 참고하면 그들은 선통宣統(중국의 마지막 황제_옮긴이) 퇴위 50년 전에 이미 피할 수 없는 시대의 조류가 다가오고 있음을 예감하고 있었다. 다만 이러한 예측이 공개 석상에서 나돌았다면 분명 화를 면치 못했을 것이다.

이러한 맥락에서 보면, 비록 정식 절차를 통해 채택되지 못한다고 해도 예측과 논평을 자유로이 할 수 있는 분위기에서 정책을 제안하는 형태는 CEO의 안목을 넓히는 데 반드시 도움이 된다. 이로써 새로운 시대의 지식을 수용하고 급변하는 정세에 맞서는 리더로서의 사상적 기틀을 갖추게 될 것이다.

22 파괴와 건설,
한나라 건국의 열쇠

　'무너뜨리지 않고는 세울 수 없다不破不立'는 말이 있다. 다만 옛것을 없애는 것과 새로운 것을 창조하는 일을 이와 혼동해서는 안 될 것이다. 새로운 세상을 건설하려면 반드시 과거의 껍질을 부수고 나와야 한다. 낡은 가치를 벗어 던지지 못한다면 새로운 가치를 담을 공간도 확보할 수 없다. 이러한 구호조차 허용될 수 없는 사회 분위기라면 그저 폐허 속에서 살아가는 방법밖에 없다. 시간이 한참 흐른 후에 '파괴'는 '파괴하지 않는 것'보다 훨씬 이롭다는 사실을 깨닫게 될 것이다.

　파괴와 건설은 필연적인 과정을 거친다. 그중 하나가 옛 틀을 부수는 것이고, 다른 하나는 새로운 가치를 제안하고 실현하는 일이다. '무너지기 직전에 이르러야 바로 세울 수 있다破字當頭, 立在其中'는 말은 파괴하는 가운데 건설을 가속화해야 한다는 의미로 쓰인다. 하나의 왕조가 또 다른 왕조로 바뀌고 세대 교체와 사상의 전환을 초래했던 역사상 모든 전쟁에서는 앞서 언급한 이 두 가지 과정이 동시에 진행되었다. 다만 포연이 자욱한 전쟁의 아비규환에 휩싸인 사람들은 어둠 속에서도 희미하게나마 등불이 존재하고 있음을 전혀 알아차리지 못했을 뿐이다.

농민 봉기가 시작될 때는 단지 한 사람의 외침에 지나지 않지만, 점차 많은 이들이 동조하면서 모두가 한마음으로 일치단결한다. 하지만 뒤따르는 결과는 너무나 비극적이다. 왜냐하면 파괴와 건설의 연결고리가 순조롭게 이어지지 않기 때문이다. 불분명한 명령과 지휘 체계, 그리고 조직 간의 긴밀한 연락망을 갖추지 못한 탓에 중도에 흐지부지되고 만다. 류야즈柳亞子는 태평천국의 교훈을 떠올리며 시를 남겼다.

> 하얗게 머리 센 궁녀들, 당 현종을 이야기하고
> 수많은 문인들, 신정新亭에서 눈물을 흘리네.
> 흥망의 착잡한 심정 이루 말할 수 없는데
> 남동사업이 더욱 넋을 잃게 하는구나.
>
> 류야즈, 〈제題 태평천국전사太平天國戰史 6수〉

소위 '남동사업南東事業'이란 남왕南王이 풍운산에서 전사하고 동왕東王 양수청이 내홍으로 피살된 사실을 지칭한다. 대변혁의 사업을 완수하기도 전에 이들 내부에서 이미 당대 안사의 난, 서진의 팔왕지란八王之亂과 비슷한 비극의 씨앗이 움트고 있었음을 암시하는 것이다.

이로써 알 수 있는 것은 자신의 정치 강령을 실현하지 못하고 정치적 공약을 이행하지 못하는 체제 아래서는 매서운 기세로 휘몰아치는 대변혁의 사업을 장기적으로 지속할 수 없다는 사실이다. 1990년대 세계 곳곳에서 정권 교체가 이루어졌으며 이들은 민주정치의 실현을 약속했다. 하지만 결과적으로 서양의 민주주의를 외형적으로만 표방하는 데 그치고 말았다. 과연 경제 시장에서 더 많은 자유가 보장되었는가? 공평한 법제도가 설립되었는가? 아마도 이 질문에는 섣불리 대답하지 못할 것이다. 결국 이러한 체제는 또 다른 변혁의 물결을 피할 수 없다.

자칭 새로운 개혁 노선을 개척하는 국가(성숙한 시장경제가 뿌리를 내린 국가에서는 이미 이러한 개혁을 시도하고 있다)가 속속 등장하고 있다. 상당히 고무적인 현상이지만 이들의 방향성이 여전히 불명확하다는 혐의마저 부인하기는 어렵다. 예를 들어 세계 금융위기가 닥쳤을 때 서방의 수많은 지식인은 은행의 국유화를 주장하고 나섰다. 하지만 국유화 역시 국가의 관리를 전제한다. 대체 이들은 국가의 이익을 직접 대표하는 금융 관리를 어느 세월에 육성하겠다는 말인가? 따라서 이 주장은 재론의 가치가 없다.

군사와 사업은 둘 다 '파괴와 건설의 병행'을 성공의 필수 조건으로 꼽는다. 군사상의 성공을 거두려면 정예군을 모집하고 내부 제도 개선을 서둘러야 한다. 사업상의 성공 역시 방향과 목표 설정 이후 현실에 맞춰 이 목표를 끊임없이 조정해야 한다. 군대와 기업의 공통점은 결국 학습형 조직이라는 사실이다.

경쟁 상대를 전복시키거나 다른 기업의 독점 사업을 탈환하는 과정에서 이러한 조직들은 하나의 중요한 절차를 밟는다. 그것은 바로 내부 건설에 더욱 박차를 가한다는 점이다. 육가는 유방을 향해 "말 위에서 천하를 얻을 수는 있으나 말 위에서 천하를 다스릴 수는 없다"며 무력의 남용에 따끔한 충고를 아끼지 않았다.

역설적인 점이라면 비록 후대에 와서 유방의 자질을 의심하며 그의 업적을 과소평가하는 학자가 적지 않지만 유방은 면전에서 듣기 거북한 진언들까지 모두 귀담아들었으며, 심지어 육가에게 특별 강좌까지 요청했다. 덕분에 진제국의 강력한 통치가 실정으로 끝날 수밖에 없었던 이유를 분석한 육가의 『신어新語』가 탄생할 수 있었다.

전제가 횡행하고 문화가 쇠퇴하던 중원에서는 사방에서 일어난 군웅들이 천하를 다투고 있었다. 이런 상황에서 육가는 목숨을 걸고 무력으로는 결코 천하를 다스릴 수 없음을 군주에게 호소했다.

이는 선진의 유가를 대표하여 주동적으로 정치에 개입하고 권력자를 설득하는 일인 동시에 '해야 할 도리와 하지 말아야 도리'를 군주에게 직시하게 함으로써 자신의 도덕적 책임을 다하고자 한 것이다. 육가의 직언은 마땅히 '행해야 할 도리'였을 뿐이었다. 주숙진朱淑眞의 시는 이와 유사한 관점을 지니고 있다.

> 진의 기풍을 무너뜨린 한의 용사들이 높은 말 위에 올라 공을 다투네.
> 오직 놀라운 절개를 굽히지 않는 군후君侯가 있으니
> 신어新語로써 신충宸衷을 깨닫게 하였다네.
>
> 주숙진朱淑眞, 〈육가陸侯〉[1]

이 시를 통해 육가君侯가 제시한 합리적이고 타당한 이론이 군주의 사상宸衷에 지대한 영향을 미쳤음을 엿볼 수 있다. 후대인들이 특히 중시하는 사실은 '말 위에서 시서를 논하는' 육가의 풍류와 학문적 깊이가 아니라 그가 군주에게 미친 이러한 영향력일 것이다. (한 가지 주의할 것은 육가의 신어 강좌는 진의 몰락이 주는 교훈을 바탕으로 자신의 정치적 논리를 기술했다는 점이다.) 역사의 기록에 의하면 유방은 측근들의 충고를 귀담아들었기에 함양성에 진입한 후 항우의 무자비한 살육을 피할 수 있었다. 한 왕조 초기에 이들의 존재는 현실과 부합되고 평온한 치국 전략을 모색하는 데 자신의 역할을 다했다.

'파괴 속의 건설'은 한나라를 설립한 하나의 모델이자 2,000년 후 태평천국이 자립에 성공하지 못한 이유이기도 하다. 다만 이러한 결과의

---

1 주숙진(남송 고종과 효종 시기의 인물로 추정)은 이청조李淸照에 버금가는 여류 문사였다. 관료 집안 출신으로, 불행한 결혼 생활로 인해 암울한 여생을 보냈다고 한다.

차이는 변혁 세력(유방은 심지어 남의 불행을 절묘하게 이용했다)이 어찌할 수 있는 것이 아니며, 지식이나 능력의 차이에 달려 있는 것도 아니다. 단지 '말 위에서 시서(『시경』과 『서경』)를 논하는' 자유분방한 시스템의 유무에 달려 있다고 봐야 옳을 것이다.

23 투항자와 배신자

초한 전쟁 초기의 유방은 군사적 측면에서 볼 때 결코 항우의 상대가
될 수 없었다. 하지만 조직 경영상 유방의 '도道'는 이미 항우가 대적할
수 없는 경지에 올라 있었다. 유방의 진영에는 뼛속부터 그를 지지하고
충성을 맹세한 장수들이 포진되어 있었을 뿐 아니라 항우의 심복을 자처
하던 이들도 꽤 있었다. 그들은 항우의 진영을 배신한 자이거나 스스로
투항해온 자들이었다. 청대 시인 엄수성嚴遂成은 이러한 역사적 인식을
바탕으로 초패왕 항우를 애도하는 시를 남겼다.

> 신령이 감도는 묘 앞에서 지나는 행인이 절을 하네.
> 천추의 공로와 죄과를 귀신에게 묻노니,
> 홍문안 검무는 한의 유방을 살려 보냈고
> 거록에서 배를 가라앉히고 솥을 깨뜨리니 진이 멸망했네.
> 범증은 한번 돌아선 후로 책략을 짜내지 않고,

알고 보니 한신은 군주에게 버림받았네.

강가의 초나라 노래는 심금을 울리나

어찌 굴원을 기리는 초혼곡이라고 하겠나.

엄수성, 〈오강항우묘烏江項羽廟〉

한신은 결국 항우 진영에서 기량을 발휘할 기회를 얻지 못하고 유방에게로 등을 돌렸다. 한신뿐만이 아니었다. 장량과 진평 역시 항우로부터 홀대를 받았으며, 이처럼 리더의 신임을 받지 못한 이들은 유방의 진영을 향해 제 발로 걸어 들어갔다. 가장 억울한 인물은 범증이었다. 항우의 책사가 되었을 때 그의 나이는 이미 70세, 고령이었다. 그러나 반간계에 속은 항우에게 모든 군권을 빼앗기고 거의 쫓겨나다시피 고향으로 돌아가 화병으로 죽었다.

항우에게 동정표를 던지는 이들도 적지 않다. 하지만 유방과 항우는 인재를 기용하는 방식부터 확연히 달랐다. 따라서 후대인들은 두 인물의 차이를 냉정하게 비교하지 않을 수 없었다. 이러한 사실은 당대의 시를 통해서도 확인할 수 있다.

평민이 빈손으로 천하를 얻었으니

군사와 정예부대를 논하는 것이 부질없구나.

초나라 팔천 병력에 진의 군사는 백만이네.

포부를 펼치니 천하통일이 한순간이네.

서인徐寅, 〈독한기讀漢紀〉

'초나라 팔천에 진의 군사 백만'이라는 대목에서 항우가 진의 항복을 받아 초패왕에 등극할 당시의 군사적 차이를 짐작할 수 있다. 하지만 항우는 유방에 의해 포위당하고 패할 수밖에 없었다. 항우가 몰락한 데는

'범증이 떠나버린 후 전략의 주체가 사라진 것'이 가장 큰 요인이 되었다. 결국 인재 관리의 실패가 첫째요, 전쟁의 패배는 둘째 요인일 수밖에 없었던 전형적인 사례로 기록되었다.

송대의 시인들도 항우의 총체적 난국에 관해 이렇게 시를 읊었다.

> 이미 팔천 자제가 창을 내던졌으니
> 밤의 장막은 초의 노래를 원망할 뿐이네.
> 만인 전술을 배운들 무엇을 이룰 수 있는가?
> 범증 하나면 족한 것을 생각지 못했으니.
>
> 진계陳泊, 〈과항우묘過項羽廟〉

항우는 어린 시절부터 책을 좋아하지 않았다. 글을 배웠으나 이름 석 자만 겨우 쓰면 된다고 생각하는 정도였다. 스승이 검을 가르치니 항우 왈, 검은 오로지 한 사람만 상대하는 일이라 시시하다고 했다. 대체 무엇을 배우고 싶은지 물으니 그의 입에서 '만인적萬人敵'이라는 대답이 나왔다. 즉 수천의 군사를 다루는 전략을 뜻했다. 하지만 항우는 범증 한 사람도 자신의 편으로 만들지 못했으니 그의 실패는 스스로 초래한 결과가 아니었을까?

후대의 전략 연구가들은 "유방은 부하들의 지혜를 적절히 활용했기에 왕위에 오를 수 있었으나 항우는 자신의 강한 힘만 믿고 함부로 권력을 휘둘렀기에 멸망할 수밖에 없었다"고 주장했다. 부연하자면 유방의 경우 타고난 능력은 다소 부족했을지 몰라도 인재를 적재적소에 활용하는 능력이 뛰어났던 반면, 항우는 자신의 기량 이상을 발휘하는 지혜까지는 갖추지 못했다는 것이다. 그렇다면 과연 리더의 진정한 능력은 무엇일까? 세상의 모든 인재를 자신의 자원으로 여기고 그들의 능력을 활용하는 재주를 말한다. "무릇 사람을 지혜의 원천으로 삼아야 하며, 일단 인재를 기용했으면 절대 의심하지 말아야 한다. 천하의 인재를 자신의 자원으로 삼는 지혜야말로 가장 큰 능력이다."[1] 유방 스스로도 "항우에게는 범증이 있었으나 그를 기용하지 않았다. 항우를 이길 수 있었던 이유가 바로 여기에 있다"라며 자신이 승리한 요인을 분석했다.

이말에는 최적의 운영으로 천하를 지배하는 지혜를 엿볼 수 있다. 물론 내부의 이탈자를 최대한 막는 것을 포함하여 고도의 전략을 구사하는 상대 진영 인재까지 포섭하는 능력도 이에 해당한다.

---

[1] 풍동례의 『하박사비론주석何博士備論注釋』 (해방군출판사, 1990년) 21-22쪽에서 발췌하였다.

제4장

전략과 기업가 정신

경계를 게을리하지 말라.
마치 깊은 못가에 이른 듯
살얼음판 위를 걷는 듯.
戰戰兢兢 如臨深淵 如履搏氷.
- 『시경詩經』, 〈소아小雅, 소민小旻〉 -

24 전략은 심리전이다

사업이 승승장구하고 있다면 굳이 주판을 튕기거나 전략을 운운할 필요가 없다. 하지만 사업상 갑작스러운 위기에 직면하면 누구나 예외 없이 전략의 필요성을 떠올리릴 것이다.

인터넷 닷컴 버블이 붕괴할 당시 도산하는 기업이 속출하자 영국의 《이코노미스트》는 매우 흥미로운 현상에 주목하였다. 경제 위기를 겪은 수많은 기업가와 경영인들이 그동안 뿌옇게 먼지를 뒤집어쓴 채 서가 한쪽 구석에 처박혀 있던 『손자병법』이나 『전쟁론』 같은 고전을 다시 꺼내어 읽기 시작했다는 사실이다. 하지만 세월이 흘러도 변치 않는 사실은 고전 병법서 속의 현묘한 전략은 여전히 '귀에 걸면 귀걸이, 코에 걸면 코걸이 식'의 영원히 풀 수 없는 숙제처럼 느껴진다는 것이다.

전략이란 무엇인가? 《이코노미스트》는 이를 '준비 상태' 혹은 '임전 상태preparedness'로 간주하였다. 전략은 기업의 목표를 달성하는 데 필요한 모든 자원을 언제 어디서나 동원할 수 있는 상태로 만드는 능력이며, 이렇게 동원된 자원은 목표 달성을 촉진하는 기폭제 역할을 한다. 전략의 또 다른 목적은 최종 목표 실현에 영향을 미치는 모든 방해 요소를 제거하는 데 있다.

기업 매니지먼트를 연구하는 이들은 기업 역량capabilities의 관점에 입각하여 기업의 전략을 연구해왔다. 전략을 '준비 상태'로 정의한 이들은 도저히 예측 불가능한 상황에 자유자재로 대처할 수 있는 능력을 갖춘 기업만이 진정한 학습형 조직의 기반을 마련할 수 있다고 강조한다.

이처럼 완벽한 '준비 상태'를 갖추기 위해 기업은 무엇을 준비해야 할까? 이는 붓글씨를 배우기도 전에 격식을 갖춘 문방사우부터 고집한다거나 협상에 나설 때면 정장 차림에 구두를 신어야 한다는 식의 외형적 조건을 의미하는 것은 아니다.

그것은 일종의 심리 상태를 말한다. 일상적 환경은 물론이고, 세상이 급변하는 조류에 휩쓸려 도취되고 침몰하고 소멸하는 상황에서도 여전히 미래의 요구에 대응할 수 있는 능력이자 한 단계 도약하여 비상할 수 있는 심리적 준비 상태를 뜻한다. 그것은 마치 이백이 "장수는 원대한 전략을 가슴에 품고 선비는 세속의 울분을 풀어헤친다"고 말한 것이나 "요순시대에 이를 수 있도록 군주를 보좌하고 백성의 풍속을 순박하게 인도하고자" 했던 두보의 이상과 일맥상통한다.[1]

현실 속에서 보여주는 리더의 능력은 일반인의 수준을 뛰어넘는다. 하지만 멀쩡하던 조직도 왜 이들이 권력을 쥔 뒤부터 위기에 직면하는 걸까? 여기에는 그들의 우유부단한 태도와 맹목적인 복지부동 심리와 밀접한 연관이 있다. 만약 당신의 리더가 이런 성향의 소유자라면 제갈량이 무덤에서 걸어 나와 세상에 둘도 없는 신묘한 대책을 제안한다고 해

---

[1] 이백의 〈송장수재종군送張秀才從軍〉, 두보의 〈봉증위좌승장이십이운奉贈韋左丞丈二十二韻〉에서 차례로 인용하였다.

도 무용지물이다. 설령 귀 기울여 듣는다 한들 이를 실행할 의지가 부족하다는 것이 더 큰 문제이다. 그들의 관심은 단지 실수를 범하지 않는 것뿐이며, 수많은 오류는 바로 이러한 리더십의 부재로 발생한다.

따라서 제삼자(혹은 자기 자신과)와 머리를 맞대어 전략을 논하고 사업상의 이해득실을 따져본들 차라리 리더 스스로 심리 상태를 확립하는 것만 못하다. 개를 무서워하는 아이에게 인류 역사상 개가 얼마나 친근한 동반자였는지 설명해봐야 무슨 소용이 있겠는가? 차라리 개를 안고 천천히 다가가 아이의 불안감부터 해소하는 것이 가장 효과적인 방법일 것이다.

혹자는 좀 더 가혹한 리더십을 추구하기도 한다. 마치 사관학교의 호랑이 교관처럼 사열대 앞에 집합시킨 후 대열의 반 이상이 거의 실신할 때까지 혹독한 훈련을 시킬지도 모른다. 이러한 훈련은 최후의 한 명이 지쳐 쓰러질 때까지 계속된다.

"군인은 아무나 되는 줄 아나? 오기가 있다면 어서 일어나! 너희가 쓰러지든 내가 쓰러지든 다시 겨루자!"라고 계속 다그치거나 "공명의 기회는 본래 한가한 시절에 잡아야 한다!"[2]며 거의 협박 수준의 강요로 대원들을 달달 볶는 방식은 개만 보면 벌벌 떠는 아이에게 동물과 인간의 우호를 설명한다거나 이미 전의를 상실한 선수에게 승리의 당위성을 강요하는 것처럼 아무런 의미가 없는 일이다.

이와 같은 맥락에서 본다면 변화를 두려워하며 현재의 판도를 전복시

---

2 남송 사람인 유선륜의 〈염노교·송장명지부경서막念奴嬌·送張明之赴京西幕〉에서 인용하였다. 유선륜의 친구인 장명지는 경서 막부(송과 금이 대치 중이던 양양과 인접한 군영)에서 직무를 담당하고 있었다. 그는 두 나라가 대치하는 상황에서 변경과 인접한 지구의 평화를 유지하고 있었다. 당시 그를 격려하며 유선륜은 이렇게 말했다. "시절이 평화롭다고 해서 아무 일도 일어나지 않을 거라고 여겨서는 안 된다. 군이 가장 꺼려야 하는 것이 바로 방심이다." 그는 또한 장명지에게 용기를 심어주고 그를 고무시키는 차원에서 모든 준비가 충분히 갖추어진다면 중원 수복의 이상을 실현할 수 있을 거라고 말했다.

킬 의욕조차 없는 리더에게 전략을 운운하는 것이 무슨 소용이란 말인가? 소위 전략 자문위원이라는 사람이 자신을 찾아온 기업가의 말투와 행동거지 하나하나를 통해 그들의 경영 방식을 파악하는 일에 실패하고, 그가 생각하는 성공의 가치관이 어떤 것인지 전혀 알아차릴 수 없다면, 이들이 제공하는 전략 자문의 효과에 관해 어느 누가 장담할 수 있을까? 아마 비관적인 대답이 나올 수밖에 없을 것이다.

하버드 대학 전략경영연구소 소장인 마이클 포터Michael Porter 교수는 병법을 비판하는 사람들에게 이렇게 말했다.

"개념의 본질은 하나다. 전략과 업무는 실제로 수행되는 단계에서 이해하는 것이 가장 효과적이다."

피터 드러커는 장기 계획은 반드시 단기 계획의 기초 위에 세워야 한다고 말했으며, 이러한 단기 계획은 현재 상황을 토대로 수립되어야 함을 거듭 강조하였다. 지금까지의 의견에 동의한다면 더 이상 부연 설명은 필요치 않을 것이다. 손가락 하나 까딱하기 싫어하며 심지어 아무 의욕도 없는 사람에게 전략에 관해 갑론을박하며 시간을 낭비할 필요가 전혀 없기 때문이다.

잠들어 있던 영혼을 일깨우고 가슴속 용기를 북돋워주며 격려와 선동을 아끼지 않는 방식은 조직의 리더로서 자신이 속한 단체와 동업자들을 '전략 상태'로 돌입하게 만드는 첫 번째 시도라고 할 수 있다. 이러한 경지에 도달하기 위해서는 상대가 눈치채지 못하도록 유인하는 방법이 상대를 도발하는 것보다 효과적이다. 경영 관리 경험이 충분한 사람이라면 이 정도 수준은 어렵지 않게 도달할 수 있을 것이다. 사실 시장경제체제 하에서는 중견기업의 경영인 간에 경쟁 심리가 존재하는 것이 당연한 일이다. 따라서 이러한 기업의 리더는 서로 담소 몇 마디만 나누어도 크게 감동받는다고 한다.

유치원 아이들의 노래를 들어본 적이 있는가? 선생님이 피아노 반주에 맞춰 "준비됐나요?"라고 선창하면 아이들은 해맑은 목소리로 "준비됐어요!"라고 외친다. 하지만 정작 성인이 된 후에는 아무런 준비 없이 인생을 살아가고 있지 않은지 반성해볼 일이다.

현실은 냉정하다. 그 안에서 무수한 성인과 성인이 모여 하나의 조직을 이루지만 정작 이들의 삶은 그날그날 닥치는 대로(새로운 의지를 전혀 찾을 수 없는 단순한 차원의 생존이다) 살아가기 급급할 뿐이다. 틀에 박힌 사고는 업무상 아무런 변별력을 지니고 있지 않다. 혹시 체면이라도 깎일까 두려워 신랄한 비평 따위는 엄두도 내지 못한다. 천하에 둘도 없는 전략이 있다 한들 이를 끝까지 견지해낼 의지도 없으며, 인내심을 기대하기조차 어렵다. 하물며 미래의 변화에 대해서는 생각조차 하기 귀찮아한다.

세심한 관심과 끊임없는 노력이 뒤따르지 않는 전략은 결코 성공할 수 없다. 이것이 바로 무수한 기업과 조직이 온갖 기발한 전략을 내세우는 이유이자 진정한 실행이 더욱더 요원해지는 이유이다.

25 공부보다 중요한 것

중국의 개혁·개방은 바야흐로 '차세대'에 접어들었다. 이제 성패를 결정하는 주역은 개혁자들인 셈이다. 이들은 과연 누구일까? 누구라고 딱 꼬집어 말할 수는 없지만 누구를 제외시켜야 할지는 굳이 말하지 않아도 알 것이다. 개혁·개방 초기에, 비록 낫 놓고 기역 자도 모르는 무지렁이에 불과하지만 번지르르한 이론과 설교보다는 행동으로 앞장섰던 사회의 기층 세력들은 이제 더 이상 찾아보기 힘들다.

세대교체의 바람이 불자 그들의 자리를 대체하기 시작한 것은 야망은 넘치지만 잠시도 고독을 견디지 못하며 각종 지루한 시험을 거쳐 온 청년 지식인 계층이다. 21세기 초 혹은 그 이전부터 이들은 심상치 않은 조짐을 보이고 있다.

오늘날 청년 지식인 계층 출신의 기업가와 개혁 초기의 책을 멀리했던 세력을 비교하면 못내 아쉬운 점이 있다. 원저우 출신의 사업가 친구가 말하길, 자신들은 창업할 때 되도록 책을 멀리한다고 한다. 왜냐하면 책에서 얻을 수 있는 것은 온갖 속박과 규율뿐이라는 것이다. 특히 개혁·개방 이전의 서적들은 대부분 편협한 지식과 틀에 박힌 사상에 갇혀 전통의 편견에서 벗어날 수 없도록 사람들을 세뇌시켰다는 것이다.

이러한 인식은 이전부터 늘 존재해왔다. 오죽하면 "책을 신봉하는 것은 책을 멀리하는 것만 못하다"고 하지 않았던가? 새로운 사업을 개척할 때는 반드시 머리를 비워둘 필요가 있다. 뇌리에 각인된 선입견을 없애고 뱃속까지 들어찬 케케묵은 지식을 과감히 덜어내야만 사회의 조류에 민감하게 대처하는 상상력을 키워낼 수 있다.

사회의 판도가 급변하고 혁신적인 기술혁명이 추진되는 등 한 시대의 획을 긋는 변화의 물결이 밀려올 때 앞장 서서 달려 나가는 이들은 이러한 변화의 조짐을 가장 민감하게 감지한다.

이들은 전대미문의 변화 속에서 살아가는 것을 당연한 일로 받아들인다. 따라서 미증유의 기회를 잡을 수 있다면 학교 졸업장 따위는 언제든지 내팽개칠 각오가 되어있다. 심지어 대학 졸업장에 연연하는 것은 무의미하다고 여긴다. 마이크로소프트 사를 설립한 빌 게이츠, 델 컴퓨터의 마이클 델, 애플의 스티브 잡스는 일찌감치 학교라는 울타리에서 뛰쳐나와 창업에 성공한 대표적인 인물들이다. 스티븐 스필버그 감독은 대학에 입학한 지 33년 만에야 뒤늦은 학사학위를 받았다. 이들의 공통점은 학벌에 연연하지 않고 자신의 길을 개척했다는 것이다. 물론 충분히 학업을 병행할 수도 있는 상황에서 일부로 대학 진학을 포기하는 것은 경솔한 선택일 것이다.

대학에서 전공 지식을 쌓는 일보다 더 우선시되어야 할 일이란 대체 무엇일까? 대부분의 부모들은 노파심에 이러한 반론을 제기할 수도 있다. 하지만 이 세상에는 학벌이나 간판보다 더 중요한 일들이 존재한다. 기껏 대학 졸업장 하나를 손에 넣으려고 영웅이 될 기회마저 포기할 이유는 없지 않은가?

자고로 "가장 중요한 것은 때를 아는 것이며, 시대가 영웅을 만든다"
는 말이 있다. 또는 "소인배 유학자들을 가장 부끄럽게 만드는 것은 시대
의 풍운아들이다"[1]라고 하지 않던가? 중국의 개혁·개방을 이끌었던 초
기 세력은 학교의 문턱에도 가보지 못한 이들이 대부분이다. 당시 시대
의 조류를 역행하며 과거로의 회귀를 주장하던 이들은 고학력자 아니면
대이론가들이었다.

사실 이들의 차이점은 누구의 가방 끈이 더 길거나 누가 어떤 학위를
받았는가에 있지 않다. 그보다는 현실 사회에 대한 민감한 대응 능력이
더 중요한 가치가 된다. 이는 누울 자리를 본 후에 다리를 뻗는 식의 치
밀한 계산이나 이성적 판단에 의한 것이라기보다는 앞뒤 가리지 않고 돌
진하는 본능에 가깝다. 왜냐하면 시대의 조류는 근본적으로 되돌릴 방법
이 없기 때문이다.

당신이 만약 선택의 기로에 놓인 개혁자라면 기회를 잡기 위해 전부를
걸어야 한다. 굳이 완벽한 이론으로 무장하지 않아도 좋고 내비게이션
따위에 의지할 필요도 없다. 당시의 마지막 구절에 이러한 맥락이 잘 드
러나 있다.

책 타는 연기 꺼지자 왕의 위업도 재가 되었네.
함곡관과 황하만이 황제의 궁전을 둘러쌌구나.
구덩이 재 아직 식지 않았는데 산동은 혼란에 빠졌네.
유방과 항우는 원래 책을 읽는 선비가 아니었다지.

장갈章碣, 〈분서갱焚書坑〉[2]

---

1 진자앙陳子昻의 〈계구람고증로거사장용칠수薊丘覽古贈盧居士藏用七首〉, 장뢰張耒의 〈아궤阿
几〉에서 차례로 인용하였다.
2 진시황의 분서갱유사건을 신랄하게 풍자한 시이다. 진시황은 '서書'를 국가 혼란의 주범으로 몰
아갔으나 분서갱유 이후 그의 등 뒤에 칼을 꽂은 자들은 바로 책을 읽지 않는 유방과 항우라는 사
실을 역설적으로 풍자하고 있다.

생각해보라. 진의 멸망이 현실로 닥쳐오던 시점에서 『과진론』(진의 흥망성패 원인을 분석한 가의의 이론서_옮긴이)을 쓸 시간이 어디 있었겠는가? 농촌 출신의 기업가들이 공장을 세우기 위해 첫 삽을 뜨기 시작할 무렵 서점가를 장악했던 경제 이론서들은 구소련의 모델을 따른 것이었다. 반면에 오늘날 신세대 기업가들이 (대학 진학 유무와 자퇴 여부를 막론하고) 창업을 결심할 때 가장 중요하게 여기는 것은 시중에 나도는 이론 서적이 아니다. 차세대 주자들은 세간에 유행하는 어떤 이론에도 흔들리지 않는다. 세계적인 위대한 사상가는 단 한 권의 이론서도 쓰지 않는다는 사실을 떠올리면 이해하기 쉬울 것이다.

하버드 경영대학원에서 발표한 『성공 기업가의 계시』라는 연구 보고서에 따르면, 기업가가 되는 가장 빠른 경로는 자신이 직접 발로 뛰는 것 외에는 별다른 방법이 없다고 한다.

미국 속담에도 "머리로는 산을 옮길 수 없다. 산을 옮기고 싶으면 불도저를 사용하라"[3]는 말이 있다. 1990년대에 피터 드러커는 전략을 정의하며 이 속담을 인용한 적이 있다. 전략이란 '지혜의 조련'이자 현실적 노력이며, 목표를 위해서라면 반드시 구체적인 대가를 치러야 한다. 또한 자원과 인력을 투자하지 않고는 얻을 수 없는 것이다.[4]

당신은 기회를 무엇이라고 정의할 것인가? 만약 기회의 여신이 미소를 보인다면 그 기회를 손에 넣을 만반의 준비가 되어 있는가?

---

3 "Good intensions don't move mountains, but bulldozers do." Peter Drucker, *The Daily Drucker*(NY : HarperCollins, 2004), p. 340.
4 Peter Drucker, *The Daily Drucker*(NY: HarperCollins, 2004), p. 340.

26 창업의 귀재 유방과 항우의 가장 큰 차이

　무식한 사람일수록 영웅이 되기 쉽다. 그러나 영웅의 칭호를 받은 후로 생각지도 못한 성가신 일들에 시달리게 된다. 향후의 정국 혹은 사업을 과연 어떤 식으로 헤쳐나갈 것인가 하는 문제를 놓고 이들은 주로 자신이 처해 있는 익숙한 환경을 전제로 판단하려는 경향을 보인다. 화려한 조명을 받으며 혜성처럼 등장한 이후의 앞날은 처음 출발선에 섰을 때처럼 그리 간단하지 않은 법이다. 때로는 미로에 갇힌 듯 한 치 앞도 가늠하기 힘들다. 이렇듯 길을 잃고 방황하는 영웅의 길잡이를 자처하며 사방에서 도움의 손길을 내밀지만 과연 이들(친구와 친구가 추천해준 인물들) 중 누가 진짜 능력자이고 누가 사이비인지 가려낼 안목이 없다는 것이 안타까울 뿐이다.

　남송의 학자 호굉증胡宏曾은 초패왕 항우에 대한 평가를 시(유방과 항우가 어릴 적부터 책을 멀리했다는 당대의 평가에 견주어 쓴 시로 보인다)로 대신하였다.

패왕의 전략이 허술함을 깨달은 군마는

홀로 오강의 정자에 이르러 한숨을 내쉬네.

만인삼척萬人三尺이 모두 무용지물인 것을.

책을 읽지 않은 것을 안타까워할 뿐이네.

호굉증, 〈항왕項王〉

항우는 처음에 검술三尺을 배웠으나 훗날 병법萬人故을 공부했다. 호굉
증의 이론에 의하면 항우가 첫 전투에서 형편없이 패했던 이유는 평소
책을 기피하는 성향에서 기인한 것이라고 한다. 유학에 대한 심리적 저
항감이 컸던 항우는 결국 유방에게 무릎을 꿇었다. 항우는 비록 귀족 출
신이었으나 어린 시절부터 책과 아예 담을 쌓고 살았기에 그의 뇌리에는
저급한 사상이 가득 들어차 있었다. 그의 행동거지 어디에서도 문화적
소양이나 기품을 찾아보기 어려웠다. 항우의 숙적 유방은 어떨까? 그는
책을 가까이했을까? 송대의 학자들은 유방과 항우의 근본적 차이를 단
순히 학습 능력으로 규정하지 않았다.

유방이 항우를 뛰어넘을 수 있었던 이유는 어릴 적부터 온갖 경서를 줄
줄 외우는 책벌레이거나 소위 말하는 '엄친아'여서가 아니라 자신의 부
족한 점을 알고 이를 채워줄 인재들을 적재적소에 기용했기 때문이었다.

지인 가운데 박사 과정을 공부하고 있는 원저우 출신의 친구가 있다.
"단 한 권의 책도 읽지 않은 사람이 가장 창의적인 사람이다"라는 말이
무색하리만큼 그는 온종일 손에서 책을 놓지 않으며, 책 속의 모든 이론
과 지식을 비평하고 흡수해나갔다. 친구는 종종 "만약 세상에서 독서가
제일 싫다는 사람과 독서 말고는 아무것도 할 줄 모르는 사람을 하나로
섞어놓으면, 천하제패는 시간문제가 아닐까?"라며 농담조로 말했다.

유방과 항우는 둘 다 책과 거리가 멀었다. 하지만 두 사람의 운명은 하
늘과 땅 차이였다. 역사학자들은 초패왕 항우가 남의 말을 귀담아듣지

않는 고집불통이었다면, 한 고조 유방은 오랜 세월 공을 들여 전국의 인재들을 발탁했으며, 이들을 전략 고문으로 삼아 의견 수렴에 매우 적극적이고 개방적인 태도를 취했다는 사실에서 두 사람의 운명이 극명히 갈리게 된 이유를 찾는다. 당대 한유韓愈는 이들의 운명을 비유하여 이러한 시를 읊었다.

> 용은 지치고 호랑이는 피곤하여 강을 가르니
> 억만창생의 목숨이 달려 있네.
> 누가 군왕에게 권하여 말머리를 돌릴 수 있을까?
> 진정 이 한 번에 천하가 모두 달려 있구나.
>
> 한유, 〈과홍구過鴻溝〉

유방과 항우는 홍구를 경계로 천하 양분을 약속했다. 하지만 유방은 돌연 말머리를 돌려 항우의 군대를 추격했다. 항우를 사면초가로 몰아넣은 이 책략은 과연 누구에게서 나왔을까? 유방의 진영에서 전략을 담당하던 장량과 진평의 천금 같은 진언은 홍구에서 항우와 유방의 운명을 갈라놓았다. '책과 담을 쌓은 부류와 오로지 책만 읽는 부류'의 조합으로 상징되는 유방과 장량의 의기투합은 놀라운 성과를 발휘했다.

여기서 몇 가지 주의할 점은 '책을 읽는 부류'와의 조합이 전적으로 그들의 이론을 신봉하라는 뜻이 아니다. 실제로 이러한 부류와 협력하면 종종 피곤해질 수도 있다. 그들은 시중에 유행하는 이론과 방식에 강한 호기심을 보이며 이를 도입하고 싶어 한다. 물론 이러한 시도가 항상 피곤하기만 한 것은 아니다. 왜냐하면 그들은 자신에게 자문을 요청하는 상대가 터무니없는 이론과 제안에 휘둘리지 않도록 조언을 아끼지 않으며, 현실적 조건 하에서 가장 창조적인 작업에 몰두할 수 있도록 정신을 집중시켜준다.

경제학자 케인스는 말했다. "세상의 어떤 이론으로부터도 자유롭다고
자부하는 행동주의자들은 사실상 이미 한물간 경제학자의 이론을 신봉
하는 경우가 종종 있다. 천상의 권좌에 올라앉은 위정자들의 사상 역시
몇 년 전에 유행하던 삼류학자의 궤변을 반복하는 것에 불과하다."[1]

각종 사조가 대중에게 미치는 영향이나 이러한 이론이 실제로 초래하
는 파급 효과를 생각해보면 유방과 항우처럼 반골 기질이 두드러지고 책
과 담을 쌓은 이들이 정신적 순수와 독립적 성향을 유지하기란 쉽지 않
다. 촌각을 다투는 긴급한 상황에서는 전략상 대의를 무시하기 쉽고 심
지어 건성건성 일을 처리하는 경향을 보이는 것은 말할 나위도 없다. 이
러한 부류에 속한 당신이 성취를 추구하고 명예를 유지하고 싶다면 살길
은 오로지 하나뿐이다. 스스로 머리를 써라. 그게 안 된다면 다른 사람의
머리라도 빌려야 한다. 끊임없이 쏟아져 나오는 분석과 각종 이론을 선
별하는 동시에 상상력과 창의성의 순수함을 유지하는 일에 힘써야 한다.

개천에서 용이 나려면 그만한 대가를 치러야 한다. 자수성가형 영웅들
이 사업을 번창시키는 사례를 보면 반드시 고행의 길을 통해 자신의 능
력을 검증하는 절차를 밟는다. 관건은 책을 읽는 엘리트 부류와 어떻게
협력할 것인가 하는 문제에 달려 있다. 어느 모로 보나 자신보다 훨씬 똑
똑하고 식견이 풍부한 인재와 협력할 경우 최소한의 검증 절차를 거쳐야
만 비로소 사업을 번창시킬 수 있다. 만약 이러한 검증에 실패한다면 중
도에 할 수밖에 없지 않은가? 초한 대전이라는 역사가 이미 이를 입증한
바 있으며, 오늘날의 수많은 기업도 예외일 수 없다.

---

1 1935년에 출간된 케인스의 『고용, 이자 및 화폐의 일반이론』에서 발췌하였다. 원문은 다음과 같
다. "Practical men, who believe themselves to be quite exempt from any intellectual
influence, are usually the slaves of some defunct economist. Madmen in authority, who
hear voices in the air, are distilling their frenzy from some academic scribbler of a few
years back."

세상에는 다채로운 길이 여러 갈래로 존재한다. 하지만 나홀로 걸어갈 수 있는 길은 어느 곳에도 없다.

27 한마디 질문의 위대한 힘

당대 시인 두보는 진제국의 멸망이 남긴 역사적 교훈을 이렇게 정의했다.

시황은 만방에 권세를 떨치며 동으로 행차하였고
유방과 항우는 목을 빼서 이를 바라보네.
천하 평정을 위해 바삐 말을 돌리니
길가의 가난한 백성들 보이지 않는단 말인가?
백성들조차 우매하지는 않거늘 어찌 갈수록 어리석단 말인가?
천릿길 여정의 궤 안에 폭군을 가두었으니
목동의 불씨가 구천에 이르니 타고 남은 재는 여전히 식을 줄 모르네.

두보, 〈과려산작過驪山作〉

진시황은 동쪽 지방을 시찰할 때 화려한 마차 행렬을 동원했다. 하지만 이는 천하의 백성들(유방과 항우를 포함한)로 하여금 새삼 곤궁한 처지를 일깨우는 자극제가 되었다. 같은 하늘 아래 어찌 이처럼 다른 삶이 존재할까? 인간이 태어나서 병들고 죽는 일은 자연의 섭리인데 무엇 때문에 국가의 자원을 탕진하면서까지 불로장생의 약을 찾아 헤맨단 말인가? 심지어 폭군의 허욕을 채우기 위해 죄 없는 백성들에게 장성 축조의 책임까지 떠넘겼다. 진시황은 대체 무슨 권리로 백성들의 노동력을 착취하고 혹사시켰단 말인가?

이러한 의문은 예고편에 불과했다. '왜?'라는 한마디의 의문은 삽시간에 불씨처럼 번져 나갔으며, 진제국의 전복을 정당화하는 근거가 되었다. 그 후 민중 대봉기의 거센 불길은 방방곡곡에서 피어올랐다. 진시황이 천하를 시찰하느라 민심을 돌보지 않는 사이 유방은 들끓어 오르는 성난 민심 속에서 백성의 '탄식'을 들었고, 그 이후 대장부로서 자신이 나아갈 길을 생각하지 않았을까? 항우 역시 혼란을 틈타 권력을 빼앗았으며 심지어 진 말기에 진승은 "왕후장상의 씨가 따로 있느냐"며 민중 봉기를 일으키지 않았던가?

이러한 의문은 단순하게 느껴질 수도 있으나 깊이 파헤치면 중국 역사 특유의 평민 의식과 평등 정서가 구현된 것이라고 볼 수 있다. 지식층은 차마 이 말을 입 밖에 내지 못한다. 하지만 먹물이 들어 있지 않은 백성들은 어떤 구속과 법률에도 구애받지 않으므로 민중 혁명의 깃발을 하늘 높이 펄럭이게 되었다.

진 말기에 진시황의 화려한 행렬을 바라보며 한숨을 내쉬던 백성들과 오늘날 번화한 대도시의 거리마다 넘쳐나는 고급 승용차의 물결을 바라보는 소시민의 심정을 비교해보자. 별반 달라진 것이 없다. 2,000년 전 '왜?'라는 의문으로 시작해 대규모 민중 봉기를 일으켰던 이들 계층은 오늘날 전 세계 시장을 개척하고 제품을 생산·판매하며 경제 발전의 기적을 창조하고 있다.

거대한 변혁의 순간, 사람들은 더 이상 책에 시선을 고정하지 않는다. 그들이 원하는 것은 단지 '왜'라는 의문에 대한 명쾌한 답이다. 그들은 역대 통치자와 위정자들을 향해 이렇게 묻는다. "왜 당신들은 귀하고 나는 천한가? 왜 당신과 나는 평등하지 않은가?" 그들은 또 이렇게 힐난한다. "왜 세상의 모든 기회는 당신들이 전부 선택하며 사업을 하고 돈을 버는 것은 왜 언제나 당신들인가?" 개혁·개방의 중국을 살아가는 수많은 창업자들은 여전히 이러한 의문을 품고 있다.

사회 저변의 잠자는 의식을 일깨우고 냉소적인 태도를 보이는 이들의 심리 이면에는 언제나 "왜"라는 의문이 도사리고 있다. 때로 이러한 의문은 사회 변혁의 원동력으로 작용하기도 한다. 당대 시인 주담周曇은 시를 통해 이렇게 읊었다.

진의 가혹한 법제가 패왕의 업적을 무너뜨렸네.
한 사람이 소매를 걷어붙이자 만 사람이 그의 뒤를 따르니
어찌 왕후의 종자가 따로 있냐는 영웅의 뜻을
지저귀는 참새들이 어찌 알 수 있으랴.

주담, 〈진문진섭秦門陳涉〉

중국 현대 시인 위다푸郁達夫는 진 말기의 봉기를 기리며 아래의 시를 지었다.

초의 삼대 귀족은 진에게 망하였고
만세의 웅지는 하루아침에 물거품이 되었구나.
부가옹을 함양에 모아놓았으나 결국 하책에 불과했을 뿐
팔천 자제 태반이 가난한 농민의 아들이었네.

위다푸, 〈영사咏史〉

기록에 의하면 진시황은 육국의 옛 귀족들이 모반을 꾀할까 염려하며 함양의 임시 거주지로 이들을 이주시켰다. 하지만 가난한 청년들로 이루어진 항우의 대군(팔천 강동 자제)이 진시황의 '만대에 떨치고자 했던 웅대한 계획'을 수포로 돌아가게 할 줄은 꿈에도 몰랐다. 반세기 전에 발생한 중국 혁명 또한 "왜?"라는 분노에 찬 의문을 품은 다수의 대중이 일으킨 것이다.

30여 년간 지속된 중국의 개혁은 이처럼 복종을 거부하는 평등 정신이 하나로 응집된 결과다. "왜?"라는 의문에 대한 근본적인 해답을 모색하고 막힌 물줄기를 뚫어 길을 터주려는 노력을 게을리하지 않는다면 모두가 바라는 승리의 깃발은 한두 사람이 아닌 모두의 것이 될 것이다.

28 '전략 지상주의'의 함정

　미국 유학을 마치고 귀국할 당시 마침 모 기업의 '전략개발팀'이 설립되었다가 해체된 적이 있었다. 화하문명의 후손에 걸맞도록 그 기업 총수의 경영 방식은 항상 고차원적인 '도道'의 관점에서 문제를 해결하고자 했다. 전략개발팀의 명패가 걸린 사무실을 위풍당당하게 출입하는 팀원들은 하나같이 말쑥한 정장에 서류가방을 든 것이 누가 봐도 해외 비즈니스 스쿨 출신의 유학파의 행색이었다. 이들은 어쩌면 21세기의 노숙이자 제갈량이라고 해도 과언은 아닐 것이다.

　하지만 뜻밖에도 이들 중 몇 명을 만나본 후 실망감을 감출 수 없었다. 전략개발팀 소속이라는 이들은 겉보기에는 멀쩡했으나 실제로는 속빈 강정인 경우가 적지 않았다. 그나마 연륜을 갖춘 팀원 역시 현대판 허풍선이일 뿐, 문화대혁명 시기에 인민을 선동하던 무리와 별반 다를 것이 없었다. 번지르르한 이론 몇 줄이 마치 세상의 전부인 양 구는 이들의 실상은 위인들의 명언 한두 구절에 자신의 생각을 덧입힌 것에 불과하다는 사실을 너무나 잘 알기 때문이다. 굳이 차이가 있다면 전략개발부서의 팀원들이 인용한 이론은 거의 대부분 PPT 자료 속에 뒤섞여 있다는 점이었다.

이들은 한 번도 제품을 팔아본 적이 없으며, 작업 현장에 투입된 실무 경험 역시 전무하다. 심지어 해외시장 개척의 최전선에서 교섭을 진행할 경우 현지인과의 의사소통능력 역시 신통치 않다. 이들은 기업의 '발전 전략'을 제안할 수는 있어도 기업에 어떤 가치를 더할 것인지 혹은 기업의 미래를 어떻게 개척할 것인지에 대한 해답은 제시하지 못한다. 이러한 결론이 섣부른 절망만은 아니라고 확신한다. 왜냐하면 오랜 경험으로 보아 이처럼 탁상공론(물론 이 수준에도 이르지 못하는 경우가 허다하다)만 하는 부서를 설립하는 일은 기업 내부에서도 그리 흔치 않기 때문이다.

피터 드러커는 말했다. "창의성과 마케팅, 이 두 가지 요소가 없다면 더 이상 기업을 경영할 수 없다." 매니지먼트의 대가인 그 역시 '전략'(특히 수십, 수백 페이지에 달하는 화려한 PPT 자료들)이 기업의 생존과 발전에 필수불가결한 조건이 되어서는 안 된다고 말했다. 기업이 당면한 최대의 과제는 창의성과 마케팅일 뿐 결코 수십 페이지에 달하는 사업계획서가 아니라고 본 것이다.

어떻게 하면 기업을 더 발전시킬 수 있을까? 정체불명의 전략보고서가 난무하는 이유는 결국 이 질문에 대한 답을 찾고자 하는 것에 지나지 않는다. 하지만 구체적인 기업의 실천 경험이 대량으로 축적되어 있지 않다면 이러한 질문의 해답을 찾는 일은 요원할 뿐이다. 반대로 창의성은 접어두고 대책만 논의하는 태도 역시 시장을 제쳐놓은 채 전략만 강조하는 것과 다를 바 없다. 아무리 고도의 전략을 떠들어봤자 실제로는 전혀 쓸모가 없다. 외국에서 공부할 때 문학 수업을 강의하던 어느 교수로부터 들은 바에 의하면 이는 '지식인의 자위행위'에 불과하다.

굳이 비유하자면 딱딱한 문학 이론 수업을 듣는 것처럼 교수 혼자서 각종 수사적 기교에 관해 설명을 늘어놓지만, 정작 학생 입장에서는 난감하기만 할 뿐이다. 정작 이러한 기교를 적재적소에 적용할 수 있는 사람은 문학의 대가일 뿐이나 그들은 오히려 이렇게 반문한다. "문학의 기교란 신선한 일상의 정수를 뽑아내는 일이다. 무심코 산을 바라보거나 하릴없이 비를 맞다가 저절로 깨닫는 것이지, 일부러 발명하려고 안간힘을 써서 얻을 수 있는 것이 아니다." 이러한 설명은 양만리의 시에 잘 드러나 있다.

> 강과 산은 사람을 속이지 않으니
> 비가 오나 개나 언제나 아름답네.
> 문 닫아걸고 시구를 찾는 것은 시가 아니니
> 단지 여행만으로 시는 저절로 지어진다.
>
> 양만리, 〈하횡산, 탄두망금화산사수下橫山, 灘斗望金華山四首〉

송대의 시인 구원仇阮 역시 시는 하루 종일 방안에 틀어박혀 머리를 쥐어뜯는다고 해서 탄생하는 것이 아니라고 강조했다.

> 천장을 보고 글을 써봤자 필력이 늘지 않는다네.
> 문을 걸어 잠그고 시구에 탐닉해봐야 생각만 복잡할 뿐이지.
> 차라리 꽃그늘 아래 망연히 앉아서
> 잠자리 호랑나비 날갯짓을 바라보느니만 못하나니.
>
> 구원, 〈한십영閑十咏〉

회의실에서 OHP 기기에 의존하는 전략회의는 방구석에 앉아 갑갑한 심정을 쏟아내는 문학 토론처럼 진부함을 떨쳐버릴 수 없다. 이러한 전략은 우선 본질적인 역류성을 지니고 있다. 이것은 어떤 대상을 분석하는 일에 치중할 뿐 현실 참여나 미래 창조에는 관심이 없다. 현실과 요원한 곳에 홀로 동떨어져 있는 전략은 행동주의자들에게 아무런 영감도 주지 못하고 이들의 열정을 촉발시키지도 못한다. 오히려 방향감각을 잃고 절망감을 키울 우려가 크다.

전략은 사업을 위해 존재한다. 이것의 목적은 왕성한 사업을 위한 기반 마련에 있을 뿐이다. 따라서 좌절이라는 토양 위에서는 결코 전략을 키울 수 없다. 안타까운 현실은 세상에는 이미 수많은 매니지먼트 서적과 전략자문서가 난무하지만, 작가 지망생들이 습작을 할 경우 수많은 문학이론서가 단순한 지침서 역할에 그치는 것처럼, 실천가의 입장에서는 전혀 피부에 닿지 않는다는 점이다. 오히려 남들보다 열등하다는 패배감에 젖게 할 뿐이다.

이러한 전략은 차라리 기업가와 경영인의 '우울증 처방전' 정도로 간주하는 편이 낫다. 자나 깨나 오로지 습작에 몰두하는 수많은 열혈 작가 지망생들에게 이론이 대체 무슨 소용이란 말인가? 두터운 이론서들은 오히려 청년 작가들에게 문학적 열패감을 안겨 자존심에 상처를 입힐 뿐이다. 최근 잇따르는 기업가와 경영인들의 숱한 실패 뒤에 평소 그들의 사상을 지배하거나 그들이 자주 접했던 각종 전략 이론이 있음은 반론의 여지가 없다.

이러한 현상은 잭 웰치가 제너럴 일렉트릭 사의 전략 발전 기구를 해체시킨 조치와도 전혀 무관하지 않다.

29 파도에 몸을 맡겨라

중국은 큰 강을 끼고 발원한 문명을 지속적으로 발전시켜온 국가다. 인류는 예로부터 강과 하천의 조수간만을 토대로 생존의 기회를 판단하고 이를 포착해왔다. 계절의 변화가 찾아와 강가의 모든 수목이 메말라버리는 겨울이 다가오면 생업마저 곤궁해지곤 했다.

> 돛을 내린 하구의 강변에 황혼이 내리면
> 작은 주막집 등불 밝히지 않고 문을 닫았네.
> 강나루 모래언덕에 기댄 단풍나무 시들어가니
> 저 배는 분명 작년에 묶어놓은 거겠지.
>
> 왕안석, 〈강저협구江貯夾口〉

한때 숱한 사람들의 왕래로 떠들썩했던 강나루에는 단풍나무에 드리운 그림자마냥 쓸쓸한 적막감만 맴돈다.

수면 위로 일렁이는 물결 얇은 얼음 얼고
강 건너 서리 맞은 나무 저녁이 되니 연기가 나네.
북풍이 사흘 몰아쳐 지나는 인적 없으니
적막한 모래톱에 묶어놓은 배 한 척.

유자휘劉子翬, 〈강상江上〉

강나루에 묶어놓은 몇 척 안 되는 빈 배는 몰아치는 북풍에 흔들리며 쉬지 않고 삐걱삐걱 소리를 낸다. 마치 돌아올 날을 기약하지 않고 강을 건넌 나그네를 기다리며 소곤거리는 것 같다. 마침내 바람이 서서히 잦아들고 부슬부슬 가랑비 내리면 아득히 먼 곳에서 우는 새의 노래가 귓가에 전해온다.

새벽녘 산보 나와 하릴없이 나비의 뒤를 따르니
남촌 북촌 비가 내린 후라 더욱 맑고 새롭구나.
야산에 핀 꽃과 풀잎이 한층 그윽함을 발하고
뻐꾸기 노랫소리가 봄날의 생기를 더한다.

이증李繒, 〈효보曉步〉

강물이 점차 불어나면 강가의 고목들도 생기를 되찾게 된다.

비 갠 후 초라한 판자 다리 위로 뒤늦게 햇살이 번지네.
강변의 고목들은 변덕스러운 봄날 정취에 잎사귀를 떨구고
간밤의 비바람 얼마나 거셌는지
해안으로 밀려오는 강물이 잠잠하고자 해도 그치지 않네.

사악謝諤, 〈오계鰲溪〉

어느새 온 천지에 봄기운이 모여드니 지금껏 변화를 모색해본 적 없는 사물들에도 변화의 바람이 분다. 봄날의 기세는 마치 기회의 여신이 등 뒤에서 미풍을 불어주는 것과 같다. 간절히 원하건 아니건 당신은 이제 맹렬한 기세로 도래하는 대변혁의 물결에 동참하게 될 것이다.

풀은 파릇파릇한데 봄 구름이 들판을 뒤덮고
때마침 피어난 그윽한 꽃, 나무 위에 선명하네.
해 저물어 외로운 배를 옛 사당에 대고
강가로 불어오는 비바람 속에 밀려드는 조수를 바라보네.

소순흠蘇舜欽, 〈회중만박독두淮中晚泊犢頭〉[1]

대국은 대국의 패러독스가 존재하고, 소국은 소국의 패러독스가 존재 한다. 대국의 국민은 개인의 성취도 측면에서 소국보다 낮은 만족도를 보인다. 인구 200만에 불과한 슬로베니아는 베이징 차오양 구에 거주하 는 인구와 맞먹는 규모이지만 중국과 다를 바 없는 하나의 정부를 수립 하고 있다.

가령 인구가 적정 비율을 넘어서면 불편부당한 대우를 감수하거나 혹 은 이상을 실현하는 과정에서 원치 않은 좌절을 맛보게 된다. 이러한 변 수는 결국 대국이 감당하기 힘든 많은 갈등을 초래한다.

왜냐하면 방대한 인구의 숫자는 비록 비율상 문제가 없다 해도 절대적 숫자를 무시할 수가 없기 때문이다. 특히 중국처럼 예로부터 혈연과 인 맥을 중시하는 사회에서는 설령 비율상 소수에 속한다고 해도 금방 사회

---

1 소순흠(1008~1048년)은 북송의 대신으로 범중엄 등 개혁파를 지지했다. 범중엄의 큰 신임을 받 던 그는 집현교리관에 중용되었지만 후에 보수파의 정치적 탄핵을 받았다. 정가에서 면직을 당한 후에 소주蘇州에 은거하며 유명한 창랑정을 짓고는 『창랑정기滄浪亭記』를 펴냈다. 이 시는 소순 흠이 파직되기 1년 전인 1042년에 쓴 작품이다.

전체에 영향을 미친다 '문화대혁명' 시기에 교사를 비판하고 기독교를 사칭한 태평천국이 맹자와 공자에 반기를 들었던 것은 이와 동일한 맥락에서 해석해도 무방할 것이다. 이들이 일으킨 사회적 파장은 놀라웠다. 교사는 학생들에게 이를 전파하였고, 학생들 간의 접촉을 통해 다양한 계층으로 번져나갔으며, 마침내 모든 민족 지식 단체로 확대되었다.

새로운 사조, 새로운 기술, 혹은 이를 전파하는 매개체로서의 새로운 단체는 초기에는 누가 보아도 열악하고 보잘것없이 느껴지기 마련이다. 하지만 유용한 이론은 마치 쌓인 눈이 녹아 흐르고 밤새 내린 빗방울이 모여 거센 강물을 이루듯 그 누구도 막을 수 없는 하나의 조류를 형성하게 된다. 세찬 소용돌이를 이루며 용솟음치는 수면 위로 보이는 거라고는 듬성듬성 흩어진 낙화뿐일 것이다.

모든 조직이 요동치며 흐르는 강물을 수용할 저수지를 만드는 일에 적극 앞장선다면, 그 사회의 생태자원은 얼마나 풍부해지겠는가? 하나의 생태계를 이루게 되면 사물은 끊임없이 생성하고 발전하게 된다. 이것이 바로 대국이 대국다워야 하는 이유이다(왜냐하면 지속적인 발전이 가능해지기 때문이다).

대국은 결코 이류二流 정객들에게 무대를 제공하지 않는다. 다만 세차게 용솟음치는 문화의 조류 앞에서는 물길을 터주고 회합의 공간을 마련해준다. 이것은 조직에도 그대로 적용할 수 있다. 조직은 경로를 더욱 확장하고, 심지어 다른 문화권까지 신바람 나게 하는 무대를 마련하는 데 관심을 기울여야 한다. 조직의 리더는 강의 크기를 논하기 전에 비록 진흙탕일지라도 생명수를 가득 채워 넣을 수 있어야 한다. 물이 가진 자연의 섭리에 맡길 뿐 이를 임의로 경영하려고 해서는 안 된다.

대지 위의 모든 물줄기는 거대한 강을 향해 흘러가기 마련이다. 굽이쳐 흐르는 이 세찬 물살을 거스를 수 있는 사람은 아무도 없다.

30 기회는 아무에게나 주어지지 않는다

중국인은 기회주의자가 드물다. 중국 민족은 농민(세대를 거슬러 오르면 우리는 누구나 농민의 후예이다)의 신분에서 벗어나본 적이 없으며, 기후 특성상 사계절의 변화를 겪으며 삶의 터전을 유지해왔다. 따라서 계절이 바뀔 때마다 새로운 기회가 찾아왔다. 이 기회를 헛되이 흘려버리거나 적절한 시기를 포착하지 못한 채 계절이 지나고 난 뒤에 땅을 치며 후회한들 만회할 도리가 없었다.

농경사회에서 봄은 기회의 동의어이다. "한 해의 계획은 봄에 세워야 한다"는 말처럼 봄은 중요한 기회로 간주되어왔다.

두보의 작품 중에는 "봄비는 바람을 타고 밤새 대지를 촉촉이 적시네"라며 봄을 찬양하는 내용이 있다. 봄이 도래하여 천지에 생동하는 자연의 섭리가 한 편의 시에 고스란히 담겨 있다. 1,200년 전 지구상에서 농경문명의 발전기를 이어온 중국인에게는 너무나 친숙한 시다.

통계상 흥미로운 사실은 중국 고대 문학 가운데 유독 봄날을 예찬하는 시가가 다른 계절에 비해 압도적으로 많다는 점이다. 이는 풍성한 수확의 계절인 가을을 훨씬 앞지르는 수치이다. 송명宋明 시기에 펴낸 『천가시千家詩』를 보면 쉽게 확인할 수 있다. 더구나 『전당시全唐詩』에 수록된 시가 4만 2,000여 수 가운데 봄 '춘春' 자가 들어간 시는 9,500여 수에 달하는 것으로 이는 전체의 22%가 넘는 비중을 차지한다. 반면 가을 '추秋' 자가 들어간 시는 7,500여 수로 전체의 18퍼센트를 차지한다.

춘우春雨, 춘풍春風, 춘화春花, 춘조春鳥 등은 농민들의 삶과 밀접하게 연관되어 있을 뿐 아니라 듣기에도 마냥 반갑고 친숙한 시어들이다. 봄날은 새로운 생명이 끊임없이 생성되는 시절이며, 도처에서 새로운 삶의 기회를 모색하는 시기이기 때문에 일 년 중 가장 바쁜 때이다.

봄바람은 할 일이 많아 너무 바빠서
오랜 시간을 꽃과 버들 밖으로 지나다니네.
제비와 집 짓고 벌과 꿀 만들면서
보슬비에 잠깐 불어오니 날은 또 개이리라.

방악方岳, 〈춘사春思〉

봄날이 도래하자 천지의 산천초목이 들썩이며 시인은 작은 일 하나에도 기쁨으로 충만한 어린아이처럼 강렬한 반응을 보이며 자연의 섭리에 환대하는 시적 정경을 한 편의 시에 담고 있다.

세밑에 양기가 자라 얼음 서리 줄어들고
인간 세상 봄이 왔음을 초목이 아네.
문득 보니 눈앞에 생기 가득하고
봄바람이 불자 초록 물결이 찰랑거리네.

장식張栻, 〈입춘우성立春偶成〉

만물의 소생은 자연현상의 일부이다. 때가 되면 천지 강산에 봄바람이 불어온다. "풀은 봄바람에도 영화를 감사하지 않고, 나무는 가을 날씨에 잎이 떨어짐을 원망하지 않는다"[1]는 유명한 시의 한 구절처럼 숨을 쉬는 모든 생명체는 제때를 놓치고 후회하는 법이 없다.

그러나 발전의 기회를 잡으려면 상당히 민첩한 판단과 행동이 뒤따라야 한다. 1970년대 말, 세계 각국은 '문文'과 '무武'의 대립 속에서 혼란을 거듭했다. 이때 기회를 모색하던 덩샤오핑은 한 가지 원칙을 내세웠다. 지구상에 더 이상 전쟁의 위험이 있어서는 안 되며, 과거 중국처럼 도처에서 침략전쟁의 위협을 받아서는 안 된다는 사실을 대내외적으로 천명했다.

중국의 입장에서 더 이상 전쟁의 공포에 시달리지 않아도 된다는 것은 일종의 사치이자 절호의 기회였다. 이것은 진심에서 우러나온 말이었다. 그는 늘 "하늘이 내게 30년의 평화를 허락한다면 전 세계 인구를 가장 많이 늘릴 자신이 있다"고 말했다. 하지만 그는 중국을 사회 경제 발전 지표상 세계 부국 순위 170위에 올리는 데 그쳤을 뿐이다. 덩샤오핑의 개방 정책은 이로써 후대의 비난을 면치 못했다.

가장 신선한 과일은 나무에서 방금 딴 과일이다. 하지만 누군가 군침을 흘리기 전에 재빨리 자신의 것으로 만들지 못하면 빼앗기고 만다. 매니지먼트 학자의 전통적 시각에서 본다면 기업가와 경영인은 기업의 외부(일상적 업무를 제외한)를 향해 시선을 고정해야 한다. 변화와 위기를 관측하고 시대의 조류를 전망하며 기회를 포착해야 한다. 기업이 당면하고 있는 장기 발전 계획은 반드시 종합적인 분석[2]을 통해 결정해야 한다. 기업이 동원할 수 있는 모든 유무형의 자원과 인간이 동원할 수 있는 모든

| 1 이백, 〈일출행日出行〉

지식과 상상력을 토대로 종합적 분석을 내리고, 이렇게 도출된 데이터를 전략의 근거로 삼아 실행해야 한다.

물론 이러한 계획을 구체적으로 실천하는 데 있어 반드시 애초의 계획대로 단 한 번에 발전 기회를 잡을 수 있는 것은 아니다.

봄날은 광기 어린 격정에 가깝다. 이 아름다운 계절이 주는 첫 정경을 만끽하기 위해 사람들은 온 천지를 찾아 헤맨다. 세상에서 가장 경이로운 장면은 어쩌면 봄을 알리는 꾀꼬리의 지저귐이 아닐까?

경성에 내린 눈이 녹자 냉이가 고개를 내민다.
쪽문 밖의 골목 깊숙이 지나는 인적이 드물구나.
버드나무 가지에서 들리는 꾀꼬리 소리,
이야말로 봄이 왔음을 알려주는 첫 소리가 아니겠는가?

양재楊載, 〈도경사到京師〉

춘풍세우가 보슬보슬 흩뿌리는 가운데 초록의 생기는 아무도 눈치채지 못하는 사이에 천지를 충만하게 해준다. 봄날의 정취는 사람들을 속수무책으로 취하게 만드는 마력을 지니고 있다.

가랑비 내리는 하늘가는 여전히 촉촉한 습기를 머금고
아득한 초록의 풀빛, 가까이 다가가면 자취 없이 사라지네.
일 년 중 가장 좋은 봄날 한가운데
물 오른 버드나무 절경을 이루니 온 천지가 황궁이로구나.

한유韓愈, 〈초춘소우初春小雨〉

2 David A. Aaker, *Developing Business Strategies*. 세계적인 브랜드 관리의 대가 데이비드 아커의 저서에서 참조한 내용으로, 피터 드러커 역시 "가장 중대한 변화는 언제나 조직의 외부에서 발생한다"고 말했다.

사람들의 꽃구경은 빠를수록 좋다고 말한다. 때를 놓치고 떼 지어 나온 상춘객에 휩쓸려 길 위에서 우왕좌왕하다 보면 꽃구경을 나선 건지 사람 구경을 나선 건지 도무지 분간이 가지 않기 때문이다.

시인이 가장 좋아하는 청아한 봄날,
초록의 버드나무 누런 떡잎을 피웠으나 아직 어린 새순이네.
상림원 꽃밭이 황금 자수처럼 만개하기를 기다린다면
문을 나서면 곧 천지에 꽃구경 나온 사람들뿐이라네.

양거원楊巨源, 〈성동조춘城東早春〉

상춘의 정경을 남들보다 먼저 만끽하려면 그만한 대가를 치러야 한다. 꽃을 시샘하는 봄추위에 설상가상 가랑비라도 내려 옷깃이 젖으면 감기 걸리기 십상이기 때문이다. 하지만 시인은 비록 빗속의 꽃구경일지라도 사랑하는 사람과 함께라면 더 바랄 게 무어냐며 반문하고 있다.

봄을 알리는 동풍은 아직 소식이 없는데
여명이 비춘 대지는 어느새 눈이 녹았구나.
붉은 작약 피었으나 아직은 추위에 약하다네.
날이 개기만 기다렸으나 철 이른 꽃 이미 시들었네.
차라리 빗속에서 그대 손 마주 잡고 꽃구경 한들 어떠리?

두량빈竇梁浜, 〈우중간모단雨中看牡丹〉

봄날은 머지않아 반드시 도래할 것이다. 설마 방 안에만 웅크리고 앉아 있을 작정인가? 봄날의 거리를 걸으며 이런 생각이 들 수도 있다. 남들이 미처 경험하지 못하는 새봄의 정취를 만끽하는 일은 극히 소수에게 허락된 사치라고 말이다. 더구나 이러한 사치 역시 자연과 일상의 변화에 민감하게 반응하며 자신의 안테나를 높이 세운 사람만이 누릴 수 있는 특혜일 것이 분명하다.

급변하는 시장경제 속에서 남들이 미처 발견하지 못한 기회를 잡았다거나 혹은 남들이 무심코 방치해버린 기회를 포착하는 일이야말로 최고의 호사가 아니겠는가? 그러나 이러한 호사를 누릴 자격은 아무에게나 주어지는 것이 아니다. 사회 전반을 보는 날카롭고 예리한 안목을 갖춘 사람에게만 이러한 호사가 허락되는 것이다.

31 현명한 농부는 봄을 헛되이 보내지 않는다

봄날은 언제나 짧다. 사람들은 스쳐가는 봄을 원망할 뿐, 봄날의 정취를 마다하는 경우는 거의 없다. 시인 두목은 가는 봄날을 아쉬워하며 시를 한 수 지었다.

세월은 무심히 흐를 뿐 곁에 머물지 않음이 아쉬워
흐르는 물에 술잔을 돌리며 거나하게 취해보지만
아름다운 계절은 해를 바꾸며 무르익어가는구나.
다만 시들어가는 것이 한스러울 뿐이네.

두목, 〈화엄운수재락화和嚴運秀才落花〉

봄은 사람의 마음을 싱숭생숭 들뜨게 하는 아름다운 미혹의 시간이다. 짧은 여운을 남기고 사라지는 봄은 비단 시인뿐 아니라 일손이 바쁜 농부들에게도 더욱 아쉽기만 한 계절이다. 사람들은 계절의 정취를 좇아

떼를 지어 몰려다니는 습성이 있다. 행여 자신만 유행에 뒤질세라 전전긍긍하는 사람들은 봄나들이야말로 과거에는 전혀 기대할 수 없는 신선한 기회라고 여긴다. 도심의 하늘에 한바탕 소나기가 몰아치다가도 동풍이 불어오면 눈 깜짝할 사이에 전혀 다른 풍경을 연출하는 변덕스러운 날씨와 다를 바 없다.

혹자는 비가 내린 후 무법자로 돌변해버리는 봄날의 정취에 불만을 토로하기도 한다. 가냘픈 꽃잎들은 세찬 비바람에 눈처럼 흩어져 어디론가 사라지고 거리는 저마다 꽃구경을 나온 상춘 인파에 묻혀 흡사 시장을 방불케 한다. 불과 일주일 전만 해도 소수만이 향유하던 한가롭고 우아한 봄날의 정취는 눈을 씻고 찾아봐도 없다. 시인 구양수 역시 이러한 심정을 시에 담아냈다.

> 붉은 나무 푸른 산에 해가 지려는데
> 넓은 들녘의 풀빛은 아득히 끝이 없고
> 상춘객은 봄날이 깊어가는 것도 아랑곳없이
> 풍락정을 오가며 낙화를 밟네.
>
> 구양수歐陽脩, 〈풍락정유춘삼수豊樂亭游春三首〉

청대 시인 납란성덕納蘭性德은 사랑하는 연인을 잃은 뒤 맞이하는 첫 봄날의 착잡한 심정을 시로 표현했다.

> 누가 꽃이 지는 것을 슬프다고 했는가?
> 옛 봄놀이 갈 때 시절도 좋고 천지에 꽃이 만발하였지.
> 애끓는 심정으로 임을 보낸 후 한 해가 지나버렸네.
> 붉은 구름이 몰려와 비가 내리고 나니
> 어린 초록잎 몇 송이 잠시 물기를 머금었구나.

여린 영혼은 힘없이 석양을 마주할 뿐이네.

납란성덕, 〈완계사浣溪沙〉

이 시를 감상하다 보면 한 가지 의문이 고개를 든다. 기회는 도처에 있다고 하지 않던가? 단지 하나의 계절을 놓쳤을 뿐인데 무엇 때문에 가슴 치며 아쉬워한단 말인가? 해당화 잎이 시들어버리면 석류꽃이 만개하기를 기다리면 그만이다. 설령 석류의 꽃망울을 터뜨리는 시기를 아쉽게 놓쳤어도 조금만 기다리면 물푸레나무와 국화가 온 천지에 만개하는 계절이 온다. 심지어 북풍이 몰아치고 차가운 눈꽃송이만 흩날리는 겨울한 가운데서도 화려한 빛깔과 자태를 뽐내는 조화로 눈요기를 삼으면 그만이다. 어차피 당신은 온갖 꽃이 만발하여 봄의 절정을 이루던 때와 장소로부터 이미 멀어졌다. 시간이 거꾸로 흐르는 기적이 일어나지 않는 한 당신이 바라는 봄날의 첫 느낌을 되돌릴 방법은 없다.

봄바람과 함께 천지사방으로 흩어지는 꽃잎처럼 기회는 그렇게 흔하디흔하다. 다만 시간은 강물이 흐르듯 서둘러 우리 곁을 떠난다. "온 강물이 동으로 흘러 바다로 모여들지만 언제 다시 서해로 돌아갈 것인가?"[1] "시절은 나를 기다려주지 않으며 마치 뜬구름처럼 사라지는구나"[2]라는 옛 시가를 운운하며 가는 세월을 한탄해도 아무 소용이 없다. 마찬가지로 경제가 빠르게 비약하는 시기에는 평소보다 곱절의 노력을 기울여도 그 발전 속도를 따라갈 수 없다. 이런 상황에 남들이 샴페인을 터뜨린다고 덩달아 한눈을 팔았다가는 마치 꽃구경을 가겠다며 별러놓고서 정작 꽃망울이 절정을 이루는 시기를 번번이 놓치는 것과 다름없는 결과를 얻

---

[1] "젊은 시절 노력하지 않으면 늙어서 부질없이 슬퍼하게 된다"는 시구와 대구를 이룬다. 〈장가행長歌行〉에서 인용하였다.
[2] 유곤劉琨의 〈중증노심重贈盧諶〉에서 인용하였다.

게 될 뿐이다.

다가오는 기회를 잡느냐 마느냐는 중요하지 않다. 아무런 기척도 없이 찾아오는 봄날을 포착하는 안목을 갖추었는지가 관건이다. 봄바람이 불 듯 어느 날 갑자기 몰려오는 대변혁의 물결에 적절하게 대응하는 능력을 길러야 한다. 역사상 모든 패자는 순간적인 기회를 포착하는 능력은 뛰어났으나 결정적인 기회를 놓치는 바람에 한순간 나락으로 굴러 떨어지지 않았는가? 이처럼 절호의 기회를 놓치는 것은 농부가 봄철을 헛되이 보내는 것과 같다. 봄을 놓치면 한 해의 농사를 망치는 것이며, 그렇게 되면 좋은 성과를 기대하기 어렵다. 반면에 승자들은 초기 단계에서 깨알같이 사소한 기회들을 번번이 놓치기 일쑤이다. 다만 패자와 다른 점이라면 이들은 한 번의 실패를 아쉬워하기보다는 앞으로 다가올 더 큰 기회를 붙잡기 위한 성공의 포석으로 여긴다는 사실이다.

더욱 중요한 교훈은 여기에 있다. "무정한 봄기운은 오래 머물지 않으며 시간은 유한하다. 그러나 인간의 흥망성쇠는 영원하다."[3] 비록 기회는 수없이 많지만 인간의 삶은 유한하기에 짧은 순간도 아껴야 한다는 뜻이다. 하물며 창조와 혁신을 수행해야 하는 조직의 리더는 불가항력적인 좌절과 실패에 대비하기 위해 더 많은 시간을 확보할 필요가 있다.

현실은 각박하리만큼 무정하다. 하지만 시대의 흐름을 따르면 그 안에서 수많은 기회를 발견할 수 있다. 때로 우리는 너무 흔해서 일일이 활용할 수도 없을 만큼 무수한 기회의 홍수 속에서 살아간다(따라서 판단력이 부족하면 오류를 범할 수 있다). 하지만 이러한 조류에 편승하지 못한다면 최소한의 기회마저 놓치게 되며, 심지어 단 하나의 기회도 잡을 수 없게 된다.

---

3 두목의 〈여회작旅懷作〉에서 인용하였다.

시대적 조류와 추세를 정의하라고 한다면 "도를 도라 말하면 도가 아니다道可道非常道"라는 말로 대신할 수밖에 없다. 왜냐하면 세상은 '인간의 의지와 다르게 움직이는 규율'이 존재하기 때문이다. 현대 사회와 경제를 연구하는 학자들은 인류는 지금 역사적 대변혁을 눈앞에 두고 있다고 한다. 2008년 전 세계에 몰아친 금융위기는 단지 예고편에 불과하다는 것이다. 인류 문명과 생활방식은 앞으로 어떻게 변화될까? 이 질문의 답을 한마디로 딱 꼬집어 말할 수는 없다. 19세기와 20세기의 정치 교조에 세뇌된 두뇌로는 결코 해답의 실마리를 찾을 수 없을 것이다.

현대인들은 각종 과학적 데이터와 당위성으로 무장된 전략보고서를 접한다. 하지만 막상 큰 문제가 터지고 위기가 닥치면 모두들 우왕좌왕하기만 할 뿐 적절히 대처하지 못한다. 사람들은 언제나 사건이 벌어진 뒤에야 자신이 한 발 늦었음을 깨닫고 한탄한다.

따라서 탄탄한 현장 경험을 쌓고 난 후에 실전과 이론을 접목하는 기업의 리더만이 급변하는 세계의 조류에 휩쓸리지 않고 소신 있게 기업을 경영할 수 있다.

지혜는 어디서 구하는가? 아무도 대답할 수 없다. 그러나 지혜와 거리가 먼 곳이 어디인지는 확실히 말할 수 있다. 섣부른 기대감으로 성공을 좇으며 너무 일찍 샴페인을 터뜨리는 경우가 바로 그것이다. 기업 혹은 조직 사회의 운영에 반드시 필요한 최소한의 행사와 기념식조차 금하라는 뜻은 아니다. 비즈니스 세계에서 통용되는 방식을 굳이 마다할 필요는 없다. 하지만 사회적 책임을 지고 있는 리더들이 화려한 무대 위에서 얻을 수 있는 것은 단지 순간적 자아도취뿐이다. 이는 경영의 지혜를 구하는 일과는 동떨어진 행위이다.

술과 향락에 취해 뒤늦게 정신을 차렸을 때 누군가 새로운 사업을 개척하여 성취감을 맛보는 장면을 목격한다면, 몰려오는 몇 곱절의 절망과 회한을 어찌 감당하려 하는가?

강기슭의 거문고 소리 잦아들자
구경꾼들 발길 돌리는데 홀로 깨지 못하였네.
해는 지고 봄기운 다하니
지고 남은 꽃잎들 밤이 되면 바람 따라 흩어지는구나.

이창부李昌符, 〈삼월진일三月盡日〉

32 살얼음판 걷듯 경계하라

1990년대 말 닷컴 버블이 붕괴하기 시작한 이후 "오직 편집광만이 살아남는다"는 말이 한동안 유행했다. 전 인텔 사의 사장 앤디 그로브는 동명의 저서를 출간하기도 했다. 그는 왜 이 말을 좌우명으로 삼았을까? 『Survival the paranoid』라는 책의 제목은 다윈의 '적자생존Survival the fittest'에서 따온 것이다. 최근 고고학의 새로운 분야로 갈라져 나온 환경고고학environmental archaeology에서 그 출처를 찾아볼 수 있다.

환경고고학이 인류 문명에 미친 중대한 공헌은 다윈의 '적자생존' 이론을 수정하게 만들었다는 사실이다. 학자들은 최초의 인류가 출현한 장소를 아프리카 동부의 초원으로 추정했다. 그곳은 이미 일곱 종이 넘는 사자, 표범 등 대형 고양잇과 동물의 서식지였다. 인류는 영장류 중 달리는 동안에는 새끼에게 젖을 물릴 수 없는 유일한 동물이다. 따라서 다른 동물의 공격에 처하면 상대적으로 열세에 놓인다. 정면 대결이란 상상도 할 수 없으며, 불리한 상황에서는 차라리 도망치는 것만이 목숨을 지키는 유일한 전략이다. 이런 이유로 인류는 물샐 틈 없는 경계와 상호 협동의 조직을 이루며 지금까지 생존을 지속해왔다. 결국 최종 승자는 지구상에서 가장 날쌔고 가장 용맹한 맹수들(적자생존에 대한 서양인의 통상적인 이해 수준이다)이 아니라 공포와 긴장감을 유지하는 데 익숙한 인류라는 사실은 놀라울 수밖에 없다. 이러한 사실은 매니지먼트 학자들에게 매우 중요한 정보를 제공하며, 이러한 내용을 담은 글은 이미 《이코노미스트》에 공개된 적이 있다.

정신병리학 지식이 대중적으로 퍼짐에 따라 'paranoid'는 이제 일상적인 용어로 사용되고 있다. 이는 고도의 정신적 긴장 상태에서 항상 무언가를 하지 않으면 불안과 공포를 느끼는 심리적 병증으로 '편집증'이라고도 한다.

그러나 동양 사회에서 '편집증'의 범위는 매우 제한적이다. 광범위한 의미로 사용되기에는 아직 시기상조이다. 따라서 'paranoid'라는 단어를 다른 말로 번역하기는 쉽지 않다. 보고서를 작성 중이라면 혹시 '완벽주의' 정도로 번역할 수 있을까? 사실은 그렇지 않다. 왜냐하면 이 말은 업무상의 성향을 규정하는 말이 아니기 때문이다. 그렇다면 하나부터 열까지 일일이 확인하고 현미경을 들여다보듯 세밀한 부분까지 온 신경을 곤두세우는 습관이라고 하면 어떨까? 하지만 이 또한 적절한 비유는 아니라고 본다. 여기에는 심리적인 위축이나 공포에 관한 의미가 빠져 있기 때문이다. 그렇다면 '기우'로 대체하면 어떨까? 이 또한 적합한 표현은 아니다. 편집증은 비록 병증에 속하기는 하나 아무 이유가 없다거나 허망하기만 한 것은 아니다. '본인 스스로 도저히 그냥 지나칠 수 없는' 성향으로 옮겨보면 어떨까? 이 또한 적절한 번역이 될 수 없다. 왜냐하면 편집증은 확실한 목적성, 즉 시장 경쟁 체제에서 승리하고자 하는 궁극적인 목표를 지니고 있기 때문이다.

이상은李商隱의 시에 담긴 정경은 편집증의 적절한 예시일 것이다.

꽃 찾아 나섰다가 나도 몰래 노을빛에 취하여
나무에 기대어 잠이 든 사이 해가 저물었네.
손님은 흩어지고 술 깨어보니 오밤중
다시 촛불을 밝히고 남은 꽃을 구경하였지.

이상은, 〈화하취花下醉〉

　연회석상에서 깜빡 졸다 술이 깨고 보니 짙은 어둠이 사방에 내려앉았
다. 하지만 시인은 군이 등불의 심지를 밝혀 지고 남은 꽃들을 감상했다.
이러한 심리는 어떻게 설명하면 좋을까? 꽃구경도 한철이니 날이 밝으
면 나뭇가지에 맺힌 꽃봉오리가 시들어 바닥에 흩어질 것이다. 꽃이 지
는 것을 이토록 애석해하는 마음이야말로 ‘편집증’을 넘어 ‘미혹’이 아
니겠는가?
　‘paranoid’ 상태를 가장 일반적인 은유로 드러낸 이 시는 가는 봄을
아쉬워하는 상춘시에 해당한다. 동아시아 대륙의 봄철 기후는 차가운 공
기와 비를 동반하는 것이 특징이다. 비바람이 몇 차례 훑고 지나간 뒤에
는 기온이 오르기 시작하고, 봄의 전령인 꽃들도 대부분 그 잎을 떨구게
된다. 봄날의 꽃을 감상하는 시기는 아무 때나 얻을 수 없는 기회임이 분
명하다. 청명한 날들이 지나고 나면 비바람이 몰아치는 밤이 찾아온다.
만개한 꽃을 바라보는 시인의 미혹 어린 시선과 비바람에 떨어진 꽃잎에
대한 애수는 보통사람이라면 그냥 스쳐지나갈 장면에도 유독 남다른 충
동을 불러일으키는 것이다.
　이상은이 등불의 심지를 밝혀놓고 자신이 가장 아끼던 해당화(그의 고
향을 떠올리게 하는 꽃이다)를 마주하고 있었던 이유가 바로 여기에 있다.
이러한 편집증적 심리는 소동파도 예외는 아니었다.

　동풍은 살랑살랑 불어오고 달빛은 넘쳐나네.

자욱한 향무香霧 속의 달은 낭하로 돌아드니
밤 깊어 꽃이 잠들어 떨어질까 두려워
촛불 높이 들어 해당화 꽃잎 비춰보네.

소식蘇軾, 〈해당海棠〉

봄날의 절정을 붙잡고 싶은 걸까? 꽃잎마저 천천히 피게 하려고 봉오
리가 벌어지는 꽃을 향해 허리 굽혀 하소연하는 시인의 모습에서 마치
제멋대로 구는 철부지 소년을 타이르는 할아버지를 엿볼 수 있다.

꽃을 좋아하기로서니 죽을 만큼은 아니나
단지 지는 꽃과 함께 늙는 것이 두렵다네.
꽃이 무성한 가지는 지는 것도 쉬운지라
어린 봉오리 속 깊이 느릿느릿 피어나네.

두보, 〈강반독보심화칠절구江畔獨步尋花七絕句〉

한술 더 떠서 육유는 천지신명의 힘을 빌려 자신이 그토록 아끼는 꽃
을 지켜내려 했다.

꽃이 좋다 한들 죽음을 불사하겠는가?
그저 바람과 햇살에 꽃향기 옅어질까 두려울 뿐
초록 장막은 밤이면 천지신명에게 아뢰길
부디 봄날이 흐려 해당화 지켜달라며 빌고 비나니.

육유, 〈화시편유제가원십수花時遍游諸家園十首〉

옛날 사람들은 하나의 계절을 90일로 계산하여 정월 초하루를 기점으

로 3월 31일까지를 봄으로 간주했다. 따라서 3월 31일은 봄의 마지막 날인 셈이다. 해마다 이날이면 가는 봄을 배웅하느라 시인은 밤잠마저 설쳐야 했다.

3월 31일, 아름다운 봄날의 정경과 이별하는 고통에 슬픔이 사무치네.
그대와 함께라면 오늘 밤 잠들지 않은들 어떤가?
새벽이 오지 않았으니 아직도 봄인가 하네.

가도賈島, 〈삼월회일송춘三月晦日送春〉

갈수록 치열해지는 시장 경쟁 시대에 모든 기업가와 경영인의 공통된 고민은 어떻게 하면 유리한 고지를 선점하고 성장을 지속할 수 있을까 하는 문제로 귀결된다. 이와 마찬가지로 90일이라는 제한된 시간 안에 눈이 짓무르도록 꽃을 감상하고 상춘의 정서를 만끽하며 봄날의 감흥을 토로하고 봄노래를 흥얼거리기에는 석 달도 너무 짧다며 시인들은 반문한다. 따라서 가는 봄을 아쉬워하며 이를 배웅하느라 눈시울을 적시곤 하는 것이다. 봄날의 애수에 잠기고 상춘의 감상에 취해버린 시인들처럼 남들의 눈에는 항상 업무에 치이고 피로에 쌓여 있는 기업가와 경영인들은 때로는 편집증 환자처럼 비치기도 한다.

중국 하이얼 기업의 총수 장레이민張瑞敏의 경우도 예외는 아니었다. 매년 고속 성장을 거듭하는 굴지의 대기업을 지휘하는 그도 언제나 '가슴을 졸이며 살얼음판 위를 걷는 기분'에 휩싸인다고 한다. '살얼음판 위를 걷는 듯'이라는 표현이야말로 편집증에 가장 가까운 개념으로 『시경』의 한 구절에서 확인할 수 있다.

맨손으로 호랑이 잡지 못하고, 걸어서는 황하를 건널 수 없네.
사람들은 하나만 알고 다른 것은 전혀 알지 못하네.

오직 두려워 벌벌 떨며

깊은 못에 이른 듯, 살얼음판 위를 걷는 듯하네.

<소민小旻>

인생의 풍상은 누구나 겪기 마련이다. 어찌 맨손으로 호랑이를 잡는 일에 비유하겠는가? 특히 리더의 위치에 오른 경영인이라면 누구나 마음을 졸이며 막상 위험이 닥치면 살얼음판 위를 걷듯이 매사 조심스러워질 수밖에 없다.

주희朱熹의 주해에 따르면 "여럿이 하는 걱정은 멀리 가지 못한다"고 한다. 호랑이를 때려잡기 위한 방법은 어떻게든 해결 방법을 찾을 수 있지만, 국가 붕괴와 기업의 해체 같은 숨겨진 위기는 사람들의 눈에 잘 드러나지 않는 경우가 대부분이다. 따라서 이를 감지하지 못한 채 그냥 보아 넘기기 십상이다. 주희 스스로 진취적 사고의 통로를 차단당한 채 그럭저럭 현상을 유지하기에 급급했던 남송 시기에 펴낸 이 주해는 더더욱 현실에 와닿는 말이 아닐 수 없다.

이론적 해석은 쉬우나 실천은 어려운 법이다. 고속 성장의 봄날을 만끽하고 있는 중국 기업 가운데 들뜬 분위기를 차분히 가라앉히고 오직 '편집광'의 시각에서 현실을 꼼꼼히 살피고 미래를 주시하는 경영인은 많지 않다. 하지만 장레이민은 하이얼 그룹의 경영 방식을 고민하고 연구하며 이를 시행하는 과정에서 거의 매일 살얼음판 위를 걷는 기분으로 가슴을 졸였으며, 이로써 기업의 모든 문화를 변화시킬 수 있었다고 토로한 적이 있다.

경쟁에 놓인 기업(혹은 사회적 책임을 지닌 조직)이 고도의 긴장감 속에서 심리적인 '공포' 상태(단순히 호랑이에 잡아먹힐까 두려워하는 수준이 아니다)를 유지하지 않는다면, 또한 제품과 서비스의 결함을 끊임없이 개선하려고 애쓰고 과거의 부족한 부분을 보충하지 않는다면 미래의 더욱 큰 진보를 얻을 수 없다. 이 말은 막상 도약의 기회가 눈앞에 다가왔을 때 이에 대처할 순발력을 기대할 수 없다는 뜻이다. 그때 가서 사후약방문 격으로 "밤새 내린 빗소리에 떨어져버린 꽃잎은 또 얼마나 되려나?"라며 한탄해도 소용없는 일이지 않겠는가?

33 백마의 등에 칠을 한다고 얼룩말이 될 수는 없다

어느 학자가 국유기업의 상장에 관해 재미있는 강의를 한 적이 있다. 그들은 비록 해외시장에 진출했지만 뼛속까지 스며든 계획경제 시대의 망령에서 벗어나지 못하고 있으며, 이 말은 시장경제의 규칙을 전혀 이해하지 못한다는 반증인 셈이다.

그는 이를 얼룩말에 비유하며 이렇게 말했다. "사람들이 원하는 것은 얼룩말인데 그들은 백마를 끌고 와서는 등에 검은 줄을 그려놓고 얼룩말이라고 주장하고 있다." 순간 좌중은 웃음바다로 변하고 말았다.

시장경제 규칙을 따르지 않는 국유기업에서 이러한 현상을 보이는 것은 어쩔 수 없는 일이다. 가장 큰 원인은 그들이 담당한 업무의 대부분이 독점적 성격을 띠고 있기 때문이다.

'중국'이라는 브랜드를 내걸고 기업을 경영하는 것은 총성이 울리지 않는 전투처럼 전혀 위기감을 느낄 수 없다. 이들에게 제도 개선이니 구조조정이니 하는 말은 쇠귀에 경 읽기이다. 과거의 부서 혹은 기업으로의 행정 귀속과 다름없는 조치이기 때문이다. 물론 '중국' 브랜드를 내세운 기업의 존재 자체를 부정해서는 안 된다. 다만 이러한 기업의 리더는 상급 지도부의 신임을 받는 인물이기보다는 시장경제의 실전 경험이 있는 인사여야 한다. 그래야 더 이상 '중국'이라는 간판에만 의지하지 않고 진정한 기업 경영을 실현하게 된다.

고객 만족 서비스는 치열한 경쟁의 틈바구니 혹은 위기의 순간에 나오기 마련이며 이를 통해 투자자의 신뢰를 높일 수 있다.

백마의 등에 검은 칠을 하는 작태는 당대 시인 원진元鎭의 시를 떠올리게 한다.

> 장조의 소나무 그림은 신의 경지에 달하였지.
> 비취색이 봄바람을 휘감고 소나무 가지가 차가운 달을 두드리니
> 화공들 사이로 퍼져 나갔으나 기이한 화풍은 묻혀버렸네.
> 줄기는 가늘어 소탈한 멋이 없고 뻣뻣한 등걸은 들쭉날쭉하구나.
> 속세의 경박함을 원망할 뿐 어찌 고산 장송을 흉내 낼 수 있으랴.
> 나는 석양 산의 깊은 심산에 들어가
> 진정한 소나무를 감상하려네.
>
> 원진, 〈화송畵松〉

장조張藻는 소나무 그림으로 유명한 화가였다. 그의 그림이 인기를 끌자 저잣거리의 화공들은 너도나도 그의 화풍을 모방하여 소나무를 그렸다. 하지만 장조의 소나무에서 풍기는 위엄과 기품은 전혀 찾아볼 수 없었다. 그들의 그림은 단지 흉내에 그쳤을 뿐이며 장안의 흉물로 전락하고 말았다. 소인배의 얕은 재주로 어찌 낙락장송의 기품을 표현할 수 있겠는가? 이러한 허접한 소나무에 눈길을 주고 싶은 이가 세상에 어디 있겠는가? 소나무의 진정한 풍모를 직접 느끼려면 심산계곡을 찾아가는

수밖에 없다.

시인은 구중심산의 깊은 골짜기로 향했으나 겹겹이 에워싸인 산 너머에는 또 다른 산이 가로막고 있었다. 이러한 정경은 보통사람들은 감히 상상조차 할 수 없을 것이다. 원진은 '산'이라는 시어를 반복하여 이러한 감상을 절묘하게 표현해냈다. 다음은 원진의 또 다른 작품으로 정치를 신랄히 풍자한 시이다.

> 쓸쓸한 옛 행궁,
> 궁 안에 핀 꽃 붉기는 한데 적막하구나.
> 머리가 하얗게 센 궁녀,
> 한가로이 앉아 현종 때의 일을 이야기하네.
>
> 원진, 〈행궁行宮〉

당 현종은 말년에 이르러 향락을 일삼으며 국정의 근간을 흔들었다. 원진이 이 시를 지은 시기는 안사의 난으로 사랑하는 양귀비를 죽음으로 내몰았던 현종이 퇴위하고 오랜 세월이 흐른 후였다. 하지만 행궁 안에는 여전히 놀고먹으며 할 일 없이 시간을 보내는 사람들이 있었다. 궁녀들은 손 하나 까닥하지 않고 입으로만 시끄럽게 떠들어대면서 과거를 회상하곤 했다. 현종 시기, '궁宮'자 세 개를 받은 궁녀는 황제의 총애를 입을 기회를 얻을 수 있었다. 이러한 세태는 대제국의 통치 기강이 문란해지고 사회가 와해되어가고 있음을 여지없이 드러내고 있다.

원진의 시 두 편을 잇달아 감상하다 보면 쓸쓸한 기분을 지울 수 없다. 시장 골목 안의 공방에서 화공들이 그린 엉터리 소나무는 현종의 총애를 기다리다 백발이 된 궁녀들의 처지와 다를 바 없다.

옛것을 답습하거나 남의 것을 복제하는 자세로는 새로운 가치의 문화를 창조해낼 수 없다. 이러한 문화는 중국의 국유기업 체제를 서서히 잠식시켜나갈 것이다. 수시로 자유롭게 국경을 넘나들며 기업을 경영하던 과거의 화려한 시절을 그리워하는 사람들 중에는 깨닫는 바가 적지 않을 것이다.

과거 독점 시대의 직접적인 수혜자뿐 아니라 홍콩을 포함한 자유 무역 기구의 간접적인 수혜자들은 때때로 구시대적 우월감을 드러내곤 한다. 20세기까지 홍콩은 중국과 국제 시장의 유일한 창구 역할을 했다. 중국이 WTO에 가입한 지 여러 해가 지났지만 일각에서는 여전히 전통문화의 수호자를 자처하며 변화의 조류에 관해 심도 높은 인식도 없으면서 일일이 간섭하고 제한하는 구습을 버리지 못했다. 이러한 허세는 '호랑이 없는 굴에서 왕 노릇을 하려는 여우'와 다를 바 없다.

최근 홍콩은 물론이고 심지어 상하이, 베이징을 통해 쑤쩌우, 따리엔, 닝보, 이우 등지에서 사업을 하려는 해외 기업이 증가하고 있다. 그들은 과연 '소나무의 풍모'를 진정으로 이해하고 있을까? 아니면 단순히 사업에만 열을 올리는 것일까? 그들 역시 '소나무'의 진정한 정신을 모색하는 것이 급선무일 것이다.

34 고독한 소나무를 닮아라

금융위기의 직격탄을 맞아 사업이 어려워진 한 친구는 자산을 매각하는 방법으로 위기를 모면했다. 그의 수중에 남은 것은 벽에 걸린 그림 한 폭이 전부였다. 그림 속에는 다음과 같은 시가 한 수 적혀 있었다.

"도화桃李는 추풍에 잎을 떨어뜨리지만, 송백松柏은 홀로 임의 곁을 지키네."[1]

소나무는 동양에서 특별한 의미를 상징한다. 고대와 현대를 가리지 않고 불교와 유교를 따지지 않으며 또한 정치적 당파를 막론하고 줄곧 고귀한 기품과 강한 기상을 드러내는 고결한 존재로 인식되는 것이 바로

---

[1] 교연皎然의 〈배단공사군청석, 부득청계가송서장사裴端公使君清席, 賦得靑桂歌送徐長史〉에서 인용하였다.

소나무이다. 중국 건국 10대 원수 중 한 명인 천이陳毅는 "청송은 대설에 뒤덮여도 여전히 곧고 강하다"[2]라고 예찬했으며 중공의 중남국 서기였던 도주陶鑄는 〈소나무의 품위〉라는 산문을 쓰기도 했다. 이처럼 소나무를 신봉하는 문화에 관해서는 반전통주의 인사들도 아무런 반박을 하지 않는다. 소나무를 향한 이러한 숭배는 매화와 절대 비교할 수 없는 특별한 현상이라 볼 수 있다. 청대 사상가 공자진龔自珍을 비롯한 많은 이들은 화가와 문인들의 붓끝에서 피어나는 매화와 소나무의 이미지는 상당히 동떨어져 있음을 강조했다. 중국 문인들은 예로부터 송백을 절개의 표상으로 간주했다. 진조晋朝의 시인들은 "계곡물 아래의 소나무, 울창도 하구나. 산 위의 푸성귀는 축 늘어져버렸네"라고 읊었으며 남조의 시인 역시 "구름 속에 가려 보이지 않으니 푸른 기상을 누가 알아주랴?"라며 의인을 알아보지 못하는 세태를 탄식했다. 당조에 와서는 "푸르고 아름다운 빛깔, 곧고 의로운 성품"[3]에 소나무를 비유하기도 했다.

소나무의 이미지는 적막하고 고독하다. 하지만 고전 시가 속의 소나무는 매우 다원화된 이미지로 표현된다. 특히 신비주의(불교)와 업적주의(유교)로 대표되는 위대한 정신적 유산의 공통 자양분 역할을 하고 있다. 하나의 상징이 이러한 문화적 함의를 다분히 내포하게 되면 이것이 대중에게 전파하는 호소력은 시대의 변천에 따라 다채롭게 변화한다. 마치 심산유곡 기슭에 우뚝 선 청송처럼, 세월의 깊이를 더할수록 더욱 강건해지는 것이다.

세속을 벗어난 참선인의 눈으로 소나무를 바라보면 험준한 산기슭의 정상에 자리한 청송의 자태는 아름답기 그지없다. 곧은 절개와 호탕한

---

2 천이의 〈영송咏松〉에서 인용하였다.
3 좌사左思의 〈영사팔수咏史八首〉, 오균吳均의 〈증왕계양贈王桂陽〉, 유희이의 〈고송편孤松篇〉에서 차례로 인용하였다.

기개는 속세의 번잡한 고뇌를 잊은 듯이 고아한 기품이 절로 흐른다. 서화에 조예가 깊었던 당대의 승려 경운景云은 명산의 구중심처에 자라는 장송의 실제 모습과 너무나 흡사한 필치로 사람들의 감탄을 자아냈다고 한다. 속세를 떠나 출가한 고승과 소나무는 오래 사귄 벗처럼 굳이 말하지 않아도 저절로 통하는 심신의 조화가 형성되어 있다.

> 소나무 그림 한 그루 진짜 소나무를 닮았네.
> 아무리 기억을 더듬어도 떠오르지 않더니
> 일찍이 천태산에서 보았구나.
> 석교 남쪽 난간의 세 번째 그루였었지.
>
> 경운, 〈화송畫松〉

천태산天台山은 남종 불교의 성지이다. 경운의 소나무 그림은 뭇사람들의 칭송이 끊임없이 이어졌다. 천태산의 청송을 시로 형상화한 이가 경운만은 아니다. 당대의 시견오施肩吾 역시 이렇게 시를 읊었다.

> 매번 그대를 찾아 천고의 산봉우리를 헤맸지만
> 어찌 알았으랴, 인간 세상에서 다시 만날 줄을.
> 물 한 바가지 주려 하나 어디에 있는가?
> 천태산에 가장 오래된 노송 한 그루 걸려 있다네.
>
> 시견오, 〈우왕산인遇王山人〉

그러나 세속으로 걸어 나온 유가의 도덕적 관점에서 바라보는 소나무는 오로지 꼿꼿한 절개에 그 초점을 맞추고 있음을 알 수 있다. 모진 시련의 세월 속에서 소나무는 부단히 자아를 성장시키고 진취적 기상을 굽히지 않는다. 예로부터 "어진 자의 용맹을 갖추었기에 천둥벼락에도 흔들림이 없는" 것이 소나무요,[4] 공자 또한 "세한이 지나면 송백이 푸른 것을 알게 된다"라고 말했다. 당대 두순학杜荀鶴은 같은 맥락에서 소나무를 이렇게 노래했다.

어려서 풀더미 속에서 머리를 내밀더니
지금은 쑥보다 더 자랐음을 점차 알겠네.
사람들은 구름 찌를 기개 알지 못하고
구름을 뚫고 나서야 높다고들 말하리라.

두순학, 〈소송小松〉

청 정부는 타이완을 할양한 후에 항일 봉기를 이끌었던 구봉갑丘逢甲을 소나무에 비유했다.

용 수염이 늘어지듯 뻗어 오른 나뭇가지
이미 하늘 향해 우뚝 솟아오르니
정원 섬돌 아래 머물지 못하고
온 산에 비바람이 칠 때 용 되어 승천하리.

〈한산서원신재소송韓山書院新栽小松〉

좁은 정원에 심어놓은 청송은 "온 산에 비바람이 친 후"에는 구름을 뚫고 하늘 위로 우뚝 솟아오른다. 그 모습이 마치 승천하는 용을 연상하게 한다(도교의 신비한 분위기를 다소 풍긴다).

도가의 시와 유가의 시를 감상하다 보면 이들 사이에 공통된 특징을 하나 발견하게 된다. "산은 깊고 비가 내리니 추위만이 맴도는데 소나무

---

4 소식의 〈제당형자정문祭堂兄子正文〉에서 인용하였다.

는 소리 없이 뿌리를 내리네."[5] 온갖 시련에도 속으로 슬픔을 억누르고 무거운 침묵 속에서 항상 낮은 자세로 임하는 구도자의 모습을 닮아 있다. 하지만 시장경제 속의 '소나무'는 피터 드러커의 비평처럼 "제자리에서 연전연패"하는 고집을 조심해야 한다. 다만 같은 방향을 따라 연전연패를 이어가다 보면 언젠가 성과를 올리는 방법을 터득할 수도 있다.[6] 그러다 보면 시장경제 체제에서의 상식적인 수준을 훨씬 웃도는 고부가 가치 사업을 창조하게 될 것이다.

순탄치 않은 역경의 길을 걸어온 증국번曾國藩 왈, 병사를 지휘하는 장수는 결코 "명리에만 급급"해서는 안 되며, 특히 "고통을 참고 견디는 인내심"이 절실히 필요하다고 말했다. 중국 사회는 1990년대 말 이후로 신세대 부류의 활약이 인터넷을 중심으로 형성되기 시작하더니 지금은 이동통신 기술의 발전을 날로 앞당기고 있다. 이들은 베이징, 상하이, 선천 등지에서 대중교통을 이용하고 싸구려 호텔에 묵으며 두 발로 뛰고 있다. 비가 오나 눈이 오나 지하철을 이용할 뿐 여간해서는 택시를 타지도 않는다.

수백 대 1의 공무원 시험에 목숨을 거는 기성 세대의 눈으로 볼 때 이러한 열혈 청년들은 이 사회를 지탱하는 고독한 소나무와 다를 바 없다. 비록 모든 소나무가 좋은 재목이 되는 것은 아니지만 백거이는 "언젠가 그대가 하늘을 뚫고 솟아오를 날이 있음을 알고 있다"[7]며 소나무에 대한 강한 믿음을 저버리지 않았다.

다만 맹목적인 기대심리는 주위 사람들은 물론이고 가장 측근인 가족에게도 지나친 부담으로 느껴질 뿐이다. 하나의 방안은 또 다른 방안을

---

5 교연의 〈만춘심도원관晚春尋桃源觀〉에서 인용하였다.
6 원문은 "where the results are"이다. Peter Drucker, *The Daily Drucker* (NY: Harper Collins, 2004년). p. 341의 내용을 발췌하였다.
7 백거이의 〈재송이수裁松二首〉에서 인용하였다.

창조하고, 하나의 협력은 새로운 협력으로 이어진다. 이는 마침내 정보의 흡수와 상상력의 확장을 수반한다.

오늘날 열혈 청년 세대는 아무도 그들의 고독을 이해하지 못하는 가운데 서서히 자양분을 흡수하고 사회의 기반을 다지며 미래를 풍요롭게 가꾼다. 이는 원대한 전략을 세우기 전에 반드시 선행해야 하는 단계이기도 하다.

"승천하는 용"은 신비주의 색채가 다분한 표현이다. 현실에서는 자신의 한계를 초월하여 한 차원 뛰어넘는 도약을 뜻한다. 하지만 현실에서 고독한 구도자가 되기를 원하는 기업은 드물다. 명대 문인 원굉도袁宏道는 이러한 의미를 담아 짧은 시 한 편을 남겼는데 소나무와 함께 심는 측백나무에 관한 시이다.

> 서리와 눈발을 거칠 때마다 우람해지는 자태
> 어릴 적부터 강철 줄기에 청동 피부를 지녔구나.
> 잎이나 잔가지는 겨우 한 자 다섯 치,
> 어느 세월에 두릉杜陵의 시에 나올까.

원굉도, 〈법화암간월강로납이백수移法華庵看月江老衲移柏樹〉

여기서 '두릉'은 두보를 가리키는 말이다. 현재는 비록 어린 묘목에 불과하지만 세월의 풍상을 견디는 과정에서 짐작컨대 두보가 "금관성 외곽, 측백나무 울창하구나"라고 표현했던 것처럼 강건하고 고아한 품격을 기대해보아도 좋을 것이다.

만약 평범한 사람이 이러한 경지에 도달한다면 시성으로 일컬어질 것이고, 달리 표현하자면 평범한 사람이 거장(마에스트로)의 반열에 올랐다고 해도 지나친 과장은 아닐 것이다. 기업가와 경영인도 마찬가지이다. 고행과 수도를 통해 소나무와 유사한 경지에 도달한다면 경영 관리 분야의 대가가 되는 날도 머지않을 것이다.

　심신 수련과 사상의 초월은 오로지 고독 속에서 완성된다. 사람들은 고독을 두려워하지만 조용한 침묵 가운데 인생의 가장 진귀한 선물이 숨겨져 있는지도 모른다.

35 참선의 힘, 무한의 가치를 믿어라

대로 짠 가마 어깨에 짊어지고 산 고개 반쯤 접어드니
눈앞에는 이미 아득한 구름이 피어오르네.
산봉우리 끝이 다하면 경계가 사라지고
인간을 제외하면 여기가 바로 별천지라네.

장식張栻, 〈방광도중반령소게方廣道中半玲少憩〉

이 시는 송대 이학자理學者(외국의 한학자들은 이들을 '신유학자'라 부른
다) 장식의 작품이다. 후대에 와서 그의 작품은 참선 시가의 한 갈래로 분
류되는 데 그쳤다. 이유를 살펴보니 참선은 이학과 달리 무한의 힘을 믿
는 특징이 있기 때문이라는 생각이 든다. 무한을 신념의 일종으로 받아
들이면 비로소 이에 상응하는 심리 상태를 갖출 수 있다. 이러한 심리 상
태를 견지하는 사람은 문제가 발생했을 때 남들보다 빨리 평정심을 찾을
수 있으며, 운이 좋으면 뛰어난 기지를 발휘할 수도 있다.

불교는 인생의 가치를 모색한다. 참선도 마찬가지이다. 이들은 존재의 무한한 속성을 믿지만 모든 것이 관습화(정규화)되고 관료화되어버린 체제 안에서 이러한 속성이 통용될 리 없다. 역사상 논란의 쟁점이 되었던 독일의 '슐리펜 계획'은 실제 작전을 수행하는 과정에서 수많은 허점을 드러냈다. 후대인들은 당시 작전을 수정했던 지휘관 작은 몰트케(슐리펜의 전임자인 큰 몰트케의 조카)에게 모든 책임을 돌리고 비난의 화살을 퍼부었다. 그가 만약 전 과정을 관통하는 세밀한 계획을 사전에 짜놓지만 않았어도 최소한 후임자들에게 상상의 여지를 남겨주었을 것이다. 어쩌면 슐리펜Schlieffen의 후임자들은 한층 더 자주적인 정책을 연구했을 수도 있다. 당시 전략상 상대적 열세에 놓여 있던 독일 역시 사전에 정해놓은 틀 안에서 우왕좌왕하는 것보다는 훨씬 나은 결과를 얻었을지도 모른다. 단 한 치의 오차도 용인하지 않는 풍토에서 필연적으로 발생하는 오류투성이 정책보다는 상상의 여지를 남겨놓는 것이 낫지 않았을까?

"가슴에 물物이 있으면 천하도 협소하지만, 속세의 시야에서 벗어나면 세상이 넓다"는 말 속에 담긴 이치를 사람들은 어째서 한사코 부인하려는 걸까?

제너럴 일렉트릭 사의 CEO 잭 웰치가 전략 연구 부서를 해체한 이유는 단순히 예산을 줄이기 위한 조치가 아니었다. 그는 수행 불가능한 전략보고서를 끝없이 양산해내는 어리석음을 더 이상 되풀이하고 싶지 않았을 뿐이다. 이러한 판단의 결과는 놀라웠다. 귀에 걸면 귀걸이, 코에 걸면 코걸이 식의 난삽한 의견이 그의 시야를 가로막고 그의 두뇌를 흐리도록 방치하지 않은 결과 자신의 창조적 사유 공간을 '오염'시키는 모든 방해 요소로부터 벗어날 수 있었던 것이다.

전략에 관한 문제를 논의할 때마다 걸핏하면 이미 규정화된 방안, 혹은 과거의 경험을 주장하는 사람들이 있다. 심지어 리더의 개별적 지시에 좌우되거나 전통적 관습에서 벗어나지 못하는 경우가 있다. 이러한 요인에 얽매이는 사람이야말로 전략상 최대의 훼방꾼troublemaker인 셈이다. 왜냐하면 이들은 아직 시시각각 급변하는 현실(예측 가능한 서면상의 상황이 아닌)에 대처하는 정신적 자세가 준비되어 있지 않을 뿐더러 구체적인 실천 과정에서 남들이 미처 발견하지 못한 새로운 기회를 포착하는 능력이나 용기가 전혀 없기 때문이다. 어쩌면 이들에게는 현실에 대처하는 정신적인 기제가 전혀 존재하지 않는지도 모른다.

가장 유감스러운 점은 기업의 최고경영자 가운데 이처럼 변덕이 죽 끓듯 하는 이들이 제법 많다는 사실이다. 매니지먼트 학자의 말에 의하면, 대부분의 CEO는 자신의 직원들이 참신한 아이디어를 내놓지 못한다는 불평을 늘어놓으며, 직원들 역시 자신의 리더가 전혀 창조적인 경영 방식을 제시하지 못한다며 서로 원망한다는 것이다.[1] 창조는 체제를 유지하고 지속하기 위한 제일 업무를 관장하는 리더와는 체질적으로 전혀 맞지 않는다.

따라서 매니지먼트 학자들은 세계적 기업을 지휘하는 걸출한 리더들과 함께 발전 전략을 세울 때 다음과 같은 사항에 주안점을 두고 고민한다. 즉 동종 업계의 비슷한 수준에 머물기보다는 최악의 상황이 닥쳐 기업의 도산이 눈앞에 다가오더라도 이를 극복할 새로운 사업에 어떤 방식으로 주력할 것인가를 논의한다.[2] 이처럼 현실과 정반대되는 상상력을 굳이 강조하는 이유는 뭘까?

"사업을 무한히 성공시키고자 한다면 스스로 강해져야 한다."[3] 실천적 지혜를 추구하는 사람이라면 어떤 경우에도 무한에 대한 믿음을 저버리

---

1 "CEO's often complain about lack of innovation, while workers often say leaders are hostile to new ideas." Patrick Dixon, *Building a Better Business*(London: Profile Books, 2009), p. 137.
2 W. Chan Kim and Renee Mauborgne, "Value Innovation: The Strategic Logic of High Growth", in *Harvard Business Review on Strategies for Growth*(Cambridge: Harvard Business School Press, 1998), pp. 25-53.

지 않는다. 무한이란 어떤 제한도 두지 않는 것이다. 따라서 단순한 경험에 대한 정의가 아니라 신념의 일종인 셈이다. 때로 현실은 모든 상황이 순조롭고 원활하게 진행되어가는 듯(위기가 잠복하고 있음을 전혀 눈치채지 못하고 있을 뿐) 보이지만 좌절은 언제라도 찾아올 수 있다. 신념은 바로이 순간(아직 희망의 끈을 놓지 않았다면) 사람들로 하여금 새로운 방향을 설정하는 데 도움을 주며 새로운 해결 방안을 찾아준다. 시인 식지食指(본명은 꿔루성郭路生이며 1988년에 동명의 시집을 출간했다_옮긴이)의 〈미래를 믿나요?〉라는 시의 일부를 감상해보자.

거미줄에 걸려 무정하게 봉쇄당한 나의 부뚜막,
타고 남은 재는 연기 되어 곤궁한 삶의 비애를 탄식하는데
나는 고집스럽게 실망의 잿더미를 길 위에 흩뿌리며
아름다운 눈송이 삼아 글을 쓴다.
미래를 믿는다, 라고……

미래에 대한 희망은 삶의 무한을 믿는 것이다. 무한을 믿는 사람은 잠재력을 믿는다. 세상의 기회는 무한하다. 이러한 신념에 대한 대가를 지불하는 것에 인색하지 않으며 머리 쓰기를 두려워하지 않는 사람은 결국 균등한 결과를 보장받는다. 참선에 몰두하는 선사들은 종종 이런 말을 들려준다. "인간의 삶은 냉담하다. 자신을 가두지 말고 무한을 누려라."[4] 가슴속에 이러한 신념을 품은 채 살아간다면 지평선 너머의 신천지를 발견하는 날이 올 것이다.

---

[3] 악뢰발의 〈송리환운부공성주부送李煥云赴恭城主簿〉에서 인용하였다.
[4] 석묘륜釋妙倫의 〈게송팔십오수偈頌八十五首〉에서 인용하였다.

제5장

전략과 상상력

취중에도 등불 밝혀 칼날을 살피고 / 꿈결에 뿔피리 불어 병영을 연결하네. /
팔백 리 전선에 소고기 구워 먹이고 / 오십 현 거문고로 웅장한 군가를 연주하며 /
가을날 전장에서 군사를 점검하노라.

醉里挑燈看劍, 夢回吹角連營.

八百里分麾下炙, 五十弦燔塞外聲. 沙場秋點兵.

– 신기질(남송南宋), 〈파진자〉, 소희紹熙 4년(1193년) –

36 전략은 상상력의 산물이다

취중에도 등불 밝혀 칼날을 살피고
꿈결에 뿔피리 불어 병영을 연결하네.
팔백 리 전선에 소고기 구워 먹이고
오십 현 거문고로 웅장한 군가를 연주하며
가을날 전장에서 군사를 점검하노라.
말은 적로처럼 쏜살같이 달리고
활은 벽력같이 시위를 올리는구나.
군왕의 중원 수복 위업을 완수하여
살아서는 일신을 죽어서는 명예를 지키고자 했는데
가련하구나. 어느새 백발이 무성해졌네.

신기질, 〈파진자破陳子〉[1]

수많은 이들이 애송하는 이 시에서는 청년 무사 신기질의 우국충정을

엿볼 수 있다.[2]

신기질은 앉으나 서나 병사를 이끌고 전장에 나가 적들을 쳐부수는 자신의 모습을 상상했다. 그는 단 하루라도 국토 수복을 염원하지 않은 적이 없었다. 심지어 나라를 염려하는 그의 충정은 매일 밤 꿈에서나마 병사들을 조련하고 병력을 배치하는 상상의 날개를 펼치도록 만들었다.

무능과 부패로 얼룩진 당시 위정자들은 이러한 상상 속의 웅지를 현실에서 펼칠 수 있는 기회를 결코 그에게(혹 다른 누구였다 해도 마찬가지였을 것이다) 허락하지 않았다. 만약 깃털만큼 사소한 기회라도 그에게 여지를 남겨주었다면 신기질은 그 깃털 하나라도 붙잡기 위해 비호처럼 달려갔을 것이다. 창샤에 주둔하던 1년 동안 비록 '위로는 상부를 기만하고 아래로는 부하들을 속이는' 편법을 동원하면서까지 군자금 마련에 총력을 기울였으며 결국 사비를 털면서까지 비호군 창설에 최선을 다했다. 중원 수복에 대한 그의 충정은 그만큼 절실했던 것이다.

그가 남긴 문학 작품 가운데 어떤 것은 수많은 상상의 여지를 남긴다. 때론 냉정과 열정이 뒤섞여 현실을 구분하기조차 쉽지 않다. 예를 들면 "한의 군대는 십만에 이르며, 우뚝 솟은 고루高壘처럼 사열된 함선" 같은 표현이나 "금의 성벽을 쳐부술 때는 우레와 같았고, 막사에서 병력을 논할 때는 두 뺨에 얼음이 맺혔네" 혹은 "창을 들고 말을 달릴 때는 만 리를

---

1 주전파인 진량과 신기질은 배척과 절망 속에서 일생을 살아야 했다. 두 사람의 의기투합은 이로써 더욱 끈끈한 동지애를 느낀 것으로 보인다. 진량은 뜻을 펼칠 기회를 얻지 못한 채 두 번이나 투옥되는 불운을 겪었으나 송 광종光宗 소희 4년(1193년)에 장원급제하였다. 〈파진자〉는 바로 이 시기에 지은 시로, 두 사람의 나이가 이미 오십을 넘어선 후였다. "오십 줄의 현이 변방 밖에서 소리 내어 우는구나"라는 시구는 이렇게 탄생했다. 이 시는 송 광종에게 바친 화답시로, "복수에 대한 일념으로 평생의 뜻을 굽히지 않으니 설령 서리 내린 귀밑머리 비웃은들 어떠리"라는 구절은 말미에 가서 "가련하구나. 흰머리 무성해졌네"라는 시구와 대응을 이룬다. 이로부터 2년 후, 진량은 세상을 떠났다.

2 신기질은 황제에게 비호군 설립을 금지하는 어명을 거두어줄 것과 주류를 전문적으로 경영하고 판매할 수 있는 조치를 통해 군사 자금을 조달하게 해달라고 요청했다. 조효람의 「금과철마, 신기질」(인민문학출판사, 2010)을 참조하였다.

삼키는 호랑이와 같았네"[3]처럼 자신의 웅지와 기상을 드러낸 문구들을 쉽게 찾아볼 수 있다.

당신이 만약 기업 경영에 관해 고민하는 중이라면 가장 먼저 머릿속에 떠오르는 것은 아마도 인력이라든지 자금, 기술, 비즈니스 파트너, 판매 경로 등등에서 새로운 전환을 모색하려는 시도일 것이다. 당신의 상상력은 기존 인원을 낯선 환경으로 내몰고 한 번도 도전해본 적 없는 새로운 분야를 개척하며 경쟁 기업 혹은 시장에서 치열한 접전을 벌이는 상황까지 발전해나간다. 가슴속에는 이미 "열 보에 한 사람씩 죽여도 천하에 자취조차 남기지 않고 사라지네"[4]라는 시를 떠올리며 비장한 결의마저 되새기고 있을지도 모른다. 바로 이 순간, 산더미처럼 쌓인 결재 서류를 한 뭉치 들고 들어온 비서에게 속마음을 들킨 당신은 아마 이런 오해를 살지도 모른다.

"사장님이 설마 로또라도 당첨되신 걸까?"

당신의 전략이 장밋빛 결과만 상상하고 있다면 십중팔구는 시간을 낭비한 것이다. 하지만 이러한 장밋빛 상상을 현실에서 실현하기 위한 절차와 경로를 꼼꼼히 고민하고 있다면, 당신의 상상은 곧 전략이 된다.

중국 역사상 '전략'은 전혀 생소한 단어가 아니다. 이미 오래전에 이에 상응하는 개념이 존재했기 때문이다. 『손자병법』에서는 이를 '계計'라 칭했고 후에는 전술, 병법, 책략으로 대체되어 시도 때도 없이 언급되기 시작했다. 처음 '전략'이란 단어를 쓴 사람은 서진西晉의 사마표였다. 영어 'strategy'는 그리스어 'strategos'에서 유래한 단어로, 원래는 '장수의 도리'라는 의미를 지니고 있다. 혹은 대군의 전투 대형을 지휘

---

3 〈수조가두, 주창양주, 화양제옹, 주현선운水調歌斗, 舟次揚州, 和楊濟翁, 周顯先韻〉, 〈만강홍滿江紅〉, 〈영우악, 경구북고정부고永遇樂, 京口北固亭懷古〉에서 차례로 인용하였다.
4 이백의 〈협객행俠客行〉에서 인용하였다.

stratos하는 것을 뜻하기도 했다.

하지만 현재 서점가에 범람하는 '전략'이라는 간판을 내세운 각종 이론서들은 빈껍데기에 불과하다. 전략적 안목과 식견을 갖춘 이들은 비단 저작(『손자병법』이 좋은 예다)뿐 아니라 이미 일상 언어와 사유 방식, 상상 속에서 전쟁을 조망하고 전체적인 국면을 꿰뚫어본다. 신기질이 "호각을 불어 병영을 깨우고" "전쟁터에서 군사를 점검하는" 상상은 금나라와의 전쟁에 대비하기 위한 것이다. '군사를 점검'하는 목적은 실제 전쟁을 위한 것이지 단순히 의장대 사열을 의미하는 것은 아니었다.

현대 기업들은 이미 병력 배치와 군영 점검을 마친 상태이다. 현실 속 군사 점검의 목적은 단지 전략 목표를 실현하는 데만 국한된 것이 아니다. 오히려 시시각각 급변하는 형세에 따른 전술의 조정에 초점을 맞춰야 한다. 이미 모든 작전을 꼼꼼하게 세워놓고 물샐틈없이 병력을 배치해놓았어도 돌발 상황(최초의 목표마저 수정해야 하는 상황)이 발생하면 끊임없이 전략을 수정해야 한다. 때에 따라서는 병력의 재배치가 이루어진다. 이것이 전략이 가진 속성이다. 한번 정하면 예외 없이 따라야 하는 법이 아니기에 반드시 상황에 따른 적절한 후속 조치가 뒤따라야 한다. 따라서 전략이란 반드시 심사숙고를 거친 후에 결정해야 하는 문제이다.

하지만 각박한 현실 속에서 수많은 조직의 리더들은 자신의 거의 모든 시간을 사소한 일들을 처리하느라 허비한다. 더 큰 문제는 이러한 사소한 일들이 마치 당장 처리하지 않으면 안 되는 일처럼 착각하게 만든다는 것이다. 사무실 책상 위에는 결재를 기다리는 서류들이 전략 훈련 시간을 대체하고 있으며, 리더와 고급 관리의 뇌리는 항상 사소한 것들로 인해 과부하가 걸려 있다.

전략이란 반드시 두뇌를 사용해야만 가능한 일은 아니다. 노벨상을 타기 위한 과학 발명품도 아니고 첨단 기술 혁신을 요구하지도 않는다. 다만 전략 사고의 중요성을 간과한다면 사업상 도저히 회피할 수 없는 손실을 감수하게 될 것이다. 레노보 기업의 창설자인 류촨즈柳傳志의 경영 비법은 매우 간단하다. "그룹을 만들고 전략을 세우고 대오를 이루자"는 것이 고작이다. 하지만 실제 이러한 경영 철학이 실행되는 과정에서 그는 항상 고위 간부들과 '토론'하는 습관을 빼놓지 않았다. 이들은 과연 무엇을 주제로 토론했을까? 신기질의 시에 등장하는 '군사 점검'이 주된 토론의 내용이 아니었을까?

37 『손자병법』의 세계 전략

　　고대 장수들 중에는 신기질처럼 어린 시절부터 병서와 병법에 통달한 인물이 적지 않다. 이들은 언젠가 국가의 부름을 받아 자신들이 갈고 닦은 기량을 펼칠 기회가 오기를 평생 기다려왔다. 그들은 이런 기회가 오기만 한다면 당장 죽어도 여한이 없다는 각오로 자신을 부단히 단련시켜 나갔다. 당대의 시가 중에 이러한 의지를 담은 작품이 있다.

　　　대지는 삭풍에 찢기고 어둠은 서리가 되었네.
　　　전쟁에 패한 상간하는 누런 강물만 흐르고
　　　나라가 혼란에 휩싸이니 병사들 목숨을 다했구나.
　　　새로 만든 무덤 위에 옛 옷가지 던지고
　　　사방에 흩어진 말을 잡아끄니 울음소리 들리네.
　　　의인은 제멋대로 백양 위에 매달려 있는데
　　　암호와 병법을 모두 제쳐놓으니

죽은 이를 모실 궤짝 이외에 아무것도 없구나.

조당曹唐, 〈곡함변허병마사哭陷邊許兵馬使〉

이 시를 감상하다 보면 〈핏물에 얼룩진 풍모血染的風朵〉의 노랫가락이 바로 귓가에서 울려 퍼지는 것과 같은 장렬한 정서에 압도된다. 오로지 국가와 백성을 위해 목숨을 초개와 같이 버리는 것을 인생 최대의 명예로 삼는 이들은 말년에 이르러 거의 엇비슷한 처지에 놓이곤 한다. 평소 자신의 의지를 흐트러뜨리지 않기 위해 가까운 곳에 놓아두고 수시로 읽던 병서 몇 권을 제외하면, 변변한 가산 하나 내놓을 것이 없는 경우가 대부분이다.

과연 이들은 어떤 책을 즐겨 읽었을까? 『한비자』에는 전국시대 이후 "사람들은 집집마다 손오의 병서를 가지고 있었다"고 적고 있다. 여기서 손오는 손무와 오기를 말한다.

당대 사람들은 무를 숭상하였기에 사대부 사이에 병법을 읽는 풍조가 성행했다. 황제가 직접 『이위공문대李衛公門對』의 편찬을 지시했으며, 시인 두목은 『손자병법』에 주해를 달기도 했다. "입으로는 주공周孔의 문장을 외우나 가슴으로는 손오의 전략을 그리워하네"[1] 같은 시가를 통해 당시의 병법 열풍을 짐작할 수 있다.

태평성세의 인류는 노소를 불문하고 어떤 책에 열광할까? 역대 위인 가운데 일부는 병서를 멸시했는데 그중에는 한비韓非도 포함되어 있었다. 하지만 경제 발전의 추이에 따라 병서를 읽는 취향의 차이에서도 역사의 패러독스를 발견할 수 있다. 고대의 사대부에서 시작하여 현대의 경영자와 매니지먼트 학자에 이르기까지 이러한 현상은 전 세대를 아우

| 1 이발의 〈희제숙재지위장가喜弟淑再至爲長歌〉에서 인용하였다.

르고 있다. 이는 비단 동양에만 국한된 현상은 아니다. 서구 사회에서 불기 시작한 병서 열풍이 쉽게 꺼질 줄을 모르고 있다. 역대 전쟁사를 읽는다는 것은 과거의 전쟁을 체험하는 것이나 마찬가지이다. 따라서 병서에 대한 재조명 열기는 기업가와 경영인 사이에 이미 보편적인 현상으로 자리 잡았다.

세계의 어느 유명한 도시를 가더라도 서점가의 상위 진열대를 차지하는 한 권의 병서(영문 제목은 'art of war'이다)를 발견하는 일은 이제 놀라운 일이 아니다. 중국과 미국, 세계 양대 경제대국에서 이미 이 책은 거의 동일한 비중을 차지하고 있다. 오랜 세월이 흘렀으나 그 의미가 전혀 퇴색되지 않는 이 책은 바로 『손자병법』이다.

중국 인터넷 포털 사이트 검색창에 '손자孫子'를 입력하면 총 544종의 도서와 관련 미디어 제품을 찾아볼 수 있다. 미국 아마존닷컴에서도 'SunTzu'(손자의 영문 표기)라는 이름으로 도서를 검색하면 현대 매니지먼트의 대가로 알려진 피터 드러커와 주식 투자의 신 워렌 버핏이 각각 연관 검색어로 뜰 만큼 놀라운 위용을 자랑한다. 영문 번역본이 처음 등장한 것은 20년 전, 『손자병법』이 세간의 주목을 받기 시작할 무렵이었다.

뉴욕 센트럴파크 한복판에 전광판을 세워 대대적인 도서 홍보에 열을 올린 적도 없는데 중국은 물론이고 미국, 영국의 대형 서점가에서 이처럼 돌풍을 일으킬 수 있던 저력은 대체 뭘까? "전쟁을 벌이지 않고 상대를 굴복시킨다"는 손자의 전략은 세계 시장에 도전장을 내민 수많은 중국 기업과 현재 '메이드 인 차이나' 제품이 겪고 있는 초라한 현실에 견주어본다면 그 대비가 너무나 극명하다.

유행에 민감한 현대인들의 취향과는 다소 동떨어진 한 권의 병서가 자극적인 폭력과 섹스, 불가사의한 환상과 애틋한 로맨스가 서점가를 점령한 21세기에, 대체 어떤 호소력을 지니고 있다는 말인가? 남녀노소 누가 읽더라도 무릎을 탁 칠 만큼 쉽게 주제를 전달하는 책도 아니고, 집집마다 서재에 한 권씩 소장하고 싶을 정도로 유명세를 탄 책도 아니지 않은 가?

조심스레 이유를 짐작컨대 『손자병법』은 비단 전쟁에 관한 기술에 국한된 내용만 담고 있지 않다. 영문 번역서 제목처럼 '전쟁의 기술'에만 초점을 맞추고 있다기보다는 오히려 실천적 측면을 중시하는 매니지먼트 계열의 도서라는 평이 가장 정답에 가깝다.

매니지먼트 학자 존 어데어John Adair는, 18세기 중기 서유럽 최대의 '공업 조직'은 영국의 황실 함대였다고 말한다. 여기서 말하는 '공업'이란 방대한 인원과 세분화된 업무 시스템, 엄격한 규율, 빈틈없는 협력 등을 기준으로 삼고 있다. 기원전 3세기경 지구상에서 가장 큰 규모와 효율적인 시스템을 자랑했던 조직은 경전耕戰(농민들도 유사시에 전쟁에 참여시켜 군사력으로 활용하는 것_옮긴이) 체제 위에 설립되었으며 세계에서 가장 긴 사정거리와 가장 예리한 명중률을 자랑하는 궁수부대를 확보했던 진제국이다. 반드시 살아 있는 증인을 찾아 이를 확인할 필요는 없다. 중국 시엔양의 병마용에 가본 적이 있다면 누구나 이 사실에 동의하게 될 것이다.

형식상 진의 군대는 최고 수준에 도달했으나 그 기초는 춘추전국시대부터 축적된 군대 관리 경험에 있었다. 그 시대(수 이후 서한을 포함한)에 등장한 대량의 병서는 바로 이러한 경험이 축적된 결과이다. 그중에서도 『손자병법』은 단연코 최고봉이라고 말할 수 있다.

2,000년이 흐른 오늘날 여전히 군대 조직은 존재한다. 하지만 최대 다수의 인원을 최대한으로 수용하고 가장 복잡한 형식을 지닌 조직이었던 군대는 현대에 와서 기업으로 대체되었다. 또한 기업의 형식을 조직의 원형으로 삼는 다양한 비영리 조직들이 우후죽순처럼 산재해 있다. 현재 지구상의 대다수 국가에서 벌어지고 있는 최대 규모의 경쟁은 전쟁터가 아니라 시장이 그 무대가 되고 있다. 하지만 인류 문명의 발달상 『손자병

법』의 가치는 조직의 배치와 적자생존이라는 대명제 아래 시공을 초월한 보편적 가치로 인정받아 마땅하다. 비록 심오한 내용이지만 알기 쉽도록 표현하였으며 간소화되고 도구화된 실천적 지혜와 실천 철학의 정수를 보여주고 있기 때문이다.

따라서 이를 실천하는 조직 관리자들은 동일한 물질적 조건 아래서 조직의 최대 이익을 창조해낼 수 있다.

바로 이 점이 역사상 현명한 장수들의 손에서 『손자병법』이 떠나지 않았던 이유이다. 시간과 공간을 초월하여 수많은 기업가와 조직의 리더들이 이 책을 근간으로 일생의 가장 치열한 전투를 치렀으며 마침내 가장 위대한 승리의 순간을 맞이했음을 이미 우리 눈으로 직접 확인하지 않았던가.

38 『손자병법』을 이해하는 출발점

장강이 동쪽으로 흐르는 수천 년 동안 풍류 넘치는 천고의 영웅호걸들
이 장강의 파도에 휩쓸려 가버렸구나. 옛 보루의 서편이 삼국시대 주유
가 조조의 대군을 쳐부순 적벽이라네.

어지러이 바위는 구름 위로 솟아 있고 놀란 파도는 강 언덕을 찢을 기세
로 천 무더기 눈을 말아 올리는 것 같구나. 그림처럼 펼쳐진 강산에 한
때 얼마나 많은 호걸들이 활약했던가!

멀리 주유周瑜가 활약했던 옛날을 생각해보니, 그에겐 갓 시집 온 미인
소교小喬가 있었고 그의 웅자雄姿는 영기英氣를 발했지. 새 깃 부채 들고
윤건 쓰고 웃으며 얘기하는 중에도 강적强敵을 재 되어 날리고 연기 되
어 사라지게 하였다네.

옛 고장 생각하며 노니는데, 다정한 이들은 벌써 흰머리가 났다고 비웃
겠지. 세상은 꿈결 같은 것, 강물에 비친 달 위해 한잔 술을 따르리.

천고의 명시로 일컬어지는 소동파의 〈염노교念奴橋〉라는 이 작품은 '적벽회고赤壁懷古'라는 부제가 붙어 있다. 용솟음치는 격정과 무한한 웅지를 포효하고자 했던 걸출한 영웅들이 하루아침에 침울한 탄식의 주인공으로 전락한 이유는 무엇일까?

하늘마저 등을 돌린 역사의 현장에서는 적벽대전이 벌어지고 있었다. 신들린 지략으로 한바탕 천하를 놀래켰으며 수많은 영웅호걸들이 자신이 가진 재능과 수완을 여지없이 드러냈던 역사의 한 장, 그러나 적벽대전은 단순히 지략만 난무한 것은 아니었다. 외교라는 큰 틀에서 사소한 국지전에 이르기까지 이들이 세운 지략 하나하나는 서로 연결고리가 되어 위나라의 군대를 해체시키는 데 결정적인 작용을 했으며, 반대로 열세에 놓인 오와 촉의 병력을 채워주는 역할을 해냈다. 이로써 적벽대전은 다윗과 골리앗으로 상징되는 전투의 고전이 되었다.

하지만 항간에는 이러한 지략을 경시하는 풍조도 있다. 영국의 전략 전문가 리델 하트Liddell Hart는 『손자병법』 영문 번역본의 서문을 통해 "일본군은 제2차 세계대전 전후 『손자병법』을 여우의 병법일 뿐이라고 일축했으며 당시 일본에 필요한 것은 호랑이의 병법이었다. 심지어 중국 국민당의 군사 장교 역시 『손자병법』에는 자신감이 결여되어 있으며 현대 전쟁에 고대 사상을 적용하는 것은 시대착오적인 일"이라며 평가 절하했다.

오늘날 중국의 아마추어 군사 애호가들은 이들의 주장에 힘을 실어주며 전쟁이란 오로지 실력으로 이겨야 하는 것이 불변의 진리일 뿐 지략이 무슨 소용이냐며 반문하기도 한다. 사실 고대 제나라는 수많은 군사 전략가를 배출했지만 끝내 진에 멸망하지 않았던가? 클라우제비츠 역시 방대한 분량의 『전쟁론』을 지었으나 결국 나폴레옹을 포로로 잡는 데 실패했다.

하지만 항간에서 주장하는 '실력 유일론'은 'GDP 유일론'을 주장하는 것과 다를 바 없다. 이러한 현상은 자신의 시야가 좁다는 것을 반증할 뿐이다. 여기에는 중국 군사 잡지들의 영향이 크다. 이들은 기본적으로 첨단 무기와 군사 장비에 관련된 기사를 싣고 있지만, 다른 나라와 달리 후방의 군수물자 조달 업무부터 시작해서 소규모 국지전에 이르기까지 어느 일부에 한정된 시각으로 논할 만한 것이 아니다.

수많은 중국인이 생각하는 '유물론적' 차원과 현실은 매우 거리가 멀다. 중국 고전 병법의 사유 방식과도 다르며 전쟁의 실상과도 전혀 다름을 깨닫고 빨리 깨어나야 한다.

예로부터 전쟁이 존재해왔기에 지략도 생겨났다. 기원전 13세기경 고대 이집트와 히타이트 사이에서 벌어진 전쟁은 역사상 가장 오래 지속된 전쟁으로 기록된다. 이 전쟁이 진행되는 과정에는 우회 작전도 있었고, 기습 공격도 있었으며, 상대의 약점을 이용하는 전술도 있었다. 전쟁은 사람들이 상상하는 것처럼 쌍방의 전면전을 뜻하는 것만은 아니라는 뜻이다. 사업도 마찬가지이다. 맨손(혹은 물질적 실력을 갖추지 못한 채)으로 사업을 번창시켰다는 말은 허튼소리다. 자금 동원력만 믿고 경제 구조를 전혀 이해하지 못한 채 무조건 덤벼든다면 조만간 모든 가산을 탕진하기 십상이다. 이는 자수성가를 운운하는 허튼소리보다 더 한심스러운 일이다. 모든 실력과 조건이 동등하다는 전제 아래 빠른 두뇌 회전과 치밀한 계산력, 그리고 허세 부리지 않으며 차분히 경영에 몰두하는 이들은 감정에 치우치거나 종교에 의지하거나 혹은 맹목적인 대세를 따르며 오직 병서 속에서 해답을 구하려는 이들보다는 훨씬 높은 성과를 올릴 수 있다.

전쟁도 그렇고 사업도 마찬가지이다. 만약 승패의 결정적 요인이 단지 실력이라면 천시天時와 인화人和, 지리地理 따위에 신경 쓸 이유는 없을 것이다. 그렇게만 된다면 세상에 무슨 걱정이 있겠는가? 자신의 실력을 맹신하는 자는 교만에 빠져 방어에 소홀해질 것이며 반대로 실력이 부족한 자는 전략 연구에 힘쓰거나 치밀한 관리에 신경 쓸 여력이 없을 것이다. 이를 어찌 경쟁이라 말할 수 있을까?

지금까지의 모든 역사가 그러했다. 실력이 막강한 자들은 자아도취에 빠져 자신의 기량을 헛되이 소진했으며, 실력이 부족한 자는 그들 나름대로 민심과 여론에 휘둘리며 갈피를 잡지 못했다. 인류가 탄생한 이래로 흥망성쇠가 끊임없이 되풀이되었던 이유는 바로 이 때문이 아니겠는가? 인류는 지금껏 두뇌를 이용하여 삶의 조건을 변화시켜왔다. 막강한 실력을 쌓는다는 것은 이러한 정신이 물질로 변화하는 과정이다.

따라서 6,000자도 되지 않는 『손자병법』에 "군사를 이용하여 적의 계획을 없애다"와 "병법은 상대를 속이는 일에서 시작한다"라는 노골적인 개념이 존재하는 것도 무리는 아닐 것이다. 손무는 머리부터 발끝까지 철두철미한 계산의 중요성을 강조했다. 이는 철학적 단계와 전략적 단계상의 커다란 사유와 전략에 해당한다. 바로 이러한 점이 서두에 명시되어 있다.

"전쟁 전에 승산이 있으면 얻을 것이 많으며, 전쟁 전에 승산이 없다면 얻을 것이 적다." 이 말은 머리를 쓰지 않고 사전에 치밀한 계산을 하지 않으면 반드시 낭패를 보게 된다는 뜻이다. 하지만 왜 머리를 쓰지 않으면 불리해지는 걸까? 손자는 이에 관해 언급하지 않았다. (어찌 일천한 논리로 그 오묘함을 설명할 수 있을까?)

놀랍게도 현실에서는 이처럼 '실력 유일론'을 주장하는 사람들일수록 머리 쓰는 일을 극도로 싫어한다니 아이러니하기만 하다. 특히 부를 축적하여 순식간에 권세를 차지한 신흥 세력은 주위의 온갖 아첨에 노출된다. 이들은 한없이 들떠서 더 이상 도전을 시도하지 않게 된다. 이처럼 위험한 게임의 원인을 제공하는 것이 바로 실력 유일론이다.

이러한 신흥 세력의 추격과 도전에는 사실 커다란 함정이 있다. 왜냐하면 이들은 처음부터 겉으로 드러나는 목표에만 집착하는 경향이 있기 때문이다. 본질적으로 독창성을 지니지 못한 이들은 손쉽게 다른 사람을 복제하거나 외양을 본뜨게 된다. 이러한 흉내 내기에는 머리를 쓸 필요가 전혀 없으며, 단지 체력만 있으면 된다. 이러한 임무를 집행하는 조직 역시 모든 지시사항이 표면에 그치기 때문에 내부 요소 혹은 내부 인력의 기량 발휘에 관심을 기울일 필요가 없다. 이러한 관리 방식으로 세운 성곽은 언뜻 견고해 보일 수도 있지만 이를 견지하는 능력이 없으므로 쉽게 무너질 수 있다. 이들의 행동은 상당히 용기 있어 보이지만 자유는 결여되어 있는 경우가 많다.

바로 이 점이 후기 제국주의의 물결이 기세등등하게 밀려왔으나 전통 제국주의와의 대결에서 번번이 패할 수밖에 없는 이유이기도 하다. 이는 단지 이들이 타고난 자본이 부족하거나 소통과 거리가 먼 일방적 성향을 지니고 있기 때문만은 아니다. 오히려 이들 스스로 고집하고 있는 실력 유일론이 자유로운 두뇌 활동을 가로막은 탓이 크다.

『손자병법』의 핵심을 이해하려면 바로 이 점을 짚고 넘어가야 한다. 물론 무엇을 하건 머리를 쓰라는 충고 이외에도 다수의 심오한 의미가 존재한다. 만약 두뇌 회전의 중요성을 간과하거나 이에 소홀하다면 그 외의 것을 논할 가치조차 없다. 결국 관건은 어떻게 자아 설계를 할 것인가에 달려 있다. 다만 이를 위해 자문기관의 제안서를 요청하는 일은 시간 낭비일 뿐이며 오히려 일을 그르친다. 전략의 구체적인 실천 과정에서 다른 사람들을 추월하거나 새로운 일에 도전하고자 한다면 상징적으로 드러나는 표피만 보게 될 뿐이다. 따라서 아무런 여과 장치 없이 상대의 단점까지 그대로 흡수하는 한단학보邯鄲學步(남의 흉내를 내다 보면 자신의 재간마저 잊게 된다는 뜻_옮긴이)의 우를 범하기 쉽다.

가장 큰 문제점은 골치 아프지 않는 업무를 선호하면서도 내심 두뇌 회전이 요구되는 업무를 통해 기량이 쌓이기를 기대한다는 것이다. 더구나 매사에 머리를 쓰는 사람들보다 훨씬 더 큰 성취감을 얻으려는 것은 말도 안 되는 욕심이다. 하늘은 반드시 응분의 대가를 내리기에 어느 누구도 재앙을 비껴나가지 못한다.

손자는 군주(당시 오나라의 군주 합려閤閭)를 향해 이렇게 일갈했다. "만약 머리를 쓰지 않고서 전쟁에서 승리하기를 바란다면 설령 만난다고 해도 해줄 말이 없다. 그러니 나를 찾아올 이유조차 없다. 왜냐하면 머리를 쓰지 않는 자는 누구를 찾아간들 마찬가지이기 때문이다. 이것은 천하의 대의이다."[1]

---

1 『손자병법』의 〈계편〉에 "나의 지략을 경청하여 작전을 지휘한다면 반드시 승리할 것이요, 이로써 나는 남을 것이다. 하지만 나의 지략을 듣지 않고 병사를 이용해 전쟁을 벌인다면 질 수밖에 없다. 이로써 나는 떠날 것이다"라는 문장이 있다. 이 내용은 오여숭의 『손자병법 해설』에서 참조하였다.

39 빼앗길 것인가, 지킬 것인가

역대 중국 문학 작품 가운데 험준한 지세와 지리에 관한 생생한 묘사는 실로 압권이다. 종종 방대한 지리서를 들여다본다는 착각에 빠질 정도다. "진나라의 명월은 한대에 와서도 빛나건만 만리장성에 간 사람은 돌아올 줄 모르네"라는 당대의 유명한 시가를 보면 유독 지리적 변방과 관련된 시가 많음에 주목할 필요가 있다.

송대에 이르러 장강을 중심으로 군사 요충지와 연관된 시들이 자주 등장한다. 예를 들어 "군함은 밤사이 눈을 헤치고 과주瓜州(장강의 북쪽 연안 _옮긴이)의 나루터를 향하고 철마는 추풍을 뚫고 대산관大散關(송과 금의 변경)을 향해 전진하네"라는 두 편의 시가를 대표적으로 손꼽을 수 있다. 송대뿐만 아니라 금대에 쓴 시가 중에도 이처럼 변방 지역의 정경을 묘사하는 시가 적지 않다.

양쪽 기슭에 골짜기를 이루며 큰 파도 휘몰아치니

자고로 영웅은 호뢰를 다퉈왔다네.

하늘이 제멋대로 이곳을 묶어놓으니

오랜 전쟁에 백골이 산을 이루었구나.

조병문趙秉文, 〈호뢰虎牢〉[1]

명대에는 장성 축조와 관련된 시가를 쉽게 찾아볼 수 있다.

팔달령 험난한 경사는 백 척에 이르며

아득한 길은 사막까지 망망히 뻗어나갔네.

마차 밖의 세상은 온종일 신록의 청산이나

성곽은 오랜 세월 짙게 깔린 누런 흙먼지 가득하구나.

서위徐渭, 〈팔달령八達玲〉[2]

이러한 현상은 청대 역시 예외는 아니었다.

바람 부는 언덕 위에 달리는 말을 세우고 요새를 바라보네.

세 개의 봉우리 솟은 산 위로 흰 구름 간간이 떠가고

서쪽은 굽이치며 곤륜강에 닿으며

가로지른 중간에 화산이 솟아 있구나.

준덕峻德, 〈망동관望潼關〉[3]

---

1 호뢰는 현재 허난河南 정저우鄭州 형양滎陽 경내를 가리킨다. 서주의 목왕이 이곳을 차지한 후 명성을 얻었다고 하며 역대 장수들은 남으로는 숭악嵩岳, 북으로는 황하黃河까지 아우르는 이 지역을 전략상 천혜의 요새로 삼아 일전일퇴를 불사했다.
2 팔달령은 베이징 서북의 옌진延慶현 남부로서, 장성의 최대 길목이자 최전선에 해당한다. 서위徐渭(1521~1593)는 유명한 문학가이자 시서화가, 군사가였다. 1576년 서위는 변방에 주둔하는 기간에 장성 주변의 험준한 지형과 지정학적 위치 등을 직접 확인한 후에 〈팔달령〉을 지었다. 명이 수도를 베이징으로 천도한 후에 인구밀도가 높은 지역의 백성들을 장가구와 선화 일대로 이주시켰으며 이 일대에 토벽을 높이 쌓아 장성을 축조했다.

작전상 유리한 지형을 선점하고 군사 요충지를 지켜내는 일은 전쟁이 발발한 후에 시작하면 늦다. 왜냐하면 이미 발등에 떨어진 불이나 다름 없기 때문이다. 태평성세일수록 병력을 점검하고 요지를 지키는 일에 만전을 기해야 하는 법이다. 특히 군사적 요충지는 양측 군대 모두 자존심을 걸고 한바탕 치열한 접전을 펼치기 때문에, 전쟁의 전체 국면에 매우 지대한 영향을 미친다. 이는 역사상 수없이 되풀이해온 것으로 충분히 입증된 바 있다.

평화 시기에 전략적 요충지를 차지한 채 불철주야 수비를 강화한다고 해서 반드시 승리를 보장하는 것은 아니다. 다만 패배할 확률을 줄일 수 있을 뿐이다. 고전 병법에서 가장 중요한 개념이 바로 전쟁과 전투가 일어나기 전에 이러한 '경영 불패'를 최우선으로 삼아야 한다는 사실이다. 다시 말해 적이 비집고 들어올 틈을 절대 내주어서는 안 된다는 뜻이다.

패배하지 않는 것도 능력이다. 승리는 바로 이러한 능력을 발휘한 후에 얻는 구체적 목표의 결과이다. "적군에게 이길 수 있는 결과를 내주지 않는 것"은 백전불패의 경지에 도달하는 최고의 지름길이다. 이러한 경지에 이르면 최소한 전쟁의 주도권을 선점했다고 볼 수 있다. 불패의 지세와 불패의 국면을 가장 먼저 파악한 후에 유리한 운세를 이용하여 허를 찌르게 되면 적은 결정적 패인에서 벗어나지 못하게 된다. 이러한 전략은 마치 산골짜기 위에서 계곡 아래로 흐르는 물만큼이나 자연스럽고, 구르는 돌처럼 아무도 그 기세를 막을 수 없다.

손자가 말한 "지피지기 백전불태知己知彼, 百戰不殆"가 "백전백승"을 의미하는 것은 아니라는 사실을 사람들은 잘 알고 있다. 그보다는 자신의 현재 상태를 정확히 파악해야만 예측하지 못했던 위험에 노출되는 불상

---

3 산시성 웨이난시에 위치하며 북으로는 황하와 맞닿아 있다. 동관은 관중의 동대문東大門으로 역사적으로 유명한 접전지였다.

사를 예방할 수 있다는 이야기이다. 스스로 위험에 노출되지 않는다는 뜻의 "불태不殆"는 불패와 동일한 맥락으로 이해하는 것이 자연스럽다.

불패는 조건의 일종이다. 이 조건을 충족시키지 못한 승리는 근원이 없으므로 불안하다. 이런 이유에서 손자는 "불패"를 〈세론勢論〉의 가장 중요한 개념으로 거듭 강조했다. 소위 불패는 일체의 불리한 요소들(비단 적대 세력을 일컬을 뿐 아니라 제압이 불가능한 내부의 모든 세력을 포함한다)로서는 결코 능가할 수 없는 우세이자 교전이 이루어지기 이전과 전쟁 이외의 요인을 토대로 사전에 확립된 것이며 심도 깊은 기반 위에 수립된 것이라고 볼 수 있다.

일부 교전 사례 가운데 쌍방의 병력이 현저하게 차이가 나는 상황에서 일방적인 승리로 끝나는 경우도 있다. 하지만 그 이후에 앞서 말한 불태의 조건을 충족시킬 수 없다면 승리도 소용이 없다. 결국은 물거품이 될 수밖에 없으며 아무리 발악을 해도 이길 수 없다.

오늘날 지구촌에서 벌어지고 있는 이라크 전쟁과 아프가니스탄 전쟁이 좋은 예이다.[4] 지구상의 일부 세력들은 미국을 전혀 두려워하지 않고 있다. 오히려 미국을 상대로 결사항전을 선언하는 추세이다. 대체 이유가 뭘까? 이들에게는 충분한 자신감이 있다. 설령 국토가 쑥대밭으로 변하고 온 도시가 폐허가 된다고 해도 이들이 흔들리지 않는 이유는 단 하나이다. 이미 사회문화적 진지를 구축하는 데 성공했기 때문이다.

자, 이제 고개를 돌려 험준한 산비탈 위로 우뚝 솟아오른 천고의 성루와 요새를 바라본다면 이러한 전략적 요충지를 통해 『손자병법』의 의미가 한층 더 피부 깊숙이 와닿는 것을 느낄 수 있을 것이다.

적이 공격해오지 않기만을 기대할 수는 없다. 어차피 한 번은 맞서 싸워야 한다면 자신에게 유리한 시기에 적을 맞이할 준비를 하는 수밖에 없다. 치열한 격전을 치를 수밖에 없는 현실이라면 충분한 역량을 키우는 일에 역점을 두어야 한다. 그래야만 돌이킬 수 없는 패인을 만들지 않게 된다.

적에게 뺏기느냐 혹은 지키느냐의 문제는 전적으로 요새가 지닌 '지형적 요소(경제학 관점에서는 니치niche라고 한다)'에 달려 있으며, 이것이 바로 '경영 불패'의 핵심인 셈이다.

---

4 이라크 전쟁은 2003년 3월20일 미국과 영국의 연합군이 전쟁을 선포한 뒤부터 2010년 8월까지 무려 7년 동안 지속되었다. 아랍 전쟁은 2001년 미국의 주도 하에 연합군과 아프가니스탄이 탈레반 지역에서 벌인 전쟁을 말한다.

40 오나라의 멸망과 양호의 전략

　　중국인은 예로부터 열 일을 제쳐두고 '형세形勢'에 관해 논하기를 즐긴다. 이는 『손자병법』이 남긴 정신적 유산의 결과인데, 문제 해결을 위해서는 전체 판도의 '형形'과 '세勢'를 분석하는 것이 가장 급선무라고 여겼기 때문이다.

　　하지만 걸핏하면 '형세론'부터 운운하던 사대부들도 간혹 무력감을 호소하곤 한다. 때로는 끝없는 패배감과 상실감에 빠져 "강에 뜬 저 달은 누굴 기다리나, 장강은 그저 물만 흘려보낼 뿐이네"라거나 "꽃은 백 년을 걸쳐 피고 지며 사계절은 강물 따라 무심히 흘러가네" 혹은 "인걸은 스쳐가도 청산은 그대로네", "아침과 저녁으로 밀물과 썰물이 끊임없이 밀려왔다 사라지는구나, 어찌하여 인생은 뿌리도 없이 이곳저곳을 떠도는가"라며 탄식을 내뱉기도 한다.

　　이러한 무기력함의 근원은 고질적 병폐에서 비롯된다. 자고로 농경국가(굳이 부인할 이유는 없다. 다른 국가와 이를 비교하여 우열을 나눌 성질이 아니기 때문이다)는 경제 발전을 주도하는 사업이 이미 정형화되어 있으며 사회적 규율이 형성되어 있다. 민간 사회의 경우 어떤 문제가 발생했을 때 이를 해결하는 방편으로 손쉬운 기술을 선호하는 경향이 있으며 여기에 더욱 큰 환호를 보내왔다. 그러다 보니 비판적 사유가 자리할 공간이 사라지게 된 것이다. 이러한 경향이 중국 사회에 깊이 뿌리를 내리게 된 시기는 아마도 송대 이후라고 여겨진다.

손쉬운 기술은 활용도가 매우 높다. 안훼이성의 보리 수확철이 시작되면 허난성 사람들 역시 준비 작업에 들어가며 외지에 나간 허베이 사람들조차 앞을 다투며 고향으로 향한다. 산 안쪽으로 구름처럼 모여든 이들은 홍수 방지 수로 작업에 몰두하며, 200리 밖 대평원 위의 사람들은 저마다 흡족한 얼굴로 관개 작업에 힘을 쏟는다

이러한 방식은 매우 편리하나 반드시 문제점이 드러난다. 손쉬운 기술의 동원은 일시적인 형세가 불리할 경우 주도적인 참여를 기대하기 어렵기 때문이다. 예로부터 풀은 바람이 불면 가장 먼저 바닥에 눕는 속성이 있다. 이러한 바람이 어디서 불어오는 것인지, 과연 대세인지 아닌지는 중요하지 않다. 다만 남들이 우르르 몰려가는 쪽을 향해 영문도 모른 채 달려갈 뿐이다. 마치 행운의 여신이 미소를 지으며 자신을 기다리는 줄로 착각하면서 말이다.

중국 사회는 '흐름을 타는根風' 것을 매우 중요하게 여긴다. 이것은 시대의 조류에 따른다는 뜻으로, 이를 극단적으로 비유하자면 도박 심리와 비슷하다.

자아 경영에 태만한 상태에서 형세를 판단할 경우 기회주의로 흐르기 십상이다. 심지어 도덕적 원칙마저 내던진 채 시류에 영합하게 된다. 이는 급변하는 사회 조류에 자신을 맡기는 것과 다를 바 없다. 굽이치는 조류 속에서 진정한 변화의 물결을 맞이하는 경우도 있다. 하지만 아무런 준비가 되어 있지 않은 이들은 절호의 기회를 놓친 후에 "대운은 세월 따

라 가버리니 용호龍虎의 포효도 반드시 그치고 마는 법"[1]이라며 탄식하는 수밖에 없다.

실패한 전략은 방심의 산물이다. 전략을 추진하는 이들은 종종 산 너머 산을 내다보지 못한다. 언제 어디서 의외의 상황이 발생할 가능성을 무시한 결과이다. 유행은 시대의 조류를 낳는다. 인터넷이 세상에 첫선을 보일 때 이를 한때의 유행 정도로 보아 넘긴 사람들도 있었다. 하지만 천하의 대세가 되고 난 지금 엉뚱한 곳에 투자금을 날려버린 이들은 결과적으로 별다른 소득도 없이 손을 털고 나와야 했다. 인터넷 거품의 소멸과 동시에 경제 개혁의 추진으로 중국의 전통 상업 형태에도 변화의 바람이 불어왔다. 대기업이 횡행하고 심지어 골목마다 앞을 다투며 상권이 형성되고 온 도시를 뒤덮었다. 이런 추세에도 불구하고 시장경제는 여전히 전통적 형태에서 벗어나지 못하고 있으며 인터넷 시장은 또다시 뒷전으로 밀렸다. 하지만 10년도 되지 않아 전통적 형태의 시장 체제는 갈수록 병목 현상이 두드러져갔으며, 인터넷은 마침내 신흥 상업주의의 본색을 드러내며 자본주의 시장을 향해 달려갔다. 기업의 맥을 이어가는 데 인터넷을 이용하는 기업은 얼마 되지 않았다. 다만 이러한 상황을 참고 견뎌낸 기업만이 자신의 독점적 우위를 차지하게 되었다.

급변하는 사회 안에서 변화의 폭이 좁거나 혹은 변화를 시도하지 못하는 기업들의 패인은 결코 그들이 정한 전략의 오류 때문이 아니다. 그들의 전략은 애초부터 근본적인 전략이 아니었다. 한 가지 알 수 있는 교훈은 시대의 유행이나 흐름이 자신의 안전을 지켜주는 좌표가 된다는 점이다. 무엇이 형세인지 무엇이 단순한 유행이고 무엇이 천하의 대세인지 매 순간의 흐름을 대비하고 이를 판단하고자 할 때 전략은 결코 정답만

---

1 장약허의 〈춘강화월야〉, 서인의 〈기승우제〉, 석행해의 〈도전당강〉, 황경의 〈주차저포묘〉에서 차례로 인용하였다.

알려주지 못한다. 그래서 사람들은 간단히 조작할 수 있는 효능성만 추구하게 되는 것이다.

날로 복잡해지는 사회와 현대 시장경제 체제에서는 사실상 판단 능력이 부족한 사람들에게는 간단한 조작이란 존재하지 않는다. 손만 뻗으면 얻을 수 있는 것을 잡기 위해 간단한 조작에만 의지하면 실수를 하게 되어 있다. 따라서 임시방편으로 해결하려는 자세를 버리고 반드시 필요한 능력을 갖추는 것이 장기적 목표 달성을 위해 바람직한 일이다.

"적에게 결코 승산의 여지를 주지 않는다"는 손자의 수준 높은 이론을 이해하는 것은 더욱 현묘한 이치를 깨닫는 초석이 된다. 이는 비단 개체상의 자아뿐 아니라 조직 내의 자아 발전에도 큰 도움이 된다. 그래서 손자는 "전쟁을 잘 아는 자는 불패의 지세를 선점하고 적에게 자리를 내어주지 않는다. 고로 승리하는 자는 우선 승리의 요건을 갖춰놓은 후에 전쟁을 하며, 패배하는 자는 우선 전쟁을 벌이고 나서 승리를 찾는다. 전쟁에 능한 자는 수도보법修道保法을 토대로 자신을 보전하며 승리를 거둔다"고 말한 것이다.

한 권의 병서 속에 군사와 정치, 외국과의 전쟁은 물론이고 국내의 정세까지 총망라되어 있기를 바라는 것은 터무니없는 일이다. 하지만 이 책을 제대로 읽은 사람이라면 절로 고개가 끄덕여질 것이다. 양호羊祜[2]는 서진西晉의 공신으로 진 무제 사마염司馬炎이 269년에 형주의 도독으로 임명했다. 그는 내정에 적극적으로 힘쓰는 한편 최전방의 경제를 회복하고 사회 안정을 꾀했다. 오의 민심을 얻기 위해 이민족에 대한 적극적인 회유 외교를 펼치기도 했다. 그는 죽기 직전까지도 나라를 위해 여러 장수(두예, 왕준)를 포섭하여 적극적으로 천거하였으며, 280년에 오를 향해

---

2 양호(221~278)는 서진의 군사가, 정치가, 문학가로 자는 숙자叔子이다. 명문 귀족 출신인 그의 집안은 대대로 인재를 배출해냈다. 동한의 명신 채옹이 그의 외조부이다.

대진격을 감행한 결과 승리를 거머쥐었다.

양호가 벌인 멸오 전쟁은 269년에 시작되었다. 물론 그 역시 항상 성공한 것은 아니었다. 서릉 전투[3]에서는 불가항력적으로 쓰라린 패배를 맛보기도 했다. 하지만 그는 10년을 하루같이 문무를 겸비하며 전쟁 준비에 전념했다. 마치 시소게임을 하듯이 쫓고 쫓기는 공방전이 벌어지는 전쟁터에서 언제나 승리를 거둘 수만은 없다. 따라서 지금 당장 적군을 위기에 몰아넣을 수는 없지만 언젠가는 적군을 공략할 수 있는 전략적 고지를 차지하는 일은 전략의 최우선 순위에 해당한다. 이것이 바로 손자가 강조한 '적군이 아군을 이길 수 없도록 선점을 차지하는' 상책에 해당한다. 사마염은 양호의 멸오 전쟁을 기록하면서 소매를 눈물로 적셔가며 이런 찬사를 보냈다.

"모든 승리는 양태부의 공이니라."

양호를 떠올리면 눈시울부터 적시는 사람이 어찌 사마염뿐이겠는가? 그가 죽자 양양의 백성들은 기념비를 세우고 이를 타루비墮淚碑라고 불렀다. 400여 년 후 당대에 이르러 맹호연은 그의 공적을 기리며 이렇게 시를 읊었다.

"양공의 묘비는 영원할 것이며, 사람들은 누구나 그의 묘비명을 읽으며 소매를 적실 뿐이네."

소순창은 양호의 나라를 위한 우국충정은 제갈량의 공적과 견주어도 전혀 손색이 없다며 이렇게 칭송했다.

---

3 기원전 272년, 오나라 서릉의 도독 보천步闡은 양호의 군대에 투항의사를 밝혔다. 서릉의 중요성을 주장하는 육항陸抗은 병사를 이끌고 포위만 할 뿐 공격은 하지 않았다. 양호는 이 틈을 타서 강릉을 향해 진군하였다. 하지만 육항은 그의 의도를 간파하고 여러 장수들을 회유하여 서릉의 수비를 더욱 강화하였다. 그리고 강릉에 몰래 병사를 보내어 수비 병력을 겹겹이 에워쌀 것을 지시했다. 이 상황에서 양호는 부득이하게 군사를 돌려야 했으며, 육항은 일거에 서릉을 점령한 후 보천의 목을 벴다.

산길 끝에서 타루비를 만나니
나도 모르는 사이, 눈물방울 맺히네.
묻노니, 양숙자가
공명과 다른 것이 무엇인가?

소순창, 〈양양회고襄楊懷古〉

양숙자襄叔子는 양호의 자이다. 범중엄은 양호의 덕정德政이 마침내 적의 방어선마저 뚫게 만들었다면서 모든 후대인을 대신하여 그의 공적을 찬양했다.

양숙자, 편히 쉬기를 바라오.
진을 도와 세운 수훈이 이리도 크고 넓어
장강과 한수에 양 공의 넋이 미치니
그 은혜로움이 어찌 전쟁터 안에만 머물겠는가?

범중엄, 〈기제현산양공사당寄題峴山羊公祠堂〉

269년에 시작된 양호의 멸오 전략은 한마디로 손자의 '수도보법修道保法'을 철칙으로 삼았기에 가능한 일이었다.

41 기정지술을 응용하라

『손자병법』을 연구하는 이들은 이구동성으로 '기정지술奇正之術'을 강연할 때가 가장 난감하다고 말한다.

그나마 다행인 것은 총 13편으로 구성된 『손자병법』 가운데 '기정奇正'과 연관된 부분이 그리 많지 않다는 사실이다. 〈세편〉에는 "전쟁은 정공正攻으로 마주하고 기공奇功으로 승리하는 것이다. 기공에 능한 자는 강물이 마르지 않는 것과 같다. …… 기와 정이 상생하는 전략은 끝없는 사물의 순환과 같다. 그 궁극을 누가 알 수 있으랴?"라고 정의되어 있다.

손자는 다소 형이상학적 비유를 통해 기정을 설명하려 했으나 문제는 상상력이 고갈된 삭막한 현대인이 기정의 현묘함을 이해하기가 여간 어려운 일이 아니라는 점이다.

『손자병법』에서 결코 간과해서는 안 되는 점은 '기정지술'은 전체 구도에서 단지 형세와 허실을 논의하는 일부에 해당한다는 사실이다. 손자는 "기정의 편의는 그 끝을 헤아릴 수 없다"면서 "전세는 기정이 전부"라고 강조했다. 손자의 모든 사상을 종합한다면, 기정이란 적군과 아군의 기량과 동태를 비교하는 가운데 모든 수단과 방법을 동원하여 아군의 역량을 강화하고 고지를 선점한 후에 적군의 결함을 찾아내어 이를 이용하는 것이다. 이로써 아군은 '불패의 고지'를 차지하여 적군이 결코 대항할 수 없는 판도를 형성해야 하는 것이다. 일단 기회가 오면 잠시도 지체하지 말고 밀어붙이는 것이 바로 손자의 핵심 전략이다.

특히 이러한 전략을 시행하는 과정에서 아군의 기량을 강화하고 적의 기량이 서서히 소진되기를 기다리다 빈틈을 보았을 때 총공격을 실시하는 데 승기의 향방이 달려 있다. 손자는 이때 "적군은 드러나게 하고 아군은 보이지 않게 하는 것"이 관건이라고 거듭 강조했다. 그렇다면 무형(마치 물이 스며들듯이 매우 정밀한 형태이며 전혀 윤곽이 드러나지 않는)의 상태와 유형(반드시 취약한 고리를 드러낼 수밖에 없는)의 형태는 어떻게 포착해야 할까?

경쟁 사회에서 가장 두려운 상대는 바로 자신이다. 만약 당신의 과거와 현재를 비교한다면 변화하는 현재는 물론이고 이미 과거에 드러난 취약한 부분을 어떻게 보완하고, 어떻게 뛰어넘을 것인가?

이 질문은 당신의 '기공지술'이 어느 수준인지 알아보는 중대한 고비가 될 것이다. 사실 기공은 그리 거창한 전술이 아니며 심지어 별것 아닐 수 있다. 어떤 의미에서는 삼십육계처럼 활용도가 낮은 방법론적 언어유희에 불과하며, 다분히 임기응변적인지도 모른다.

실천적 지혜[1]는 마치 격언처럼(『손자병법』의 내용 대부분이 격언에 해당하지만) 주절주절 뒤에 붙은 주석이 너무 많다는 것이 단점이며 효용가치도 떨어진다. 과연 이러한 이론을 언제 어떻게 적용해야 하는지는 전적으로

---

1 명대 '서호일사西湖逸士'가 지은 병서 『투필부담投苾跋談』에도 이와 비슷한 논지의 문구가 있다. "모든 병력을 나누고 진지를 구축한다 해도 모름지기 승패는 경각에 달려 있으며 단지 기정의 형세에 지나지 않는다."

개인의 체득과 탐색에 달려 있기 때문이다.

중국의 근대사를 살펴보자. 해방 전쟁이 한창이던 당시의 해방군 총부는 '정'일까? 아니면 '기'일까? 조직 구조상으로 본다면 당연히 '정'에 해당한다. 하지만 혁명 성지 시바이보西柏坡를 방문해본다면 그들이 소수에 불과했다는 사실을 깨닫게 된다. 더구나 중앙 5대 서기(마오쩌둥, 류샤오치, 저우언라이, 주더, 런비스)가 이곳에서 회합하기 이전에 당 중앙의 병력을 세 개 노선으로 분산시켰기에 20여만 병력을 지닌 후종난胡宗南 대군과의 전면전을 피할 수 있었다.

중국의 국공내전 당시에는 동북 야전군의 병력이 가장 우세했다. 랴오선遼沈, 화이하이淮海, 핑진平津의 3대 전력 가운데 절반 이상을 차지할 정도로 막강한 위세를 떨치고 있었으니 누가 봐도 '정'이라고 말할 수 있었다. 중원 야전군은 대별산으로 진군하는 도중에 병력이 현저히 줄어든데다 장비 역시 열세에 있었다. '기'의 상황이 불을 보듯 훤했다. 하지만 이 부대가 중국 해방 전략상 지닌 의의는 매우 크다. 당대 장수 이정이 쓴 병법서 『이위공문대』에 의하면 "전쟁이란 정이 없어도 안 되고 기가 없어도 안 된다. 적의 예측을 불허하기에 정과 기로써 승리하는 것이다"라고 적고 있다.

옛말에도 "전쟁을 모르는 자는 무기를 보고, 전쟁을 아는 자는 후방을 본다"고 했다. 수백만 해방군이 해방 전선 곳곳에서 위세를 떨칠 수 있었던 가장 큰 원인은 해방군 지역에서 촉발된 민중의 지지 때문이었다. 기록에 의하면 화이하이 전역에서 승리를 거둔 이후 각지에서 십시일반으로 보내온 군량미가 5억여 근에 달했다고 한다. 이는 당시 상황으로 보아 천문학적 숫자[2]에 해당한다.

---

2 〈해방군 보도〉 2011년 7월 1일자에 실린 마오준毛俊 기자의 〈중국의 혁명을 양성하는 이는 누구인가?〉라는 기사 중 일부를 인용하였다.

이와 비교하여 해방 전쟁 초기의 국민당 군대는 사기가 하늘을 찔렀고 병력이나 장비 면에서도 확연한 우세를 보였으나 전략의 전체 판도에는 아무런 영향을 미치지 못했다. 지휘 체계는 판에 박힌 듯 융통성이 없었으며, 병법의 응용에도 서툴렀기 때문이다. 이로써 모든 '정'(주력 부대와 정면 공격을 말한다)은 낱낱이 와해되고 말았다.

1980년대 중국 정부는 개혁을 위한 전문적인 기구를 편제하였다. 계획경제 시대의 방대한 관료 시스템과 비교한다면, 새로운 기구의 편제는 '기'에 불과할 수도 있다. 하지만 중국의 청년 간부들을 핵심 주체로 하는 이러한 기구는 시장경제 이론을 도입하였으며, 대대적인 개혁을 추진한다는 측면에서 '정'으로 간주된다.

자유무역지구의 최전선에 나선 개방 지역들은 중국의 전체적인 판도상 절대적으로 '기'를 벗어날 수 없었다. 하지만 외자를 유치하고 시장경제를 운용하는 모델로서 매우 주요한 경로인 것은 분명하다. 발전 단계가 비슷한 지구에서는 서로 양보하는 일이 드물지만 들쭉날쭉한 차이를 보이는 지구간에는 상호 기정으로 상생하는 현상이 나타났다.

조직 편제의 기틀에 놓인 '기'와, 이론과 기술의 진보에 놓인 '정'. 전통 업무상의 '기'와 창의적이고 새로운 업무와 미래 업무상의 '정'. 시장경제 속에서 이러한 대결 구도는 흔히 볼 수 있으며, 변화무쌍하다. '기'가 '정'으로 성장하는 경우도 비일비재하며, 신세대에게서 볼 수 있는 '기'는 시대적 요구에 의해 생겨나기도 한다. 오늘날에는 중앙이 주도하여 만들어진 혁명 기구는 더 이상 존재할 수 없는 반면에 대규모 개혁 실험 지역은 날이 갈수록 참신한 기량을 발휘할 것으로 전망하고 있다.

급격한 경제 발전 속에서 사람들은 매일 기공술의 다양한 선택과 균형 속에서 일상 업무를 영위해나간다. 단지 스스로 기공을 의식하지 못하는 이유는 이미 우리의 일상 속에 스며들어 있기 때문이다. 손자는 기공을 음악에 비유하며 이렇게 정의한 바 있다. "음계는 다섯 가지 소리에 불과

하지만 사람들은 그 변화를 다 들을 수 없다." 이는 자연스레 소동파의
시를 떠올리게 한다.

> 만일 거문고에 소리가 있다고 한다면
> 갑 속에 들어가서는 어찌 울림이 없는가?
> 만일 거문고 소리가 손가락에서 난다면
> 어찌 그대 손가락에서는 들리지 않는가?
>
> 소식, 〈금시琴詩〉

기정은 오선지 속의 음표와 같다. 사람들은 오직 음악을 감상할 뿐이
다. 듣기 좋은 음악은 승리를 이끄는 작전이나 마찬가지이다. 손자는 〈허
실虛實〉편에서 "사람들은 내가 승리의 형세를 안다고 말한다. 하지만 내
가 어떻게 승리의 형세를 적용하는지는 알지 못한다"고 말했다. 전자에
서 말하는 '승리의 형세'는 바로 음악이고 결과이기에 모든 사람들이 들
을 수 있고 볼 수도 있다. 하지만 후자에서 말하는 '승리의 형세를 적용
하는 것'은 단순한 음악이 아니라 순식간에 사람들의 심금을 울리는 영
혼의 노래, 즉 예술적 경지에 이름을 뜻한다.

42 범려, 중국 최고의 '기사회생' 경영인

다음의 시는 작가 진용金庸의 무협소설에서도 인용된 적이 있다. 명 말기 강남의 비구니였던 여류 작가 주경周璟이 지은 시이다.

> 조그만 침대 위로 대나무 그림자가 들쑥날쑥 드리웠구나.
> 누추한 집 안 가득 향초가 자욱이 잠기우면
> 강철처럼 곧은 성품은 시를 친구 삼으며
> 참선의 마음으로 담담히 그림을 그리련다.
> 날은 따스한데 제비는 돌아오지 않으니
> 봄바람에 앞을 다투어 도화를 따르는구나.
> 난간에 기대어 보슬보슬 비가 오는 밤,
> 격앙된 슬픈 곡조만이 보검을 어루만지며 위로하네.
>
> 주경周璟, 〈춘거春居〉[1]

이 시에서 강호에 칩거한 은둔자의 정취가 느껴지지 않는가? 원작가 주경은 기구한 운명에 놓인 또 다른 여인을 벗으로 두었다. 그녀의 이름은 오예선吳蕊仙[2]으로, 불교에 귀의하기 위해 출가한 비구니였다. 슬픈 운명마저 닮은 그녀들은 과연 무엇을 화제로 삼아 대화를 이어갔을까?

> 재주에 놀라 떨어진 잎사귀, 꽃길 위에 가득하고
> 봄바람이 누구보다 먼저 영웅의 몰락을 알아주네.
> 산 위의 흰 구름 그림 같기만 한데
> 등잔 앞 촛불 밝혀놓고 밤새 전쟁 이야기를 나누네.
> 기구한 여인의 운명은 질투로 비롯된 것이 아니며
> 호탕한 여인의 광분에 찬 노래는 더욱 애잔하구나.
> 오호를 따라 나서 평생을 범려에게 의탁하면 얼마나 좋을까?
>
> 주경, 〈증오예선贈吳蕊仙〉

사실 이 두 여인은 군사와 전쟁(만약 21세기에 환생했다면 분명 인터넷 군사연구 동호회의 열성 회원이 되었을 것이다)에 심취했다. 2,000년 전 월나라의 전략가 범려를 흠모한다는 점도 그녀들의 공통점일 것이다. 이 두 여인은 어쩌면 자신들이 결코 서시西施에 뒤지지 않는 재주를 지녔다고 자부하고 있었는지도 모른다.

시대가 바뀌어도 범려를 흠모하는 열성 팬의 행렬은 끊이지 않고 있다. 범려는 오늘날로 치자면 연예계의 꽃미남 아이돌도 아니고, 굴원처럼 주옥같은 명시를 남긴 위대한 예술가도 아니었다. 하지만 고대 시가

---

1 주경(생몰연대 불분명)은 명말 청초의 소주 사람으로, 선비 집안에 시집을 갔으나 모함을 받은 남편이 투옥된 후 불교에 입문하였다.
2 오예선(생몰연대 불분명)은 명말 청초의 여인으로, 조부와 부친은 명조의 관리를 지냈으며 남편은 반청 사건에 연루되어 멸문의 화를 입었다. 후에 출가하여 비구니가 되었다.

집을 열어 아무 페이지나 펼쳐도 그의 이름이 등장한다는 사실은 실로 놀라운 일이다. 더구나 본문 아래 첨가된 각주 부분에서 범려의 이름을 지워버리면 한낱 평범한 시가에 불과하다는 사실을 알고 나면 한 번 더 놀랄 수도 있다.

범려는 확실히 비범한 재주를 지녔다. 그는 또 다른 전략가 몇 명과 함께 월나라에 드리운 패국의 망령을 걷어내기 위해 국가 부흥의 계획을 세우고 이를 실행했다. 한편 적국 오나라의 병력이 소진될 때까지 기다리며 반간계 전략을 구사했다(이런 방식으로 오자서를 죽음으로 몰아갔다). 마침내 20년의 고군분투(월왕을 보좌한 이후 그로 하여금 와신상담의 굴욕을 참고 견디도록 조종한 것을 포함하여) 끝에 절호의 기회를 낚아챈 후 분연히 떨쳐 일어난 범려는 숙적을 멸하고 치욕을 되갚아주었다.

하지만 범려는 그토록 바라던 성공을 손에 넣는 순간 조용히 망명의 길을 떠났다. '치이자피鴟夷子皮'로 이름마저 바꾸었다, 후문에 의하면 미인계의 방편으로 오왕에게 보냈던 월나라의 절세가인 서시를 데리고 미련 없이 떠나버린 것이다.

범려는 이러한 귀의歸依가 오늘날 중국의 수많은 공직자들의 민간기업 진출을 뜻하는 '샤하이下海' 현상을 불러일으킬 줄은 꿈에도 상상하지 못했을 것이다. 범려는 한동안 강호에 은둔한 후 상업이 발달한 제나라에 모습을 드러냈는데, 훗날 천하의 으뜸가는 거부(도주공陶朱公이라고 칭한다)가 되었으니 돈 버는 능력까지 두루 갖춘 셈이다.

이러한 기록은 서시와 관련된 몇몇 일화를 제외하면 대체로 사실 확인이 가능하다. 하지만 후대인들은 범려가 월나라의 부흥 전략을 실시하는 과정에서 서시가 그의 충실한 심복 역할을 했을 거라고 확신한다. 특히 두 사람이 일엽편주에 몸을 실은 채 오호의 자욱한 물안개 속으로 사라졌다는 결말을 믿어 의심치 않으려는 경향이 있다.

범려에 관해서는 입에 침이 마르도록 칭송한 셈이니 더 이상 말할 필요가 없을 것이다. 다만 한 가지 마음에 걸리는 것은 사람들은 항상 '영웅을 논할 때는 성패를 따지지 않는'다는 점이다. 하지만 대의적으로나 혹은 생사의 존망이 걸린 상황이라면 어찌 성패를 논하지 않을 수 있겠는가? 적어도 훗날 일말의 오점이라도 남기지 않으려면 성패에 연연할 수 없다. 절반의 성공이란 결국 절반의 실패나 다름없다. 다만 국가가 백척간두에 놓여 붕괴 위기를 맞거나 기업의 파산을 눈앞에 둔 상황에서 범려처럼 기사회생의 기회를 제공하고 스러져가는 국운에 활기를 불어넣었다면 누가 뭐래도 영웅이 아니겠는가?

하지만 극소수의 사람들은 범려의 업적을 놓고 결코 '영웅'답지 못한 행동이라고 비난한다. 미국의 경우 파산 위기에 놓인 기업을 정상화하는 파산 보호 법안이 있다. 미국 연방 파산법 11조에 따라 이러한 업적을 쌓은 경영인에게는 '기사회생 경영인Turnaround Manager'이라는 호칭을 부여한다. 실천주의를 강조하고 업적을 중시하는 경영계에서 이러한 호칭을 얻는 일은 경영인이 누릴 수 있는 최고의 영예다. 고위 관리를 스카우트하는 헤드헌팅 회사가 가장 중요시하는 경력이 바로 이러한 기사회생 능력이다. '기사회생의 경영인'을 해당 기업의 CEO로 추천받게 된다면 이사회에서 쌍수 들고 환영할 일이 분명하다.

사사로운 공적에 연연하지 않은 범려에 대하여 시인 이상은李商隱은 상당히 구체적으로 묘사하였다.

백 척 성루에 올라 아득한 사방을 둘러보니
푸른 버드나무 너머로 모래땅이 펼쳐져 있네.
서한의 가의는 젊은 시절 시국 걱정으로 눈물을 쏟았고
동한의 왕찬은 봄이 오면 더 먼 곳으로 떠돌았으니
쪽배에 몸을 싣고 백발 휘날리며 자연으로 돌아가고 싶은 마음 간절한데
하늘을 나는 원추가 썩은 쥐의 맛을 어찌 알겠는가?

소인배의 의심은 끝이 없으니 실로 한심스러울 밖에.

이상은, 〈안정성루安定城樓〉³

가의賈誼와 왕찬王粲은 물론 혈기 왕성한 젊은이였다. 하지만 시인이 가장 동경해 마지않은 것은 범려의 선택이었다. "쪽배에 몸을 싣고 백발 휘날리며 자연으로 돌아가고픈 마음 간절한데"라는 구절은 범려의 이러한 행적을 시적 언어로 표현한 것이다.

이상은의 시는 후대 문인들의 숱한 탄식을 자아냈다. 송나라 재상 왕안석을 비롯하여 앞서 언급한 명 말기의 비운의 여인들이 바로 그들이다.

상상해보라. 세상에는 다양한 분야의 인재들이 넘쳐나지만 기사회생 능력은 아무에게나 주어지는 것이 아니다. 천하의 대세(사회 시장의 발전 추세)를 바라보는 비범한 식견을 갖추어야 하는 반면에 미시적 문제까지 주도면밀하게 제어할 수 있는 능력을 갖추어야 한다. 말하자면 전체적인 대국과 세부적인 요인까지 자유자재로 통제할 수 있어야 한다는 것이다. 그러기 위해서는 주변의 모든 자원을 활용 가능한 자원으로 변화시켜야 한다. 종국에는 수중에 놓인 사업과 천하의 대세를 절묘하게 접목시키는 능력을 발휘해야 한다. 일개 범인으로서는 불가능한 일이다.

하지만 리더로서 향후 거취를 전혀 보장받을 수 없는 것은 물론이고 지위고하를 불문하고 개인의 성취마저 고취시킬 수 없는 풍토라면 '기사회생의 경영인'이 된다는 것은 곧 내면의 이상을 억눌러야 한다는 것과 다름없다. 사실 중국 관료 제국의 역사에서 '중흥'의 깃발을 내건 자는 항상 한숨 속에 살아야 했기에 진정한 의미의 기사회생은 존재할 수 없었다. 그래서 이상은은 범려에 대한 동경의 마음을 시어로 표현했으

---

3 사신행查慎行의 〈초백암시평初白庵詩評〉에 이르길 왕안석은 이상은의 시 가운데 이 두 구절을 감상한 후 "꼼꼼하게 살펴 읽으면, 두보의 경지에 도달했다"고 극찬한 바 있다.

며, 왕안석은 그의 시를 한숨 어린 탄식으로 간주하여 자신 또한 결코 정치에 발을 담그지 않겠다는 다짐을 드러냈던 것이다. 기구한 운명의 평행선에 놓인 두 여인은 함께 병법을 연구하고 전략을 논의할 상대가 없음에 단지 시대를 탓하는 수밖에 다른 도리가 없었다.

43 범려의 네 가지 성공 전략

춘추시대, 범려는 폐허로 변한 월나라를 재건하기 위해 국가의 기틀을 마련한 일등공신이었다. 하지만 그는 연인 서시와 함께 강호를 떠돌아야 하는 신세로 전락했다. 이러한 비극적인 결말은 후세 문인들의 상상력을 자극하여 수많은 문학 작품의 단골 소재로 이용되었다. 범려를 다룬 시 중에서 백미로 일컬어지는 이상은의 시를 제외하더라도 이백은 "치이자 鴟夷子는 어찌하여 머리를 풀어헤치고 일엽편주에 몸을 실었는가?"라며 탄식했고 이신李紳은 "자서의 도려낸 두 눈은 오의 멸망을 지켜보았고 범려는 온몸을 바쳐 월을 패주로 만들었네"라고 읊었다. "서시의 눈웃음 한 번에 월나라는 오나라를 멸하였고, 범려는 오호로 떠돌았네"라는 양 승의 시도 빼놓을 수 없다. 당대 여류 시인 어현기魚玄機 역시 "범려는 공 을 세운 후 은둔하였고 간언하던 자서는 헛되이 순국으로 사라졌네"[1]라

---

1 이백의 〈고풍오십구수〉, 이신의 〈고소태잡구〉, 양승의 〈오중서사〉, 어현기의 〈완사묘〉에서 차례로 인용하였다.

며 이들의 결말을 비극으로 단정했다.

경영인으로서 국가의 기사회생을 도운 것이 뭐 그리 대단하다는 걸까? 현대인의 관점에서는 도무지 이해하기 어렵다. 대체 '이미 죽은 말을 산 말인 양 치료'하는 일처럼 부질없는 희망이 어디 있단 말인가? 사람들은 강조한다. 시장경제의 논리를 한마디로 집약하면 적자생존, 즉 성공하면 왕이 되지만 실패하면 반역자가 되는 게임이라는 뜻이다.

파산에 임박한 기업이 있다면 망하도록 내버려두는 것이 순리가 아닌가? 무엇 때문에 이를 구제해야 한단 말인가? 국가도 예외일 수는 없다. 붕괴 위기에 놓인 국가는 붕괴하도록 내버려두어야 한다. 이러한 책임을 국민에게 떠넘겨서는 안 된다. 모든 기업이 도산 위기에 처할 때마다 구제할 수는 없다. 이는 시장경제의 논리에 위배되는 것이기 때문이다.

사람들은 노벨상 수상자들의 이론을 인용하여 실패한 기업과 실패한 국가를 구제하지 않는 것을 '건설적 파괴'라며 정당화한다. 이들을 구제하는 것은 자연을 거스르는 일이라 주장한다.[2] 물론 옛것을 버리지 않고서 새로운 것을 얻을 수는 없는 법이다. 이것은 자연의 이치가 분명하다. 다만 자연에도 자연의 경로와 법칙이 존재한다. 자연스러운 신구 교체의 주기를 굳이 가속화시킬 이유는 없지 않을까?

도태를 막거나 심지어 낙후된 기업을 보호하는 행위는 확실히 자연의 섭리를 거스르는 일이다. 하지만 지나치게 속도를 내며 파괴에만 열을 올리는 것 또한 쓸데없는 소모이자 균형 감각의 결여가 아닐까?

사회학의 관점에서 설명한다면 좀 더 이해하기 쉬울 것이다. 만약 여진이 북송을 침략하고 몽고인이 남송을 침략하는 행위를 종족 간의 융합

---

2 이 개념은 미국계 오스트레일리아 경제학자 조지프 슘페터Joseph A. Schumpeter(1883~1950)가 내세운 경제 이론이다. 경기의 순환이 바닥으로 곤두박질칠 때마다 기업가는 시장 퇴출을 고민해야 한다. 다른 기업가들이 새로운 이윤을 창출함으로써 사회 전체의 이윤이 증가하기 때문이다. 이 이론의 핵심은 다수의 경쟁자를 걸러내고 창조적 생산을 통한 경기 상승과 생산 효율의 제고를 기대할 수 있다는 것이다.

을 촉진시키는 일이라는 논리로 해석한다면, 굳이 저항할 필요가 없지 않겠는가? 물론 이는 역사의 가설로 간주할 뿐이다.

저항은 필연적으로 일어난다. 모든 것은 합리적일 때 비로소 존재할 수 있다. 거대한 역사의 흐름에 맞서 분연히 떨쳐 일어나는 것은 고사하고 아무도 반기를 들지 않으며, 심지어 반감조차 보이지 않는다면 어찌 승리를 쟁취한 기쁨을 얻을 수 있겠는가? 결국 최후의 승자 역시 이러한 기쁨은 잠시일 뿐 바로 등 뒤에서 또 다른 위기가 닥쳐온다. 이들의 안위 역시 보장될 수 없으며 고로 영원한 승자는 없다.

역사적인 예를 하나 들어보자. 몽골의 침략에 맞선 북송과 남송의 저항은 미약하기 그지없었기에 불가항력이었다 치자. 그렇다면 중국인이 20세기 일본의 침략 전쟁에 저항한 것이 단순히 현대 국가의 원형에 대한 저항(역사학자 황런위 식으로 말하면)이란 말인가? 중국은 갈등과 낙후를 거듭한 끝에 1970년대 말에야 비로소 현대화를 시작했는데, 그렇다면 주변의 조롱을 받으면서까지 '죽은 말을 산 말인 양 치료'하는 것은 정녕 일말의 희망도 없는 일이었을까?

어떤 이들은 냉소적인 어조로 차가 있다면 굳이 바퀴를 발명할 필요가 없음(이미 존재하는데 굳이 다른 방법을 모색할 이유가 없음을 뜻한다)을 강조한다. 하지만 현대 경영·관리학자들의 시각에서 본다면 중국의 개혁을 비아냥거리는 이들이야말로 구태의연한 경우가 많다. 학자들은 기업 실패의 요인이 모두 같은 것은 아니라고 본다. 비록 경영상 일시적인 위기(파산에 놓인 기업의 대부분은 일시적 위기에 의한 것이며, 특히 유동자금의 회전에 문제가 생겨 도산까지 내몰리는 경우가 대부분이다)에 처했을 뿐 여전히 대체 불가능하거나, 심지어는 아직 개발되려면 많은 시간이 소요된다는 특징을 지니고 있다. 이러한 특징은 그 어떤 다른 기업도 신속히 대체할 수 없는 성질을 지녔다. 가령 애플 컴퓨터가 일시적 경영 위기로 문을 닫게 된다고 치자. 새로 등장하는 기업은 애플의 노하우와 경험을 어떤 식으로 대체할 것인가? (기술적 측면과 비특허 기술을 포함하여) 이런 사태가 발생할 경우에 전 세계의 엔지니어와 엔터테인먼트 산업이 얼마나 큰 타격을 입을지 상상해보았는가?

특히 일부 대기업들 간에 분야를 나누거나 시장 분배에 동의할 경우 하나의 기업이 시장에서 퇴출되면 나머지 기업이 독점할 수 있는 조건을 형성하므로 사회 전체에 위험 요소로 작용하기도 한다. 독점의 본질은 발전의 반대말이라고 볼 수 있다는 뜻이다. 게다가 경제 위기가 빈번히 발생하고 정부 간섭을 피할 수 없게 된 최근에 와서 몇몇 독점 기업이 제멋대로 대의명분을 내세워 소비자를 인질로 잡기도 한다. 이런 행태가 지속된다면 필연적으로 예측 불가능한 사회적 비용의 발생과 정치적 대가로 인한 불안 요인을 증폭시킨다. 예를 들어 중국의 이동통신 업계처럼 일방적인 우위를 선정한 후에 '어느 누구도 감히 적수가 될 수 없는 상황'이 벌어지게 되면 이들이 휘두르는 횡포가 어떠할지 소비자로서는 상상도 할 수 없을 것이다.

따라서 단순히 기업의 파산 혹은 병합만으로는 시장 경쟁 체제 내의 필요충분조건을 채울 수 없다. 비록 오랫동안 세간의 주목을 받지 못했으나 헬싱키 경제대학교 경영학과 교수 리사 벨리컨거스Liisa Valikangas의 이론을 참조하면, 기업의 회복력corporate resilience이란 갱생 의지를 높이거나 혹은 기업이 경제 위기를 겪은 후에 경쟁이 가능한 정도의 능력을 회복하는 것을 말한다. 그는 기업의 회복과 자력갱생을 강조했으나 이 또한 범려가 춘추전국시대에 시행했던 정책과는 거리가 멀다.

오늘날에 와서는 "죽은 말을 산 말처럼 돌보는 일"을 비웃지 더는 못할 것이다. 왜냐하면 이는 조롱의 대상이 아니라 학문의 일종이기 때문이다.

사실 경쟁력 회복이라는 목표에 다가서려면 '기사회생'의 조항 역시 일정한 절차를 밟아야 한다. 아무나 마이크를 잡고 목청을 높인다고 가능한 일이 아니다. '기사회생 경영인'이 되기 위해서는 일반적으로 네 가지 조건을 갖추어야 한다. 범려가 월나라에서 시행했던 이러한 조항들은 중국의 4대 발명품이 만들어진 시기보다 훨씬 이전의 일이다.

첫째, 정책 개선 과정에서 판매를 주관하는 부서라고 해서 판매 관리에만 매달려서는 안 되며 생산을 주관하는 부서 역시 생산 관리에만 신경 써서는 안 된다. 조직 내부의 다양한 인재와 다양한 분야를 취합하여 다각도에 걸친 정책을 세워야 한다. 전쟁 후 폐허로 변한 월나라는 국가재건이라는 깃발 아래 인구와 군량미를 늘리기 위한 10년 계획을 세웠다. 당시 월나라 최고 학자들의 중지를 모아 국가재건계획을 세우고 이를 실시한 것이 성공 요인이었다. 범려는 이러한 전략과 정책을 제안한 사람 중 한 명이었고 문종文種은 치국과 행정 관리의 전문가였던 셈이다.

둘째, 참신한 기업 운용 방식에 대한 대폭적인 지원이다. 월나라는 전국의 모든 인력과 자원을 총동원하는 한편 오왕을 안심시키려고 왕과 왕후를 비롯한 한 무리의 미녀들을 인질로 보내어 그들의 경계를 없앴다. 결국 이러한 전략은 오나라가 월나라에 품었던 적대적 감정을 현저히 감소시켰다. 문종은 다른 한편으로 '오를 멸하기 위한 아홉 가지 전략'을 제정한 후 군사력을 키워나갔다.

『삼십육계』는 '미인계'에 관해 이렇게 적고 있다.

"병력이 막강한 군대는 장수를 공략해야 하고 장수가 지혜로운 군대는 색정色情을 공략해야 한다. 장수가 약해지고 군대가 무너지면 세력이 소멸된다. 이렇게 상대의 약점을 이용하는 것이 상책이다."

훗날 절세가인 서시의 등장으로 미인계는 더욱 탄력을 받게 되었다.

셋째, 시장 논리에 근거한 실천력은 부단한 조정 과정을 통해 새로운 경쟁력을 갖추어야 한다. 월나라의 국가부흥계획은 상대의 상황에 따라 모든 계획을 채택하였다. 가령 오나라의 고위층이 분열하기 전까지는 와신상담의 교훈을 결코 잊지 않았으며, 절호의 기회가 올 때까지 무모한 출정을 자제하였다.

넷째, 집단 내부와 리더십을 강화했다. 월나라 지도층은 범려의 주도 아래 재건 전략을 제정한 후 이를 실시했으며, 나아가 범려는 월왕과 함께 오나라의 인질이 되기를 마다하지 않았다. 이는 월왕의 행동을 실시간으로 지켜보며 일거수일투족을 지도·감독하기 위한 것이었다. 『사기』의 기록을 보면 범려는 월왕에게 진언을 할 때 무한한 인내심을 발휘했다고 한다.

월나라 백성들은 기사회생을 주도하는 범려와 같은 경영인 덕분에 그들의 '위대한 영도자'가 매일 사악한 망령에 사로잡히지 않을 수 있었던 것을 감사히 여겨야 한다. 그러지 않았다면 망국의 노예로 살아야 했을지도 모르기 때문이다. 특히 월왕처럼 높은 권좌에 앉아 사치와 향락을 누리는 일에 익숙해진 사람을 변화시키려면 육체에 적당한 고통을 가하는 것 이상의 효과적인 방법은 없다. 오나라의 속국이 된 치욕을 잊지 않기 위해 쓸개를 핥았다는 '와신상담'의 고사는 이로써 후대에 와서 리더의 멸사봉공을 뜻하는 대명사로 널리 사용되었다. 당대 사람들은 범려를 떠올리며 "월왕이 와신상담하며 편안함을 경계했다"는 시구를 즐겨 인용했다.

범려의 고사는 현대 중국의 기업가와 경영인들에게 비단 역사의 기록으로만 존재하지 않는다. 최근 각종 경제 매체와 비즈니스 강연에서도 이러한 기사회생의 기적을 이룬 경영인의 사례를 접할 기회가 적지 않다. 하지만 안타깝게도 현실에는 실패와 성공의 경계를 아슬아슬하게 오가며 안간힘을 다하는 기업들뿐이다. 정부의 구제를 받거나 설사 파산에 이르지 않는다 해도 이러한 기업의 근로조건은 심각한 수준이다. 이러한 기업의 경쟁력을 어떻게 회복하여 갱생할 것인가? 솔직히 대체 어디부터 손을 대야 좋을지 모를 정도로 속수무책인 경우도 많다. 중국 사회와 경제, 심지어 이러한 체제에서는 과연 얼마나 많은 제2, 제3의 '범려'를 필요로 한단 말인가?

　당대 사람들은 범려의 이러한 업적을 칭송하는 동시에 후대인들에게
엄중한 경고를 보내고 있다.

　　높은 산 위 마차에서 오호를 바라보니
　　눈보라 휘날리고 물안개 파도치며 하늘가와 닿았네.
　　범선에 몸을 실은 범려의 공을 모른다면
　　어찌 다른 공신들의 발길이 이어지길 바라겠는가?

호증, 〈영사시 · 오호咏史詩 · 五湖〉

44 박수칠 때 떠나라

이번 장의 주제를 정하기 위해 한참을 고민했으나 결국은 전략 문제를 다루기로 했다. 표면상 개인의 문제로 국한될 수도 있지만 좀더 심층적으로 바라보면, 조직 발전과도 결코 무관하지 않다는 사실을 알 수 있을 것이다.

월나라 정치가 범려를 소재로 삼은 고대 시가들을 훑어보면 이들이 한목소리로 강조하는 것이 결국은 '토사구팽'의 전형적 사례라는 점에 주목하게 된다.

월왕 구천句踐은 범려의 보좌를 받아 결국 오나라를 멸했다. 하지만 범려는 전쟁에서 큰 공을 세우고 개선하는 도중에 "토끼 사냥이 끝나면 개를 잡아먹기 마련이며, 높이 날던 새가 다하면 좋은 활을 숨기는 법"이라며 월나라를 탈출했다.

이렇게 된 배경에는 비극적 현실이 숨어 있었다. 제국 정치 말기에 이르자 사대부(당대의 엘리트 인사)들은 관리를 강화하고 개혁을 추진하여 꺼져가는 국운을 '기사회생'시키고자 고민하는 범려에게 더 이상 박수를 보내지 않았다. 월의 제2전성기를 가져온 범려는 하루아침에 천덕꾸러기가 되었다. 이러한 정치 풍조가 천하의 흥망을 바꾸어놓은 것이다. 그들의 관심은 오로지 속이 좁고 변덕이 죽 끓듯 하는 군왕의 비위를 맞추어 그럭저럭 제 밥그릇을 챙기는 데만 쏠려 있었다.

북송의 정치가 왕안석 역시 관료 사회의 부침을 여러 차례 거치며 자연스레 범려를 떠올렸으며, 한나라 말기 군벌의 혼전 양상이 극에 달하는 가운데 스스로 나라를 등지며 재앙을 피했던 관녕管寧[1]을 소재로 아래의 시를 썼다.

> 범려는 오호에서 머나면 자취를 거두었고
> 관녕은 여생을 창해에 의지할 뿐이네.
> 가련하구나, 세상에 풍파가 이리 사나우니
> 차라리 인과 현을 베풀지 않았다면 좋았을 것을.
>
> 왕안석王安石, 〈세상世上〉

청대의 장유소張裕釗는 범려와 오자서가 전쟁에서는 비록 승자와 패자로 나뉘었으나 개인의 삶을 놓고 본다면 본질적으로 가련한 운명을 타고났다며 크게 탄식했다.

> 공명과 부귀가 위험에 다다르니
> 개를 삶고 활을 숨기는 비극에 이르렀네.
> 자서를 치이에 가둬 죽음으로 내몬 것은 범려이나

---

1 관녕(동한, 158~241)은 관중의 후손으로 한나라 말기에 고사高士를 지냈다. 동한 말기에 천하가 어수선해지자 고향을 떠나 30년간 돌아오지 않았다. 한의 조위曹魏가 집권한 후 몇 차례 중용 의사를 밝혔으나 한사코 마다했다고 전한다.

가련하구나. 오와 월의 두 치이여!

장유소, 〈음사吟史〉

오자서와 범려는 '치이鴟夷'(술을 담는 가죽 부대)라는 글자와 연관이 있었다. 오자서는 오왕을 위해 진언을 아끼지 않았으나 그의 쓴소리에 염증이 난 부차는 그를 죽여 가죽 부대에 담아 강물에 던지고 말았다.

범려는 "하늘의 새가 사라지면 좋은 활도 쓸모가 없어지는 세상의 이치"를 예견한 후에 '치이자피鴟夷子皮'로 이름을 바꾸고 강호를 떠돌며 어느 나라에 가서도 자신의 공을 구하지 않았다.

대부분의 사람들은 이러한 범려의 행적을 놓고 불운이라고 말한다. 왜냐하면 월나라를 극적으로 '기사회생'시킨 후에도 전혀 사례비(물론 절세가인 서시를 반려자로 삼기는 했지만)를 받지 못했기 때문이다. 권력의 달콤함을 누리는 것은 고사하고 치국의 이상마저 중도에 접어야 했다. 이토록 뛰어난 전문 관리 능력을 지닌 인재가 만약 범려처럼 어이없는 패배자의 길을 걷게 된다면 사람들은 이러한 현실을 도저히 받아들이기 어려울 것이다.

범려의 행적을 자세히 살펴보자. 월나라의 재건을 도와 기필코 도약의 기회를 마련하리라 스스로 맹세한 바 있었던 범려는 이미 자신의 사명을 달성했다. 물론 그에 맞는 대가를 기대할 수 있는 상황은 아니었으나 독립적 매니지먼트 컨설턴트라는 본분(혹은 국가 중흥과 발전을 위한 전략 고문)상 범려는 성공한 축에 분류될 수 있다. 인류 문명사를 통틀어 종횡무진 맹활약을 펼칠 기회와 능력은 오직 극소수에게만 허락된다. 범려는 여기에 만족할 뿐 결코 대가를 바라지 않았던 것이다(이는 상대적으로 월왕의 추악함을 더욱 부각시키는 효과를 가져왔다).

자신이 달성한 사명에 대한 무한한 자긍심과 자유 추구의 의지는 범려가 선택한 삶의 방식일 뿐이다. 그렇다면 굳이 세속의 잣대를 들이대어

왈가왈부할 이유는 없지 않은가?

'공성신퇴功成身退'란 양손에 잔뜩 황금을 쥔 채로는 결코 쌓아올릴 수 없는 소탈한 삶의 최고 경지인 셈이다. 당대 시인 조업曹鄴은 이렇게 시를 읊었다.

> 공명은 가죽 자루와 같은 것.
> 마음은 동정호에 배를 띄우고
> 호수 위에 비친 버드나무 서로 어우러지니
> 이내 마음은 취한 듯, 아니 취한 듯.

조업, 〈제서향題舒鄉〉

중국 정치가의 표상으로 불리는 장량 역시 범려와 다를 바 없었다. 그는 천하를 평정한 후 사례비로 극히 일부를 받는 데 만족했다. 그리고 잠시도 지체하지 않고 자신의 'CEO'인 유방에게 작별인사를 고한 후 고향으로 돌아가 도에 심취했다. 청대 하소기何紹基는 장량의 공성신퇴를 칭송하며 이렇게 시를 읊었다.

> 박랑사의 철퇴가 진시황을 놓친 후
> 홀연히 나타난 용은 유방의 신하가 되었네.
> 그의 공성이 하늘을 찌르고도 남으니
> 천고에 남을 공훈이 과연 몇이나 되겠는가?

하소기, 〈류후묘留侯墓〉

근대에 이르러 증국번 역시 장량에게 바치는 시를 썼다. "나라의 원수들까지 보상을 받는 현실에서 더 이상 물러나지 않고 무엇을 더 바란다는 말인가?"[2] 그는 이 구절을 통해 태평천국을 평정한 후 자신의 착잡한 심정을 토로하고자 했던 것은 아닐까?

후대인들의 범려 현상에 대한 심층 분석은 나의 식견이 짧은 탓에 여기서 그친다. 다만 이러한 현상이 현대의 정치가들에게 분명히 명시하는 것이 하나 있다. 동서고금을 막론하고 세상의 모든 위정자는 권력의 정상에 올라선 후 스스로 대단한 인물로 착각하거나 자신의 행동이 옳다고 믿는 경향을 보인다는 점이다. 최고의 권좌에 오른 뒤 상식에 어긋나는 각종 정책들을 밀어붙이는 이유가 바로 여기에 있다. 근본적인 원인은 첫째 시간이 가면서 초심을 잃게 되거나, 둘째 타고난 성품에서 연유한 탓이다. 민주주의 제도가 성숙한 오늘날에도 이러한 상황은 마찬가지이다.

아무런 위기도 없는 조직은 승리에 도취하게 된다. 위기의 순간이 닥칠 때마다 해결 방안을 짜내고 진심 어린 충고를 아끼지 않던 사람들의 역할은 한계에 부딪히게 된다. 개인적 차원에서 볼 때 오만에 빠진 군주(지도자)를 위해 자신의 충정을 바치는 행위는 자기 학대 혹은 자아 방치에 해당한다. 결국 이들을 기다리고 있는 것이 '토사구팽'의 굴욕이라고 해도 누구를 탓하겠는가?

물론 역사상 모든 군주가 월왕처럼 의리를 지키지 않은 것은 아니다. 하지만 범려를 매니지먼트 컨설턴트로 가정한다면 월나라의 재건을 승리로 이끈 후 그의 역할은 어디까지가 적정한 선이었을까? 만약 범려가 현실에 안주하고 자신과 타협하기로 마음먹었다면 온종일 구천의 뒤를 따라다니며 아첨으로 일관해야 했을 것이며, 어차피 종국에 가서는 정치적 희생양이 되었을 것이다.

비극의 주인공이 되지 않기 위해서 범려가 가장 먼저 염두에 두었던 원칙이 있다. 첫째가 개인의 안위이고, 둘째가 자유의 추구이며, 셋째는

---

2 중국번의 「유후묘留侯墓」에서 인용하였다.

새로운 창조와 성취감이었다(범려는 이 모든 요소에 초점을 맞추었고 이를 달성했다). 마침내 자아도취에 빠져 측근을 돌아볼 줄 모르는 권력자로부터 과감히 등을 돌린 범려는 한 점의 미련도 없이 군주의 체제 밖으로 이탈했던 것이다.

제2의 위기가 닥쳐오는 줄도 모르고 승리에 도취하여 샴페인을 터뜨리는 것보다 어리석은 일은 없다. 우매하고 전제적인 군주(지도자)의 비위를 맞춰가며 술잔을 주거니 받거니 흥청망청하다 마침내 공공의 적으로 몰락하는 것보다 더 비참한 일도 없을 것이다. 세상에는 개인의 기호와 선택에 따라 삶의 의미를 부여할 수 있는 일이 얼마든지 존재한다. 범려의 입장에서 보면 새로운 곳에서 상업에 매진하여 부를 축적하는 일이 될 수도 있고, 장량의 경우처럼 심산유곡에 들어가 참선과 수도에 전념하는 일이 될 수도 있다. 증국번이라면 화하문명을 계승할 인재 양성에 몰두하는 길이 될 수도 있다. 이들은 공전의 대승리를 기록한 인물들이다. 하지만 한 가지 공통점이라면 자신에게 닥쳐올 제2의 위기를 정확히 예견했다는 것이다.

'토사구팽' 현상을 심층적으로 분석해보면 결코 일방적이지 않음을 알 수 있다. 이는 군신의 관계에서 비롯된다. 범려는 스스로를 '개'에 비유할 수 있다. 사실 구대의 모신은 군주의 개에 불과하다는 사실을 범려도 인정한 바 있다. 하지만 현명한 자라면 자신의 종말을 '개의 운명'과 바꿀 리 없지 않겠는가? 범려는 권력의 무대 위에서 자신의 존재가 이방인(초나라의 이민자)에 지나지 않음을 깨달았으며 군주와 함께 본무대 위에 올라 감상할 자격이 없음을 알고 있었던 것이다.

다만 그는 한 가지 확신이 있었다. 태평성세일수록 위기에 대비해야 한다는 역사의 진리를 망각한 월왕과 사대부들은 승리 이후에 술에 취해 총을 내려놓은 채 모닥불 옆에 누워 곯아떨어진 사냥꾼과 다름없었다. 이들은 생사의 존망이 걸린 위기가 닥쳐온 후에야 화들짝 놀라며 이러한 현실을 깨달을 수밖에 없었다.

범려의 예견대로 망명 생활을 시작한 지 얼마 되지 않아 문종은 월왕의 손에 처참한 죽음을 당했고, 월나라 역시 서서히 국운이 쇠퇴해갔다. 오나라가 주인공이 되는 드라마가 터무니없는 희극이라면 월나라가 주인공을 맡은 드라마는 엔딩 자막이 오르기도 전에 관객들이 서둘러 극장문을 나서는 우울한 비극으로 끝나고 말았다. 범려는 이 우울한 비극이 상영되기 전에 조용히 물러나 자신의 발자취조차 지워버렸다. 이백은 이러한 충신의 비극을 날카롭게 지적하며 이렇게 풍자했다.

> 월왕 구천이 오를 격파하니
> 충신은 비단옷 입고 고향으로 돌아갔네.
> 한때는 꽃 같은 궁녀들이 가득하던 궁전에
> 지금은 자고새만 외로이 날아가네.
>
> 이백, 〈월중회고越中懷古〉

당대 문장가 나은羅隱은 비분을 주체하지 못하고 이렇게 한탄했다.

> 집안이나 나라나 각기 정해진 운명이 있는 법인데
> 오나라 사람들은 어찌하여
> 모든 허물을 서시에게만 돌리는가?
> 서시가 만약 오나라를 망하게 했다면
> 월나라를 망하게 한 사람은 또한 누구란 말인가?
>
> 나은, 〈서시西施〉

당대 냉조광冷朝光 역시 시절의 무상함을 시로 읊었다.

월왕의 궁에는 꽃 같은 사람들.
물을 넘고 계곡 건너 자라풀白蘋을 따왔네.
자라풀은 다할 줄 모르나 사람은 온데간데없고
다만 강남에는 봄이 다시 왔다네.[3]

냉조광, 〈월계원越溪怨〉

물가에 핀 자라풀은 해마다 여름이 오면 다시 만개한다. 오만방자한 월왕의 '천추대업'은 어디로 사라졌단 말인가? 역사는 단지 범려와 서시가 걸었던 아름다운 발자취를 기록할 뿐이다.

---

3 수중식물의 일종이다. 흔히 자라풀이라고 하며 이시진의 『본초강목』에는 이렇게 적혀 있다. "잎이 네 개이며 수면 위에 잎을 올리나 호수 바닥에 뿌리를 내린다. 여름과 가을에 하얀 잎을 피우므로 백초라고 부른다."

45 개방형 정책 결정 시스템

역사서를 봐도 혹은 비즈니스 매니지먼트 사례를 봐도 이들을 통해 알수 있는 한 가지 공통점은 막강한 경쟁력을 가진 단체는 설립 초기에 이미 소집단을 회유하여 자신의 세력을 확장한다는 것이다. 이는 마작의 새판을 짤 때일수록 결코 왁자지껄하게 소란을 피우지 않는 것과 같다. 이러한 조직은 업무가 발전함에 따라 끊임없이 진보와 확장의 과정을 충실히 이행하며, 조직의 원로와 새로운 업무의 핵심을 맡은 조직원이 수평적 대화(말꼬리 잡기 식의 트집이나 간섭이 아닌)를 시도한다. 이러한 개방형 정책 결정 시스템을 유지한다는 것이 가장 큰 장점으로 작용한다.

이러한 시스템은 결코 '겉치레'에 치중하지 않는다. 외부의 시선을 의식하거나 '친민賤民 정책'을 내세우지도 않는다. 21세기에 진입한 중국 사회는 아직도 '지도층 그룹' 안에서 벌어지는 갈등과 논쟁을 두려운 일로 인식하거나 혹은 '작은 비난이 쌓여 큰 문제를 해결한다'는 식으로 넘기기 일쑤이다. 각종 정보와 새로운 지식이 홍수처럼 범람하는 현대에 끊임없이 업데이트되는 모든 정보와 지식을 한꺼번에 처리하기에는 하루 24시간도 짧으며 이러한 능력을 모두 갖춘 인재가 거의 드물다는 사실을 중국인들은 너무 쉽게 간과한다.

　다양한 분야의 지식과 경험을 종합하고 매 단계마다 이를 분석하고 대비하는 일은 조직의 효과적인 정책 진행 과정에 매우 필요한 조치이다. 정책의 개방성은 이미 '포용'의 개념을 넘어선 생명선이다. 그렇다면 조직의 생명선이란 무엇인가? 그것은 조직의 경쟁력을 확보하고 유지하는 것을 말한다. 다음은 당대 서인이 남긴 시론이다.

> 한가로이 역사의 흥망성쇠를 뒤적이니
> 우연히 과거의 역사가 가슴에 맺히네.
> 진궁은 여전히 장록[1]에게 절을 올리고
> 초의 막사는 범증이 머물지 않음을 알지 못하네.
> 대도大道는 어찌하여 역대에 갇혀버리고
> 웅대한 계획의 반은 현명한 인재들의 손에 좌우되니
> 대체 연대燕台의 재력이 얼마나 되기에
> 어느 누가 황금을 저리 높이 쌓았나?

서인, 〈우제偶題〉

이에 대한 두목의 생각은 한 치의 물러섬도 없다.

---

1 장록張祿은 전국시대 위나라 범저范雎를 말한다. 범저는 위나라에 있을 때, 위나라 조정에 중용되지 않은 것은 물론이고 모반의 누명을 쓰고 죽음을 당할 뻔했다. 훗날 장록으로 개명한 후 진으로 간 범저가 진의 소왕에게 먼 나라와는 친교를 맺고 가까운 나라는 공격해야 한다는 '원교근공遠交近攻' 전략을 제안하자 소왕은 그를 재상으로 삼았다. 장평의 전쟁 중에 범저는 반간계를 이용하여 조나라를 대파하였다. 범저는 이로써 항우의 '아부亞父'로 불렸으나 홍문안 연회에서 유방을 제거하자는 제안이 받아들여지지 않자 미움을 사게 되었다. 그는 파직을 당하고 고향으로 가는 길에 객사하였다. '연대燕台'는 연 소왕이 지은 황금대를 말한다.

널리 덕을 가진 자는 강한 조정을 만들고
현명한 인재를 등용하여 적을 만들지 않으니
장성이 무슨 소용이랴.
군주가 치안의 중요함을 깨달았다면
안사는 어찌하여 병사를 이끌었나?[2]

두목, 〈영가성덕〉

두목은 널리 덕을 베푸는 위정자만이 민심을 얻으며, 태평성세의 기반은 반드시 현명한 인재의 기용을 통해 쌓을 수 있다는 진리를 강조하고 있다. 만약 (역사의 가설은 무의미하지만) 당 현종이 가의의 '치안 정책' 가운데 제후들의 할거를 방지하는 정책에 관심을 보였다거나, 특히 권력이 일부 감독 기관에 과도하게 집중되어 횡행을 일삼지 못하도록 사전에 방지했다면 안사의 난과 같은 사태는 일어나지 않았을 것이다.

"대도는 어찌하여 역대에 발이 묶이고, 웅대한 계획의 반은 현자의 손에 좌우되니"라는 구절은 "널리 덕을 베푸는 자는 강한 조정을 만들고 현명한 인재를 등용하여 적을 만들지 않으니 장성이 무슨 소용이랴"는 구절과 서로 통하는 부분이 있다. 이는 나라를 다스림은 물론이고 기업 관리의 측면에서도 결코 간과할 수 없는 천고불변의 진리인 셈이다. 이러한 논리에 따르면 학습을 지향하지 않고 비평에 인색하며, 소집단 내부에서 독단적으로 정책을 결정한 결과는 기업 관리는 물론이고 전략적 측면에서도 분명히 뜻하지 않은 낭패를 불러올 수 있다.

현대 기업의 리더는 물론이고 기업 정책과 관련된 종사자라면 다음의 의문을 스스로 제기할 줄 알아야 한다.

---

2 '성경문사'는 두목이 이 시를 지을 당시, 황제 당 선종의 존호를 가리킨다. 그는 황제가 안사의 난의 교훈을 잊지 않도록 이 시를 지었다.

정책 결정 과정에서 하나의 의견만 고집하지 않았는가?

풍부한 실천 경험을 지니고 능력을 검증받은 인물이 제안한 의견이라고 해서 아무런 비평 없이 수용하지는 않았는가?

정책 결정 이후 실행 과정에서 더 큰 공감대를 얻었는가? 아니면 예상치 못한 갈등을 초래했는가?

정책 실행 과정과 실행한 이후에 각 부서의 업무 성과가 높아지는 결과를 얻었는가? 또한 각 기구 간의 협력이 강화되었으며 각 구성원의 열정과 사기를 진작시켰는가?

하버드 대학 교수 마이클 로베르토Michael Roberto가 발표한 논문에 의하면, 정책을 결정하는 조직 내부의 갈등과 변별적 토론을 고무하는 풍토를 조성해야 한다고 강조했다. 특히 기업 내부에서 아첨으로 일관하는 집단을 조심할 것을 경고하는 내용이 눈에 띈다. 기업가들은 반드시 이 점에 주목해야 한다. 화기애애한 회의 분위기와 입에 발린 말로 아첨하는 과정에서 결정된 '웅대한 청사진'이나, 능력도 없으면서 책상만 차지하는 고위 정책자들이 신뢰를 사칭하여 스스로를 기만하는 행위에 속아서는 안 된다. 우리 눈앞에 닥친 현실은 날이 갈수록 국제 업무가 늘어나고 외국 문호의 개방이 한층 확대되어가고 있다. 이런 시기일수록 중국 기업의 관리자 집단은 내 외부의 다각적인 경로를 통해 전략적 제안을 수집해야 한다. 출신 배경이 다양한 리더와 CEO 등을 포함하여 진정한 능력과 식견을 갖춘 '객원 임원'을 충분히 확보하는 데 주력해야 한다. 인재들이 초기에 이탈하고 난 후 기업의 총수 혼자 서류 보따리를 잔뜩 싸들고 해외시장에 나가 협상을 진행하는 장면을 수없이 목격했으나 소위 'CEO 결사대'의 출현은 더 이상 권장 사항이 아니다.

세간에 떠돌기를 현대 사회에 접어들어 사람들의 평균 노동 기간은 대략 50년인 반면 기업의 평균 수명은 불과 30년밖에 되지 않는다고 한다. CEO가 가장 왕성하게 활동하는 기간이 고작 7~8년에 그친다는 통계도 나와 있다. 세상에는 수많은 중소기업이 존재한다. 이들은 아침이면 나타났다 저녁이 되면 사라지는 이슬처럼 생성과 소멸을 이어간다. 2~3년을 버티고 유지하면 그나마 다행인 셈이다.

이러한 논리에 입각하면 모든 기업가는 자신의 창업 인생에서 실패를 (고용된 직원 역시 부득이하게 업무를 변경하게 된다) 피할 수 없다. 일개 기업이 '슈퍼 장수 기업'이 되기란 말처럼 쉬운 일이 아니다. 수십 년 동안 (30년에 이른다고 장담할 수는 없지만) 기업은 끊임없이 다가오는 위기 속에서 현상을 유지하고 장기적 발전을 모색한다. 시시각각 얼마나 많은 심리적 압박을 참고 견뎌야 하는가? 성공가도를 달리는 기업일수록 불어오는 바람 속에서 언뜻언뜻 비치는 긴장과 불안의 그림자를 피할 수 없다. 때문에 기업가는 항상 무엇을 새롭게 시작하고 무엇을 그만두어야 할지, 무엇을 대비하고 무엇에 도전해야 할지 고심하게 되는 것이다. 이러한 불안은 기업이 창립된 후로 줄곧 지속되는 '전략 스트레스'이다. 기업가의 육체와 영혼을 장식해오는 전략 스트레스가 초래하는 불행한 사례는 이루 헤아릴 수 없다.

스트레스로부터 도피하는 일은 결코 쉽지 않다. 하물며 기업을 설립한 이후 겪어야 하는 '태생적인 숙명'에 해당하므로 극복할 수 없고 회피할 도리도 없다. 유일한 해결 방법은 현명하고 개방적인 정책 결정 시스템을 확립하는 길뿐이다. 진심으로 임하지 않으면 아무도 알아주지 않는 법이다. 진심만 있다면 오리무중의 현실 속에서도 한 줄기 방향을 찾을 수 있다. 심지어 만인이 갈구하는 '덕과 능력'을 겸비하게 된다.

동양적 시각에서 본다면 여기에는 참선의 의미가 일부 포함되어 있음을 깨닫게 된다. 결국 개방형 제도의 성공적인 운영은 기업가와 경영인의 '심리 전략'의 일종에 해당하며 오로지 그들의 진심이 좌우한다.

청풍명월을 지팡이 하나에 짊어지고

이미 벌어진 일에 관해 무엇하러 간섭하는가.

눈앞의 만물이 오로지 마음에 달려 있거늘

어찌하여 산에 오르는 사람마다 손안의 나침반에만 의지하는가?

석경안釋敬安

　이 시를 통해 짐작하듯 '심법心法'이란 간단해 보이지만, 사실 이를 실천하려면 평생을 바쳐야 하는 고도의 수련이다.

46 미국과 당나라의 공통점

    분열을 획책하기 좋아하는 이들은 종종 미국 독립전쟁 이후 13개 주를 들먹인다. 대영제국의 식민지 체제를 벗어나 독립을 선언한 13개 주가 표방하는 이념은 평등을 기본으로 하지만 사실 미연방 헌법 조항의 특징은 유대감 위에 조성된 강력한 연합적 성격을 띠고 있다.

    미국이 추구하는 노선은 개방적 대국이다. 미국의 제도는 다른 현대 국가에 많은 파장을 미친다. 그들의 헌법 조항에는 배척에 관한 내용을 전혀 찾아볼 수 없다. 대표적인 예로 노예제도 폐지와 인종 평등 정책은 비록 단기간 내에 달성할 성질의 것은 아니나 미국 사회 내부가 해결해야 할 역사적인 숙제인 동시에 반성이라는 영원한 화두를 남겼다. 결국 미국은 21세기에 진입한 이후에 유사 이래 최초의 흑인 대통령을 선출하기에 이르렀다.

    지구촌 곳곳에는 심각한 분열로 몸살을 앓는 국가들이 있다. 분명한 사실은 서로 다른 배경의 부류를 배척하는 분위기가 여전히 득세하여 점점 더 폐쇄적인 사회로 가고 있다는 점이다. 타이완의 천수이볜陣水扁 총통이 부정 사건에 연루되어 법의 심판을 받은 사실만 봐도 집권 세력이 얼마나 폐쇄적이고 옹졸한지를 짐작할 수 있다.

중국 대륙에 만연한 경계 심리 역시 정책 실무자들이 얼마나 보수적이고 경직된 자세를 보이는지 여실히 드러내고 있다. 보기만 해도 혐오스러울 정도로 시꺼먼 이들의 속내를 미국 독립전쟁 당시 13개 주와 비교한다니 어찌 가소로운 일이 아니겠는가?

중국 고대에 이른바 '오호난화五胡亂華'로 불리던 5호 16국 시대가 있었다. 여러 민족의 영웅호걸들이 각자 군사를 이끌고 중원 진입을 시도한 배경으로는 거의 광풍에 가까운 종교와 문화, 생활 습성의 학습을 통해 그 기반을 마련할 수 있었다. 다만 이들은 기량의 부족함을 채우지 못한 현실의 벽에 부딪히거나 혹은 운이 따르지 않아 모두 와해되었다. 결국 당조에 이르러 군정의 통일과 문화 개방 정책 덕분에 중원 문명과의 융합을 실현하게 되었다. 당 태종은 화이華夷는 결코 둘로 나눌 수 없음을 천명한 후에 이들을 중원으로 흡수하였고 각 민족의 영웅들을 재상 혹은 장수로 임명하는 등 화하문명의 르네상스를 열었다. 작가 진용 왈, 당대 300년 동안 모두 28명의 '외국인' 재상이 임명되었으며 비非중원 출신이 문관과 무관으로 중용된 경우는 이루 헤아릴 수도 없을 만큼 개방적인 문화가 대세를 이루었다고 한다.

역사를 창조하는 세력을 보면 초기에는 대부분 물질적 측면에서 매우 취약하다. 하지만 그들의 지도자는 한층 더 멀리 내다볼 수 있는 시야와 포부를 지니고 있다. 그렇지도 않고 장밋빛 미래만 약속한 군소 단체와 종교들은 더 이상 발전을 이루지 못했다. 왜냐하면 이들은 근시안적이고 협소한 안목으로 인해 자신과 다른 무리를 포용하지 못하고 배척했기 때문이다.

제아무리 비범한 사업과 강성한 제국이라도 다양한 경로를 통해 서로를 비판하고 흡수하고 융합하면서 발전해나가는 법이다. 위대한 역사일수록 종종 서로 다른 경로에서 동시다발로 전개되는 이유가 바로 여기에 있다. 역사학자들의 연구를 통해 여러 단계의 확인을 거친 바 있다. 아무리 혁혁한 승리를 거둔 국가 혹은 개인이라 하더라도 일단 교류가 단절되면 거래가 중단되고 심지어 폐쇄적인 사회로 돌변하게 된다. 이렇게 되면 더 이상 과거의 영광을 이어나갈 수 없다. 당 왕조의 개방 정치와 비교해보면 송대의 정치체제는 보수의 틀에서 벗어나지 못했다. 이런 방식의 정치는 국제 관계를 긴장으로 몰고 갈 뿐이다. 더욱 심각한 결과는 외부의 유능한 인재를 교섭하고 기용하는 일에 큰 폐단을 초래한다는 점이다.

폐쇄적이고 협소한 시야로는 먼 길을 여행할 수 없다. 이러한 진리는 정치적으로 매우 보편적인 경험에 해당한다. 특히 조직의 리더에게 더욱더 큰 비중을 차지한다. 글로벌화를 지향하는 각국의 모든 기업은 춘추전국시대의 대소 제후국에 비유할 수 있다. 이들이 원하건 원하지 않건 치열한 시장 경쟁 구도 속에서 자신의 생존을 유지하고 발전을 도모하기 위해서는 결코 과욕을 부려서도 안 되고, 어느 한쪽으로 치우쳐서도 안 된다.

하버드 대학의 안토니 메이오Anthony J. Mayo와 니튼 노리아Nitin Nohria 교수는 문화인류학적 측면에서 다음과 같은 방법론을 제시한 바 있다. 그들은 기업을 경영하는 위치에 놓인 사람들을 연구한 결과 개인의 교육 배경과 경제적 배경이 갈수록 상당히 큰 요인으로 작용한다는 사실을 밝혀냈다.

글로벌 시대에는 이러한 배경의 수요가 민족이나 국가의 한계성을 초월할 것이라고 전망된다. 기업 고위 관리층의 다원화된 시각과 종합적 능력은 직원의 능력을 마음껏 발휘할 수 있는 여건을 조성하여 창조적이고 새로운 기회를 창출하게 만드는 중요한 원동력으로 작용하기 때문이다.

피터 드러커는 일찌감치 이러한 사실에 주목했다.[1] 각국의 기업들은 정보 관리의 중요성이 날로 더해지는 가운데 규모를 막론하고 외부 자원과 외부 인사 초빙이라는 자구책을 통해 기업의 경영 환경을 개선하고 향후 발전 전략을 도모하는 추세로 바뀌고 있다. 글로벌화는 이미 기업 경영에 필수불가결한 조건이 된 셈이다. 이것이 전제되지 않는다면 전문 지식의 외부 자원, 원정 자원, 국제 자원 등을 효과적으로 조정할 수 없기 때문이다. 특히 모든 지식과 정보상의 자원은 기업 경영의 성패를 결정하는 요인이라 해도 과언이 아니다.

따라서 외부 자원의 원활한 도입과 학습, 융합, 종합에 이르는 관리 방식을 따르지 않는다면 글로벌 시대의 흐름을 역행하게 된다. 이런 의미에서 2008년 보스턴 컨설팅 그룹이 발표한 보고서의 내용은 충격적이다. 가령 지구상에서 '전 세계의 인재 우위'를 진정으로 실현할 수 있는 기업은 극소수에 불과하며, 이 말인즉 아무리 시야를 세계로 돌려 국제적 확장과 해외 인재의 채용을 늘려야 한다고 호소한들 실제 권력자들이 근본적으로 자아를 초월하지 못한다는 경고의 뜻이다. 사상적 혹은 심리적 폐쇄성을 극복할 수 없다면 어떤 허울 좋은 제도로도 자신을 성장시킬 수 없으며, 오히려 갈수록 자신의 입지를 내어줄 수밖에 없다는 말이다. 따라서 제삼자가 나서서 적극적인 권유를 해온다 해도 결코 근간을 바꿀 수 없다는 것이다.

용량을 충족시키지 못하는 제품은 질량도 충족시키지 못한다. 이것은 만고불변의 진리이다. 소규모 자원을 가진 작은 조직이 있다고 치자. 과연 실력만으로 세상의 대변혁을 꿈꾸고 급변하는 문명의 흐름마저 뒤바꿀 수 있을까? 조직이론상 이것은 결코 변하지 않는 규율이다. 청대 진유

1 Peter Drucker, On the Profession of Management(Cambridge: Harvard Business School Publishing, 1998), pp. 97-98.

송陳維崧은 요새 같은 지형에만 의존하여 방어로 일관하는 세태를 개탄하는 심정을 시에 담았다. 시적 상상력을 약간 동원한다면 폐쇄적인 정책을 책동하는 이들의 의식을 잠식하고 있는 것이 과연 무엇인지 짐작할 수 있다.

조나라와 연나라의 역참은 남과 북으로 뻗어 있구나.
일대의 단풍마다 서리가 내렸네.
하늘 밖의 산천은 온통 신록으로 물들었는데
대체 한단은 어디이고 임장현은 어디인가?
채찍 휘날리며 관도官渡에 이르니
보슬비처럼 기러기 가늘게 울음 우니
여기가 바로 자고로 할거를 자랑하던 곳이런가.
장수漳水도 동으로 흘러가고
기수淇水 역시 동으로 흐를 뿐이라네.

아무리 큰 산이 가로막혀 있고 아무리 큰 장막이 강물을 틀어막아도 거대한 역사의 물줄기를 가로막을 자 누구란 말인가?

역량은 어떻게 단련되는가

　'강철'을 언급하자면 사람들은 자연스럽게 '단련'을 떠올린다. 하지만 역량에 관해 말할 때(여기서는 개인보다는 대외적으로 초빙된 인재에 대한 기업 차원의 예우와 수용 능력을 말한다)는 강철처럼 곧바로 '단련'을 연상하기 쉽지 않다. 역량이란 기업 전체 질량의 총합이자 브랜드와 비슷한 개념이다. 고위층의 리더십에 의해 매일 거듭되는 협력 과정을 거쳐 직원 개개인의 노력으로 완성되는, 경영상의 경지에 속한다.

　이윤伊尹과 여상呂商은 화하문명의 부흥기에 설립된 부족 연맹의 정치가로, 늦은 나이에도 혁혁한 공을 세웠다. 본래 이윤은 몸종 신분이었으나 80세의 고령에 상商 탕왕의 총애를 받아 하를 정복하는 데 결정적인 공을 세웠다. 여상 역시 성한 치아를 찾아보기 힘들 정도로 노쇠한 일흔의 노인이었으나 주의 문왕과 무왕에게 연속으로 발탁되어 패주가 되는 데 큰 힘을 보탰다. 왕안석은 이들을 다음과 같이 평가했다.

이윤과 여상은 노쇠한 늙은이다. 세상의 이치를 두루 현달한 이들은 원래 물고기 잡는 어부와 밭을 가는 농부에 지나지 않았다. 비록 젊어서는 불우한 신세를 벗어나지 못했으나 늙어서는 영웅이 되었다.

우연히 상 탕왕과 주 무왕의 눈에 들어 바람과 구름을 부르니 두 마리 용과 호랑이가 포효를 멈추지 않았다. 나라의 흥망이 오로지 이들의 손에 달려 있으니 천 년의 세월이 흐른 후에는 누구와 공을 다투랴?

왕안석, 〈랑도사령浪淘沙令 · 이여양쇠옹伊呂兩衰翁〉

'노쇠한 늙은이'는 상왕과 주왕의 측근이나 가신과는 출신성분부터 달랐다. 이들은 어느 모로 보나 그들과 견줄 차원이 아니었다. 발탁의 기회를 얻지 못했다면 밑바닥을 떠돌며 근근이 여생을 마감했을 촌로였다. 하지만 이들에게 내재된 지적 자원은 충분한 가치를 지니고 있었다. 설령 탕왕과 우연히 마주치는 천운을 타고났고, 이를 예견한 관상가의 충고가 있었으며, 인재를 알아보는 왕의 예우가 뒤따랐으나 이를 단순한 행운으로 돌릴 수만은 없다. 이러한 기적이 일어나려면 최소한 정치적 의식이 일부 작용해야 하며 정치체제의 뒷받침이 있어야 하기 때문이다. 만약 이러한 역사를 픽션으로 단정하여 우연의 일치라고 매도한다면 과연 이러한 역사서를 읽을 가치가 있을까?

이러한 폐단을 5,000년의 유구한 역사를 한낱 차 한잔 마시며 나누는 한담(굳이 비유한다면 '데운 술을 앞에 놓고 영웅을 논하는 일' 따위가 아닐까?)으로 전락시키고 말 것이다. 바로 이러한 이유를 들어 왕안석은 "천년의 세월이 흐른 후에는 누구와 공을 다투랴?"라며 자조 섞인 탄식을 늘어놓았던 것이다. 자고로 후대는 결코 선인의 경지에 도달할 수 없는 법이다.

2008년 예일 대학교 법학과 교수 에이미 추아Amy Chua[1]는 세계 대제국의 흥망성쇠 '대역사'를 다룬 『제국의 미래Day of Empire』를 발표했다. 이 저서의 주제를 요약한다면 패왕hyper-power이 흥기하는 과정에서 필연적으로 정벌이나 피비린내 나는 전쟁이 뒤따르기는 하나 결국 핵심은 민족을 양분하거나 국적과 종교상의 차별을 두지 않는 관용의 정치에 달려 있다는 것이다. 즉 능력을 갖춘 자는 민족과 출신을 따지지 않고 누구나 중용하고 일정 분야의 탁월한 능력을 지닌 인재는 적재적소에 기용했는데, 이러한 인적 자본을 관리하는 전략이야말로 최대의 효율을 발휘한다는 것이다. 역대 패왕들이 쇠락하는 과정에서 범하기 쉬운 한 가지 공통점은 바로 이러한 관용의 한계를 드러내는 것이며, 결국 군중이 차갑게 등을 돌릴 때까지 이러한 폐단이 지속된다고 보았다.

『강대국의 흥망』을 쓴 폴 케네디Paul Kennedy는 『포린 어페어Foreign Affairs』에 에이미 추아의 저서에 관한 서평을 발표하며 "잠재적 고전"이라고 호평했다. 여기에 담긴 주제는 한마디로 정치의 역사로 함축할 수 있다. 하지만 특정 국가의 관용과 개방에 관한 수위 조절은 단지 그 사회의 단층을 드러내는 것에 불과하다. 취재차 방문한 나에게 그녀는 의외의 질문을 던졌다.

"중국에서 정착하려는 외국인들을 쉽게 찾아볼 수 있나요? 서유럽과 북유럽의 엔지니어들이 중국 취업을 희망하나요? 아직은 시기상조라고 생각해요." 이렇게 반문한 이유는 비록 언제 끝날지 모르는 '이라크 전쟁'과 '아프가니스탄 전쟁'을 치르고 있으며 금융위기마저 겪고 있기는 하지만 그녀가 말하는 세계의 패왕(세계의 패왕이 두 개일 수는 없다는 전제 하에)는 여전히 미국일 수밖에 없다는 뜻이 아닐까?

---

1 에이미 추아는 1962년 미국의 일리노이에서 태어나 현재 예일 대학교의 법학과 교수를 지내고 있다. 조부의 본적은 중국이지만 그녀의 부모는 1960년 미국으로 이민했다. 『타이거 마더』라는 책으로 더욱 유명해졌다.

추아 교수가 말한 '관용'의 의미는 현대 정치학에서 이야기하는 인권 평등의 개념과는 거리가 있다. 그보다는 중국의 전통 통치관에 내포된 '역량'에 가까우며, 한편으로는 책략보다 한층 더 고차원의 개념이다. 이것이 바로 인간의 의지에 따라 흔들려서도 안 되고 정치가의 성명에 좌우되어서도 안 되는 '제국의 도리'라는 것이 그녀의 설명이다. 세계 패왕의 지위를 차지한 국가는 이민족 간의 다툼과 경쟁이 화합과 소통, 협력으로 변하는 단계를 거치며 하나로 융합되기도 하고 때로는 서로에게 총칼을 겨누며 피비린내가 난무하는 과정을 거치기 마련이다. 따라서 서양인 가운데 그녀의 관점에 쉽게 동의하지 않는 경우가 적지 않다. 아마존에 올라와 있는 인터넷 서평을 보면 냉담한 반응을 쉽게 짐작할 수 있다. 하지만 중국인의 관점은 다르다. 왜냐하면 역대 중국의 흥망성쇠를 보면 그녀의 주장에 감탄하지 않을 수 없다. 비록 정치학 용어는 거의 사용하지 않았으나 결론적으로 그녀의 관점에 동조할 수밖에 없다.

에이미 추아 교수의 관점 가운데 기업가들이 참고할 만한 내용이 다분하다는 전제하에 현재 글로벌 확장에 나선 기업의 경우 조직의 전략 방향을 어떤 식으로 수정하면 좋을까? 최소한 다음의 몇 가지 사항을 유념할 필요가 있다.

국제적으로 통용되는 언어와 보편적인 방식에 의한 해외 업무 관리에 힘써야 한다.

국제 경제의 기본 지식을 파악한 후에 국제 정치의 판도를 이해하고, 이에 대한 자신의 업무 분야가 지닌 특성을 심도 깊게 이해해야 한다. 다만 되도록 직접적인 개입은 자제해야 하며 대사관 및 현지 은행과의 긴밀한 관계를 유지하도록 힘써야 한다.

외국 국적의 직원 혹은 기타 배경을 지닌 직원(예를 들어 민간기업이 국영기업의 직원을 채용한다거나 국영기업이 민간기업의 직원을 채용하는 일)을 관리하는 방법을 터득하는 데 힘써야 한다.

행정단위를 기초로 하는 중국 기업의 경우 '내외유별'의 풍조에 익숙한 경우가 많다. 따라서 서로 다른 민족, 종교를 배경으로 하는 직원들 간의 협력을 도모하거나 다원화된 협동정신을 배양하는 데 걸림돌이 되기도 한다.

전체 관리 조직의 관용성과 개방성을 확대하기 위해서는 세계화에 적응하지 못하는 직원들을 도태시키는 방법도 고려해야 한다.

국제 경험이 있는 직원들로 하여금 해외 판로를 개척하고 확장하도록 하는 동시에 현지 업무는 현지의 정예 리더에게 맡겨야 한다.

글로벌 기업 및 해외의 현지 기업과 비즈니스 합작을 전개하고 이들과의 연맹을 발전시키는 요령을 터득해야 한다.

하지만 가장 흔히 접하는 현상 가운데 하나는 개인 비서와 같은 최측근 심복을 격려하는 일에는 관심을 쏟는 사장이 매우 드물다는 사실이다. 심지어 직원들의 해외 파견 근무와 같은 혜택도 없으며 항상 제한된 업무를 주관할 뿐이다. 따라서 이들에게 외국인을 대하는 기본 상식이나 예절이 부족하다는 사실을 인정하지 않을 수 없다. 하지만 바보가 아닌 이상 외국인 직원들과 자신의 처우를 비교할 때 '내외 차별' 풍조에 매우 민감한 반응을 보이기 마련이며, 심지어 이들의 관리를 받는 자체를 모욕이라고 받아들일 수도 있다.

국경을 초월하는 업무를 주력으로 삼는 모든 기업(다국적 기업 혹은 국제 기업)은 인간관계 중심의 매니지먼트 측면에서 본다면 하나의 세계 제국이다. 여기에는 하나의 중심이 존재하며 현지 업무라는 결코 익숙하지 않은 낯선 시장에서 치열한 경쟁을 펼쳐야 한다. 이러한 기업은 고대 국가의 경영자와 비슷한 양상을 보인다. 만약 기량을 충분히 갖추지 못한 것은 물론이고 다국적 문화를 학습하려는 노력도 기울이지 않고, 심지어 현지 사회에 대한 적응 능력마저 부족하다면 실패를 피할 도리가 없다.

48 어디에서 전략을 찾을 것인가

이미 앞에서도 거론했지만 당신이 사업을 구상하고 있다면 가장 먼저 정신 자세부터 확립해야 한다. 아울러 소크라테스와 크세노폰(철학가이자 전사)으로 구성된 원정대[1]부터 구성하라.

설령 장량에 버금가는 능력자이자 국내외를 통틀어 황석공黃石公(장량에게 병서를 전해준 사람)의 유일한 수제자임을 자처한들 무슨 소용이 있겠는가? 몇 권의 이론서를 맹신하며 자아도취에 빠져 있느니 차라리 유방, 번쾌, 영포, 팽월과 같은 사회 저변의 인물들과 폭넓게 교류하며 이들과의 협력을 도모하는 편이 훨씬 바람직하다.

당신은 사회상의 활로를 찾지 못하고 있는 부류, 특히 기득권 계층의 압력을 받아 능력 발휘의 기회조차 얻지 못하는 이들과 연계하는 방법부

---

1 소크라테스의 제자 크세노폰Xenophon(BC 430~354)은 저술가이자 군인으로 문무를 겸비했던 인물이다. 저서로는 『원정기』(혹은 『만인원정기』)가 있다. 알렉산더 대제가 그의 저서를 전쟁의 교본으로 삼았다고 한다.

터 배워야 한다. 이들과 함께 사회의 새로운 조류를 창조하고 그 안에서 새로운 기회를 창출해내야 한다.

절호의 기회가 다가오지 않았다고 방향감각을 상실해서는 안 된다. 초기의 신념을 굳건히 견지하며 다가올 미래를 상상해야 한다. 특히 언제 닥칠지 모르는 비상사태에 대한 계획까지 철두철미하게 세워놓을 필요가 있다.

당신이 기업가여도 좋고, 군사가라고 해도 상관없다. 개혁을 통한 희망의 끈을 놓아서는 안 되며 부활의 조직(최소한의 생계를 유지하게 해주는 조직)을 형성하는 데 소홀해서도 안 된다. 이러한 조직을 구제하는 일은 사회에 대한 공헌(경제적 경쟁력을 증진하고 기업의 근로자들을 돕는다)이자 평생을 행정 관료에 얽매이며 얻는 개인적 성취감에 비하면 훨씬 보람 있는 일이다.

물론 이러한 경지에 도달하여 전략 게임을 능수능란하게 즐기려면 기업가와 경영인 스스로 고도의 전략적 수요를 충족시켜야 한다. 과거의 편협한 태도를 버리고 개방적 정책 시스템과 관리 시스템의 경영 방식을 배워야 한다. 그렇게 된다면 당신의 조직은 타의 추종을 불허하는 창의적 업무를 달성하게 될 것이다.

하지만 이러한 방식을 과연 전략이라 정의할 수 있을까? 실천적 경험의 부족으로 원점을 지킬 뿐 과감히 실행하지 못한다면 이를 과연 전략이라 말할 수 있을까?

당신이 만약 1, 2, 3, 4 혹은 A, B, C, D를 배우는 것과 마찬가지의 방식으로 전략을 인식한다면 이러한 수준의 이론서는 이미 서점에 널려 있다. 다만 시중 전략 이론서의 효용가치에 관해 냉정하게 평가하자면 "강물의 온도를 가장 잘 아는 것은 물속의 물고기"인 것처럼 독자 스스로 알고 있지 않을까? 전략은 실천철학 혹은 실천적 지혜의 측면에서 논의해야 한다. 1, 2, 3, 4 혹은 A, B, C, D를 배우는 방식으로 설명할 수 있는 것이 아니다.

당신이 만약 풍부한 실전 경험을 지니고 있다면 일단 모종의 감각이 있다고 믿어도 좋다. '모종의 감각'을 구체적으로 콕 짚어 설명할 수는 없다. 다시 말해 어떤 책의 어느 구절, 어떤 관점이 가장 중요한지 시시콜콜 따질 이유가 없다는 뜻이다. 이는 '도道'를 대하는 중국인의 유서 깊은 근원적 태도와 연관이 있기 때문에 일일이 설명하는 것은 부질없는 짓이다. 이미 말한 바와 같이 '도를 도라고 말하면 이미 도가 아닌 것'과 같은 이치일 것이다. 일단 모종의 감각이 있다면 실험적 도전을 권유한다. 당신은 아마 전략 이론서의 A, B, C, D 따위와 자신의 경험을 통해 얻은 소중한 감각을 저울질하지 않게 될 것이다.

이 때문에 손자는 후대인들에게 다음과 같이 경고했다. 누구든 승리를 얻으려면 부단한 변혁을 전제해야 하며, 다만 상황에 따라 어떤 계획을 세워야 할지는 실천 당사자의 결정에 달려 있다. 왜냐하면 전쟁의 승리는 사전에 예측할 수 있는 성질의 것이 아니기 때문이다.

전략은 예측 불허의 속성을 가지고 있다. 제아무리 『손자병법』이라도 완벽한 통달은 불가능하다. 이는 송대에 무학이 반포된 이후 중국 제1호 무학박사武學博士로 기록된 하거비河去非[2]가 한 말로, 역대 병법에 관한 평론을 펴낸 장본인이기도 하다. "법칙은 정론이 있을 수 있으나 병은 수시로 형세가 변한다"는 것 또한 그의 지론이며 "옛것을 선으로 삼는 것이 최상의 병법이다. 병법은 기를 쓰고 달달 외우는 것이 아니라 그 핵심을 활용하는 데 의의가 있다. 병법의 핵심과 원칙을 융통성 있게 활용하면 새로운 기술이 탄생할 수 있다. 다시 말해 병법을 완전히 이해하려면

---

2 하거비는 북송인으로 어려서부터 병법을 익혔다. 원봉 5년(1082년), 중국 제1호 무학武學 교수가 된 후에 무학박사가 되었다. 저서로는 『하박사비론』이 있으며 중국 고대의 제1호 군사 평론집이라는 평가를 받고 있다. 소식은 "역대 흥망성쇠를 논한 그의 저술은 모든 후대인의 의표로 손색이 없다"고 찬사를 보냈다.

병법에서 벗어나야 한다"고 말했다.

덩샤오핑 역시 마르크스주의를 공부할 당시의 기억을 되살리며 이와 비슷한 이야기를 했다. 그는 자신이 한때 수많은 이론서에 심취했음을 한 번도 과시한 적이 없었으나 훗날 '마르크스주의의 중국화'가 당당히 성공한 사례를 언급할 때면 개혁·개방 시대의 사상적 해방을 이룬 결과라는 사실에 스스로 한없는 자긍심을 느꼈다.

이상의 논리에 입각하면 전략의 관건은 역시 구체적인 조항의 유무에 있는 것이 아니다. 이익과 직접적으로 관련된 실천자의 진정한 욕구와 관심만 있다면 굳이 방식을 따질 필요가 없다. 옛사람들은 "도는 인간과 멀리 있지 않다"고 했다. 과연 도는 어디에 있는가? 대체 어떤 방식으로 도를 찾아야 하는 걸까?

당신이 일시적으로 새로운 정책의 기로에서 놓인 채 아무런 결정을 내리지 못하고 있다면 어디에서 확신을 얻을 수 있을까? 일단 전략이 자신과 멀지 않은 곳에 있음을 깨닫는 일부터 시작해야 한다. 최고의 전략은 결국 자신에게서 나오며 정신과 지혜의 산물인 그것은 매 순간 우리 주위를 맴돌고 있다. 이는 밤이나 낮이나 쉬지 않고 샘솟는, 영원히 고갈되지 않는 샘물과 같다.

불현듯 당신의 뇌리에 떠오른 영감, 전에 읽었던 책의 한 구절, 문득 내뱉었던 질문 등이 전체적인 국면을 타개하는 열쇠가 되어줄 것이다.

이러한 전략 능력을 갖춘 고위 조직을 설립한다면 이전에는 결코 기대하지 못했던 경험과 능력을 갖추게 될 것이며 기업의 발전을 위해 이러한 경험과 지혜를 마음껏 발휘하게 될 것이다.

당신은 이러한 조직과의 끊임없는 교류를 통해 부단한 상상력을 기르고 미래의 발전을 계획하게 될 것이다. 지혜로운 사람이 되기로 결심했다면 이들과 함께 지혜로운 자들의 조직 안에서 살아갈 수 있을 것이다.

어쩌면 당신의 기업은 그다지 규모가 크지 않을 수도 있다. 따라서 현재 생산되는 제품 혹은 서비스에 관해 대대적인 광고가 필요 없을 수도 있다. 당신의 사무실은 인적이 뜸한 변두리에 위치하며, 각종 매스컴에 한 번도 모습을 드러낸 적이 없으며, 화려한 비즈니스 모임에서 명함을 내밀어본 적도 없다. 하지만 당신이 만약 본격적으로 사업에 뛰어들게 된다면 매일 아침 접하는 일상의 업무를 통해 미래를 모색하고 그 안에서 창조적인 원동력을 찾을 수 있다는 사실을 깨닫게 될 것이다. 이와 같은 매니지먼트 방식은 전략적 차원에서 결코 영감의 고갈을 초래하지 않으며, 다음의 시에서 주희가 표방한 경지에 도달하게 해준다.

> 조그만 네모 연못이 거울처럼 열리니
> 하늘빛과 구름 그림자가 그 안에 떠 있네.
> 연못이 이리 맑은 까닭은 대체 무엇 때문일까?
> 샘이 있어 맑은 물이 흘러오기 때문이라네.

주희, 〈관서유감觀書有感〉

시대의 사조와 고전의 변별적 사유를 통합하고 시장 경험과 창조적 상상력을 '발전의 동력'으로 삼는 기업 풍토는 오늘날과 같은 기업 현실에서는 일종의 사치에 해당한다. 실제로 이를 누릴 수 있는 기업은 많지 않을 뿐 아니라 소요 시간 역시 만만치 않다.

그 이유는 뭘까? 성공하는 기업은 반드시 유사한 업적을 지니고 있다. 실패하는 기업 역시 각기 나름대로의 고충이 있기 마련이다. 어떤 기업의 리더는 자본의 한계에 부딪혀 자신보다 뛰어난 인재를 수용할 여력이 없고, 어떤 기업의 리더는 인복이 따르지 않아 주변에 잇속만 채우려는 사람들만 모여든다. 이러한 기존의 네트워크에서 벗어날 여력이 없으니 사업상의 좌절을 맛보는 것도 당연한 일이다. 또 다른 예를 들면 모 기업의 리더는 우수한 조건을 갖추었으나 어느새 사업이 수월해지다 보니 자아를 추구하는 욕구가 점차 줄어든다. 반면에 모 기업의 리더는 지나치게 비현실적인 이상을 추구하다 보니 조직에 대한 염증을 느끼게 된다. 그는 자신이 현실에서 너무 멀리 떨어져 나왔다는 사실을 전혀 깨닫지 못하고 조직에 대한 영향력을 완전히 상실하게 되었다.

전략에 관한 논의는 여기까지가 전부이다. 다음 장으로 이어지는 주제는 리더십과 리더의 핵심적 건설에 관한 것이다.

제6장

리더와 리더십

같은 소리끼리 서로 응하고, 같은 기운끼리 서로 구한다.
물은 강으로 흐르고, 불은 마른 곳으로 번지며,
구름은 용을 따르고, 바람은 호랑이를 쫓는다.
同聲相應, 同氣相求. 水流濕, 火就燥, 雲從龍, 風從虎.
- 『주역』〈건乾 · 문언文言〉 -

49 성공과 실패는
리더십에 달려 있다

서진의 명장 양호는 열에 아홉은 뜻대로 되지 않는 것이 인생이라며 탄식했다. 왜냐하면 그의 초기 멸오滅吳 전략이 번번이 실패로 끝났기 때문이다.

천하의 흐름이 전환되는 과정을 후대인의 관점에서 돌이킬 때는 역사가의 붓끝에 따라 일희일비하면 그뿐이지만, 역사의 소용돌이 한복판에서 이러한 변화를 몸소 감당하는 사람의 입장에서 본다면 실로 예측하기 힘든 일이 아닐 수 없다.

양호가 형주에 부임할 당시 진의 세력은 결코 동오와 대적할 만한 위치에 있지 않았다. 동오는 천혜의 요새로 불리는 장강에 둘러싸여 이미 지형적 우위를 선점한 상황이었다. 게다가 혁혁한 전공을 자랑하는 장수들이 곳곳에 포진되어 있었다. 육항陸抗[1]은 그들 가운데 한 명이었다. 이

| 1 육항(226~274)은 오의 명장이다. 육손陸遜의 아들로 대사마, 형주 목사를 지냈다.

처럼 용맹한 장수들이 동오의 사령탑을 진두지휘하고 있었기에 비록 사소한 도발일지라도 강력하게 대항했다. 양호는 10년의 세월 동안 패전을 거듭하는 중에도 군대의 전면적인 배치에 있어 한 치의 허술함도 허락하지 않았다. 누가 봐도 불가항력의 상황이었으나 양호는 합리적인 군사 경영 체제를 구축했고, 그 결과 마침내 형세의 차이를 벌려놓을 수 있었다. 이를 바탕으로 그의 후임들이 동오를 격파할 수 있었다.

지난 10년의 시간 동안 진과 오의 형세는 애초의 출발점에서 크게 벗어나지 않았다. 따라서 기본 조직과 체제상의 근본적 차이를 지적하기는 쉽지 않다.

굳이 진과 동오의 성패를 갈랐던 요인을 꼽으라면 인재 기용 방식의 차이라고 말할 수 있다. 어느 한쪽의 낙후된 생산성을 논하기에 앞서 보다 근본적인 원인이라면 리더십(리더의 전략 구상과 실제 능력)의 차이가 아니었을까?

사실 모든 조직은 사회와 문화로부터 자유로울 수 없다. 더구나 하나의 사회와 문화가 최대한 수용할 수 있는 조직의 원형은 기껏해야 얼마 되지 않는다. 왜냐하면 동일한 문화적 배경을 가졌다 해도 조직이 발전해나가는 과정이나 혹은 구체적인 결과물을 놓고 볼 때 현격한 차이를 인정하지 않을 수 없기 때문이다. 이는 서양 자본주의를 말할 때 약육강식의 논리를 빼고는 설명할 수 없는 이치와 같다. 어느 조직이든 내부에는 격렬한 경쟁의식이 존재한다. 중국 제국 시대의 흥망과 왕조 교체 과정에도 이러한 계급투쟁 혹은 제도적 경쟁 요인을 찾아볼 수 있다.

그러나 역사에는 늘 반전이 존재하는 법이다. 리더십이 없거나 실패한 조직이 곧바로 최후를 맞이하는 것은 아니며, 오히려 효율적 관리 측면에서 편리성의 극대화를 보인다는 사실은 아이러니하다. 9시 정각이면 칼같이 출근하고 5시를 가리키기 무섭게 퇴근하며 항상 정해진 시간에 맞춰 회의를 열고 보고서를 작성하고 문서를 발송한다. 누군가 감시하고 통제하지 않아도 정해진 궤도에서 이탈하는 법이 없다. 하지만 매뉴얼대로만 움직이는 조직이 치러야 할 사회적 비용과 대가는 시간이 갈수록 커져만 간다. 조직 내부에는 현실에 대한 비평과 자기반성, 학습의 풍토가 사라지고 상하 관계는 철저히 경직되며 부서 간의 상호 협력이 전혀 이루어지지 않게 된다. 마침내 직원들의 사기와 근로 의욕은 현저히 떨어지고 문제가 터졌을 때는 팔짱을 낀 채 서로 상대의 눈치만 살피게 되는 것이다.

붕괴가 코앞에 임박했거나 이미 붕괴의 징조가 나타나기 시작한 모든 조직에서 이러한 현상이 나타났다. 진의 위협을 받고 있던 동오東吳가 그러했고, 19세기 유럽 열강의 침입 이후 종이호랑이로 변한 청나라 또한 마찬가지였다. 1840년 아편전쟁 발발 이후 1898년 무술변법 운동에 이르기까지 중국 대제국은 대체 어떤 변혁의 방안을 내놓았으며 국가 자강을 위해 어떠한 조치를 실시했던가? 당시 중국은 새로운 변화의 물결에 대처할 수 있는 안목이 전혀 없었다. 따라서 모든 개혁의 기회를 앉은자리에서 헛되이 날려버린 것이다. 유명한 리더십 학자 워렌 버니스Warren Bennis의 이론에 입각하면 청 정부는 "이상도 없고 영혼도 없으며 미래도 없는"[2] 삼무三無 조직의 전형을 보였으니 이런 조직에서 리더십을 기대하기는 어려운 일이다.

체제는 존재하나 리더십이 결여된 조직은 비단 중국에만 해당하는 것은 아니다. 구소련의 와해, 일본 경제의 장기 침체, 유럽의 채무 함정 및 미국 경제의 둔화 등등은 결국 이러한 공통의 문제를 안고 있다. 이들은 각국의 위기와 직면하여 이미 다양한 해결 방안을 속속 내놓고 있다. 하지만 새로운 체제의 구축 혹은 국가의 기틀을 중건하는 일이 어찌 하루

| 2 워렌 버니스가 가장 빈번히 인용하는 어록 중 하나이다.

아침에 이루어지겠는가? 체제의 전환이나 경제 개혁은 손바닥 뒤집듯 단번에 실현되는 일이 아니다. 아무리 젖 먹던 힘까지 동원한다고 해도 결국은 리더십의 쇄신에 그치고 만다.

최근 중국은 개혁·개방 운동의 전개로 인해 체제에 관한 담론이 유행하기 시작했다. 심지어 유일 체제론(혹은 유일 제도론)이 여전히 언급되고 있다.[3] '문화대혁명'과 비교해본다면 구호가 유행하고 관리 기강이 무너지면서 후기의 수많은 기업들은 흐트러진 제도를 세우고 혼란을 바로잡는 일에 주력해야 했다. 하지만 그 후 30년이 흐른 시점에도 제도는 여전히 '문화대혁명' 기간의 가장 전형적인 방식에서 크게 탈피하지 못했다. 오히려 군사화의 잔재와 세뇌된 교조주의가 만연한 채로 눈앞의 이익에만 연연하는 물질주의까지 더해졌다.

소매 업종에 종사하는 개인 자영업자 역시 매일 아침이면 영업장에 나가 사장의 훈화를 듣는 것으로 하루를 시작한다. 아울러 민영 방송 매체의 전파를 통해 쉴 새 없이 흘러나오는 리더십 강연, 국영기업에서 실시하는 사회 정세 학습, 정치 교육 등은 중국 사회의 현실을 반영하는 셈이다. 이러한 현상은 사회적 기억에 의한 것이라고 할 수 있다.

체제를 바꾼다는 것은 얼마나 어려운 일인지 중국의 현실이 이를 충분히 설명해주고 있다. 실천적 의미에서 볼 때 진정한 체제 개혁이란 사회의 기본조직 형태와 운행 제도의 변화를 뜻한다기보다 리더와 리더 집단이 참신한 전략에 따라 움직이는 것을 뜻한다. 이는 기존 체제가 상명하달로 운영되던 것과는 상반된 개념이다.

매니지먼트 연구자들이 '조직의 변혁organizational change'을 연구할 때 조직보다 리더십을 중시하는 이유이기도 하다. 리더십의 강조는 원래

| 3 중국과 유럽의 경제학 교수들은 이를 '제도 숭배'라고 했다.

조직의 포괄적인 개념에 대한 일종의 상징인 셈이다.

일각에서는 리더십을 심지어 기존 조직에 대한 '도전'이라고 정의한다.[4] 본질상 상식 혹은 관성에 의해 운행되어오던 조직은 리더십의 간섭을 동력으로 삼아 새로운 궤도에 진입하게 된다.

사람들은 이쯤에서야 비로소 동일한 계급의 통치를 받는 동일한 문화권 내부의 조직들이 왜 그토록 격렬한 경쟁을 벌이는지 이해할 수 있을 것이다. 진취적인 계획이라곤 손톱만큼도 없으면서 오로지 리더십만 유지하려고 한다면 손호孫皓[5]의 사례처럼 현상 유지에만 연연하다가 결국 역사의 준엄한 심판을 받게 될 것이다. 누가 뭐래도 자신의 노선을 꿋꿋하게 견지하고 비록 리더의 지위에서 물러났다고 해도 끝까지 주인 의식을 버리지 않았던 양호의 리더십이야말로 진정으로 존경받아 마땅하다.

유우석劉禹錫은 멸오 전쟁에서 승리를 거둔 양호를 찬양하며 다음과 같은 시를 지었다. 비록 양호의 실명을 거론하지 않았지만 그가 직접 천거했던 장수 왕준王濬[6]의 이름이 등장한다.

　　왕준의 배가 익주에 내려가니
　　금릉의 왕기는 암연히 수습되었네.
　　오나라의 천 길 쇠사슬 강에 잠기고
　　한 조각 항복의 깃발이 석두성에 내걸렸네.
　　인간사 가슴 아픈 일 몇 번이던가?

---

4 James Kouzes and Barry Posner, The Leadership Challenge(NY: Wiley, 2002).
5 손호(242~284)는 삼국시대 오 말기의 황제로, 손권의 손자이다. 『삼국지』를 보면 손체가 죽은 뒤 평소 권력을 탐했던 손호가 그의 뒤를 계승하였다. 하지만 그는 포악스럽고 의심이 많으며 여색을 밝혔다. 280년, 오는 서진에 의해 멸망하고 손호는 투항하였다.
6 왕준은 서진의 명장(206~286)으로 평소 그의 전략을 높이 평가하던 양호가 그를 천거하였다. 왕준은 그의 조서를 받들어 2,000명이 탈 수 있는 함선을 제조하였고, 양호가 세상을 떠난 지 2년 만에 동오의 토벌을 요청하는 상소를 올렸다. 진 무제는 생전에 양호가 계획했던 전략을 따라 왕준의 출병을 허락하였고, 마침내 오의 대군을 격파하게 되었다. 손오의 투항을 받아냈을 당시 왕준의 나이는 74세였다.

산 모양은 옛날처럼 차가운 강을 베고 누웠구나.

이제 온 세상 한 집안이 되었으니

옛 보루 이제 쓸쓸한 갈대꽃 핀 가을이 깃들었네.

유우석, 〈서새산회고西塞山懷古〉

50 유방은 어떻게 정책을 결정했는가

　역사상 '공성신퇴功成身退'를 대표하는 상징적 인물로 범려를 손꼽을 수 있다. 하지만 자신의 공적에 연연하지 않은 이가 어찌 범려뿐이란 말인가? 역사의 기록은 유방을 보필하여 한 왕조 성립의 일등공신이 되었던 장량을 '왕의 스승'이라 칭하고 있다.

　유방은 수많은 인재(물론 소하와 같은 인재를 감옥에 보내기도 했지만)를 휘하에 거느린 지도자로 유명하다. 그렇기에 유방이 유독 장량 한 사람에게만 의존했을 리는 만무하다. 유방은 천하의 인재들을 가리지 않고 모두 자신의 진영으로 끌어모아 참모의 직책을 부여했으며, 그들과 함께 머리를 맞대고 대사를 도모했다. 한 가지 분명한 것은 이러한 참모 가운데서 가장 전폭적으로 유방의 신임을 얻은 인물이 장량이었다는 사실이다. 왜냐하면 장량은 단독으로 공을 세워 입신양명하고자 하는 욕심을 밖으로 드러낸 적이 한 번도 없었기 때문이다. 전략적 제안을 할 때도 그는 항상 진평과 번쾌를 비롯하여 다른 누군가와 공을 나누고자 했다. 이것은 어쩌면 장량의 탁월한 생존 능력이었는지도 모른다.

한 가지 사례를 들어보자. 누경婁敬[1]이 유방에게 의탁하고자 제 발로 그의 진영을 찾아왔을 때 한군은 이미 중원에서 승리를 얻은 후였다. 제나라의 보잘것없는 마부에 불과했던 누경이 어떻게 한 왕조의 운명을 좌우하는 중대한 정책을 결정하는 데 자신의 영향력을 행사할 수 있었을까? 만약 장량의 지지가 없었다면 과연 유방을 비롯한 한의 문무백관들을 설득할 수 있었을까? 당대 시인 온정균溫庭筠은 "유후(장량)의 공적이 어찌 쉬운 일이랴. 한 권의 병서가 스승이 되었네"라고 읊었다.

신기질의 작품 중에도 "제왕의 스승은 한 권의 책"[2]이라는 구절이 있다. 유방의 일등공신을 자처했던 장량의 역할을 비단 책사에만 국한시켜서는 안 될 것이다. 그는 병법서에 적힌 단순한 전략을 초월하여 리더십 측면의 '스승' 역할을 톡톡히 해냈다. 리더의 개념이 완전히 정립되지 않았던 시기에는 아무나 쉽게 해낼 수 있는 일이 아니었다.

기록을 보면 마치 장량 혼자 한의 정책을 도맡아 주관한 것 같지만 실은 다른 사람(예를 들면 누경처럼)의 제안에 변론을 제기하고 이러한 의견들이 정책에 적극적으로 반영될 수 있도록 돕는 중간자적 역할을 한 셈이다. 장량의 이러한 역할은 '문화대혁명' 기간에 자신의 의견을 고집하기보다는 다른 사람의 의견을 주의 깊게 경청하고 이를 정책에 반영한 후에 누구보다 솔선수범하여 시행했던 저우언라이를 연상하게 한다.

---

1 누경은 한 초기 유방의 책사로 제나라 출신이었다. 유방이 수도를 낙양으로 정하자 그는 오랜 전쟁을 치른 탓에 경제가 쇠퇴하고 백성들의 고충이 끊이지 않는다는 이유를 들어 중원 이전을 만류하였다. 반면에 수도를 함곡관으로 이전한다면 천하의 요새를 손에 넣게 될 뿐 아니라 만약 중원 땅에 환란이 일어날 경우 화를 면할 수 있다고 주장했다. 하지만 불길한 진의 옛 땅보다는 차라리 낙양을 도읍지로 결정하는 편이 낫다면서 누경의 제안은 묵살되었다. 반대 여론에 부딪힌 누경은 장량의 지지를 구했고 마침내 관중(장안)으로 도읍을 결정하게 되었다. 누경은 흉노와의 화친을 맺는 조약 체결에 앞서 산동 지역의 토호들을 이주시킬 것을 제안하는 등 한 왕조의 정권을 안정시키는 데 매우 중요한 역할을 하였다. 훗날 유방은 그의 공로를 치하하며 "유劉" 씨 성을 하사하였다. 이로써 『사기』에는 유경劉敬으로 기록되었다.
2 신기질의 〈목란화만木蘭花慢〉에서 인용하였다.

지혜로운 리더는 탁월한 인재 관리 능력을 갖춘 자이다. 인재를 등용하고 적절히 배치하고 폭넓게 분산시키는 능력은 물론이고 설령 자신은 미처 생각해본 적이 없으나 누가 봐도 합리적인 제안이라면 정책에 적극적으로 포함시킬 수 있어야 한다. 유방의 집단이 고도의 논의 과정을 거쳐 다수의 의견을 취합할 수 있도록 구심점 역할을 해준 이가 바로 장량이었다.

반면에 초나라 항우의 자만심은 날이 갈수록 극에 달했다. 타인의 의견을 무시하고 비평을 멀리하는 사람은 그만큼 쉽게 오류를 범하기 마련이다. 유럽 상공업 경영대학원 원장을 지냈던 회계사 출신의 프랭크 브라운Frank Brown은 항우는 단지 LINO(leader in name only)에 불과하며, 국가 경영에 유용한 정책 결정 능력이 결여된 지도자라며 평가절하했다. 개인적인 능력은 뛰어났을지 모르나 리더로서는 결격 사유가 많은 인물이라는 평이다.

> 팔 척 장군의 천 리를 가는 오추마.
> 그의 기개는 산을 뽑고도 남았으나
> 범증이 능력을 펼치지 못하니
> 오강에 이르러 후회를 하는구나.
>
> 육유, 〈항우〉

'패왕별희'의 비극적인 주인공 역을 맡고 싶은 리더는 한 명도 없을 것이다. 가장 큰 관건은 리더 개인의 능력이 아니라 내부의 인재들이 제안한 의견을 하나로 취합하여 문제를 함께 해결해나가는 태도에 달려 있다. 보다 많은 이들의 비평에 귀를 기울이고 다양한 변론의 기회를 제공하는 것이 무엇보다 중요하다는 뜻이다.

인터넷상의 정보가 범람하고 최첨단 지식이 연일 업데이트됨에 따라

기업의 경영 환경 역시 갈수록 복잡해지고 있다. 따라서 매니지먼트를 연구하는 학자들은 정책 결정 과정에서 다수의 의견을 수용할 것을 강조하며 새로운 지식의 유입과 도태에 예의 주시할 것을 충고하고 있다. 특히 조직 내부에서 활발한 논쟁이 벌어질 수 있도록 여건을 조성하는 것이 얼마나 중요한지 거듭 강조하고 있다. 미국은 1961년 쿠바에 군대를 파견했으나 돌이킬 수 없는 참패를 기록했으며, 1996년에는 정상에 오른 에베레스트 등정대가 예상치 못한 등반 사고를 겪었고, 2003년에는 콜롬비아 우주왕복선이 공중에서 폭파되는 비극을 연달아 겪었다. 이러한 일련의 사건들은 하나같이 당시 미국의 경직된 내부 분위기와 연관이 있다고 학자들은 주장하고 있다.[3]

베트남 전쟁 당시 미국의 국방부 장관이자 포터 자동차의 전임 사장, 세계은행의 전 총재였던 로버트 맥나마라Robert S. McNamara의 회고에 따르면 "대기업은 물론이고 연방 정부조차 회의석상에서 가장 중요한 쟁점이 되는 사안은 단 하나의 예외도 없이 정책 결정에 반영시키지 못했다"는 직언을 서슴지 않았다. 자신의 의견이나 생각을 스스럼없이 표현하는 것을 당연하게 여기는 미국 사회조차 이러한 실정이라면, 같은 말이라도 우회적으로 빙빙 돌려서 말하기를 좋아하는 중국인의 특성상 정책 결정자는 반드시 조직의 구성원들이 자신의 생각을 허심탄회하게 털어놓을 수 있도록 대화의 창구를 열어놓아야 한다. 그러나 조직 내부에서 누구에게나 충분한 변론의 기회를 제공한다는 것은 결코 쉬운 일이 아닐 것이다.

이제 막 학교를 졸업한 사회 초년생들에게 이러한 대화와 교류의 장은 부담스러운 일일 수도 있다. 타고난 언변으로 말만 번지르르하게 늘어놓

---

3 Michael A. Roberto, *Why Great Leaders Don't Take Yes for an Answer: Managing for Conflict and Consensus*(NY: Pearson Prentice Hall, 2005).

는 부류 역시 제격은 아니다. 공공 기관의 사장 혹은 군사 문화에 젖은 인물에게 맡겨놓을 수도 없다. 그렇다고 리더 자신이 직접 나선다고 해결되는 것도 아니다(왜냐하면 리더 앞에서는 아무도 쉽게 입을 열지 않기 때문이다). 자타가 공인하는 능력을 갖추고 리더의 전폭적인 신임을 받는 것은 물론이고 타인의 능력 발휘를 도모할 수 있는 인물이어야 한다.

이러한 측면에서 볼 때 향촌의 말단 관리였던 유방이 귀족 자제인 장량을 휘하에 두고 그의 의견을 수렴하여 각종 전략적 자문을 제공받을 수 있었던 것은 행운이 아닐 수 없다.

현대인들은 일반적으로 전문가의 충고를 좋아하지 않는다. 유방은 물론이고 대다수 인터넷 이용자 역시 예외는 아니다. 왜냐하면 특정 분야의 전문가와 교류하다 보면 종종 난감한 기분이 들 때가 있기 때문이다. 만약 당신이 어떤 고민을 털어놓을 경우 대부분의 전문가들은 마침내 자신의 고유한 발언권을 과시해야 할 순간이라고 여겨 갖가지 해결 방안을 제시하려 든다. 이러한 과정에서 차마 견디기 힘든 비평과 가시 돋친 말들이 오고 가기 마련이다. 타인의 비평을 듣는 일은 쉬운 일이 아니기 때문에 이를 끝까지 경청하려면 엄청난 인내심이 필요하다.

만약 이 자리에 장량을 초빙한다면 그는 고성과 열띤 논의가 오고 가는 탁자 아래에서 당신의 다리를 툭 치며 중재를 시도할 것이다. 자, 당신은 이제 어떤 선택을 할 것인가?

리더가 모든 세부 사항(혹은 어느 분야의 전문적인 내용)까지 알 필요는 없다. 다만 리더로서 최소한 책임을 통감한다면 내부의 경험을 종합한 후에 외부의 따끔한 평가를 겸허히 받아들여야 한다. 특히 중대한 정책을 결정할 때는 반드시 근본 원인부터 따져야 하며, 만약 실패 원인이 과거의 착오에서 초래된 것이라면 이를 과감히 인정할 줄 알아야 한다. 실수를 인정하는 순간, 당신을 지지하는 세력이 더욱 늘어날 것이다.

거창한 프로젝트를 수립하기 전에 사소한 문제부터 해결하는 것을 우선 과제로 삼아라. 이것은 조직 내부의 사기 진작에 매우 효과가 높다. 또한 틈만 나면 "모든 책임은 리더인 내가 지겠다"라는 말을 입에 자주 올리는 것이 좋으며, 일단 토의를 거친 후 결정된 사안은 반드시 실행해야 한다. 그러지 않을 경우 리더십에 치명타를 입게 된다.

완벽한 규정을 갖추고 절차를 개선하라. 가능하면 가장 격렬하게 비평하는 사람에게 문제 해결의 열쇠를 맡겨라. 의외로 쉽게 문제가 해결될 수도 있다. 유방은 백등산의 포위망을 뚫고 가까스로 도망쳐 나온 후에야 누경이 왜 그토록 흉노에 대한 유화 정책에 반대했는지 깨달았으며 그 후로 누경을 신임하게 되었다.

긴급회의가 끝난 후(사실은 다음 회의 직전)에도 항상 연구하고 전문 인력과 부단히 교류하라. 해결 방안을 내는 데만 급급하지 말라. 그보다 중요한 것은 회의 이후의 후속 절차를 이행하는 일이다.

만약 조직 내부에 '장량' 스타일의 인재가 골고루 포진해 있다면 당신의 조직은 어떤 위기가 닥쳐도 끄떡없을 것이다. 설령 인간의 힘으로 어찌할 수 없는 일이라고 해도 이를 해결하여 예전의 전성기를 되찾는 일은 시간문제다.

시중에는 리더십 관련 서적이 넘쳐나고 있다. 인터넷상에도 리더십에 관한 어록이 홍수처럼 범람하고 있지만 대부분 리더 한 사람에게만 초점이 맞추어져 있다. 만약 이러한 지침서의 제안만 믿고 그대로 사업을 추진한다면 큰 낭패를 보게 될 것이다. 기업의 리더 역시 신이 아닌 이상 혼자서 모든 일을 해쳐나간다는 것은 불가능하기 때문이다.

2,200년 전 초한 전쟁의 교훈을 통해 우리는 일개 조직의 성공과 실패가 결코 리더 한 사람 혹은 특정한 인재의 의지나 능력에 달려 있는 것이 아니라는 결론을 충분히 얻은 셈이다. 오히려 천하의 여러 인재를 총망라하여 그들 개개인의 의견을 경청하고 다양한 제안을 받아들이는 개방적인 태도야말로 리더에게 가장 필요한 자질임을 역사적 교훈을 통해 이

미 확인하였다. 중국 속담에 "천하의 영웅일지라도 최소한 세 사람의 도움을 받아야 한다"는 말이 있다. 유방 역시 "한초의 삼걸(장량, 소하, 한신)이 없었다면 나는 결코 천하를 제패할 수 없었을 것이다"라며 겸손함을 보였다. 현대 자본시장은 천하 영웅들의 각축전을 방불케 한다. 이렇게 치열한 경쟁 속에서 특정 조직에 전혀 기대지 않고 오로지 개인의 역량과 지식만으로 합리적인 정책을 결정할 수 있을까?

조직의 리더로서 충분한 자질을 갖추었는가 하는 질문은 그가 속한 조직이 어떤 방식으로 발전했는가 하는 것과는 전혀 다른 문제이다. 첫째, 리더의 개인적 자질이 아무리 완벽하다 해도 세상에 실수를 저지르지 않는 사람은 드물기 때문이다. 둘째, 아무리 뛰어난 수완을 발휘하고 재기 넘치는 아이디어를 번뜩이며, 나아가 제갈량처럼 귀신을 부리는 심오한 전략을 구사하는 리더가 존재한다 해도 이것이 그가 이끄는 조직 구성원 모두에게 막대한 영향력을 미친다고 장담할 수는 없다. 가장 현실적인 의미의 리더십은 개인을 초월한다. 즉 리더십이란 개인의 초인적인 능력만으로 대체하거나 논의될 수 있는 개념이 아니라는 뜻이다.

성공적인 조직을 만드는 리더십은 반드시 그가 속한 조직에서 나온다. 업무의 지속성은 물론이고 세대 간의 한계를 초월하는 것 또한 이러한 리더십을 통해 기대해볼 수 있다. 조직이 존재하려면 반드시 리더가 필요하지만, 그렇다고 슈퍼맨과 같은 초능력을 요구할 필요는 없다. 리더는 최소한의 기본 능력만으로도 그 역할을 수행할 수 있다. 유방이 그 전형적인 사례를 보여주었다. 다만 리더는 조직 구성원 간의 상호 보완을 돕고 이들의 의견을 조율하는 능력을 반드시 갖추어야 한다.

"금 한 조각을 정련하는 자는 백 가지 쇠를 달굴 재주가 필요 없다"[4]는 격언처럼 가장 바람직한 통합형 리더십을 표방하려면 오로지 논리와 이

| 4 맹교의 〈고의증량숙보궐古意贈梁肅補闕〉에서 인용하였다.

성, 실용성에 입각해야 하며, 이는 고도의 변론 과정을 통해서 가능하다. 이로써 천하의 뛰어난 인재들이 업무상 상승 작용을 일으키며 상호 협력하는 분위기를 형성하게 되고 이를 통해 리더십을 떨칠 수 있게 된다.

지금은 자본시장에서 도태되었으나 한때 성공가도를 달렸던 모 기업에 몸담았던 옛 동료 몇 명과 만난 적이 있다. 그날 우리 모임의 화두는 당연히 기업의 매니지먼트에 관한 것이었다. 그들로부터 다양한 사례를 접했으나 대부분 공통점을 지니고 있었다. 그들 중 일부는 해외의 유수 대학에서 석·박사학위를 받은 인재들로 최소한 20년 이상의 경력을 지닌 고위층 관리자들이었다. 그들에게는 각기 다른 시각과 사고가 존재했으며 그들의 푸념 또한 모두 일리가 있었다. 하지만 최종적으로 이들의 사례를 종합해본 결과 매우 심각한 문제점을 발견할 수 있었다. 당시 그들의 기업 내부의 핵심 리더 중에는 구성원 간의 교류를 주관하고 다수의 의견을 수렴하려고 노력한 이가 아무도 없었다는 사실이다.

뛰어난 인재 한 명에 의존하여 기업에 산적한 문제를 해결하려는 태도는 변별적 사고를 거치지 않는다는 점에서 치명적인 맹점을 지니고 있었다.

이는 지구상의 어느 국가 혹은 어느 문명을 불문하고 마찬가지이다. 후대인이 볼 때 과거의 역사에서 얻는 교훈은 지극히 간단명료하다. 현대인의 시각에 비친 이처럼 단순한 진리와 비교해보면, 어째서 역사적 인물들은 하나같이 무지몽매한 걸까? 그러나 역대 제왕 혹은 장수들이 후대인의 손가락질이나 당할 만큼 어찌 그리 한심한 부류뿐이었겠는가? 그들은 걸출한 인재였다. 그런데 이러한 영웅들이 어찌하여 자신의 능력을 마음껏 발휘할 수 없었던 걸까? 대체 무엇이 그들의 사고를 가로막고 영원히 헤쳐 나올 수 없는 깊은 나락으로 몰아간 것일까? 어째서 그토록 심각한 판단의 오류를 일으키고, 심지어 파멸을 향해 스스로 치닫게 된 것일까?

세계 경제사를 거슬러 올라가면 이러한 사례는 비일비재하다. 제1차 세계대전의 발발이 코앞에 다가오기 직전, 혹은 1930년대 미국 경제 대공황 전야, 심지어 2008년 세계 금융위기가 도래했을 때에도 사람들은 이러한 징후를 알아차리지 못했다. 미래를 연구하고 예측하는 전문가들 조차 극히 소수만 이러한 위기를 경고했으며, 오히려 이러한 위기를 감지한 대부분의 사람들은 소위 전문가와는 거리가 멀었다. 우리는 이와 같은 과거의 오류를 통해 일개 사회 혹은 국가가 대중의 압도적인 여론이 형성된 이후로는 소위 '맹목의 시대'에 진입하게 되며, 결국에는 수정을 거친다 해도 이미 돌이킬 수 없는 지경에 접어들고 만다는 교훈을 얻을 수 있었다.[5]

따라서 이미 존재하는 맹점을 발견하고 이를 수정하는 것도 중요하지만 이보다 일상적인 관리 과정에서 서로 다른 지식과 경험, 배경을 가진 계층 간의 다양한 교류와 변론을 우선시하는 풍조만이 맹목의 시대가 도래하는 것을 막을 수 있다. 이러한 전략적 효과를 얻으려면 다각도의 교류와 변론 과정을 통해 항상 주변인을 포섭하고 이방인을 폭넓게 수용해야 한다. 자신에게 결여된 시각과 지혜를 차용하려는 다원적인 태도를 갖출 필요가 있다. 가장 대표적인 인물로 유방의 진영에 제 발로 찾아간 누경을 들 수 있다. 기업의 정책 결정과 교류를 주관하는 리더는 반드시 누경과 같은 이방인의 의견을 수집하고 경청하는 일을 소홀히 여겨서는 안 된다. 심지어 공식 회의석상 이외의 의견에도 항상 귀를 열어두어야 한다. 이러한 조건을 모두 충족시킨다면 리더로서의 훌륭한 자질을 이미 갖추었다고 할 수 있다.

---

5 니얼 퍼거슨의 저서 『화폐의 부상The Ascent Money』과 존 케네스 갈브레이스 교수의 『대공황 The Great Crash』(1929)은 2008년 금융위기 이전의 상황을 생생히 떠올리게 해준다.

51 천릿길도 한 걸음부터

리더가 가장 큰 갈채를 받는 경우는 일상의 스트레스와 절망이 극에 달해 있는 대중의 열망을 행동으로 대신 옮기는 순간일 것이다. 왜냐하면 사람들은 이러한 리더를 통해 극도의 대리만족을 얻으며 현실에서의 해방감을 만끽하기 때문이다.

불쑥 솟은 높은 장벽에 사방이 가로막혀 있고 암흑 속에서 한 줄기 희망의 빛마저 보이지 않을 때 사람들은 영웅의 등장을 기대하게 된다. 그리고 그에게 열광하게 될 것이다. 하지만 눈앞의 현실적 장벽이 사라진 뒤 더 큰 혼란에 빠지게 되는 것이 대중의 속성이다. 눈앞의 장벽이 사라진 뒤 이제부터 정녕 어디로 가야 할지 막막한 것은 물론이고, 심지어 이 문제에 대해 한 번도 진지하게 고민해본 적이 없다는 것이 더욱 큰 문제이다.

자본시장이 오랜 경기 침체의 늪에서 허덕일 때 뒤늦게 시장에 뛰어든 후발 경쟁자들이 새로운 기회를 얻는 사례가 종종 있다. 이들은 기존 업계에 몸담고 있던 인재를 무더기로 빼내는 상황을 연출하기도 한다. 여기에는 사람들(원래 동종 업계에 몸담고 있었던 사람을 포함하여)의 내면에 도사린 경쟁심이 반영되어 있다.

인생에서 가장 중요한 것은 성공 전략이나 사업 계획서가 아니다. 어쩌면 타인의 시선을 전혀 의식하지 않는 두둑한 배짱과 철판보다 두꺼운 얼굴, 그리고 앞만 보고 전진하는 용기만 있으면 충분하다. 헨리 민츠버그Henry Mintzberg는 미래를 향해 과감하게 첫발을 내딛지 않는다면 그 이전의 학습과 훈련, 실천과 이론 역시 무용지물임을 강조했다.

"이미 정해진 것은 아무것도 없다. 세상은 누구나 무한한 가능성을 지니고 있다"는 속담 역시 민츠버그의 이러한 이론에 힘을 실어준다. '신경제'의 초기에 누군가 이와 비슷한 이야기를 한 적이 있다. "사람들이 원하는 것은 단지 리더일 뿐이다. 리더가 가리키는 방향이 옳은지 그른지는 별로 중요하지 않다." 물론 리더가 제시하는 길이 모두 성공을 향한 탄탄대로로 이어지는 것은 아니다. 다만 세상의 모든 길에는 반드시 출발선이 존재한다는 사실을 명심해야 한다.

진나라 말기에 진승과 오광이 들어 올린 민중의 횃불은 농민 봉기의 도화선이 되었다. "한 사내가 노래를 하니 사해가 창을 들고 일어나 덩실거리네" 혹은 "왕후의 씨가 따로 있겠는가? 농민의 손에 든 장대가 진을 멸망으로 이끌었구나"라는 굴대균屈大均의 시는 농민 봉기를 일으킨 영웅을 찬양하고 있다.

그러나 영웅의 운명은 하나같이 닮아 있다. 특히 대부분은 억울한 희생을 당하기 마련이므로 후대인들은 그들의 장렬한 최후를 안타까워하며 주먹을 불끈 쥘 뿐이다. 영웅은 자신의 목숨을 불쏘시개처럼 내던진 대가로 역사의 기록으로 남지만 사실 이러한 희생은 자신을 방치하는 일이다. 태평천국 시기의 영웅들은 너도나도 "태평 통일은 얼마나 즐거운가!"[1]라며 승리에 도취되었으나 멸망의 그림자 역시 소리 없이 다가오고 있음을 눈치채지 못했다.

　미국의 사회학자 클리포드 기어츠Clifford Geertz는 이러한 현상을 우려하며 이렇게 말했다. "혁명을 통해 독립을 얻은 사회 내부에는 어두운 정서가 만연하게 된다. 영웅의 추억에 사로잡혀 독자 노선을 고집하고 관료 정치와 선을 그으려 하지만 끝내 미래의 향방을 종잡을 수 없게 된다. 따라서 이들의 의식 상태는 권태에 빠지게 되는 것이다. 이들은 현재 직면한 수많은 사회, 경제, 정치 문제를 과거 식민통치의 잘못으로 떠넘기려 하지만 그 근본 원인이 본토에 뿌리 깊이 박혀 있다는 사실을 점차 인식하게 된다." 그는 이어서 "철학적 사고에 입각하면 실용과 침체, 진지와 무관심, 성숙과 절망 사이에는 분명한 경계가 있다. 하지만 사회학적 관점에서 본다면 이러한 개념은 지척에 놓여 있으며 대부분의 신흥 국가에서는 양자 간의 개념이 매우 혼동되어 사용되며 중복된다"[2]라고 지적했다.

　모든 조직은 과도기를 거치며 이러한 공통적인 현상을 경험하게 된다. 비록 레닌은 "혁명은 군중의 기념일"이라고 명명했으나 이는 축제의 의미와는 거리가 멀다. 사람들은 혁명이 끝난 후 각자 자신의 집으로 돌아가 전과 다를 바 없이 차를 마시거나 밥을 먹는다. 혁명 후에 남은 것은 원래 자신의 일상으로 돌아가는 일이다. 그럼에도 일단 출발선을 떠난 사람들은 결코 제자리에 머물기를 원치 않으며 계속 전진하기를 갈망하고 더욱 강력한 리더를 원한다. 이들이 방향을 설정해주고 미래를 개척해줄 것이라는 착각에 빠지게 되는 것이다. 따라서 개혁이 제자리를 잡기도 전에 이러한 사회적 피드백에 의해 기어츠가 말한 사회적 혼란이 발생한다.

1 홍수전洪秀全의 〈음검시吟劍詩〉에서 인용하였다.
2 Clifford Geertz, *The Interpretation of Cultures*(NY: Basic Books, 1973), pp. 234-237.

2008년 세계 금융위기가 도래할 무렵 서구 사회에도 이와 유사한 정서가 만연했으며, 그들 역시 지속적인 전진을 모색했다.

현재 중국은 발전 추세에 놓여 있으며 기업들은 하루가 다르게 성장해 나가고 있다. 하지만 성공가도를 달리는 기업 역시 '침체'라는 함정을 피해갈 수는 없다. 안타깝게도 과거 개혁·개방 시기에 뿌린 씨앗의 열매를 거두려면 무엇을 어떻게 해야 하는지 이 질문에 대한 중국의 경험은 거의 제로에 가깝다.

팽배하던 불신의 눈초리, 짙은 패배 의식, 절망 어린 탄식과 질책, 혹은 무조건 고성만 내지르던 사회적 분위기 속에서 중국은 우여곡절 끝에 사회적 신뢰를 형성했다. 이러한 신뢰를 바탕으로 중국은 하나의 목표를 실현하게 되었으며, 그것은 쉽게 얻을 수 없는 리더십이다.

소위 기업가 혹은 경영인이 정치가보다 훨씬 힘든 이유가 바로 이것이다. 정객들은 군중을 선동하여 그럭저럭 제 밥그릇을 챙길 수 있다. 민족주의의 깃발을 내걸거나 혹은 이런저런 주의主義를 내세우는 자들과 교묘히 손을 잡으면 선동이 수월해지기 때문이다. 하지만 기업가는 오로지 실적에 따라 평가를 받는다. 구체적인 문제를 해결해야만 하는 것이다. 따라서 리더십은 이렇게 정의할 수 있다. 하나의 공동 목표를 달성하는 데 가장 지대한 영향력을 지니며 '정도正道를 알고, 정도를 걸으며 정도를 제시하는' 이가 바로 리더인 셈이다. 리더십은 어쩌면 '영원히 멈출 수 없는'[3] 현재진행형의 과정이다. 출발점을 떠나온 후 한순간의 멈춤도 없이 계속 전진한다는 것은 얼마나 극심한 고통의 대가가 뒤따르는 일이란 말인가? 또 얼마나 많은 위기와 맞닥뜨려야 한단 말인가? 냉엄한 리더의 현실적 정의 앞에서 우리는 과거 끝없는 원정과 전쟁으로 점철되었

---

[3] John Maxwell & AG Jago(1982) "Leadership: Perspectives in theory and research", *Management Science*, 28(3), pp. 315-336.

던 중국의 역사를 떠올리지 않을 수 없다.

"진의 명월은 한대에도 빛나건만 만리장성에 간 사람은 돌아오지 않네"라는 고대 시가를 비롯하여 "천산에 눈이 내리자 한설이 몰아치는데 행로난行路難의 피리 소리가 들려오네"와 같은 구절을 통해 오랜 장정의 고달픔을 유추해볼 수 있다.

고대 장수들은 비록 "전장의 모래밭에 부서진 쇠 갑옷, 성 남쪽은 이미 여러 겹의 포위망에 둘러싸여 있네"와 같은 열악한 상황에서도 "오랑캐 막사를 찢어내고 병서를 더욱 세심히 읽어보는" 열정으로 무장되어 있지 않으면 안 되었다.[4] 때론 '편집광'을 방불케 하는 극도의 긴장과 흥분 상태에서 언제 있을지 모를 적의 도발을 향해 항시 응전 태세를 갖추어야 했다.

고대 시가의 이러한 정경은 1934년부터 1936년까지 중국 공농工農 홍군紅軍이 진행했던 2,500리 장정과 비교하면 빙산의 일각에 불과하다. 가슴속의 이상을 품에 안고 현실의 고난과 시련에도 전혀 물러서지 않았던 홍군들의 면면은 중국 교과서마다 쉽게 찾아볼 수 있다. 실제로 그들은 어떠한 영웅적 희생도 마다하지 않았다고 기술하고 있다. 현대 경영학의 관점에서 보자면 홍군의 고된 장정이야말로 중국의 리더십 역사에서 괄목할 만한 진보를 가져왔다는 평가를 받을 만하다.

이러한 과정을 통해 총탄이 비 오듯 쏟아지는 생사의 갈림길에서 홍군은 국제 공산당 코민테른의 압력이 가중되는 상황임에도 불구하고 자아 재창조의 리더십을 완성해갔다. (이는 단순한 체제 개혁과는 거리가 멀다.) 이러한 전환을 가능하게 했던 주요 요인은 홍군 대오가 압제를 받으며 소모품으로 전락할 수밖에 없었던 과거로부터의 경험 덕분이었다. 이러

---

4 왕창령의 〈출새이수出塞二首〉, 이익의 〈종군북정從軍北征〉, 이백의 〈종군행從軍行〉, 침전사의 〈기대부형이사寄大府兄侍史〉를 차례로 인용하였다.

한 경험은 마침내 리더의 기능을 강화하고 리더십의 승화를 통해 새로운 응집력을 형성하여 새로운 국면을 맞이하게 해주었다.

기반 산업의 영속성은 모든 기업가와 경영인이 바라 마지않는 것이다. 하지만 이러한 업무상의 발전 과정에서 자아 창조의 기반을 마련하지 못한다면 새로운 세대의 리더가 통솔하는 과정 역시 새로운 창조와 발전을 이룰 수 없으며 실적은 더더욱 기대할 수 없다. 현 세대와 다음 세대를 잇지 못한다면 이러한 기반 산업이 실패하는 것은 너무나 당연한 일이다. 따라서 자아의 지속적 발전을 실현하는 일은 리더십의 발전 단계상 가장 도달하기 어려운 경지에 해당한다.

평화 시대의 기업은 사회 전체 혹은 전 글로벌 차원의 인적자원을 마음대로 활용할 수 있다는 이점이 있다. 하지만 참패를 거듭하고도 여전히 실사구시의 체제를 갖추지 못하는 기업이라면 어떻게 리더십의 재창조를 기대할 수 있겠는가! 심지어 위기가 날이 갈수록 가중되는 상황에서 나와 다른 의견은 무조건 배척하는 리더는 어떠한 조정도 기대할 수 없다. 이러한 고위 관리층의 본질을 과거 홍군과 비교하면 극명한 차이가 난다.

더구나 경험이 적은 수많은 조직은 소신 없이 이리저리 흔들리며 매사에 무사태평만 바라는 안일한 태도로 일관한다. 홍군의 만리장정은 그들에게 애초에 불가능한 일이며, 심지어 그러한 사명감마저 찾아보기 어렵다. 그들에게 리더십이란 동화 속 이야기처럼 요원할 뿐이다.

자아를 창조하려는 리더십은 어쩌면 상상 이상의 대가를 요구할 수도 있다. 이러한 비장한 결의는 때로 당사자의 입장에서도 심금을 울리지 않을 수 없다. 준의회의遵義會議 석상에 돌아온 마오쩌둥은 진정한 리더의 모습을 표방하며 아래의 노래를 선창했다.

서풍이 몰아치는 가을날, 가없는 하늘을 울며 나는 기러기.

서리 내린 아침부터 말발굽 소리와 나발 부는 소리.

험준한 관문은 그만두고 당장은 앞으로 걸음을 디뎌 변방을 넘어야 하네.

푸른 산은 바다와 같고 어느새 석양은 핏물처럼 붉게 타오르네.

억진아億秦娥, 〈누산관婁山關〉[5]

과연 얼마나 더 죽음의 사선을 넘어야 기업의 지속적인 발전을 유지할 수 있단 말인가?

<hr/>

[5] 준의회의는 1935년 1월 15일부터 17일까지 개최되었다. 마오쩌둥이 이 시를 써서 널리 퍼지기 시작한 것은 1935년 2월이다.

52 폐허 속에서 바라본 순간의 불꽃과 영속성

중국은 오랜 전쟁의 흔적이 곳곳에 남아 있는 나라이다. 여행길에서 마주친 전쟁의 역사를 통해 현재와 과거를 떠올리면 격세지감에 사로잡히곤 한다.

관중關中을 찾은 이들은 누구라도 저절로 탄식할 수밖에 없다.

남산에는 아득한 구름이 걷히지 않고
위수의 물 위로 숱한 사건들이 휘휘 돌아 나가네.
말 위의 안장에 올라서 망망히 바라보니
아방궁 옛터가 석양에 묻히네.

유겸劉兼, 〈함양회고咸陽懷古〉

옛사람들은 중원을 뒤로하며 이러한 시가를 읊었다.

패권을 다투고 왕을 탐하는 일은 옳지 않으니
중원은 통치자를 잃고 통한에 사무치네.
주객이 편지처럼 오고 가니
전쟁의 승패 역시 마치 바둑돌을 두는 듯하네.

첨돈인, 〈권왕씨입공勸王氏入貢〉

중국인은 그 옛날 영웅들의 무대가 되었던 관중과 중원 땅에서 역사를 창조해왔으며, 오늘날 세계 곳곳 어디에도 중국인의 발길이 닿지 않는 곳이 없다.

하지만 과거 식민주의가 할퀴고 간 폐허의 흔적을 눈으로 직접 확인하거나 한때 서양 열강 제국주의의 총칼에 온통 피로 물들었던 전쟁의 상흔을 접할 때마다 속으로 만감이 교차하게 된다.

그 후로 중국은 일련의 근현대 과정을 겪으며 발전해왔고, 현재 중국 기업은 전 세계 도시에 일터와 공장을 설립하고 있다. 세계인들은 이를 보며 대체 어떤 생각이 들까? 중국은 과연 신흥 경제 대국으로서 전 세계 글로벌 비즈니스 네트워크에서 차지하는 역할을 충실히 수행하고 있는가? 아니면 지구촌의 일개 장사꾼에 지나지 않는가? 과거 중국의 상인들이 불철주야 땀 흘리며 노력한 결과가 결국 지구촌의 영원한 비주류에 불과하다는 말인가?

중국 기업이 세계 시장으로 뻗어가는 해외 진출 과정에서 기업가와 경영인이 진정으로 추구하는 목표가 단지 과거의 패업주의에서 비롯된 영웅 심리 혹은 세계 시장의 중심을 노리는 '중원 쟁탈'의 본성이라면, 문제는 자못 심각해진다. 만약 세계 현지인들과의 공존이라는 기본 원칙에 따라 장기적인 발전을 지속할 수 없다면 중국은 과연 장밋빛 전망을 내걸 수 있을까? 중국의 기업들이 고도의 사회적 책임과 이성적 전략을 구현해내지 못한다면 전망은 불투명할 수밖에 없다. 해외 진출의 기회가 나날이 증가하는 시점에서 이를 효율적인 리더십과 매니지먼트에 대한 제고의 발판으로 삼지 못한다면 중국의 미래는 과연 지금처럼 핑크빛이기만 할까? 중국 기업들은 현지인과의 공감대를 형성하기 위해 노력해야 하며, 어떤 방식으로 미래의 역할을 담당해야 할지 고민해야 한다. 만약 중국 기업이 독자적인 방식만 계속 고집한다면 이러한 패업주의에 발목이 잡혀 고유의 생명력을 잃는 것은 물론이고 영원한 변방의 비주류로 전락할 가능성이 높다.

한순간 맹렬히 타오르는 불꽃은 반드시 깊은 흉터를 남기는 법이다. 중국의 고전 문학에서 엿볼 수 있는 상흔을 패배와 몰락의 정서라고만 몰아붙여서는 안 될 것이다. 후대인은 역사가 남긴 교훈 앞에서 이를 비난할 권리가 없으며 괜스레 우쭐할 이유 또한 없다.

하지만 중국의 역사 중 절반은 최소의 기점을 통과했을 뿐이고 나머지 절반 역시 이불 속에서 나홀로 활개를 치는 '중국식 패러다임'에 지나지 않는다. 개혁·개방의 조류 속에서 이러한 패러다임이 갖는 경쟁력은 상대적으로 강한 인상을 남긴다.

하지만 이러한 패러다임일수록 내부 구성원의 참여와 공감대 형성을 소홀히 여긴다. 조직원의 공감대 형성이나 참여 의식을 제고하는 기품은 생각처럼 그렇게 간단한 일이 아니다. 행정 감독에 따른 정치 학습 혹은 의견 수렴 과정 따위로 개선되거나 강화될 수 있는 것이 아니라는 뜻이다. 중국 사회는 새로운 패러다임으로의 전환을 꾀하기보다는 중국의 현 관리 방식이 군사적 개입과 교조주의에 의해 세뇌된 채 운행되고 있음을 스스로 인식하는 것이 급선무이다. 이와 같은 중국식 패러다임 아래서는 국내 시장의 수요를 창출함에 있어서 조만간 한계를 드러낼 것이며 세계 시장으로의 확장은 더더욱 기대할 수 없다.

최근 중국의 일부 대기업(국유기업, 민간기업은 물론 외자 기업까지 포함한다)은 좋지 못한 평판에 직면하고 있다. 기업의 총수를 필두로 하여 지사의 사장직에 이르기까지, 문제가 생길 때마다 서로 책임을 전가하며 현실을 회피하거나 거짓말로 일관하는 이들이 있다. 지위고하를 막론하고 그들 중 어느 누구도 자신의 언행에 책임을 지고 기업이 갖추어야 할 사회적 책임을 다하는 이는 없다. 한번 돌아선 소비자 대중의 마음을 되돌려놓을 사람이 없다는 뜻이다. 이러한 현상이 등장한 근본적인 원인은 반드시 기업 내부에서 찾아야 하며, 이러한 기업의 내부에서는 암묵적으로 사회적 정의와 기본 인성을 독려하는 문화가 결여되어 있음을 알 수 있다.

이러한 현실 속에서 '해외 진출'에만 치중하는 전략은 과연 국내보다 더 큰 이윤을 가져다줄 수 있을까? 이러한 전략이 과연 경쟁 기업보다 훨씬 높은 이득을 보장해주며 세계 여론의 조롱을 잠재울 수 있을까? 다국적 글로벌 기업 플라이시먼 힐라드Fleishman-Hillard의 CEO 데이브 시네이Dave Senay는 2008년 세계 금융위기 이후 형성된 신규 고객(기업과 브랜드)층의 다수는 신흥 시장에서 옮겨온 것이며, 심지어 첫 고객인 경우도 많았다고 한다. 이것은 오늘날 세계의 무대는 오로지 중국을 위해서만 존재하는 것이 아니라 발전 단계에 접어든 전 세계 모든 신흥 세력의 공동 터전이라는 사실을 의미하는 것이다.

선현들은 "장부가 원대한 책략을 세우지 못했다면 이를 수치로 삼아야 한다"[1]고 말했다. 미국의 유명한 자기계발 강사 보 베네트Bo Bennett 역시 주도적인 선택을 하지 못하는 리더는 단순히 리더의 역할을 점유한 일반 노동자일 뿐이라고 일축했다. 당신이 만약 해외로 진출했거나 혹은 해외 진출을 구상 중인 기업가라면 다음의 질문에 관해 고민해야 한다.

"낯선 시장의 조건에서 어떻게 하면 새로운 시장을 점유하고 새로운 고객층을 형성할 것인가?"

| 1 맹교의 〈살기불재변殺氣不在邊〉에서 인용하였다.

매니지먼트 이론의 선구자 메리 파커 포레트Mary Parker Follett[2]의 지적에 따르면 리더가 갖추어야 할 가장 핵심적이고 중요한 덕목은 전체 국면을 파악하는 능력이라고 강조했다. 리더는 현재 직면한 국면 가운데 각 요인의 상관관계를 정확히 인식하고 이러한 관계가 전체 국면에 미치는 영향을 분석한 후에 미래를 예측할 수 있어야 한다. 전체 국면을 인식한다는 말은 전략을 인식한다는 것과 마찬가지이다. 중국의 기업가들이 일시적인 패업주의에 탐닉하지 말고 장기적으로 발전하는 기업의 영속성을 추구하고자 한다면 반드시 고도의 전략을 세워 기업의 발전을 저해하는 각종 결함과 근본 폐단부터 제거해야 한다.

기업의 글로벌화는 어떤 의미에서 리더의 관리 방식에 대한 '보편적 검증'인 셈이다. 다양한 국가와 다양한 사회로 구성된 세계 시장의 시험대 위에서 대체 어떤 관리 방식이 최적화될 수 있는지 시험해볼 기회이기 때문이다. 예를 들어 세계적인 복지 선진국에서 성공한 매니지먼트 방식이라고 해서 제3세계 국가에 그대로 적용할 수 없으며, 중국 연안 도시 기업들의 경우 농민공의 군사화 관리 방식을 대체 어느 선까지 적용해야 좋을지 전혀 예측할 수 없는 상황이나 마찬가지이다.

현대인들은 어떤 관리 방식이 어느 세대의 기술과 생산에 부합하는지 역사를 통해 깨달은 바 있다. 예를 들어 중국의 가장 보편적인 기술과 산업(즉 제조업)은 새로운 세대의 기술과 다원화된 산업 구조에는 맞지 않는다. 국제 투자은행 모건 스탠리의 전 아시아 주석이자 경제학자인 스티븐 로치Steven Roach의 연구에 의하면 서비스업이 제공하는 발전 효익 수치에서 중국은 여전히 아시아의 평균 수준을 밑돌고 있다고 한다. 이는 일본과 한국에 뒤처질 뿐 아니라 인도와 태국보다도 낮은 수준이다.

반면에 중국이 얻은 무궁무진한 학습 기회와 국제 경험을 바탕으로 터

---

2 Mary Parker Follett(Pauline Graham ed.), *Prophet of Management*(Washington, DC: Beard Books, 2003).

득한 값진 교훈들을 기업에 접목한다면 취약한 부분을 보완할 수 있으며, 결국 상상을 초월하는 효익을 기대해도 좋다는 전망에 주목할 필요가 있다. 따라서 중국은 세계 각국의 다양한 인재들과 상호 협력해 생산력을 발전시키고 기업 조직에 근거한 새로운 관리 방식을 수립해야 한다. 이러한 수순을 차근차근 밟아 '해외 진출' 전략을 실행한다면 기업 스스로 엄청난 발전의 계기로 삼을 수 있을 것이다. 이는 자기 복제 혹은 단순 확장된 임무의 완성을 통해 얻는 이익을 능가하는 수준이 될 것이다.

주위를 둘러보라. 고대의 폐허 아래는 분명 실패한 리더십의 묘비가 있다. 여기 새겨진 묘비명에서 우리는 뼈아픈 교훈을 찾아내야 한다. 현명한 리더라면 역사의 심오한 교훈을 깊이 받아들여 단순한 요행 심리에 사로잡히는 어리석음을 범하지 말아야 한다.

53 범려의 퇴장과 한 왕조의 세대교체

『오월춘추』의 열혈 독자라면 한 번쯤 이런 상상을 해보았을 것이다. 알려진 바와 달리 만약 범려가 떠난 후 월나라 구천 왕이 국가 진흥의 사명을 내걸고 자신의 곁에 끝까지 남기를 고집한 모사 문종과 함께 후발 부대를 조직했다면 역사는 어떻게 되었을까? 과연 범려는 이를 보고 어떤 생각을 했을까? 만약 월나라가 제도를 정비하고 초나라 군대를 무찌른 후 장강 중하류 일대의 광활한 영토를 통일(점령이라고 해도 상관없다) 했다면, 특히 절세가인 서시(중년에 접어든 서시는 어쩌면 향수병에 걸리지 않을까?)의 고향을 상업 도시로 개발했다면 그녀는 어떤 표정을 지었을까? 이들이 버리고 온 고향이 하루가 다르게 발전하고 자고 일어나면 높은 건축물이 들어서고 낮이고 밤이고 사람들의 발길이 끊이지 않는다면 강호를 떠돌던 서시와 범려는 훗날 땅을 치고 후회하지 않았을까?

설상가상 새로운 인생을 개척하고자 찾아간 제나라에서 범려가 벌인 사업이 부진을 면치 못하고, 공교롭게도 이러한 침체의 원인이 자신이 경영을 잘못한 것이 아니라 제나라에 역사상 유래 없는 심각한 금융위기가 찾아온 탓이라면, 당신은 어떤 선택을 해야 할까? 이러한 가정 하에 범려는 사업에서 손을 털고 배 한 척을 빌려 옛 고향으로 찾아갔을 것이다. 흰머리가 희끗희끗해진 범려가 서시의 손을 잡고 도착한 고향 땅에서 그를 반긴 것은 고층 누각이 빼곡하게 솟아오른 광장 한가운데 보란 듯이 세워놓은 '국가 부흥 기념비'일 것이다. 더구나 기념비 위에는 '초나라 용병 범려'라는 글귀가 황금 도금으로 새겨져 있다. 범려와 서시는 '서시의 거리'라는 이정표가 붙은 도로를 발견하는 순간 밀물처럼 몰려오는 후회에 몸서리를 칠지도 모른다.

이들은 곧 도마 위의 고기인 양 월나라 네티즌에 의해 한순간 안줏거리로 전락하고 돌아온 노병 취급을 받는다. 눈치 빠른 방송국 관계자는 이들을 취재하기 위해 달려와서는 지금 심정이 어떤지 물을 것이다.

상상 속 범려는 산양을 연상시키는 흰 수염을 아래로 쓸어내리며 담담한 말투로 이렇게 대답할 것이다. "내가 서시를 데리고 제나라로 떠난 것을 후회할 거라는 착각은 하지 마시오. 나의 임무는 월나라의 승리를 돕는 것일 뿐 그 이후의 발전 전략에 관해서는 생각해본 적도 없소. 물론 그 문제에 대한 자문을 요청한 이도 없다오. 나 역시 먼 장래의 계획까지 염두에 두고 월나라를 도왔던 것은 아니오. 내 소임을 다했을 때 현직에서 깨끗이 물러나는 일이야말로 후임자로 하여금 다음 세대의 참신한 사업을 펼칠 수 있도록 돕는 길이 아니겠소?" 어쩌면 범려의 말처럼 진정한 공신의 본분이란 현재의 소임을 달성한 후 이에 만족하고 일선에서 물러나는 길뿐일까? 하지만 안타깝게도 유사 이래 이러한 군신 관계가 성립된 적은 일찍이 찾아보기 어렵다. 구시대가 자신의 소임을 다하고 새로운 시대(혹은 다른 사람과는 공유하고 싶지 않은 새로운 생활)가 시작될 때마다 중국의 역사는 피비린내 나는 공신 살육의 현장으로 변모했기 때문이다.

이와 비슷한 역사적 사례는 일일이 열거할 수조차 없다. 유일하게 피를 흘리지 않은(하지만 분명 사전에 모의한 혐의가 있다) 사례가 있다면 송 태조가 술자리를 빌려 병권을 교체하게 했던 '배주석병권杯酒釋兵權'뿐이다. 정녕 이러한 방법 이외에는 다른 도리가 없는 걸까? 기존의 선발 부대를 그대로 유지한 채 제2, 제3의 임무를 완수해나갈 방법은 전혀 없는 걸까? 전대의 승리를 기반 삼아 차세대의 새롭고 위대한 승리를 도모하는 일은 정녕 불가능하단 말인가?

이러한 바람은 어쩌면 나의 상상 속에서나 가능한지도 모른다. 거대한 변혁의 시대 속에서 설령 공명심 때문이건 혹은 과시욕 때문이건 무조건 공신의 소임만 강요할 수는 없다. 조직 내부의 소자본 수공업을 대규모 기계공업으로 발전시키고, 나아가 기술 쇄신과 제품 혁신을 앞당기며, 또다시 정보 관리 체제의 개선과 다국적 수출입 업무로의 전환을 실현시킴으로써 결국에는 글로벌 기업으로 도약시키는 소임을 신이 아닌 이상 모두 만족시킬 수는 없다.

우리가 아는 대부분의 공신은 조직의 발전 과정에서 하나의 단계를 거치는 동안 오직 하나의 소임을 완수하는 것에 만족할 뿐이다. 천하의 모사 역시 다음 세대의 일까지는 장담하지 못한다. 첫 출발선부터 결승선까지 모두 감당할 수 있는 공신은 세상에 존재하지 않으며, 이러한 능력을 발휘하는 경우는 아주 드물다.

성공 리더십에 관해 강의하는 학자들은 이를 산을 넘거나 강을 건너는 일에 비유하곤 한다. 최초의 작은 물줄기는 긴 여정을 거칠수록 거대한 강으로 흘러들기 마련이다. 큰 강을 눈앞에 둔 리더는 지금까지 자신이 의지해온 공신과 모사를 교체할 수밖에 없다. 심지어 자신의 심복을 자처하는 최측근마저 과감히 잘라내는 결단을 내리는 경우도 있다. 개인의 인생 여정이 위대한 사업을 초월하는 법은 없다. 이것은 불변의 법칙이자 진리이다.

따라서 이러한 시련은 아직 붕괴되지 않았거나 혹은 붕괴를 원치 않는 기업이 감수해야 하는 필수 코스이다. 기업은 새로운 발전의 매 단계마다 리더십을 개선하기 위한 새로운 전환점을 추구해야 한다. 오늘날 중국 기업은 국제화 추세에 따른 해외 진출 과정에 있어서, 그전까지 경험하지 못했던 문제에 직면하여 혼란을 겪을 수 있다. 이러한 혼란은 리더와 핵심 임원들의 조합이 기업의 발전 단계에서 발생하는 괴리를 반영하는 것이다. 이러한 기업의 조직에는 국제화된 공신과 모사를 찾아볼 수 없으며, 심지어 국제화 과정에 반드시 필요한 핵심 리더조차 없다.

기업의 고위 관료 조직이 바야흐로 '새로운 피의 시대'를 맞이하고 있음은 당연한 시대적 소명일 것이다. 다만 여기서 말하는 젊은 피의 교체가 공신의 제거를 의미하는 것은 아니다. 고위 관료 조직의 초창기(혹은 발전기) 혹은 창업 CEO와 유사한 배경을 가진 친밀한 동료로 구성되어 고도의 결합력을 지닌 소집단의 특성에서 탈피하여 새로운 지식과 경험을 바탕으로 서로 보완해줄 수 있는 개방적 집단으로의 전환이 필요하다는 뜻이다.

아래 열거한 사례들은 이러한 세대 전환 과정에서 되짚어보아야 할 '원로 공신'의 전형적인 유형이다.

첫째, 기업의 미래 발전에 실질적 기여가 없다. 비록 존경의 대상이긴 하나 지식은 이미 노화되었고, 나이가 듦에 따라 체력마저 현저히 감소한다. 종종 일부러 늙은 티를 내면서 윗사람 행세를 하려 하거나 젊은 세대와의 협력을 기피한다.

둘째, 전문 지식의 계발은 뒷전이고 열정도 부족하다. 기업을 설립할 당시 공헌했던 전임 리더의 친인척 혹은 측근인 경우가 대부분이다. 마땅히 내세울 만한 경력도 없고 학력도 낮은 편이라 중책을 기피하는 경향이 있다.

셋째, 현 업계에 대한 이해와 전문적인 경험의 부족으로 혼자서는 결코 대오를 이끌지 못하며 가시적인 성과도 기대할 수 없다. 정책 결정 과정에서는 천하의 도덕군자인 양 온종일 트집거리만 찾는다. 대개 전임 리더의 수석 비서인 경우가 많다.

넷째, 1980년대와 1990년대에 해외 파견 근무를 마치고 돌아왔지만 폭넓은 해외시장 경험을 쌓지 못했다. 전통적 업무에만 길들어져서 오로지 자신이 경영하는 분야를 제외하고는 모르쇠로 일관한다.

새로운 조직은 새로운 정책 결정 방식을 따른다. 조직이 과거의 운행 방식에서 벗어나 '젊은 피'를 수혈한 이후로는 더 이상 혈연에 의지하거나 혹은 사업상으로 의기투합한 동료들의 충성심만 믿고 사업을 시행해서는 안 된다. 반드시 조직 내부의 논의를 거쳐 취합된 의견을 바탕으로 하는 정책 결정 시스템을 갖춰야 한다.

전대 영웅들의 역할은 기념식에 초대받아 현직 리더에게 격려의 메시지를 전달하는 수준에 그쳐야 한다. 일선에서 조용히 물러나 과거에 자신이 경험했던 쓰라린 시련들이 향후 기업 발전에 밑거름이 되기를 속으로 기도하는 것만이 원로 공신들이 해줄 수 있는 최선인 셈이다.

월나라로 돌아온 범려와 서시가 자신의 공적이 고작 기념비에 새겨진 노병 그 이상도 이하도 아님을 발견했을 때 어떤 기분이 들지 충분히 상상할 수 있다. 아무리 과거의 공적에 대하여 일말의 미련도 없는 대인이라지만 어찌 씁쓸한 기분이 들지 않겠는가?

앞서 말한 '젊은 피'가 비단 생물학적 나이를 뜻하는 것은 아닐 것이다. 범려는 공신의 소임을 다한 이후에도 다년간 '강호'를 돌며 상업에 종사했고, 제나라(춘추시대 최고의 경제 국가)와 폭넓은 상업적 연맹을 구축해나갔다. 따라서 해외시장 진출이라는 야욕을 품고 있던 월나라의 입장에서 또다시 범려를 초빙하여 해외 기업의 고문직에 앉히지 않았을까 하는 상상을 할 수 있다. 만약 월나라 최고의 현직 리더가 진심 어린 손길을 내민다면 굳이 이를 마다할 이유는 없지 않을까?

하지만 범려의 선택은 일반인의 상상을 초월할지도 모른다. 범려는 아마도 월나라 최고 리더가 제안한 해외 고문직을 수락하는 기자간담회 자리에서 이렇게 속내를 내비치지 않았을까? "이번 소임을 다하면 나는 다시 강호로 돌아갈 것이오. 강호는 언제나 내게 가장 익숙한 곳이니까⋯⋯." 향후 거취를 선언한 범려의 인터뷰가 끝난 장내에는 마침 이런 노래가 울려 퍼질지도 모른다.

> 강물은 무심히 흐르고 꽃잎은 하염없이 떨어지는데
> 봄날의 동풍은 초나라 성으로 떠나고
> 고향은 나비의 꿈속인 양 만 리에 떨어져 있네.
> 달빛 아래 나뭇가지 두견새 한 마리 삼경을 우는데
> 고향에서 온 편지는 오랜 세월 끊어지고 봄날은 화려하기만 하구나.
> 스스로 돌아가지 않으면 그뿐인 것을
> 오호의 아름다운 경치를 두고 뉘와 다투겠느냐?
>
> 최도崔途, 〈춘석春夕〉

54 새로운 청사진과 해묵은 응어리

　　현대 매니지먼트 학자들에 따르면, 유럽과 미국의 기업 및 조직의 혁신 전략은 극히 일부를 제외하고 별다른 성과를 거두지 못했다고 한다. 처음부터 이상과 현실이 크게 동떨어져 있음을 스스로 인정한 셈이다.[1] 중국의 사정도 별반 다를 것이 없다. 현재 개혁의 깃발을 내건 대다수 기업이 대대적인 혁신을 외치며 기업의 발전적 구상을 강조하지만 전망은 여전히 미지수이다. 이러한 풍조가 과연 어떤 사회적 효과를 얻었는지, 참여자와 추종자가 어떤 피드백을 얻었는지는 말하지 않아도 짐작할 수 있다. 왜냐하면 이러한 혁신은 의지만으로 실현할 수 있는 것이 아니기 때문이다.

　　이처럼 다양한 개혁 방안을 현실적 시각에서 본다면 항상 일련의 공통

1 ohn Kotter, "Leading Change: Why Transformation Efforts Fail," in *Harvard Business Review on Change*(Cambridge: Harvard Business School Publishing, 1998).

점을 발견할 수 있다. 다만 이를 행동 혹은 효과라는 측면에서 본다면 양상은 달라진다. 왜냐하면 이들의 구체적 행동과 장기적 목표는 현재 그들이 취하고 있는 행동 방식과 완전히 빗나가는 경우가 대부분이기 때문이다. 유일 도덕론의 시각에서 이러한 현상은 필연적이다. 리더는 위대한 유가의 교리를 배척하는 반면에 이런저런 주의를 숭상하려는 습성이 있기 때문이다.

마키아벨리주의자 혹은 후흑학厚黑學(도덕보다는 실리를 추구하는 처세술_옮긴이) 추종자의 관점에서 보자면 세상의 모든 실패는 보다 악랄한 수단을 사용하지 않았다거나 철두철미한 계획을 세우지 못한 결과이다. 성공을 쟁취하려면 다소 냉혹할지언정 좀 더 음험하고 악랄한 모든 방법을 동원했어야 하는데 그러지 못한 것이 결정적인 실수라는 것이다. 이들은 뇌물 수수나 살인 같은 범죄도 눈 하나 깜빡하지 않고 자행한다.

하지만 성공을 위해 이처럼 비열한 선택을 하느니 차라리 개혁을 포기하는 것이 낫지 않을까? 설령 수많은 패배자를 양산할지언정 이러한 방식까지 수용할 수 있는 사회는 지구상에 없기 때문이다. 만약 이러한 생각을 지닌 사람이 조직의 리더가 된다면 구성원들은 아마 혹독한 실패에 직면하게 될 것이며, 고달프기 그지없는 삶을 살아가야 할 것이다.

사람들은 여전히 리더에게서 문제점을 찾고자 한다. 그로 인해 이익에 얽매이거나 이론상의 불일치를 겪게 되는 것이다. 하지만 이 역시 시시비비를 명확히 가려야 한다. 대체 근본 원인이 무엇이기에 오랜 병폐가 쌓이고 쌓여 끝내 관리 실패의 지경에까지 이르게 되는 걸까? 이것은 '리더의 심리'와 깊은 연관이 있다. 어떤 리더는 소통 따위는 무시해버리는 고집불통의 성품을 지녔으며, 어떤 리더는 이성적으로 상대를 설득하는 데 소질이 없을 뿐 아니라 구심점이 되는 핵심 조직을 동원할 여력을 갖추지 못했다.

흔히 리더의 심리적 유형에 관해 언급할 때 사람들은 '나르시시즘'이

란 단어를 떠올린다. 서양 심리학 이론에 의하면 나르시시즘, 즉 자기애
는 부정적인 의미로 통용되는 경우가 많다. 일각에서는 재정 파탄이나
정부의 무능을 리더 개인의 탓으로 돌린다. 심리학자 마이클 매코비는,
나르시스트는 창조에 과감하고 강직한 성품이지만 다른 사람의 충고를
무시할 경우에는 스스로 무너져버리게 된다고 조언했다.

　　나르시스트는 본래 기복이 심한 정서적 성향 탓에 업적 또한 상당한
정도의 차이를 보인다. 매니지먼트 학자들은 이러한 나르시스트형 인간
에게 리더의 자질을 부여하려면 효익 면에서 집단의 이익에 집착하는 생
산형 나르시스트여야 한다고 말한다. 또한 기본 규칙을 준수하며 타인의
충고를 수용하는 태도를 갖추지 못한다면, 리더의 내면 깊숙이 억눌러놓
았던 자기 애착의 감정이 무한히 팽창되므로 결국 기업 내부의 관계를
악화시키고 조직을 위험한 상황으로 몰아넣을 수 있다. 심지어는 법에
저촉되는 상황으로 자신을 내몰기 때문에 기업 구성원 전체를 파멸에 이
르게 한다. 리더십에 관해 발표되는 최근의 논문 가운데 '관계 악화'와
'오염된 관계' 같은 표현이 자주 등장하는 이유가 바로 여기에 있다.[2]

　　성품과 능력을 동시에 강조하는 중국의 풍토에서 소지식인 계층 출신
의 관리자(나를 포함하여) 대다수는 사소한 성취에도 금세 의기양양해진
다. 반면에 미소를 지으며 콧노래를 흥얼거린다. "뜻을 이룬 후 봄바람
속을 말 몰아 내달리니 하루 만에 장안의 온갖 꽃을 보았네."[3] 하지만 뜻
하지 않은 시련과 좌절을 겪게 되면 금방 의기소침해진다. 솔선수범하여
화기애애한 회의 분위기를 이끌어가고, 회식 날이면 가라오케로 몰려가
음주가무도 마다하지 않으며, 시와 문학에도 깊은 관심을 보인다. 특히

2 Alan Goldman, *Transforming Toxic Leaders*(Stanford, CA: Stanford Business Books, 2009).
이 책은 자성을 모르는 리더가 기업 전체와 조직원에게 미치는 영향에 관해 논의하고 있다.
Daniel Goleman, et al: "Primal Leadership," in *Harvard Business Review on Breakthrough
Leadership*(Boston: Harvard Business School Press, 2001).
3 맹교의 〈등과후登科後〉에서 인용하였다.

입만 열면 '죽어도', '절대'와 같은 단어를 습관처럼 내뱉는 리더 가운데 종종 이러한 경향을 찾아볼 수 있다.

주위를 둘러보면 이들은 업무상 남에게 뒤처지는 것을 용납하지 않으며, 창조와 혁신에 과감한 성향을 드러낸다. 덕분에 쉽게 대중의 호감을 사기도 한다. 하지만 정반대 상황도 나타날 수 있다. 조직의 큰 방침 혹은 발전의 청사진은 매우 희망적이나 실제 시행 과정에서 리더의 간섭이 더해지면 비이성적인 편차가 발생하기도 한다. 때론 편차의 이유조차 몰라 어리둥절해하는 경우도 있으나 이는 과거의 화려했던 시절을 무조건 답습하려 하거나 혹은 전임 리더의 실패를 기억에서 깡그리 지워버리려고 하는 경향 때문이다. 반대로 전임 리더의 공적을 뛰어넘기 위한 과욕으로 인해 투자비용은 전혀 따지지 않고 맹목적인 출혈 경쟁에 나선 탓도 있다. 이러한 상황에 직면한 리더는 갈수록 자신을 통제하지 못하므로 기업은 쉽게 분열하기 시작하고 시장의 기회마저 놓치게 된다.

모 기업의 자문위원을 지냈던 나 역시 이러한 성향의 중년 리더를 만난 적이 있다. 45세의 그는 모 의류 수출 기업의 최고 책임자였다. 마침 중국 정부가 정책적으로 지지하는 '해외 진출'의 조류를 타고 발전의 도약을 이루었다. 하지만 그는 자신의 경쟁 상대를 고작 상하이와 베이징의 일부 상업 지구로 한정하고는 작은 밥그릇 싸움을 하느라 거대한 시장에 진출할 기회를 놓치고 말았다. 국제 시장의 속성상 다른 기업들이 발 빠르게 해외시장에서의 우위를 선점하는 결과를 초래했다. 하찮은 성과에 연연하는 습성과 과도한 소모성 출혈 경쟁이 빚은 결말이었다.

국제 시장의 흐름을 잡지 못하면 생존할 수 없는 업계에 종사하는 CEO가 국가 정책을 이해하지 못한다면 어찌 치열한 시장의 기회를 손에 넣을 수 있단 말인가? 그는 어리석게도 세계 자본시장의 방향과 추이에는 등을 돌린 채 전략의 방향을 엉뚱한 곳으로 향하게 하여 스스로 자신의 발목을 묶어둔 것은 아닐까?

이러한 사례를 통해 설령 나르시스트라 할지라도 자기 애착에 대한 의미를 제대로 파악해야 한다는 교훈을 얻을 수 있다. 자기 자신을 똑바로 지탱할 수 없다면 아무리 우수한 자질을 타고났다고 해도 이를 활용하여 최대의 이익을 창출해낼 수 없다.

경영자의 지위에 오르려면 상당한 경력과 현장 경험을 쌓아야 한다. 세월은 흐르는 강물처럼 스쳐가는 법이다. 이처럼 짧은 인생을 어찌 쓸데없이 허비할 수 있겠는가?

이러한 이유로 리더십 연구는 심리학의 영역까지 접근하게 된다. 인간은 사회적 동물이다. 최고 권력을 손에 쥐지 못한 사람에게 경력이란 자신의 내면에 도사린 부스러기 같은 흔적일 뿐이다. 어느 날 갑자기 권좌를 차지하게 되면 사람들은 부단히 권력을 키워나간다. 물기 젖은 콩을 말리지 않고 방치하면 한없이 부풀어 오르는 것과 같다. 이는 결국 자신의 내면을 억압하여 심각한 갈등과 부담을 야기한다. 이런 유형의 리더는 심리적으로 과거와 결별하지 못하는 습성이 있으며 쉽게 행동에 나서지 못하므로 결코 미래를 개척할 수 없다.

이런 상황일수록 공명심이 남다른 사람(혹은 리더라는 자리에 애착이 있는 사람)이라면 고도의 전략을 세워야 할 것이다. 과거를 과감히 청산하고, 현재 혼란을 일으키며 심리적인 압박을 가하는 모든 '매몰 비용 sunken cost'을 즉시 중단해야 한다. 정상적인 운영을 위해선 반드시 '관리 감독자'가 있어야 한다. 심리적인 부담으로 다가오는 정서적 요인을 제거한다면 리더는 관리상의 최대 효익 이외의 다른 문제로 인한 고민을 덜게 되므로 자신이 전념하는 만큼의 성과를 이룰 수 있다.

동일한 시련 앞에서 사람들은 저마다 선택의 차이를 보인다. "강변에 서서 말없이 상처를 흘려보내네. 강물 위에 낙조가 탄식처럼 길게 드리웠구나"라며 가볍게 털어버리는 사람이 있는가 하면, "무릇 사내란 용기부터 진작시켜야 하며 최근에 벌어지는 일을 헤아려볼 줄 알아야 한다"[4]

며 스스로 의지를 다지는 사람도 있다. 강자가 되는 비결은 이처럼 내면의 심리적 균형을 유지하는 것이다. 주위의 무책임한 손가락질이나 리더의 질책으로 인한 중압감에서 벗어나라. 과거의 모든 패배의 기억은 뇌리에서 지워버려라. 과거로부터 지금까지 이어온 모든 시기와 수치, 회한을 집어던져라. 오랜 응어리와 상처들을 스스로 끊어내지 못하면 분출구를 찾지 못한 상흔들이 가슴속 한으로 남아 오랫동안 쌓이고, 결국 당신의 경력에 흠집을 내고야 만다.

가슴속 응어리를 푸는 것은 도교의 선사들이 행하는 '요단了斷'과 유사한 과정이다. 티끌만 한 응어리라도 부담이 된다면 즉시 훌훌 털어버려야 한다. 눈앞에 펼쳐진 아름다운 현실의 삶을 향유하지 못하고 과거의 기억을 차곡차곡 쌓아두는 리더는 자신은 물론이고 주변 사람들과 남은 인생 모두를 송두리째 방치하는 결과를 가져온다.

이미 지나가버린 일로 슬퍼하지 마라.
고통으로 가득한 현재도 결국은 한계가 있는 법
이백 년을 지탱해온 성곽 안으로
대체 얼마나 많은 이들이 스쳐 지나갔겠는가?

원진元縝, 〈화악천고상댁和樂天高相宅〉

과거는 어미 지난 일이 되었네.
미래는 예측할 필요가 없는 법.
오직 오늘의 도리를 행하는 것만이 최선일 뿐
매화가 익어갈 때면 마디마디 향기를 뿜는다네.

석청공釋淸珙, 〈산거시지일山居詩之一〉

4 설기동의 〈운중행云中行〉, 이함용의 〈송종형입경送從兄入京〉에서 차례로 인용하였다.

55 모노드라마에는 리더가 존재하지 않는다

두보는 관직을 버리고 사천 일대를 떠돌던 시절에도 나라를 향한 우국 충정마저 저버리지 못했다. 유랑 세월을 보내던 그의 발길은 매일 아침 제갈량의 사적으로 향했고, 참배를 올리는 두보의 가슴속에선 아래의 곡조가 저절로 흘러나왔다.

> 승상의 사당을 어디에서 찾을까.
> 금관성 밖 잣나무 우거진 곳이라네.
> 섬돌에 비친 초록의 풀잎은 절로 봄빛을 띠고
> 나뭇잎 사이의 꾀꼬리 무심히 즐겨 노래하네.
> 번거롭게 세 번을 다시 찾은 이유는 천하를 위한 계책이요
> 두 임금 섬겨 나랏일 해나감은 노신의 충성심이라네.
> 출사표 던졌으나 이기기도 전에 목숨을 잃으니
> 길이 후대의 영웅들 옷깃에 눈물 가득 채우게 하네.

두보, 〈촉상蜀相〉

두보는 유비와 제갈량의 '풍운제회風雲際會'[1]를 가슴깊이 사모해왔다. 제갈량을 향한 두보의 동경은 다른 시를 통해서도 쉽게 엿볼 수 있다. 하지만 현대인들은 고대의 군신 관계를 떠올릴 때마다 시대착오적 발상이라는 생각을 한다. 역사상 통치 계급은 계급투쟁 이론에 길들여진 현대인의 관점에서 본다면 한마디로 악당일 뿐이다. 권력을 남용하여 사리사욕을 채우는 소인배들과 어찌 진심 어린 협력을 시도한다는 말인가? 생각만 해도 가증스러운 이야기가 아닐 수 없다.

그러나 실제 업무 경험을 쌓은 이들은 리더십의 문제가 결코 리더 한 사람의 재능이나 자질에 의해 좌우되지 않음을 뼈저리게 깨닫게 된다. 거의 모든 리더십은 대부분 개인적 과제를 초월하는 문제이다. 리더보다는 오히려 모든 핵심 구성원의 능력을 어떻게 발휘할 것인가 혹은 어떤 식으로 상호 지지할 것인가 하는 문제로 귀결될 뿐이다.

영웅은 출신을 따지지 않는다. 다만 천하의 영웅이라도 누군가와 협력하지 않고는 아무것도 이룰 수 없다. 이것은 역사의 필연이다. 매니지먼트 학자들은 이를 협력형 기업 혹은 협력형 리더십이라고 한다. 사회가 대혼란기에 접어들고 새로운 질서가 개편되는 변혁의 길목에서, 천하의 흥망을 손에 쥔 자는 계층을 따지지 않고 제삼자와의 끊임없는 협력을 모색하는 가운데 조직을 건립한다. 간혹 평범한 만남 속에서 우연한 요인으로 인해 역사가 창조되기도 한다(가장 대표적인 예가 바로 유방이다). 이미 붕괴된 체제의 권력을 계승한 자나 이를 지탱하는 행정조직은 사상 누각일 뿐이다(여기서 문득 원세개가 떠오른다).

권력을 손에 쥔 자는 과도기적 상황에 직면했을 때 반드시 정치적 수

---

1 『주역』 〈건·문언〉에서 그 어원을 찾아볼 수 있다. 구오가 "비룡이 하늘에 있으니 대인을 만나는 것이 이롭다는 말이 무슨 뜻입니까?"라고 묻자, 공자가 "같은 소리끼리 서로 응하고 같은 기운끼리 서로 구한다. 물은 습지로 흐르고 불은 마른 것에 붙는다. 구름은 용을 따르고 바람은 호랑이를 쫓는다"라고 대답한 데서 유래한 것으로, 훌륭한 임금과 신하의 만남을 상징한다.

완이 뛰어난 인재를 찾기 마련이다. 군사력과 경제력을 겸비한 인재를 찾아 협력을 성사시키지 못하면 그가 손에 쥔 권력 자원 역시 아무런 빛을 보지 못하고 사장되기 때문이다. 사회적 발전을 거듭하고 문화를 이어지게 하려면 반드시 그 사회의 구성원에게 기회를 제공해야 한다. '풍운제회'는 바로 그들의 만남을 뜻한다.

제齊 환공桓公은 끓어오르는 화를 속으로 누르며 자신을 죽이려 한 사람과 정책을 논하였으며, 그에게 정부의 일을 주관하도록 하였다. 그가 바로 관중이며, 그를 추천한 사람은 제나라의 모신 포숙아鮑叔牙였다.

오나라 왕 합려闔閭는 밤마다 등불의 심지를 밝힌 채 당시 아무도 알아주는 이가 없을 뿐 아니라 내세울 공적 하나 없는 제나라 귀족이 쓴 군사이론서 13편을 읽었다. 이 책의 제목은 『손자병법』, 합려에게 그 책을 추천한 이는 바로 오자서였다.

처음에는 초나라의 이민자에 불과했으나 '죽은 말을 산 말'처럼 돌본 덕분에 패전에 허덕이던 월나라의 기사회생을 도왔다. 결국 월나라에 승리와 재건의 영광을 안겨주었다. 그의 이름은 범려이며, 평소 인재를 눈여겨보았던 월나라의 지혜로운 대부가 그를 적극 추천한 덕이었다.

비록 '이방인'의 신분이지만 진의 개혁에 동참한 이들(상앙, 장의, 범저, 여불위, 이사 등)도 있다. 이들 중에는 구시대의 귀족끼리 힘을 합쳐봐야 개혁은 요원한 일이라고 생각한 향촌의 말단 관리도 있었다. 그는 사실 지명 수배된 범죄자 신분이었으나 귀족 출신과 결탁하여 천하통일의 대사를 도모했다. 향촌의 말단 관리 유방과 귀족 출신 모사 장량이 바로 그들이었다.

유비는 천하통일이라는 큰 뜻을 품고 군사를 일으켰으나 번번이 패전을 면치 못했다. 기약 없이 세월을 보내며 때를 기다리던 유비는 어느 날 볼일을 보고 나오다가 우연히 자신의 허벅지에 군살이 붙어 있음을 발견하고 남몰래 눈물을 훔쳤다. 유비는 가슴속 깊은 곳에서 역사의 풍운제회를 동경하고 있었는지도 모른다.

현대인의 관점에서 이러한 풍운제회가 몰고 올 사회적 대가와 파장은 매우 크다. 각 진영의 혼전으로 인하여 수많은 기반 시설이 파손되고, 백성들의 삶은 파탄으로 치달으며 문명은 후퇴하고 인본마저 무너져 내릴 위험이 내재하고 있기 때문이다.

그러나 국가가 정치적 교착 상태에 놓일 경우에 남다른 재능과 포부를 겸비한 인재들을 체제 밖으로 내몬다면 이들은 허황된 잡념에 사로잡혀 열정을 허비하게 될 것이다. 이러한 현상은 과연 누가 책임질 것인가(개혁은 이러한 문제를 해결하는 가장 좋은 방법이 되기도 한다)?

후대의 문인들 사이에는 풍운제회가 마치 가장 모범적인 정치 유형인 양 찬양하거나 이를 유가 정치학의 낭만주의로 간주하는 경향을 찾아볼 수 있다. 일각에서는 개인의 야욕과 사소한 명예욕이 뒤섞인 것으로 오해하기도 한다. 하지만 사람들은 표면의 모든 거품이 사라진 후에야 비로소 깊은 통찰을 느끼게 된다. 역사상 모든 풍운제회는 리더십의 가장 다채로운 사례이며, 황제 혼자 북 치고 장구 치는 1인극의 원맨쇼를 능가하는 또 다른 대안으로 기록할 가치가 있다.

우리는 리더십에 관련된 다양한 사례를 접하면서 역사를 반성해보는 시간을 가질 수 있다. 그들은 이러한 풍운제회가 도화선이 되어 확실히 가장 성공적이고 가장 왕성한 창조력을 보였으며 효율성이라는 측면에서도 가장 높은 성과를 얻었다. 특히 이러한 기간 동안 고위층의 화합이 가장 밀도 있게 진행되었음을 확인한 바 있다.

'나홀로 독주'하는 전제 정권을 향해 비단 유가뿐 아니라 마르크스주의자에 이르기까지 너도나도 반기를 들지 않았던가? 이러한 정권이 결국 고립무원의 상태에 빠져 파멸하는 것은 이제 너무나 통속적인 스토리가 되어버렸다.

청조 말기의 통치 집단은 밀려오는 외세에 대처하는 서로의 견해가 너무나 달랐기에 눈치만 보며 상호 협조를 미루다가 결국 개혁의 기회마저 놓치고 말았다. 오히려 소규모 조직이자 변변한 영웅이나 인재도 없었으나 신해혁명辛亥革命이라는 계기를 통해 새로운 시대의 포문을 열었던 사실을 역사를 통해 직접 확인한 바 있다.

그뿐이 아니다. 파벌 간의 알력 다툼으로 상대가 숨을 쉴 수 없도록 서로를 압박하는 정당(혹은 그들의 리더)일수록 결국 민중과의 연합을 저버리고 청년층의 호소에도 등을 돌리는 성향이 강했으며, 이미 손에 넣은 개혁의 기회마저 제 발로 차버리는 통치 집단을 수없이 봐왔다.

중국 사회주의를 주도한 세력들은 태행산太行山에 은둔하면서 고작 다섯 명의 서기와 소수의 수행원을 이끌었으나 대대적인 토지개혁을 주도하는 한편 중국 전역의 사회주의 전쟁을 총괄 지휘했다. 이들은 채 2년도 되지 않아 천하를 평정했다.[2]

당시 만세삼창을 부르는 그들의 함성 소리는 온 산을 쩌렁쩌렁 울리며 천하를 호령했다. 중국의 젊은 세대는 영웅적인 지도부는 부모보다 낫다는 말을 들어본 기억조차 없을 것이다. 다만 집단 리더십을 민간에 떠도는 전설이라고 폄하해서는 안 된다. 조직원 한 사람 한 사람의 지혜를 모은 인적 자본의 기초 위에 리더의 진실한 역량이 가세하였기에 이처럼 강력한 힘을 발휘할 수 있었던 것이다. 이것은 훗날 '집단적 리더십 collective leadership' 이론의 시초가 되었다. 위대한 역사의 변천은 리더 한 사람의 능력이 아니라 조직원 간의 상호 보완성에 의해 이루어진다는 사실은 아무리 강조해도 지나치지 않다. 다양한 계층이 모인 리더 집단은 수천만의 평범한 시민들의 '열정적인 참여'를 통해 폭발적인 역량을

---

2 태행산은 하북성河北省 평산현平山縣 서백파에 위치해 있으며 중국 혁명의 성지로 일컬어지고 있다. 1947년 7월 류샤오치劉少奇, 주더朱德를 중심으로 중앙공위(중국 공산당 중앙 직속 공작위원회)를 이곳에서 발기했다. 1948년 5월, 마오쩌둥은 중앙공위를 이끌고 중국인민해방군 총사령부를 이곳으로 이전하여 1948년 9월부터 1949년 1월 사이에 삼대전역의 지휘를 성공적으로 이끌었다. 1949년 3월 7차 이중전회二中全會를 개최한 뒤 베이징으로 사령부를 옮겼다.

발휘하게 된다.

오늘날 시장경제의 특징은 대중의 성장이며, 이는 과거 춘추전국시대를 연상케 한다. 중국의 기업가와 경영인들은 과연 조직형 리더십을 보여줄 수 있을까? 통계에 따르면 그들 가운데 다수는 영웅형 리더십을 추구한다. 사회 일각에서 나타나는 현상을 보면 그들은 위대한 영웅을 모방하는 데 그치지 않고, 심지어 제왕 흉내 내기에 혈안이 된 것 같다.

현실에서 영웅이 등장하는 경우는 매우 드물다. 슈퍼맨은 스크린 속에서나 존재하는 법이다. 리더 자신이 과연 영웅의 자격을 갖추었는지는 스스로 판단해야 할 일이다. (궁금하면 집에 가서 아내에게 물어보라. 금방 알게 될 것이다.) 자신이 경영하는 조직의 내부에서 영웅을 찾을 수 없다면 굳이 영웅을 찾아 나설 이유가 있을까? 기업의 CEO가 영웅이 아닌데 대체 어디에서 영웅을 찾는단 말인가? (영웅이 어디에 있느냐는 문제는 나중에 고민하도록 하자.)

영웅도 실수를 저지른다. 하지만 그들이 오류를 범할 경우 일반인이 저지른 실수보다 훨씬 더 엄중한 결과를 가져온다는 사실을 알아야 한다. 아무리 사소한 실수라도 수많은 매스미디어를 통해 곧장 대중에 적나라하게 알려지며, 의원들의 난처한 질문에 일일이 답변해야 하는 청문회에 회부될 수도 있다.

그러나 영웅이 신이 아닌 이상 절대 실수하지 말하는 법은 없다. 관건은 실수를 저지르고 난 뒤 누가 이를 수습할 것인가가 문제이다. 이것은 결국 고스란히 리더의 몫이 될 것이다. 영웅을 찾아 이러한 사태를 수습하고자 했을 뿐인데, 오히려 사악한 포부와 원대한 야망을 드러내며 리더의 개입마저 거부한다면 어쩔 텐가?

리더 스스로 이러한 질문을 던져본 후에 한 가지 중대한 사실을 깨달아야 한다. 영웅주의, 특히 개인 영웅주의가 얼마나 치명적인 함정인지 직시해야 하는 것이다. 이쯤 되면 풍운제회식의 '집단적 리더십'을 떠올릴 수도 있다. 풍운제회風雲際會라는 사자성어가 때론 구태의연하게 느껴질 수도 있고, '집단적 리더십'이란 표현 역시 공허하고 선정적인 문구로 받아들여질 수도 있을 것이다. 하지만 이것의 의미는, 단순한 '파트너'라는 뜻과는 다르다. 그래서 서양 속담에도 "동업자 한 명이 세 명의 고용인보다 훨씬 낫다"는 말이 있다.

피터 드러커는 지식경제 사회의 특징을 묘사하면서 이러한 사실을 거듭 강조했다. 투자자와 직원은 모종의 자본을 상호 제공하는 관계이다. 투자자는 금융자본을 제공하고 직원은 지적 자본을 제공하므로, 이들의 관계가 필연적으로 협력 관계로 변모한다는 그의 이론은 단순한 가설이 아니다. 하버드 경영대학원 교수 도로시 레오나르도Dorothy Leonard와 심리학 교수인 월터 스워프Walter Swap는 공동 저서를 통해 이렇게 밝혔다. 20세기 이래로 진행된 기술 진보, 예를 들어 반도체의 발명은 기술의 상호 보완이 이루어낸 협력으로, 매우 창조적인 결과라는 것이다.

지금 이 순간에도 유비를 자처하는 세상의 모든 리더는 열 일을 제쳐 놓고 제갈량을 찾아다닌다. 이 땅의 모든 제갈량 역시 방구석에 틀어 박힌 채 누군가 대문을 두드리며 구원의 손길을 내밀 때까지 마냥 기다릴 수는 없다.

이들의 역사적인 '풍운제회'를 위한 최적의 장소는 어쩌면 골목 안 커피 전문점이 될 수도 있다. 종이 냅킨 위에 적어 내려간 대략적인 전략의 윤곽은 어쩌면 현대판 '융중대隆中對'의 모델로서 새로운 사업을 잉태하지는 않을까?

56 '설익은 밥'의 리더십

　제갈량에 대한 후대인의 평가는 제각각이다. 중국 사회는 더 이상 과거의 편협한 기준(그 어떤 도덕적 기준을 막론하고)에 의거하여 역사적 인물을 평가하는 수준을 뛰어넘었기 때문이다.[1]

　현대인들은 제갈량의 군사 지휘 능력과 인사 관리상의 허점은 물론이고, 내면의 심리적 결함에 이르기까지 그의 업적을 놓고 이견이 분분하다. 일각에서는 제갈량의 일거수일투족(업적을 포함하여)을 종합해봤을 때 장량 혹은 범려에 한참 못 미치는 수준이라고 주장한다.

　그러나 이들이 간과하고 있는 사실이 하나 있다. 당시 제갈량이 직면했던 상황은 장량 혹은 범려가 처했던 상황과 본질적인 차이가 있다는

---

[1] 이러한 현상은 학자들에게서 더욱 두드러진다. 쉬저윈 교수는 1992년에 출간한 『역사로 리더를 평가하다』라는 저서에서 제갈량에 대한 평가를 언급하지 않았으며, 2005년에 출간한 『역사에서 인물을 보다』를 통해 제갈량의 전략이 현실에 전혀 부합되지 않았음을 지적했다.

점이다. 제갈량은 상을 근거지를 마련하는 동시에 적과의 전투를 치러야 했다. 안정된 근거지에 정착하지 못한 채 그때그때의 형세에 따라 공격과 퇴각을 결정해야 하는 전천후 전투의 연속이었다. 제갈량의 상대는 남의 충고에 귀 기울이지 않는 오왕 부차나 서초 패왕 항우가 아니라 『손자병법』을 통달한 조조였다. 범려만 해도 월나라의 전폭적인 지지를 받았고, 국가 중건 계획은 문종이 별도로 주관하고 있었기에 후방까지 신경 쓸 필요가 없었다. 장량이 항우에게 '약법삼장約法三章'을 내세워 함양에서 약탈과 방화를 저지르지 못하도록 막은 것 또한 한군이 이미 관중 백성들의 지지를 받고 있었기 때문이다.

하지만 제갈량이 처한 상황은 달랐다. 촉의 군영은 도처에서 빈틈을 보였고 인재도 여실히 부족했으며 근거지 역시 늘 제삼자로부터 '양도' 받아야 했다. 특히 실무 경험이 전무한 유비와 그의 형제들은 기초적인 사회적 기반마저 마련하지 못한 실정이었으니 적을 상대하면서 자신의 기반을 닦는 일은 결코 간단하지 않았다. 더욱 안타까운 사실은 유비의 터무니없는 실수로 힘들게 손에 넣은 형주마저 내놓아야 했다는 것이다. 이로써 간신히 맺은 군사동맹마저 깨지고 마침내 이릉에서 참패를 당하고 말았다. 한순간의 실수가 모든 것을 원점으로 되돌렸던 것이다.

사실 제갈량의 문제는 원대한 포부를 품은 소자본 경영자라면 누구나 한 번은 겪어야 하는 통과의례라고 할 수 있다. 사업의 기반이 되는 시장을 유지하는 동시에 어떤 사업을 공략하고 어떤 사업을 포기해야 할지 결정해야 한다. 만약 제갈량이 한중을 차지한 것에 만족했다면, 어찌 천하를 감동시킬 수 있었을까? 하지만 어느 한쪽을 포기하지 않는다면 위험 부담이 커진다. 사마의가 제갈량의 업적을 평가하며 "뜻은 위대하나 기회를 타지 못했다"라고 말한 것 역시 바로 이런 이유 때문이다.

무에서 유를 창조하기는 쉽다. 하지만 작은 것을 크게 만들기란 결코 쉽지 않다. 바늘구멍처럼 작은 틈새를 뚫기는 쉽지만 겹겹이 싸인 중심부를 향해 비집고 들어가기란 여간 어렵지 않다. 중원에서 멀리 떨어진 변방으로부터 제한된 자원에 의지하여 신흥 세력을 일으키는 것은 아무에게나 허락된 일이 아닐 것이다. 훗날 이들이 중원을 향해 출사표를 던지고 마침내 천하 제패를 이룬 사례는 역사상 매우 드문 경우에 속한다. 이로부터 1,700년 후 공산당이 주도하는 사회주의 세력이 거점이 될 근거지를 차지하기 위해 벌였던 투쟁 역시 이러한 성공 사례 중 하나로 기록되고 있다.

중국 공산당이 강서江西, 섬북陝北 및 태행산太行山 지구에서 치른 전투와 제갈량이 목숨을 내걸고 한중에서 치렀던 결전은 후대인에게 시사하는 바가 매우 크다.

따라서 제갈량의 전략적 안목을 폄하하는 것은 다소 경솔한 일이다. (최소한 융중대의 첫 번째 단계상 그의 의도는 적중했다.) 근거지의 공고한 구축이라는 측면에서 제갈량은 최선의 노력을 다했다. 다만 문제는 전체적인 국면에 대한 인식이 부족했으며, 전략 능력을 갖춘 인재와 손을 잡는데 소홀했다는 점이다. 촉군의 초창기에는 간부가 부족하지 않았다. 하지만 실제로 제갈량은 간부로서 효과적인 영향력을 발휘하지 못했고, 결과적으로 유비와 그의 형제, 부하들을 적절히 통제하고 구속하지 못했던 것이 실패의 요인으로 지적되고 있다. 이러한 면에서 그의 업적은 젊은 나이에 요절한 법정보다 못한 평가[2]를 받을 수밖에 없다.

유비의 휘하에는 내로라하는 영웅호걸이 모여들었다. 그들의 욕심은 종종 자신의 능력을 초월했다. 제갈량을 자기편으로 만들려고 노력하지 않았으며, 괜한 승부욕으로 그의 체면을 깎기도 했다. 당시 촉군은 지식 수준이나 역량 면에서 위대한 사업을 일으킬 역량을 갖추지 못했으며,

---

2 뉴선종의 『전략가戰略家』(관계사범대학출판사, 2003), 74-91쪽의 내용을 일부 인용하여 제갈량의 전략을 평가하였다. 제갈량의 제2단계 전략 비평은 유문서의 『사해관규史海管窺』(중국발전출판사, 2009), 120-122쪽의 내용을 인용하였다.

책임지고 이러한 역할을 맡을 인물도 부족했다. 천하의 제갈량도 그들에게 일일이 정치위원(당시에는 이러한 개념도 존재하지 않았다)을 파견해 줄 수 없었기에 그가 할 수 있는 것은 단지 행동상의 제약을 가하는 것이었다.

촉의 리더십은 시종일관 '설익은 밥'처럼 어설프기 짝이 없었다. 신발 밑창이 닳도록 CEO 혼자 바쁘게 뛰어다녀봤자 어차피 기업 전체에 감독의 손길이 두루 미치지 못하기 마련이다. 설상가상 이사장을 비롯한 각 담당 부서의 총감독관들이 기업의 성패가 달린 순간, CEO의 충고를 무시하고 말도 안 되는 오류[3]를 범하기도 한다. 호기에 찬 협객, 구습에 얽매인 필부, 실무 능력 제로인 '황제의 자손'으로 이루어진 이 환상의 조합을 통해서는 비단 1,800년 전은 말할 것도 없고 현대에 와서도 문제 해결은 요원할 뿐이다.

짚신 삼는 일로 근근이 입에 풀칠이나 하던 유비와 제갈량의 풍운지회는 세상의 이목을 집중시키는 데에는 성공을 거둘 수 있었다. 하지만 제갈량은 어렵게 손에 넣은 밧줄이 결국 천 길 낭떠러지 아래로 자신을 밀어 넣을 거라고는 추호도 상상하지 못했을 것이다. 어느 날 문득 정신을 차리고 난 뒤에야 어떻게 하면 이러한 하락세를 반전시킬 수 있을지 고심하느라 제갈량의 속은 까맣게 타들어갔을 것이다. 어쩌면 고혈을 짜내는 심적 고통이 천하의 제갈량을 죽음으로 몰아갔을 수도 있다. 마지막까지 촉을 위해서 헌신했던 그는 진정한 군자의 모습을 보여주었다.

다른 말로 부연 설명하자면 리더십은 결코 소꿉놀이가 아니다. 천부적인 재능을 타고난 제갈량일지라도 한 손에 부채를 든 채 고개만 까닥하는 것으로 모든 문제가 해결되는 것은 아니다. 결국 리더십의 성공 여부

---

3 쉬저윈의 『역사로 조직을 말하다』에 의하면 "제갈량의 비극은 유비의 '한탕주의'와 '맥성에서의 관우의 참패'가 도화선이 되었다. 유비는 제갈량의 충고를 무시하고 동오로 출정하였고, 이처럼 감정적인 유비의 일처리 방식은 결국 본전조차 건질 수 없게 되었다"라고 기록하고 있다.

는 제갈량이 자신의 파트너와 어떤 방식으로 협력했는가에 달려 있었던 셈이다.

사람들은 이러한 이유로 성공이 눈앞에 다가올 때면 제갈량의 실패를 망각한다. 반면에 뜻하지 않은 위기가 닥치면 그제야 비로소 제갈량을 떠올리며 연민의 마음을 품는다. 이러한 연민의 정서에는 리더십에 대한 현실적인 무력감이 있다.

당 말기의 시인 나은羅隱 역시 이런 정서를 시로 남겼다.

> 남양의 은둔을 뒤로하고 주공의 걱정을 함께 나누기로 맹세하니
> 북정동토의 위대한 전략이 모두 주효하였다네.
> 적벽에서 천지의 힘을 하나로 모았으나
> 운이 다하니 영웅도 제 뜻을 펼치지 못하는구나.
> 천 리에 이르는 촉의 산하가 어린 아두와 같이 가벼이 쓰러지니
> 등애는 촉을 공격하고 초주는 투항을 권하네.
> 오로지 암자 아래 흐르는 물만
> 해마다 끊이지 않고 눈물을 흘리네.
>
> 나은, 〈주필역籌筆驛〉

주필역은 사천성 광원현에 있는, 과거 제갈량이 전쟁 물자를 조달했던 곳이다. 이 시에 등장하는 초주는 훗날 황제 유선에게 위에 투항할 것을 권유했던 유학자이다. 마오쩌둥은 말년에 이 시를 자주 암송했는데 "운이 다하니 영웅도 제 뜻을 펼치지 못하는구나"라는 구절에 각별한 애정을 보였다는 후문이 전해온다.

57 왕안석의 변법이 실패한 이유 1

피터 드러커는, 매니지먼트란 정확한 방법으로 일하는 것이라고 정의했다. 리더십은 정확한 일을 하는 것이다. 그는 효율에 관해서도 이와 비슷한 정의를 내렸다. 효율 역시 정확한 방법으로 일하는 것이며, 효과란 정확한 일을 하는 것을 의미한다고 말했다. 이로 인해 미국의 매니지먼트 관련 서적에는 "정확한 일을 하는 것이 정확한 방법보다 훨씬 더 중요하다"는 의미의 글귀를 종종 찾아볼 수 있다.

사람들은 정확한 일과 정확한 방법이 서로 대립하는 개념인 양 오해하지만 이는 피터 드러커의 의도와 거리가 멀다. 결과적으로 정확한 방법으로 일을 하고자 할 때는 시야를 높여 멀리 내다봐야 하며 정확한 방향을 선택하여 정확한 일을 해야 한다는 것이 그의 본뜻인 셈이다. 관리의 실천 과정에서 때로 정확하지 않은 방법을 선택할 경우 정확한 일을 해낼 수 없으므로 각종 오류가 수면 위로 떠오르게 된다. 이로 인해 정확한 일을 할 수 있는 모든 기회를 상실하는 셈이다. 이러한 사례를 역사 속에서 찾기란 그리 어렵지 않다.

특히 새로운 분야를 개척하는 업무인 경우 조직 내부의 우려는 물론이고 외부의 냉담한 반응과 반대에 필연적으로 맞닥뜨리게 된다. 완벽한 리더십을 구현하려면 대중의 의혹 어린 시선을 감수하는 것은 물론이고 가장 정확한 방법을 선택해야 한다. 이것이 바로 대중의 불안한 정서를 완화시키는 유일한 방법이기 때문이다. 다시 말해 여론이 '어떤 식의 개선이 최선이란 말인가,'라는 건설적인 논쟁에 머무는 것은 허용할 수 있지만 '개혁을 할 것인가, 말 것인가' 혹은 '이대로 후퇴할 것인가?'라는 원론적 논란에 휩싸이게 되는 것만큼은 피해야 한다.

기술적인 면에서 가장 중요한 문제는 개혁을 통해 시간을 확보하고 최적화된 조작 방식으로 효과의 극대화를 이루는 것이다. 이것이 어렵다면 양보하고 타협하라. 오직 정확한 방향성을 견지할 수만 있다면 결함은 잠시 보류하는 융통성을 발휘하는 것도 나쁘지 않다.

실패의 전형적인 이유는 정확한 일을 한다는 명분 아래 잘못된 방법을 선택하기 때문이다. 가장 대표적인 사례가 송나라 왕안석의 변법이다.

이른바 왕안석의 변법을 최초로 제안한 사람은 왕안석이 아니라 송 신종神宗 조욱趙頊[1]이었다. 당시 연호를 따서 '희녕변법熙寧變法'이라 지칭하기도 한다. 왕안석은 단지 신종의 위탁을 받아 정책을 제정하고 이를 실행했던 최고 업무 책임자인 COO(최고운영책임자)에 지나지 않았다.

희녕변법은 1069년에 시작되어 1085년까지 16년간 지속되었으나 결국 실패로 끝났다. 주요 실패 원인은 소씨 형제(소식, 소철)가 보수파의 손

---

1 조욱은 북송의 제6대 황제로 1067년에 즉위하여 18년간 권좌에 있었다. 그는 부국강병의 기틀을 마련하고자 왕안석을 중용하고 변법 개혁을 실시하였다. 한편 대군을 출병시켜 서하西夏를 점령했으나 개혁과 군사행정상의 수많은 허점을 보이다 결국 실패했다. 37세(1085년)의 나이에 세상을 떠났다.

을 들어주었던 탓도 있으나 그보다는 량치차오梁啓超를 비롯한 수많은 현대 학자의 지적처럼 변혁의 의지가 희석된데다 법령의 제정과 실행에 있어 구성원 간의 협조가 전혀 이루어지지 않았기 때문이다. 이러한 상태에서는 변법의 본래 취지를 실현할 방도가 전혀 없었다. 송 신종은 공적에만 연연했으며 성취에 조급했다. 왕안석 역시 자신의 의견을 고집했으며, 오로지 주관에 따라 변혁을 추진했다. 이들이 출발선부터 어긋나기 시작한 것을 두고 후대인들은 특히 왕안석에게 감독 소홀의 책임을 묻는다. 간사한 인물들을 중책에 기용하고 지나치게 고집스러웠던 그의 형편없이 낮은 'EQ 지수' 탓에 국가 제도와 사회의 충돌은 더욱 격화될 수밖에 없었다.[2]

일각에서는 송조의 개국 이래 문치를 중시하고 인재가 넘쳐났으며, 심지어 선조들이 남긴 한 차례의 개혁 유산[3]이 있었음에도 불구하고 어째서 더 많은 사람들을 변혁의 대오 안으로 끌어들이지 못했을까 하는 의문을 품는다.

하지만 문제의 근원은 생각보다 뿌리가 무척 깊었다. 우선 리더십의 부재를 첫 번째로 꼽을 수 있다. 리더로서 변법의 구심점 역할을 해야 함에도 불구하고 공감대를 형성하고 저항 세력을 누그러뜨리려는 노력이 부족했을 뿐 아니라 미래를 창조하려는 의지와 능력도 모자랐다. 국가 차원의 대규모 변혁을 시행할 때는 소수의 머리에서 짜낸 고도의 전략이나 과도한 열성보다는 통치 집단 및 사회 정예 부대의 지지를 이끌어내

---

2 쉬저원의 저서 『역사로 조직을 말하다』(홍건전기금회, 1997), 197-221쪽의 내용을 인용하였다. 하지만 역사가 황인우는 왕안석의 개혁이 현실과 동떨어졌으며 애초부터 성공할 가능성이 없었다고 평가했다. 이 내용은 『허드슨 강변에서 중국 역사를 논한다』(삼련서점, 1992), 155-161쪽에 실려 있다.

3 범중엄의 경력신정慶歷新政을 가리킨다. 송 인종 경력 3년(1043년)에 송조는 하夏와의 전쟁에서 참패하자 재상 여이간을 파면하고, 범중엄에게 제도를 정비하고 개혁을 실시하라고 명했다. 그 해 9월 범중엄은 왕의 재촉을 받으며 모두 열 가지 조항의 개혁안을 제안했다. 그러나 1년 4개월 후 경력신정은 기득권의 반발로 인해 실패하고 범중엄은 파직당했다.

는 것이 무엇보다 중요하다.

위로부터의 개혁과 아래로부터의 개혁은 전혀 다른 양상을 보인다. 전자의 개혁은 목표가 확실하고 업무 역시 간단하다. 누군가 나서서 제창하기 시작해서 다수의 호응을 이끌어내며 군중심리를 유발한다. 핵심적 리더는 이러한 흐름에 따라 움직이므로 급진적인 시행을 사전에 막을 수 있다.

사실상 변혁의 집행자는 통치 집단 혹은 사회 정예 집단이 내세우는 이론과 맞닥뜨렸을 때 수동적인 태도를 취하게 된다. 왕안석 역시 변혁을 진행하는 과정에서 반대파와 설전을 치러야 했다. 따라서 왕안석이 아무리 문장이 수려하고 언변이 좋다고 해도 이처럼 반대파의 비난에 줄곧 시달리다 보면 정서적으로 피폐해지는 것은 당연한 일이다.

항상 논쟁의 중심에 서야 했던 왕안석은 개혁의 타당성과 명분에 관해 사대부 계층과의 허심탄회한 대화를 나눌 방법을 찾지 못했다. 변혁의 주체가 될 수 없었던 그에게 중재자 역할을 기대하기란 쉬운 일이 아니었다. 송조 이래 널리 만연하기 시작한 정치적 폐단은 1인 재상의 '나 홀로 정치'[4]를 허용했다는 점이다. 만약 누군가 왕안석을 보조해야 한다면 그 역할은 당연히 송 신종이 떠안았어야 했다.

물론 송 신종이 왕안석의 고충을 나 몰라라 한 것은 아니다. 오히려 역대 개혁자들과 비교하면 그의 불평은 사치에 가깝다. 하지만 왕안석과 신종의 '풍운제회'는 단순한 빛과 그림자 역할에 지나지 않았다. 송 신종의 지지는 개혁을 실행하기 위한 실무적인 협조와 거리가 멀었을 뿐 아니라 상호 보완을 중시하는 파트너의 관계를 크게 벗어나는 것이었다. 이처럼 두 사람의 관계는 시종 불균형을 가져왔고, 무의식중에 신종의

---

4 쉬저원은 『역사로 조직을 말하다』를 통해 황제가 재상 한 사람의 의견에만 귀 기울인 것을 이렇게 표현하고 있다.

독단을 조장하는 결과를 가져왔다.[5]

그 밖의 여러 이유를 종합해봤을 때 송 신종은 정확한 일을 해내지 못했으며, 당연히 정확한 방법도 선택할 수 없었기에 자신의 개혁을 성공으로 이끌어낼 수 없었던 것이다.

예를 들어 조정의 변혁, 기본 계획의 수립, 인재 등용에 있어서 고위층의 개입을 막는 일은 기득권층이 전면적인 반대에 나설 경우 이를 해결할 중요한 열쇠로 작용한다. 여기에는 인사상의 협조뿐 아니라 전략상의 협조가 뒤따라야 한다. 송 신종의 위탁을 받아 시행된 변법의 모든 정책은 왕안석의 주관 하에 제정되기는 했으나 중앙정부의 재정 수입을 증대시키는 일에 주안점을 두어야 했다. 만약 왕안석이 다른 사람의 의견을 폭넓게 수용하고 이를 책임지고 완수했다면, 참혹한 대가를 치르는 일은 없었을 것이며, 오히려 보수 세력과의 연맹을 강화하여 연대를 확대시켰을 수도 있다.

한 가지 예를 더 들자면 변혁을 주관하는 핵심 리더는 신법을 추진하는 과정에서 지역적 특성을 인정하는 융통성을 발휘해야 한다. 왕안석의 개혁은 비록 기층 정치를 토대로 시행되었으나 실상은 장강 삼각주에 집중되어 있었다. 만약 전국의 현지 실정에 대한 이해가 있었다면 역사는 새로 쓰였을 것이다. 정치적 입지를 지닌 거점이자 물자가 풍부한 일부 지역을 대상으로 변법에 대한 '검증 기간'을 거쳤더라면 몇 년 후 왕안석의 상황은 크게 개선되었을지도 모른다.

중국처럼 광대한 인적 구성원과 강한 지역적 특색을 지닌 국가에서는 지역마다 각기 다른 개혁 전략을 설립해야 한다. 지역의 특성에 따른 변혁의 필요성을 인정하고, 나아가 각기 다른 성향을 지닌 사대부 계층이

---

5 쉬저원은 『역사로 조직을 말하다』에서 "송 신종은 본래 소통을 모르는 인물이었다"라고 적고 있다.

제안하는 다양한 개혁 방안을 정책에 도입하여 건전한 경쟁의식을 촉진하는 것이 바람직하다.

무엇보다 우선시해야 할 것은 이 모든 정책을 실행하기에 앞서 왕권의 영향력이 고루 발휘될 수 있도록 중앙집권체제를 마련하는 일이다. 정책을 실행하기 전에 반드시 거쳐야 할 것이 바로 타협이라는 덕목이다. 왜냐하면 타협과 소통은 사대부 계층 간의 전면적인 분열을 미연에 방지하는 윤활유 역할을 해주기 때문이다.

팔짱을 낀 채 수수방관하려는 계층이나 변혁을 극구 반대하는 기득권 세력까지 자신의 편으로 끌어들여 협력을 도모하는 리더십이야말로 위로부터의 변혁을 성공으로 이끄는 결정적 요인이라고 할 수 있다. 이러한 대융합이 불가능한 리더라면, 개혁은 빛 좋은 개살구에 불과하다. 정확한 일을 하려는 자는 반드시 정확한 방법을 선택해야 하며, 하물며 위대한 변혁을 꿈꾸는 자는 말할 것도 없다.

미국 〈독립선언서〉의 초안 작성자 중 한 명이자 미국 국무총리와 제2대 부통령을 역임했던 토머스 제퍼슨은 이런 말을 남겼다. "성품은 물결치는 대로 흘러가는 것이 좋지만 원칙은 반석처럼 견고해야 한다." '부두 노동자 철학자'로 유명한 에릭 호퍼Eric Hoffer 역시 "리더라면 선견지명을 갖추어야 하지만 결코 현실에서 벗어난 행동을 해서는 안 된다"고 지적했다.

유학자의 성향 가운데 하나는 천하의 일을 자신의 소임으로 여기는 것이다(송 신종은 이런 성향이 더욱 강했다). 하지만 이처럼 원대한 이상을 실현하려면 어떻게 해야 할까? 사회 변혁의 의지를 관철하려면 무엇부터 하는 것이 좋을까? 리더는 사회적인 협조를 요청하기 이전에 최소한 방법론적인 측면에서 자신과의 협력부터 원만히 이루어야 한다. 만약 희녕변법을 실시하는 과정에서 변혁을 제안한 자와 집행하는 자, 그리고 반대 세력의 구분을 나누지 않고 각자의 독단과 요구를 조금만 양보하고 이성적인 조율을 더했다면, 왕안석의 변법은 성공 사례로 기록되었을지도 모르는 일이다.

그러나 송 신종과 왕안석의 변혁 노선은 시간이 갈수록 급격히 지지 세력이 줄어들며 백성의 신뢰를 잃었다. 결국 이들의 개혁은 아무런 성과도 얻지 못한 채 끝났고, 부국강병을 염원하며 불철주야 힘쓰던 신종의 실패는 지나친 과욕은 나쁜 결과를 초래한다는 선례를 남겼을 뿐이다.

자신의 이상을 과감한 행동과 실천으로 옮겼던 한 젊은 유학자의 실패는 다른 유학자들에게 정치 개입과 사회개혁에 대한 반감과 두려움을 심어 주었다. 유학자들은 겉으로만 허세를 부릴 뿐 자신이 직접적인 책임을 져야 하는 소임은 회피했으며, 정치상의 어떤 역할도 맡으려 하지 않았다. 송대의 이러한 정치는 극심한 파벌을 형성하며 정국을 끝없는 혼탁으로 몰아넣었다. 청의 광서제光緒帝는 왕안석의 희녕변법을 지칭하며 이러한 시를 읊었다.

신종은 본래 영명한 군주였으며
왕안석은 원래 아첨하는 신하가 아니었네.
안타깝게도 재주는 고집으로 점철되고
마침내 신법으로 백성들은 병이 들어가네.

광서, 〈송 신종〉

왕안석의 신법은 시행 과정에서 많은 문제를 일으켰지만 정작 당사자는 이러한 상황을 전혀 의식하지 못했다. 현대 사회에서 이처럼 협동력이 부족할 경우 기업의 대표이사 혹은 CEO를 겸직한 리더는 COO의 독주에 버금가는 폐단을 초래하게 된다. 내부의 손발이 전혀 맞지 않는 상황에서 리더 홀로 '독불장군'처럼 개혁을 추진해봤자 대내외적인 상호 보완과 협조를 기대하기 어렵다. 왕안석의 경우 심지어 양무파와의 연맹마저 틀어지고 말았다. 위의 시는 희녕변법 이후 800년의 세월이 흐른 후에 또 한 차례의 개혁이 실패로 끝났음을 시사하고 있다.[6]

---

6 쉬저원의 『만고강하萬古江河』(중화서국, 2006), 447-451쪽의 내용을 보면 "양무파는 기계를 설비하고 공장을 세우는 등 중국의 군사력을 막강한 수준으로 끌어올리는 데 주력했다. 심지어 실업을 진작시키고 해외로 국가 이윤이 반출되는 것을 막았다. 이들은 '중학위체, 서학위용中學爲體, 西學爲用'이라는 구호 아래 중체서용을 제창했다. 또한 중국이 서양의 제도적 모델로 전환되는 것을 반대하고 나섰다. …… 대다수 백성들은 광서를 지지하지 않았다. 왜냐하면 단지 양무파를 지지했을 뿐 유신론을 받아들인 것은 아니기 때문이다."

58 왕안석의 변법이 실패한 이유 2

송 신종과 왕안석의 변법에 관한 논의는 앞에서 이미 충분히 언급했다. 하지만 여전히 다하지 못한 이야기가 있어 다른 측면에서 이 문제를 다시 거론하고자 한다. 이 장에서는 평소 '고집불통 승상'이라는 호칭이 따라다녔던 왕안석과 신종의 관계를 재정립해보려고 한다.

희녕변법의 핵심은 '청묘법靑苗法'에 있었다. 송 정부는 보릿고개 때가 되면 낮은 금리를 적용하여 농업 자금을 대주었다. 가을 수확철이 되면 되갚는 이 제도는 농민의 숨통을 틔어주었다. 높은 금리의 개인 사채를 이용한 후에 이를 갚지 못해 발생하는 각종 폐단을 막기 위한 보호 조치였다. 청묘법의 실시는 토호들의 과도한 착취를 막고 농민 스스로 생산 규모를 높일 수 있도록 장려하여 결과적으로 국가 재정 수입의 증대를 가져올 수 있었다. 이러한 제도를 현대적 관점에서 평가하며 후대인들은 "왕안석의 사유 방식은 현대인에 가깝다. 다만 동시대의 보통사람들보다 너무 앞서 나갔다는 것이 흠이었다"라며 안타까워했다.[1]

왕안석의 변법(특히 청묘법)에 대해서는 상반된 두 개의 의견이 팽팽히 맞서고 있다. 일부에서는 당시 왕안석의 사유(물론 이는 그의 자유이다)가 시대를 지나치게 앞섰다고 본다. 청묘법은 소농경제와 국가가 주도하는 금융 서비스의 결합을 핵심으로 제정되었다. 이것은 1,000년이나 시대를 앞선 과도한 상상력의 결과였다.

또 다른 견해는 당시 송 정부가 행정 수단을 통해 상품 시장에 관여하고 공급을 보장함으로써 사회적 안정을 취한 것이라고 보는 관점이다. 이는 전국시대 때부터 실시되오던 것으로, 단지 고전적 수단으로는 금융을 통제할 수 없다고 보았다.

송대에 이르러 시장이 발달하자 상법을 제정한 이후의 국가 재정 수입의 3분의 2는 농업 이외의 분야로 채워지게 되었다. 변법이 만들어지기 이전에 이미 송대 지식 사회에는 신경제 사상이 등장했다. 예를 들어 이구[2]는 "백성의 부는 늘어나지 않는데 국가는 부유해지고 있다"고 주장하며 훗날 호적으로부터 변법의 이론을 이끌어내는 밑거름이 되었다. 그의 제자들은 변법의 중요한 역할을 맡아 수행하게 되었다. 더구나 왕안석을 포함한 지방 행정관들이 이와 유사한 금융 수단을 시행해본 결과 이미 실효를 거둔 경험이 있었던 것이다. 그렇지 않고는 제아무리 원대한 이상이라도 법제의 테두리 안에서 보호받을 수 없었을 것이다.

한 가지 더 짚고 넘어가자면, 학자들은 왕안석의 신법이 비교적 물자가 풍부한 장강 삼각주에서 실현 가능한 전략이었다는 점에서 가난한 북방 지역 출신의 정치가들(사마광 등을 포함)과는 이미 좁힐 수 없는 현실적 괴리가 존재할 수밖에 없었다고 강조한다.

---

1 조익, 『왕패의리王霸義利』(남경대학출판사, 2000)의 내용을 인용하였다.
2 이구(1009~1059년)는 북송의 사상가이자 시인이다. 증공과 어사 등 주요 관직을 역임한 등윤보가 그의 문하생이었다. 왕안석은 그와 교제를 나누었는데, "답왕경산서"의 일문에서 이구의 의견을 참조하여 채택하였음을 밝혔다. 등윤보는 왕안석의 변법에 적극적으로 동참하였다.

왕안석이 일반적 의미의 유학자와는 매우 다른 성격의 인물이라는 사실은 충분히 이해할 수 있다. 그는 송조의 신흥 시장경제를 대표하는 유학자로서 전통 유학자와 신진 재정 전문가의 입장을 모두 대변하고 있었다. 그의 건의는 개혁을 발동시켰으며, 정치계에 미래 지향적 바람을 불러일으켰다. 왕안석이 실시한 변법의 목적은 비단 현재의 사안을 해결하기 위한 임시방편이 아니었다.

역사상 참신한 개혁이 성공을 거두기 위해서는 반드시 현실과의 거리를 좁혀야 했다. 하지만 왕안석은 "남의 말 따위는 두렵지 않다"는 식의 독단적인 태도로 일관하였기에 반대파의 지지를 얻을 수 없었다. 그들은 해결 방안은 내놓지 않으면서 오로지 탁상공론만 일삼는 무리였다. 사상과 지식의 측면에서 왕안석의 사유는 그들로서는 도저히 이해할 수 없는 경지에 닿아 있었던 것이다.

왕안석을 말할 때 송 신종을 빼놓을 수는 없다. 하지만 변법의 제안자이자 왕안석의 정치적 파트너였던 신종 역시 당대에는 보기 드문 전문가형 인재였던 왕안석과의 협력에 관해 진지하게 고민해본 적이 없었다.

그러나 이러한 현실은 1,000년이 지난 현대 사회에 와서도 별반 달라진 것이 없다. 전문가를 기용하는 대부분의 기업이 어떤 식의 변혁을 실시할 것인지에 관해 아무런 사전 연구 과정을 거치지 않는 것이 현실이다. 따라서 학자들은 새롭고 참신한 정책일수록 이론만 거창할 뿐 그 실효성은 장담할 수 없다고 우려의 목소리를 높인다.

리더십과 관련된 가장 큰 오해는 리더십이 지식과 전문성을 대체할 수 있다고 착각하는 것이다. 전문가의 손에 맡겨서 처리해야 할 분야가 있고 리더가 할 일이 따로 있다. 모든 지휘권을 전문가의 손에 쥐어준 후 당장 실효를 거둘 수 있을 거라고 착각해선 안 된다. 전문가 그룹은 혁신 과정을 조직 구성원들에게 일일이 설명하고 전달할 필요성을 전혀 느끼지 못하기 때문이다. 소통의 부재를 극복하려면 반드시 인간적인 교류가

선행되어야 하고 내부의 교류와 협력을 촉진시키는 일에 힘써야 한다.[3]

소통의 매니지먼트는 리더십이 기필코 해결하고 넘어서야 할 산이다. 문제 해결의 열쇠는 리더 개인이 아닌 리더십에 있으며, 이러한 리더십을 발휘하려면 한두 명의 지지자에 의지할 것이 아니라 전체 구성원의 동의를 구해야 한다. 그래야만 조직 내부의 자연스러운 교류와 변론의 장을 통해 다양한 협력 관계를 설립할 수 있기 때문이다.

조직 행동 시스템으로 유명한 마거릿 휘틀리Margaret Wheatley 박사는 조직 내부의 진정한 권력과 역량은 대부분 관계 형성을 통해 발휘된다고 강조했다. 이러한 관계의 기틀과 이를 형성하는 능력이야말로 그 어떤 임무, 직능, 역할보다 훨씬 중요한 의미를 갖는다.

전문가의 존재는 매우 중요하지만 조직 내에 의견을 제시하고 자문을 제공하는 역할에 그쳐야 한다. 사실 조직 내부의 고질적인 문제를 해결하기 위해 외부에서 전문가를 초빙한다는 자체가 실로 아이러니한 현실이 아닐 수 없다. 특정 분야의 전문가를 통해 전면적인 문제를 해결하려는 시도는 결코 정확한 방법이라고 할 수 없다. 내부 협력을 촉진하고 전체 국면을 총괄하며 전문가와 개혁 세력을 보호한다는 차원에서도 특정 전문가에게 지나친 권력을 부여하는 일은 자제하는 것이 좋다. 더구나 문제가 되는 사안을 전문가 홀로 지휘하는 상황에서 대량의 업무를 부여하는 일은 피해야 한다. 왜냐하면 전문가의 전공(예를 들어 왕안석의 경우처럼)을 내버려둔 채 잡다한 업무에 매달리게 하는 것은 그가 가진 재능을 낭비하는 것이기 때문이다.

당시 유학자들이 문인 기질이 강하고 개인적 공명심으로 가득 찼다는

---

3 Rosabeth Kanter: "Innovation," in *The Essentials*(Cambridge: Harvard Business School Publishing Corporation, 2011), pp. 113-136.; David Rooke and William Torbert: "Seven Transformations of Leadership," in *On Leadership*(Cambridge: Harvard Business School Publishing Corporation, 2011).

것을 제외하면, 사실 그들 간의 분규가 결코 계급투쟁이나 그와 유사한 시도임을 반영하는 것은 아니었다. 송 왕조의 대표이사이자 CEO를 겸했던 신종 및 이사회 임원인 송 황실(이들끼리도 분열이 있었다)은 변법 시행 과정에 사대부들을 끌어들이기 위해서 설득과 타협, 심지어는 뇌물 공세(뇌물 공여는 당시 송 왕조 비장의 무기인 셈이었다)까지 일삼았다.

만약 송 신종이 왕안석 한 사람에게만 중책을 맡기지 않고 최적의 업무 환경을 조성하여 변혁의 관건인 신법의 완수에만 전념하도록 했다면 어땠을까? 솔직히 왕안석의 '고집불통' 성품으로는 독립 컨설팅 회사를 설립하는 것조차 쉽지 않았을 것이다.

결과적으로 송조의 1인 재상 제도는 필부 여러 명이 머리를 맞대고 지혜를 모으는 것보다 못한 결말을 가져왔다. 설상가상 재상이 새로 바뀔 때마다 매번 '고집불통 승상'의 전례(사마광 역시 소동파로부터 '사마 고집불통'이라는 평가를 받았으며, 송 신종의 생모로 수렴청정을 실시했던 고 태후 역시 '고집불통 태후'였다는 후문이 전한다)를 만들었으니 남송 이후의 상황은 갈수록 악화되었다.[4]

주변에 협조해주는 이가 없다면 재상 혼자서는 결코 업무를 완수할 수 없다. 왕안석은 비록 권력의 중심에 있었음에도 인간적인 고독을 느꼈을 것이다. 그는 훗날 관료 사회에서 배척당한 후 불행한 가족사를 겪어야 했고, 말년에 이르러서는 형편없는 평판을 감수해야 했다. 그는 중국 역사상 수없이 되풀이되어온 바람직하지 못한 선례를 남겼다. 바로 실패한 개혁과 개혁자는 국가 관리 실패의 죄과를 짊어져야 한다는 사실이다.

이러한 사실을 종합한다면 왕안석이 왜 그토록 강남을 그리워했는지 이해할 수 있을 것이다. 강남은 그의 고향이자 이상과 포부를 실현하고

---

4 송조의 정치 논쟁을 종결하며 전목은 "송대의 제도적 단점은 산만하고 나약한 것이 문제일 뿐 전제와 폭력이 아니었다"고 일축했다. 그의 저서 『중국역대정치득실中國歷代政治得失』(동대도서, 1993)의 내용을 일부 인용하였다.

수많은 업적을 이룬 곳이다. 젊은 유학자는 강남을 기반으로 국가의 미래에 대한 원대한 야망을 품었으며 신법에 대한 확신을 가졌다. 강남은 왕안석의 유일한 유토피아였는지도 모른다.

> 경주와 과주는 강물 하나를 사이에 두었네.
> 종산도 다만 겹겹의 산 너머에 있겠지.
> 봄바람에 강남의 언덕은 다시 푸르건만
> 명월은 언제나 돌아오는 나를 비추어줄까?

왕안석, 〈박선과주泊船瓜洲〉

제7장

인재 선발과 관리

앞을 보면 옛사람 보이지 않고 뒤를 보면 오는 사람 보이지 않는다.
이 세상의 아득함을 생각하면 홀로 마음이 쓸쓸하다.
前不見古人, 後不見來者.
念天地之悠悠, 獨愴然而涕下.
진자앙, 〈등유주태가登幽州臺歌〉, 무측천 만세통천武測天 萬歲通天 2년(기원전 697년)

59 잃어버린 봄날을 찾아

　철없는 아이들은 인생의 소중함을 알 리가 없다. 기업도 마찬가지다. 조직에도 왕성한 생명력이 존재한다는 사실을 기업의 초창기에는 전혀 인식하지 못한다. 그래놓고 나중에 서로에게 책임을 떠넘기는 현상이 비일비재하게 일어나는 것이다. 실패를 떠넘기는 조직일수록 과거의 열정으로 충만했던 창업 초기를 회상하며 "그래도 그때가 좋았지"라며 후회한다.

　과거와 현재를 비교하기 좋아하는 사람들일수록 조직이 하루가 다르게 발전하는 시기를 절호의 기회로 삼기는커녕 너무나 태만하게 흘려보낸다. 조직의 발전적 추세는 대체 어디서 비롯되며, 왕성한 원동력은 또 어디서 생성되는 걸까? 이러한 추세를 유지하려면 어떻게 해야 하고, 발전에 가장 큰 영향력을 미치는 힘은 과연 무엇일까? 만약 사업상의 위기가 닥치면 어떻게 해야 하는가? 사실 기업의 경영인과 핵심 리더는 이러한 질문에 관해 진지하게 고민할 겨를조차 없다. 초창기의 좋은 시절을 헛되이 흘려보내고 난 후 더 이상 희망이 보이지 않을 때 비로소 과거의 활기찬 시절을 떠올리며 아득한 추억에 빠져들 뿐이다.

몇 해 전 내가 모 과학기술 기업의 부총재직을 맡고 있을 때의 일이다. 10월의 어느 주말 아침, 고위층 간부들과 함께 베이징 향산을 등반하며 야외 회의를 진행한 적이 있다. 그날 안건 중 하나가 바로 '초창기의 발전적 추세를 어떻게 회복할 것인가'였다. 전 세계의 시장경제가 격동의 시기에 접어든데다 인터넷 버블의 붕괴로 기업의 뼈를 깎는 구조조정 없이는 살아남기 힘든 상황이었다. 내가 몸담고 있던 기업 역시 사양길에 접어들어 위태로운 행보를 이어가고 있었다. 초창기의 좋은 시절을 함께 보냈던 동료들마저 하나둘 회사를 떠나는 시점에서 옛일을 생각하니 남은 이들마저 만감이 교차하는 기분이었다.

갑자기 분위기가 침울하게 가라앉으며 하늘에서 빗방울마저 흩뿌리자 일행은 걸음을 재촉했다. 오후가 되자 비가 잦아들며 햇살이 다시 비추었다. 울창한 나뭇가지를 뚫고 강렬하게 내리쬐는 황금빛 태양과 반짝이는 나뭇잎을 보니 문득 납란성덕의 시 한 수가 떠올랐다.

> 이젠 누가 생각해줄까,
> 가을바람에 혼자 떠는 나를.
> 날리는 가랑잎, 닫혀버린 창
> 옛 생각에 잠겨 석양에 선다.
> 술에 취하였으니
> 젊은 날의 꿈을 깨우지 마시라.
> 도서賭書는 옛 추억 되고 차의 향만 남았구나.
> 당시는 이 모든 것이 평범한 일상이었거늘.
>
> 납란성덕, 〈완계사浣溪沙〉

'도서'의 전고를 설명하자면 송조의 여류 문사 이청조李淸照를 언급하지 않을 수 없다. 초년 시절의 그녀는 남편과 함께 산동 제남의 고향을 찾아가 전원생활을 보냈다. 금실이 좋았던 젊은 부부는 함께 책을 읽으며 고전 속의 문구를 찾아 서로에게 그 뜻과 의미를 물어 대답하지 못하면 벌주를 마시는 내기를 즐겼다. 그 시절 그녀는 경제적으로 부족할 것이 없었으며, 무엇보다 마음껏 문화를 향유할 수 있었다. 하지만 금나라의 도발 때문에 남방으로 피신한 뒤로는 북방 사대부로서의 마지막 한 시절을 그곳에서 보냈다. 송이 멸망하자 그녀는 한 척의 배에 '채 싣지도 못할 만큼 큰 슬픔'을 싣고는 유랑생활을 시작했다.

사람들은 좋은 날이 지나간 후에야 평범했던 날들의 소중함을 그리워한다. 때때로 이러한 연민과 상심의 정서는 사람들을 사지로 몰아넣기도 한다. 하지만 수백 번을 돌이켜본들 이미 부질없는 일이 아닌가? 사람들은 왜 항상 같은 실수를 되풀이하는 걸까? 이런 의미에서 신기질의 시는 시사하는 바가 매우 크다.

> 지난 봄날, 열세 살 소녀의 자수처럼
> 가지마다 꽃봉오리 빈약하구나.
> 심지어 무정한 비바람 휘몰아치고
> 고향 뜰에 붉은 이끼 주름처럼 뒤덮어버리니
> 가벼운 바람둥이처럼 봄은 오래 머물지 않네.
> 봄을 보내고 다시 맞이하던 예전 기억을 떠올리니
> 봄은 강물 일렁이며 술을 빚고
> 처량한 버드나무 강가에서 서로의 안부를 묻네.
>
> 신기질, 〈분접아粉蝶兒〉

어린 소녀가 서툰 솜씨로 수를 놓는 모습은 모든 조직의 '초창기 시절'과 닮아 있다. 이제 막 자수를 배우는 소녀에게 아무도 정교한 솜씨를 기대하지 않는다(가지마다 빈약한 꽃송이뿐이라도 어쩔 수 없다). 어느 조직 이나 초창기에는 모든 구성원이 사심을 버리고 온 정성을 바친다. 마치 어린 소녀가 한 땀 한 땀 바늘을 옮기듯 진지하고 천진난만하기까지 하 다. 제삼자의 입장에서 지켜보자면 별로 대수로울 것도 없다. 왜냐하면 누가 봐도 소녀의 자수 솜씨는 어설프기 그지없기 때문이다. 그러나 열 정으로 가득한 청년들은 고통 속에서 즐거움을 찾고 시련을 통해 성취감 을 얻기 마련이다. 인생에서 젊은 시절에 겪은 경험의 가치는 금전으로 환산할 수 없다. 사회 초년 시절은 누구나 경험도 부족하고 이론도 형성 되어 있지 않으므로 시행착오를 겪기 십상이다. 하지만 스스로 부족함을 알기에 더욱 두 눈을 부릅뜨고 주위를 살피며 한층 세심하게 주의를 기 울인다. 이로써 더 이상 같은 실수를 저지르지 않게 되고, 아울러 업무상 의 사소한 단점을 점차 보완해나가게 된다. 이것이 바로 조직의 학습 과 정이다.

경험은 자본과 관계없이 평등하다. 영혼의 크기만큼 사회적 인정을 얻 는 과정이다. 따라서 가장 뜨거운 열정과 희망을 품는 사회 초년 시절을 인생의 봄날로 간주하는 것이다. 안타까운 점은 이 시기가 영원히 이어 지지 않는다는 사실이다. 기업에도 어김없이 봄날은 존재한다. 내가 과 학기술 공사에 투입되었을 때는 마침 공격적인 투자로 인해 그 어느 때 보다 위기의식이 가중되었고 연일 회의가 끊이지 않았다. 나는 우연한 기회에 그들이 초창기에 겪었던 여러 가지 고충을 듣게 되었다. 그들은 마치 퇴역 군인처럼 온갖 무용담을 늘어놓기 시작했다. 당시 아이를 임 신 중이던 사장 부인은 주말에도 회사에 나와 야근하는 직원들을 격려하 며 함께 밤을 지새웠다고 한다. 이러한 대화가 오가는 도중에 나는 그들 의 눈빛에서 초년 시절의 열정을 충분히 느낄 수 있었다.

사람들은 왜 과거를 그리워하는 걸까? 초년 시절을 떠올리면 어째서 눈시울부터 적시는 걸까? 짐작컨대 과거의 순수했던 마음가짐이 오늘에 와서는 눈을 씻고 찾아봐도 없기 때문일 것이다. 대학가 근처에 가까스로 마련했던 옛 사무실의 정취는 사라진 지 오래다. 낡은 사무실은 이제 고층 빌딩으로 자리를 옮겼고, 갓 입사하여 풋내기에 불과했던 앳된 얼굴의 직원들은 이제 회사의 중역이 되었다. 몇 해 전까지만 해도 스스럼없이 '형수님'이라고 부르던 사장 부인은 더 이상 회사에 얼굴을 내밀지 않는다. 한참 후에야 그들은 사장 부부가 이혼했다는 소식을 전해 들었다고 한다.

사장 부인까지 사무실에 나와서 한마음으로 일했던 초창기 시절을 이제 막 자수를 시작한 어린 소녀에 비유한다면, 이들이 품었던 열정은 '가벼운 바람둥이'처럼 세월에 흩어져버렸다. 근무 기간을 채우지 못하는 직원이 늘어났고, 심지어 계약 해지를 주장하고 나서는 등 기업의 상황은 갈수록 악화될 뿐이다. 새로 들어온 직원들조차 삼삼오오 모여서 이런 회사를 더 다녀봤자 앞으로 무슨 전망이 있겠냐는 식의 불평을 늘어놓는 오늘날의 세태는 새삼스러울 것도 없다.

중국인은 낭만적인 조직 문화를 추구하는 경향이 있다. 초창기 시절의 기업은 종종 고대 무협소설의 영웅호걸처럼 보란 듯이 의기투합하여 사업의 기반을 마련하고 업무를 완수했다. 성공을 거둔 후에는 승리에 도취되어 호형호제를 외치며 음주가무에 탐닉한다. 오늘날 기업의 CEO는 바로 그들의 현대판 큰형님이고, CEO의 부인은 형수님을 자처한다. 중국의 국유기업, 민간기업을 가리지 않고 이러한 현상을 보인다. 민간기업의 경우에는 문제가 더욱 심각하다. 기업이 정상 궤도에 오르고 제반 규정과 제도가 순조롭게 유지되면 초기의 순수했던 열정은 빠르게 사라지고 각종 규약에 얽매이게 된다. 특히 전체 직원을 대상으로 기업의 이윤과 혜택을 분배할 경우 계층과 계급의 구분이 생기고, 이에 따라 급여와 대우가 달라져 서서히 차별의식이 증가한다. 이러한 분위기 속에서 일선 직원들의 사기는 급속히 떨어지고 서비스의 질은 서서히 나빠진다. 조직원 가운데 어느 누구도 오류를 범하는 것에 두려움을 갖지 않게 되고 이를 서둘러 보완하려 하지도 않는다.

조직 내부의 사기 진작과 감성을 자극하는 업무 환경을 조성하지 않는 대가는 혹독하다. 업무 환경이 삭막해짐에 따라 젊은 직원들은 하루에도 수십 번씩 내면의 갈등을 겪는다. 이는 비단 중국만의 현상은 아니며, 다른 나라 역시 예외는 아니다.

2004년 영국 《가디언 위클리》의 설문 조사에 의하면, 리더로부터 가장 받고 싶은 피드백은 '격려와 고무inspired'라고 한다. 하지만 조직의 구성원 가운데 '기업의 봄날'을 직접 겪었거나 이에 동참했던 경우는 전체의 10%에 불과한 것이 현실이다.

갤럽이 세계적인 기업을 대상으로 직원들의 지속적인 업무 몰입 정도에 관해 조사한 결과 몰입형 직원과 비몰입형 직원[1]의 비율이 각각 9.5 대 1로 나타났다. 일반 기업의 평균과 비교하면 상당한 차이를 보인다. 미국의 경우 기계처럼 출근 도장만 찍은 후 하루 종일 빈둥거리며 주변 동료들의 의욕마저 저하시키는 직원들 때문에 노동 생산성에서 연간 약 3,000억 달러의 손실을 입고 있다고 한다.

따라서 기업들은 이를 시정하기 위한 자구책으로 엘리트 출신 자문위원을 특별 초빙하여 직원들을 대상으로 강의를 실시하곤 한다. 그러나 막상 그들의 입에서 "자, 이제부터 올바른 기업 문화에 관해 논의해볼까요?"라는 말이 나오기 무섭게 회의실 분위기는 급속히 경직되고, 쓸데없이 화장실을 들락거리는 횟수만 늘어나는 것이 현실이다. 중국 사회는 여전히 전근대적인 의식이 깊숙이 뿌리박혀 있다. 이러한 사회에서 조직

---

[1] 비몰입형 직원이란 조직 내에서 업무를 처리하는 과정에서 당사자의 몰입도가 낮은 것은 물론이고 동료 간 혹은 상하 간 결속을 방해하는 조직원을 가리킨다.

발전의 정상화를 실현하려면 어떻게 해야 할까? 조직 구성원 간의 일상적 업무 과정에서 지속적으로 공감대를 유지하는 방법은 무엇일까? 불행히도 아직까지 이를 해결할 방안은 없다.

이에 대한 묘안으로 기업의 인력자원에 관한 문제를 고려해볼 수 있다. 직원 양성에서 계발에 이르기까지 직원에 대한 복지사업 계획을 제정하여 사기를 진작시키는 방안이다. 가령 사원주택 건설과 주택구입자금 대출 등의 방안이 있으나 이러한 조치 역시 제도적인 한계를 극복할수는 없다. 이러한 조치는 현안을 해결하지 못할 뿐 아니라 기업의 초창기 '봄날'과 비교했을 때 확실한 대안이라고 할 수 없다. 차가운 겨울에스튜디오 안에 인공 잔디를 깔아놓고 사진을 찍는다고 봄날의 정취를 느낄 수 없기 때문이다. 업무의 과정을 통해 형성되는 기업의 정서와 문화는 공동의 협력 과정 속에서 배양되는 것이므로 애써 모방하려고 한들진실을 대체할 만한 묘안은 없다.

매니지먼트 이론에 따르면 주체적인 책임감을 불러일으키는 것은 리더십에서 중요한 측면이다. 세대와 세대를 잇는 청년 계층은 하나의 조직 내부에서 실천하고 학습하고 창조하는 과정에서 진취적인 기회를 쟁취한다. 이것은 기술 지식과 계통 지식의 협력 관계가 양성되고 단련되는 과정으로 맹목적인 '학습'과는 구분해야 한다. 따라서 일상 업무와무관한 마구잡이식 설교와 주입은 철저히 구별되어야 한다. 가장 신뢰할수 있는 것은 덕망을 갖춘 원로급 직원들의 지도(하지만 이보다 좋은 방법은 직접적으로 관여하지 않는 것이다)에 따라 경력과 연령이 서로 유사한 동료들이 서로 협조하고 격려하는 분위기를 조성하여 새로운 업무를 끊임없이 완성해나가는 것이라고 할 수 있다.

매니지먼트 학자 제프리 페퍼Jeffery Pfeffer는 이를 기업의 인재 성장공간이라고 명명했다. 이러한 인재 성장 공간은 농부의 씨앗처럼 이듬해의 경영 자본이 된다. 조직이론 연구자 모건 맥콜Morgan McCall은 리더십과 리더를 키우는 가장 좋은 방법은 리더의 직위와 책임으로부터 한발 물러서는 것이라고 말했다. 중국 기업의 경영인들에게 이러한 조언은 '관리 소홀' 혹은 '수수방관'과 동의어처럼 느껴질 수도 있으며, 이를 토대로 능숙한 경영을 실현한다는 것은 말처럼 쉬운 일도 아니다. 하지만 현재로서는 이를 대체할 다른 묘안이 없음이 숱한 검증을 통해 밝혀졌다.

사실 수많은 기업인들은 아무리 풍부한 경험과 연륜(사실 이들의 연륜은 대부분 이미 유효기간이 지난 것들이다)을 쌓았다고 한들 이를 토대로 업무를 지속하고 사업을 전개하지는 못한다. 업무의 특성상 일부는 많은 인력이 필요치 않으며, 조직 구조 또한 유동적인 편이다. 나이가 많은 원로와 청년층이 섞여 있는 조직의 경우에는 거의 대부분 청년들의 활약이 두드러지기 마련이다(왜냐하면 청년층은 업무를 독립적으로 완수하기 때문이다). 더구나 최근 온라인 비즈니스의 확대로 인해 기업의 원로들은 설 자리를 잃고 있다(심지어 리더가 존재하지 않는 기업도 있다). 이와 반대로 젊은이들은 왕성한 생명력을 뿜어내며 놀라운 성장을 거듭한다. 이른바 기업의 골간으로 불리는 원로들의 역할은 대개 리더의 수행비서에 그치는 경우가 늘어났다. 따라서 이들을 기용한다는 것은 무의미한 일인 셈이다.

청년층에게 어떤 임무를 부여할 것인가는 이미 지엽적인 문제에 속한다. 상대성의 유지는 조직의 원활한 구성을 가능하게 한다. 현대 사회에서 청년층의 사회 진입 장벽을 허무는 가장 강력한 수단은 실적이다. 만약 기업이 청년들을 업무에 투입한 후에 별다른 이유 없이 그들에게 공적을 쌓고 업적을 실현할 기회를 제공하지 않는다면, 기업 전체에는 암울한 정서가 만연하게 될 것이다. (원로들이 모인 자리에서 '초기 그 시절'을 떠올리면 항상 눈가부터 촉촉해지는 현상 역시 오늘날 기업의 이러한 정서를 반영하는 것은 아닐까?) 업무상의 상실감과 인생의 패배는 서로 유사한 감정으로 견딜 수 없는 공포를 안겨준다.

이쪽에서는 질문을 던지지 않을 수 없다. 과연 조직의 경영이 이러한 경지에 도달하는 것이 가능한 일인가? 수많은 규범을 제정하고 복잡한 시스템을 갖추며 심지어 직원의 행동을 규범화하며 그들의 사고에 간섭함으로써 무엇을 얻고자 하는 것인가? 혹시 이러한 지나친 노력이 구성원의 내면에 상실감을 안기고 결국 조직에 냉담해지거나 불평을 하게 만드는 주범은 아닐까?

봄날을 그리워하는가? 만약 따사로운 햇살이 가득했던 봄날의 동화를 기억한다면 돌아오지 않을 옛 영화를 떠올리며 하릴없이 세월만 원망하지 마라. "허벅지에 불어난 군살을 바라보며 탄식하기보다는 힘껏 봄을 불러 한 송이 꽃을 피워보세"라는 납란성덕의 시 속에서 그 해답을 찾아보면 어떠할까?

늘 그래왔듯이 하늘은 스스로 돕는 자를 돕는다. 고개를 돌려 우리 주변에 매너리즘에 젖은 부하직원이 있다면 질책을 해주고, 사회 혼란을 조장하는 기업의 리더가 있지는 않은지 감시할 필요가 있다. 또한 우리 스스로 청년 핵심층을 격려하고 고무했는지 혹은 리더십의 발휘에 얼마나 큰 관심을 기울였는지 반성해볼 노릇이다. 가는 봄을 붙잡고 싶어 했던 옛 문인들의 정서를 그저 애틋한 감상으로 보지 말고 이를 기업 경영에 적용한다면 경영의 모범답안이 나올 수도 있다. 현대 기업은 이러한 제안을 받아들여 청년 핵심층을 키워 지속 가능하고 특수한 경쟁력을 갖출 수도 있다. "힘껏 봄을 불러 한 송이 꽃을 피워보세"라는 시인의 제안은 시대를 초월하는 힘을 갖고 있다. 사업을 번창시키는 기업가는 흔하지만 막상 침체기에 접어들었을 때 진정한 기업가의 면모를 발휘하는 리더를 찾아보기란 쉽지 않기 때문이다.

60 대당 굴기의 청년정신

　문학평론가들은 당시唐詩가 '청년정신'을 담고 있다고 한다. 현대인의 관점에서 보면 충의를 표방하고 공명을 숭상하는 사회적 분위기를 시대착오로 오인할 수도 있다. 하지만 당 왕조가 쇠락을 경시하고 강대한 풍격을 숭상하는 사회적 기풍을 확립하지 않았다면 후대인들은 어찌 "진대의 명월은 한대에도 빛나건만 만리장성에 간 사람은 언제 돌아올 것인가?"와 같은 명문을 상상이나 할 수 있었겠는가?

　중국의 사대부는 위진 시대 이후 줄곧 대사업을 추구해왔다. 따라서 도연명의 문학 작품 속에서 엿볼 수 있듯 술에 취해 시나 읊조리며 사회를 향한 냉소적 태도를 고집했던 것은 실패한 정치에 대한 당연한 반응일 뿐이다.

　'영명한 군주'의 부재 현상은 왕조 교체기마다 난세를 초래했다. 수나라 때 홍불녀의 전설이 민간에 파다하게 퍼진 원인은 패기를 잃고 한 치 앞도 예측할 수 없던 당시 사회의 불안한 세태를 스스로 자조하는 풍조가 만연해 있음을 반영한다. 물론 권력의 테두리 안에서 그들의 지위는 여전히 견고했지만 영웅에 대한 백성들의 열망은 민간에 더욱 거세게 타올랐다. 이 기세는 미친 듯이 쏟아진 폭우가 순식간에 거대한 물살을 이루어 하류의 모든 제방을 무너뜨리는 것과 다를 바 없었다. 이러한 사회적 열망 속에는 거대한 역량이 숨겨져 있으며 결국 견고한 제방을 무너뜨린다. 따라서 새로운 시대의 관문을 여는 열쇠는 세대교체를 열망하는 강력한 의지를 갖춘 리더에게 달려 있는 것이다.

당의 정관지치貞觀之治는 가치를 재건하는 사회적 계기를 마련했으며, 대사업에 대한 포부를 가슴에 품은 사람들에게 열망을 실현시킬 수 있는 현실적인 기회를 제공해주었다. 당시 장안성은 세계 최고의 생산성을 자부했으며, 여러 소수 민족의 뛰어난 인재들이 응집할 수 있는 기반을 갖추고 있었다. 이러한 바탕이 없었다면 당 제국이 다민족, 다종교의 세계 제국의 중심에 설 수는 없었을 것이다.

이로 인해 당시唐詩가 상징하는 '청년정신'을 자발적 사회현상이라고 보기는 힘들다. 우리는 이를 리더십 측면에서 재조명해볼 필요가 있다. 왜냐하면 영혼과 체제의 결합 없이 새로운 정치의 포문을 열기란 불가능하기 때문이다. 어쩌면 역사상 대당 제국의 존재 자체가 불가능했을지도 모른다. "이별의 갈림길에서 소녀처럼 눈물로 수건을 적시지 말게나"라고 결연한 의지를 보였던 시인 왕발王勃, "깊은 잠 탄식소리, 나라를 걱정하는 마음뿐이네"라며 우국충정을 드러낸 이백, 혹은 "황제를 요순보다 위에 두고 모시며 풍속을 다시 순박하게 만들고자 하네"라고 결의를 다짐했던 두보의 시가들은 지극히 개인적인 현대인의 관점으로 보자면 도저히 이해할 수 없다. 당대 시인들이 가슴속의 우국충정을 시가에 절절히 쏟아낼 수 있었던 것은 혹시 정치 풍조와 관련 있지 않을까?

사실 이러한 사회적 분위기는 당 초기 눈부신 발전의 결과였다. 우선 당대는 사회 엘리트층과 청년 세대의 충성을 재건하는 분위기가 고조되었다. 피도 눈물도 없는 치열한 경쟁 속에서 위기에 처한 기업이 뼈아픈 구조조정을 통해 굴기와 발전의 역사를 재창조하겠다는 구호를 내걸고 내부의 역량을 한데 모아 전체 구성원이 주체가 되고자 하는 상황과 다를 바 없다. 이는 비단 급여 동결이나 초과 근무와 같은 민감한 사안에 대한 구성원 전체의 공감대 형성은 물론이고, 이 모든 과정에서 일관성을 유지하고 조직의 기본 가치를 절대 양보하지 않겠다는 결의를 의미하기도 한다.

1998년 당시 미국 재계 서열 3위의 세계적인 특송 전문 업체인 유피에스UPS의 CEO는 파업의 여파가 가라앉자마자 즉각 성명을 발표했다. 기업과 직원 간의 '충성 규약'을 규정하고 이를 통한 재건을 다짐한 것이다. 기업의 창립자가 자신의 명예를 걸고 내세운 것은 "공을 세운 자는 해고하지 않는다"는 약속이었다.

혹독한 시련 앞에서도 열정으로 충만했던 설립 초기 기업이 '춘풍'을 유지할 수 있었던 배경에는 UPS가 표방한 것처럼 청년 세대의 사기를 진작시키고 성실 근면한 업무 태도와 기업에 대한 충성을 고무시키는 경영 이념이 있었음을 알 수 있다. 창조의 역사 이면에는 인류의 모든 노력에 앞서 청년 영웅 단체를 조직하는 일련의 과정이 있었음을 염두에 두어야 할 것이다.

당 제국 초기에도 이러한 선례가 존재한다. 당의 건립과 흥기는 후대 역사가들의 팽팽한 논쟁에서 알 수 있듯 특정 귀족 집단에 의한 것이 아니었다. 혈연과 지연에 얽매이지 않았던 이들은 말 위에서는 전사를 자처했고, 말에서 내리면 책을 읽고 시를 읊조렸던 청년 사대부들이었다.

후대 문인들은 당시唐詩 가운데 일명 '변방 시가'로 불리는 작품에 많은 영향을 받았다. 『전당시全唐詩』에 수록된 4만 8,000여 편의 작품 중 2,000편에 이르는 작품이 변방 시가에 속한다. 여기에 병영을 소재로 한 시가까지 더하면 그 수는 이루 헤아릴 수조차 없다. 서역의 이채로운 변방 풍경을 묘사한 "붉은 포도주 옥잔에 담아 마시려는데 비파 연주가 취기를 재촉하는구나"라는 시가도 있고 "가련하구나, 무정 강변에는 백골들이 쌓여가는데 꿈속에서나마 돌아올 날을 기다리네" 혹은 "사나이 한 평생 반드시 뜻을 펼쳐 보이니 나라를 위한 충정으로 천지가 하나가 되네"라는 시가를 통해 화자의 우국충정을 엿볼 수 있다. 심지어 두보는 "서촉형은 천하의 요새이며 국가의 안위는 반드시 인재에게 맡겨야 하네"라는 시가를 통해 정책적인 제안도 서슴지 않았다.

당대 재상을 지낸 대문장가 장열張說은 쉰 살의 나이에 중앙정부의 부름을 받고 변방에 파견되었다. 첫해에 변방의 분쟁을 해결한 그는 이듬해 기마 부대 20만을 이끌고 서역을 평정했으며, 2년 뒤에는 모반 세력의 진압에 나섰다.

4년 째 되던 해에 또다시 반군 잔당을 제거한 그는 중앙 군사력의 3분의 1을 손에 쥐게 되었다. 장열은 치열한 전쟁터 한가운데로 죽음을 무릅쓰고 불나방처럼 뛰어들었다. 그의 장렬한 희생에 굳이 제국주의라는 비난을 퍼부을 필요가 있을까? 혹은 자아를 방치한 어리석고 무모한 짓이라고 손가락질할 권리가 어디 있단 말인가? (오늘날 일부 좌파 청년들은 장열의 우국충정을 향해 '대체 누가 누구의 인민 대표란 말인가?'라며 반문하거나 자유주의 인사들 역시 '심각한 자아 인식의 결여'라고 운운한다.) 하지만 충성심이 결여된 조직은 오래 유지될 수 없다. 아무리 최첨단 정밀기계보다 더 강력한 동력을 지닌 조직이라고 해도 마지막에 남는 것은 구태의연한 관성뿐이다.

미국에는 아직도 적지 않은 사람들이 명예퇴직이 보장되는 대기업에 취업하여 안정적인 업무에 종사하고자 한다. 피터 드러커는 가까운 미래에 기업은 사람들의 이러한 요구를 더 이상 충족시키지 못할 것이라고 예견하고 있다. 기업은 언제든지 중견 간부 중 일부를 일반 직원으로 구조조정할 태세를 갖추고 있다는 뜻이다.

오늘날 미국과 중국의 기업들은 비용 절감을 목적으로 계약직 비율을 큰 폭으로 늘려가는 추세다. 이런 세태 속에서 어떻게 하면 중견 임원의 사기를 높이고 '청년 정신'의 발휘를 적극적으로 진작시킬 것인가 하는 문제는 현대 기업의 조직 관리상 반드시 풀어야 할 숙제다. 피터 드러커는 "조직은 도구가 아니라 기업 가치관의 체현이자 경영 풍조의 지표"라며 "조직의 가장 중요한 요인은 사회적·인문학적 가치다. 이것을 바탕으로 직원들의 단점을 줄이고 장점을 함양하는 것이 조직의 목적이다. 조직의 성장은 이것의 실현 여부에 의해 발휘된다"고 말했다.

리더십을 연구하는 미국의 심리학자 미하이 칙센트미하이Mihaly Sciksszentmihalyi는 자신의 저서에서 록히드마틴 사의 CEO 노먼 오거스틴Norman Augustine의 말을 인용하여 이렇게 말했다.

나는 영원히 성공을 쟁취할 것이다. 내가 생각하는 성공이란 세계에 대한 공헌이다. 또한 이러한 업무에 종사하는 행복의 결합이다. 현재의 업무에서 반드시 즐거움을 찾아야 한다. 만약 이것이 불가능하다면 마음이 불편할 것이다. 그다음 응당히 공헌의식을 지녀야 하는데, 그것이야말로 자신이 하고 있는 업무에 대한 일종의 공헌이다. 이것은 노력이라는 대가를 지불할 만한 가치가 있다. …… 만약 행복도 느낄 수 없고 공헌의식마저 없다면 현재 당신이 하고 있는 일은 아무런 의미가 없다.

록히드마틴은 미국뿐 아니라 전 세계적으로 유명한 군수업체다. 미국의 군대가 파견되는 모든 전쟁터에 살상무기를 제공해온 이 기업의 요직은 미 육군 국방부의 주요 인사들이 겸직하는 것으로 알려져 있다. 이들은 기업의 CEO이자 현대판 장수를 자처하는 셈이다. 이러한 사례를 볼 때 기업은 '청년정신'의 배양을 위해 좀 더 적극적으로 주력할 필요가 있다.

사업을 성공적으로 이끄는 기업에는 반드시 성공적인 조직이 존재한다. 성공적인 조직의 경영을 위해 기업의 리더로서 가장 먼저 할 일은 직원들의 정신에 위대한 영혼을 불어넣는 일이며, 이것이 바로 인력자원 관리의 핵심이다.

61 인재가 대당제국의 족쇄가 되다

한 시대를 풍미했던 영웅은 어떤 경로를 거쳐 사회적 애물단지로 전락하는 걸까? 역사상 거의 모든 왕조는 인재 발굴과 인재 양성을 표방해왔다. 당대의 진자앙陳子昻은 화북 평원에서 불어오는 삭풍을 온몸으로 맞으며 한 편의 시를 읊었다. 그의 시를 통해 한 개인의 삶은 물론이고 사업상의 '전면 붕괴'에 직면한 청년 사대부의 고뇌를 엿보게 된다.

> 앞을 보면 옛사람 보이지 않고
> 뒤를 보면 오는 사람 보이지 않네.
> 세상의 아득함을 생각해보면
> 홀로 마음이 쓸쓸하구나.
>
> 진자앙, 〈등유주태가登幽州台歌〉

진자앙은 왜 이토록 깊은 탄식을 내뱉으며 "앞을 보면 옛사람이 보이지 않고 뒤를 보면 오는 사람이 보이지 않는다"라고 말했을까? 전국 시기, 연 소왕은 모사 곽외의 제안을 받아들여 고탑 위에 금괴를 쌓아 천하의 인재를 불러모았다. 진자앙이 이처럼 통한에 사무칠 수밖에 없었던 배경에는 자신과 같은 인재를 알아보는 안목을 갖추지 못한 군주에 대한 울분이 작용했다 해도 과언이 아니다.

> 때를 잘 만나 귀한 신분이 되니
> 역대 어느 왕조에 인재가 없었으랴.
> 곽외와 임금은 얼마나 행운이란 말이냐.
> 황금대를 쌓아 인재를 불러모을 수 있었다네.
>
> 진자앙, 〈곽외郭隗〉

황금과 맞바꿔서라도 인재를 얻고자 했던 군주가 어찌 연 소왕 뿐이었겠는가? 당 제국은 초기부터 고급 공무원을 선발하는 제도가 완비되어 있었다. 과거제라는 명칭은 후대에 와서 붙인 것이며, 당 중앙정부는 종종 '격식에 얽매이지 않는' 파격적인 방식으로 인재 선발 과정에 직접 개입하기도 했다. 예를 들어 이필, 유연, 왕충사 등은 우연한 기회에 관리로 발탁된 인재로, 교육이 아직 백성에게 널리 보급되지 않던 시절에 이들처럼 총명하고 능력 있는 인재들이 중앙정부의 요직에 발탁되기도 했다.

다만 관건이라면 이러한 인재를 선발한 뒤 어떤 방식으로 기용할 것인가에 달려 있었다. 무측천武則天은 자신의 야욕을 위해 인재들을 한낱 정치적 졸개로 전락시켰다. 진자앙은 무측천이 천하를 쥐고 흔들 때 두각을 나타낸 인재로, 소위 '줄을 잘못 선 탓'에 정치 생명에 치명적인 타격을 입었다. 이것은 결국 목숨마저 위태롭게 하는 상황을 초래했다.[1]

유난히 인재를 총애했던 당 현종 역시 권신귀족의 방해 공작(예를 들면 이필²처럼)으로 인해 제 손으로 직접 발탁한 인재마저 내치는 사태에 이르게 되었다.

당 제국은 통일 제국의 기틀을 구축한 이후 점차 규모가 방대해짐에 따라 지나친 하중을 스스로 감당할 수 없게 되었다. 상황이 이렇다 보니 통치자는 건전한 경쟁 세력의 유입을 미처 헤아리지 못했다. 이들의 관심은 오로지 체제의 유지에 있었다. 이민족의 침입이 끊이지 않던 변방만 아니라면 굳이 청년 세력을 육성하고 사기를 진작할 필요성마저 느낄 수 없었다. 심지어 강 건너 불구경하듯 자신과 무관한 일이라고 여겼다. 진자앙의 불운은 이처럼 시대를 잘못 타고난 데 있었으니 당 초기부터 성당盛唐에 이르기까지 걸출한 능력을 갖췄음에도 비극적인 운명을 맞이할 수밖에 없었던 다른 청년 인재들과 조금도 다를 바 없었다. 두보와 이백이 그 대표적인 인물이었다. 인재의 중요성을 인식하는 통치자 혹은 중앙정부는 까다롭게 선발된 인재를 기반으로 조직을 구성한다. 반면에 보수 성향이 강한 관료 기구는 인재의 기용에 무관심할 뿐 아니라 사실상 인재의 필요성조차 깊이 자각하지 못하는 경우가 많다. 상황이 이렇다 보니 인재들의 진입 장벽이 높아지는 것은 당연한 일이 아니겠는가?

결국 무측천 시절 정치적 대안을 제시했던 진자앙은 직위 강등이라는 수모를 겪어야 했다. 격문을 작성했던 낙빈왕 역시 모함을 받아 투옥되는 결과를 가져왔다. 두보와 이백, 곽자의 역시 사소한 실수 때문에 끝이 보이지 않는 고통을 감당해야 했다.

---

1 진자앙(661~702년)은 후대에 진습유라 불리기도 했다. 〈등유주태가〉는 진자앙이 무측천 만세 통천 2년(697년)에 지은 작품이다. 696년 무측천의 조카 무유는 거란을 토벌하고 정부의 기밀 요직을 장악했다. 그러나 무유는 얕은 전략에 성품마저 경솔하여 패전을 거듭하였다. 이에 진자앙이 군대를 파견하여 적을 섬멸하고자 했으나 무유의 허락을 받지 못했다. 더구나 무유는 진자앙의 간곡한 진언을 오히려 괘씸히 여기고 강직 처분을 내렸다. 진자앙은 이에 비분을 이기지 못하고 유주의 계북루에 올라 〈등유주태가〉를 지었다고 한다.
2 이필(722~789년)은 현종, 숙종, 대종, 덕종의 네 왕조에 걸쳐 재상을 역임한 인재였다. 현종 천보연간 당시 숭산에 은거하던 이필이 조정에 올린 상소문이 현종의 눈에 띄어 조정에 발탁되었다. 그러나 이를 시기한 양국충이 그의 중용을 막아 현종은 울며 겨자 먹기로 이필의 파직을 명했다.

당나라는 차츰 인재의 존재를 눈엣가시처럼 여기기 시작했다. 제국의 규모는 나날이 방대해져갔으나 인재들은 발 디딜 곳을 찾을 수 없었다. 더욱 비극적인 사실은 시장경제 개념이 아직 형성되지 않은 당시의 분위기에서 해외로 나가 새로운 경쟁과 발전을 꾀하는 일 또한 요원하기만 했다는 것이다. 비록 당대가 배출한 걸출한 인물은 헤아릴 수 없이 많지만 정작 이들이 가슴속의 포부를 마음껏 펼칠 수 있는 공간은 어느 누구도 제공해주지 않았다.

　이런 점을 종합해볼 때 인재에게 적절한 기회를 제공하는 일이야말로 사회적 정의를 실현하는 길이라고 할 수 있다.

　조직 내부의 창조적 기풍을 고무시키는 일에 소홀하거나 아예 관심조차 기울이지 않는 조직은 설령 인재를 발굴했어도 결국 그들의 능력을 사장시킬 뿐이다. 오늘날과 같은 개방경제 체제에서는 경쟁 조직의 인재를 대신 양성해주는 것에 지나지 않는다.

　대기업 혹은 방대한 조직이 창조적인 기풍을 진작시키지 못하는 오늘날의 현상을 단순히 청년 계층의 개인적인 불행으로 간주해서는 안 된다. 현대의 대기업과 조직은 사회 전체의 자원을 점유하고 있다. 하지만 이들은 창조 능력을 최대한 발휘하고 위험 요소를 스스로 부담하는 경영 이론을 감히 실현해볼 엄두도 내지 못할 뿐 아니라 이를 허용하지도 못한다. 인재를 스카우트한 이후에 관리 소홀을 이유로 이들이 능력을 펼칠 수 있는 기회와 공간은 마련하지 못하는 것이다. 이는 결국 인재들로 하여금 꽃다운 청춘을 스스로 방치하게 만들고 원대한 이상을 시들게 하며 공허한 목표를 좇아 물질에 집착하고 결과적으로 인생을 허비하게 만든다. 요즘 젊은 세대들이 안정된 직업과 높은 보수, 심지어 제도적 분배에만 혈안이 되는 현상을 오로지 개인 탓으로만 돌릴 수 있을까? 우리 사회의 불행은 원대한 포부를 품었음에도 불구하고 사회의 조류에 밀려 심연의 밑바닥으로 가라앉고 마는 젊은 세대의 비극으로 이어지고 있다.

상황이 이렇다 보니 자신의 창조적 욕구를 숨길 수 없는 젊은 세대들
은 자아실현의 비상구를 찾아 강호로 몰려간다. 현실의 탈출구를 찾지
못한 비통한 심정을 시가에 담는 것으로 만족해야 했던 옛 선조들과 비
교한다면 현대의 젊은이들은 자칫 허탈감에 빠질 수 있다. 최근 체제에
서 이탈하여 실업자로 전락하거나 창업에 뛰어드는 사례가 급증하는 이
유가 여기에 있다.

62 황금을 주고 인재를 사려 했던 소왕의 비극

　연燕나라 소왕昭王은 천하의 인재를 얻기 위해 황금 누각을 쌓았다. 문제는 이를 인재 등용의 대표적인 실패 사례로 기록하고 있다는 점이다.

　소왕은 즉위 이후 연달아 패전을 거듭해온데다 대외 경쟁의 압력마저 가중되자 "현명한 인재를 등용하여 나라를 위기에서 구하고 선왕의 설욕을 갚겠다"고 결심했다. 곽외의 제안을 받아들인 소왕은 높은 누대 위에 황금을 쌓고 천하의 인재를 구한다는 방을 내렸다. 국가의 사활이 걸린 이때 곽외의 예측대로 전국의 인재들이 황금대黃金臺 아래로 모여들기 시작했다. 복수의 기회를 벼르고 벼르던 소왕은 마침내 제나라를 상대로 설욕을 시작했다.

　훗날 진자앙이 황금대의 고사가 유래된 연의 옛 땅을 찾았을 때 가슴 속에 밀려오는 비애감을 감출 수 없었다. 그 역시 이상에 부합되지 않는 현실과 맞닥뜨리고 있었기 때문이다. 후대에 이르러 호증胡曾은 그를 대신하여 다음과 같은 시가를 남겼다.

북에서 말을 달려 연에 이르렀네.

이 땅에서 어찌 인재가 그리 귀하더냐?

묻노니 소왕은 어디에 있느냐.

황금대 위의 이끼가 하늘에 닿을 듯하네.

호증, 〈황금대黃金臺〉

천하의 인재를 기용하여 국운의 상승을 도모하고자 했던 연 소왕의 패업은 오늘날 어찌하여 흔적도 없이 사라져버렸단 말인가? 황금을 내걸고 전국 방방곡곡의 인재를 불러모았던 연은 20년간 급속한 발전을 이루며 국력을 신장시켰고, 이로써 역사상 정점에 도달했다.

그러나 황금대를 쌓는 일에 국가의 모든 재정을 쏟아부을 만큼 인재를 갈망했던 소왕이었지만, 그의 인재 기용에는 감출 수 없는 치명적인 결함이 있었다. 즉 인재에 대한 장기적이고 구체적인 계획이 전혀 없었다는 사실이다. 그의 목적은 단순히 선왕의 복수를 위한 것이었기에 국방 문제는 안중에도 없었다.

소왕의 인재 기용은 자아실현과 거리가 멀었을 뿐 아니라 제도와 상충하는 결과를 초래했다. 설령 통치자가 자신의 일부 권력을 과감히 양보하고 국가에 충성을 맹세한 인재들을 아무 의심 없이 요직에 기용한다고 해도 귀족들(이는 국가 제도상의 문제라고 볼 수 있다)은 이러한 인재 기용 방식을 전혀 이해하지 못했기에 소왕의 원대한 이상은 중도에 하차할 수밖에 없었다. 결국 소왕의 죽음은 악의의 실권으로 이어졌고, 그의 야심 찬 시도 역시 물거품이 되고 말았다.

"어찌 천금을 귀하다고 하는가? 인재 하나 얻기가 이토록 어렵거늘."

소왕은 인재를 기용함에 있어서 재물을 아끼지 않았다. 그러나 재물을 이용하여 환심을 사려는 태도는 오히려 일을 망치는 법이다. 스탠퍼드 대학원의 제프리 페퍼 교수 역시 이런 폐단을 지적한 바 있다. 높은 연봉과 파격적인 대우를 내세워 외부 인재를 스카우트할 경우 일시적인 효용 가치는 증대되지만 조직의 의견을 무시하는 경향을 보이거나 혹은 한두 명의 인재에 의해 기업의 운명이 좌우되는 일방적인 관계로 전락하는 단점이 있다고 보았다. 연 소왕이 골머리를 앓았던 이유는 바로 이러한 문제에 직면했기 때문이었다.

소왕은 소수의 최측근 인재와 맺은 개인적 관계에 의존하는 경향이 컸으며, 이로써 개혁은 요원해지고 번번이 귀족들의 반대에 부딪혔다. 이러한 정치 체제의 개혁, 특히 이익 집단의 구조조정 등은 국가 관리와 직결되는 최우선 과제이므로 지체해선 안 된다. 연의 귀족들은 소왕의 통치 이전에는 물론이고 그 이후에도 정치적 위기를 조장하며 국가를 파멸로 몰아갔던 것이다. 이러한 옛 역사와 견주어 볼 때 현대의 기업이 고액 연봉을 내세워 전문가를 스카우트하는 것은 가시적인 효과를 얻을 수 있으나 천추에 길이 남을 대업을 도모하기에는 턱없이 부족하다.

게다가 제도의 정비 없이 전문가의 영입만으로 기업 전체의 세부 항목을 완수하겠다는 발상 자체가 극히 단순하다고 볼 수밖에 없다. 하늘이 내린 천재도 체제의 보장 없이 천하를 평정하고 정국의 대세를 만회한다는 것은 쉬운 일이 아니다.

소왕이 황금을 미끼로 영웅을 꾀는 연극을 연출하는 데 심취해 있는 사이, 연나라의 구국의 영웅 악의는 제나라 토벌에 혁혁한 공을 세웠다. 그러나 그는 중도에 실각당하는 비운의 주인공이 되었으며, 형가 역시 진시황의 암살을 모의하였으나 수포로 돌아가고 말았다.

오늘날 기업가와 경영인들은 이러한 역사를 통해 교훈을 찾으려는 노력도 없이 오로지 기술 혁신만 집착한다. 게다가 금전적인 조건만 제공하면 언제든 인재를 고용할 수 있다고 믿는 경향마저 보인다. 하지만 이러한 방식은 뇌물을 줘 관원을 회유하는 일과 무엇이 다르단 말인가?

대중 경제학Popular Economics이 발전할수록 이러한 주장은 더욱 탄력을 받고 있다. '자유 계약Free Agent'과 관련된 거래비용Transaction Costs' 이론이 가장 대표적인 사례이다. 인간의 이성은 일정한 기준에 따라 움직이는데 그것은 바로 물질 이익Material Benefit의 최대화라는 사실이다. 예를 들어 최고 연봉을 제시하는 구단과 전속 계약을 맺는 프로야구 선수들 역시 이러한 이론을 따르고 있다고 보았다. 그러나 세상의 모든 사람들이 물질적 기준을 이상적 가치로 삼는다고 단정지을 수는 없다. 진정한 능력을 소유한 사람일수록 물질적 이익을 추구하는 경향이 적다. 악의는 연 소왕이 죽은 후 스스로 물러나는 길을 선택함으로써 자신이 물질을 추구하는 소인배가 아님을 입증했다.

오늘날 고액 연봉을 받는다고 모두 능력자는 아니다. 능력과 자질이 떨어지는 사람들 중에 처우 개선을 주장하며 오히려 높은 연봉을 요구하는 사례가 종종 있다.

기업과 스포츠의 차이가 바로 여기에 있다. 프로 선수들은 시즌이 시작되면 관계자와 팬들의 열띤 응원 속에서 자신의 모든 기량을 선보인다. 관중들은 경기를 지켜보며 최고의 실력을 지닌 선수가 누구인지 확실히 알게 된다. 따라서 프로 선수들은 자신의 실제 기량 혹은 승리 기여도에 근거하여 연봉을 협상한다. 프로 세계에서는 자신의 실력과 부합되지 않는 대우를 바라는 경우는 거의 드물다. 하지만 기업의 경우는 다르다. 업무 성격과 분야가 천차만별이기 때문에, 외부에서 유입된 인재들의 개인적인 역량이 얼마나 뛰어난지 속속들이 알기란 쉽지 않다. 진품보다는 모조품이 유행하고 각종 문서 위조가 성행하는 요즘은 추천서의 위력을 액면 그대로 받아들일 수 없다.

중국 역사에는 그저 웃어버리기엔 너무나 뼈아픈 교훈이 적지 않다. 전한시대 왕망은 흉노의 침입이 거세지자 외세에 대항하고자 전국의 인재들을 불러모았다. 하지만 결과적으로 이들은 하룻밤 사이에 우물을 판다거나 혹은 자신이 하늘을 나는 능력을 지녔다는 등 온갖 기이한 미신을 퍼뜨리는 사기꾼들로 인해 귀중한 국고를 낭비하고 말았다. 소동파는 해괴하기 그지없는 행동도 불사했던 왕망의 어리석음을 비웃으며 다음과 같은 시를 지었다.

> 한나라는 끝내 인재를 불러모으지 못하였네.
> 고작 착수한 일은 옛 관직의 이름을 바꾸는 일 뿐.
> 하룻밤 사이에 백 척 우물을 파내려가고
> 천금을 주고 공중을 나는 기인을 샀을 뿐이네.

소식, 〈왕망王莽〉

금전을 미끼로 인재를 유인하려는 발상은 위정자를 한낱 웃음거리로 전락시켰다. 왕망의 어리석음은 황금과 인재를 맞바꾸려 한 연 소왕과 무엇이 다를까?

63 황금과도 바꿀 수 없는 무형의 자산

'인재'에 관해 언급하니 문득 왕국유王國維의 시 한 편이 떠오른다.

세상만사 실력을 갖추는 것이 가장 좋은 일이며
인생에서 가장 아쉬운 날은 모름지기 소년 시절이더라.
어찌 책 위로 흰머리를 드리우고만 있느냐?

왕국유, 〈완계사浣溪沙〉

만청晚晴 시기의 문학 중에서 이처럼 호방한 청년정신을 표방하는 시가를 찾아보기는 쉽지 않다. 만년 서생보다는 자유분방하고 진취적인 삶을 지향하는 이 시가는 문득 "변방의 한 젊은이 평생 책 한 권 읽지 못했다네. 하지만 돌아다니며 민첩하게 사냥하는 것을 칭찬하려네"라는 이백의 시를 떠올리게 한다. 이 구절을 통해 이백은 변방 청년의 자유롭고 호방한 기백을 찬양하는 동시에 늙고 쇠락해가는 선비에 대한 탄식을 드러내고 있다. 예를 들어 "유생들이란 협객에 미치지 못하니 백발을 휘날린들 무슨 이득이 있으리오"라는 구절이 대표적이다.[1]

예로부터 중국은 청춘을 예찬해왔다. "황금 귀한 줄 알면서 소년 시절의 소중함은 모른다"는 격언처럼 인생에서 청춘기는 황금과도 바꿀 수 없는 것이다. 대자연의 섭리는 조물주도 되돌릴 수 없는 일이기 때문이다. 안타깝게도 왕국유가 활동했던 시기는 당 초기의 왕성한 '청년 기질'과 젊은이다운 패기는 좀처럼 찾아보기 어려웠던 시절임이 분명했다.

그 후로 100년의 세월이 흘렀다. 현대 사회에서 이러한 청년들의 패기는 마치 희귀 천연 광물처럼 그 가치가 더욱 높아지고 있다. 이는 청년 세대의 이상이 과거에 비해 부족한 탓이라기보다는 기업의 '열 효율성'이 현저히 낮아진 탓이라고 보는 것이 옳다. 또한 기업의 가동률을 높이는 데 반드시 필요한 청년의 열정이 과거에 비해 제한을 받게 된 사회적 배경부터 지적하지 않을 수 없다.

현대 청년 세대의 관점부터 논하자면, 업무의 경중을 고려하지 않고 매뉴얼대로만 실행해야 하는 현대 기업의 관리 방식에 거부감을 느낄 수도 있다. 직장 선배들로부터 가해지는 무의식적인 압력, 무미건조한 업무의 반복에서 오는 고민 등은 청년들에게 견디기 힘든 심리적 허탈감을 안겨준다. 따라서 경영관리를 연구하는 학자들은 기업의 경영인에게 조언하길, X세대에서 Z세대에 이르는 젊은 층의 지혜를 모으려면 무조건적인 경쟁에서 벗어나 참신한 관계의 수립에 힘써야 한다고 제안한다.

온갖 구속 요건을 내세워 청년 세대를 가로막고 발전의 기회를 제공하지 않는 제도 역시 기업의 안정적인 발전을 크게 저해하는 요인이 된다. 기업은 때때로 청년 세대에게 특별 업무 혹은 특별한 사명을 부여해줄 필요가 있다. 특히 관리자로 성장할 잠재력을 지닌 이들에게 걸맞은 책

---

[1] 이백의 〈행행차유렵편行行且游獵篇〉에서 인용하였다.

임을 지우고, 큰 사업의 기회를 제공하는 일이 무엇보다 바람직하다.

왕국유와 이백은 광활한 들판을 자유롭게 내달리는 청년 세대를 통해 무엇을 염원하고자 했을까? 왕국유는 "사계절 가운데 유독 봄을 좋아한다. 일을 할 때는 자유분방한 소년이 된다"고 말한 적이 있다. 여기서 말하는 '일'이 어떤 사업을 가리키는지 왕국유는 구체적으로 밝히지 않았지만 동시대를 풍미한 또 다른 학자는 외세의 침입에 맞서 자신의 염원을 거침없이 토로한 바 있다. 중국 근대 학자인 량치차오가 바로 그이다. 국가의 문호 개방을 눈앞에 두고 있던 시기에 일선에 나선 청년 세대는 한마음으로 외쳤다. "소년의 지혜는 나라의 지혜이고, 소년의 부富는 나라의 부가 된다. 소년이 강하면 나라가 강하고, 소년의 독립은 나라의 독립을 의미한다. 소년의 자유는 나라의 자유이다. 소년의 진보는 나라의 진보이며, 소년이 유럽을 이기면 나라도 유럽을 이긴다. 소년의 기백은 국가의 기백을 상징한다." 구호는 비록 오랜 세월이 흐른 오늘날에도 청년 세대의 가슴에 깊은 여운을 남긴다.[2]

하지만 세대를 불문하고 청년 세대에게 국책 사업의 동참을 호소하고 동기를 유발한다는 것은 말처럼 쉬운 일이 아니다. 량치차오는 청나라 말기 변법 운동에 적극적으로 나섰던 청년 지식인 계층을 대표하는 인물이었다. 한 가지 비극적인 사실은 이러한 청년들이 간혹 체제 밖으로 무정하게 내몰리는 운명에 처한다는 점이다. 이들은 실제로 대낮의 거리에서 참수를 당하는 비극을 맞았다.

유사 이래 청년 세대의 공감대를 얻지 못한 통치 집단은 단 하나의 예외도 없이 파멸에 이르고 만다는 역사적 교훈을 확인하기란 그리 어려운 일이 아니다.

---

2 량치차오의 무술변법이 실패로 돌아간 후 일본으로 망명하여 《청의보淸議報》를 창간했다. 1900년에 이 지면을 빌려 〈소년중국설〉을 발표하였다.

64 대기만성이 주는 감동

꽃망울을 터뜨리기 직전, 혹은 설핏 이지러진 삼월의 초승달은 불완전의 미학을 상징한다. 미완성의 기다림과 설렘 속에서 과연 어떠한 아름다움을 모색해야 할까?

한 차례 시련이 몰아닥친 직후에도 좌절하지 않는 오뚝이 정신이나 거듭되는 실패에도 불구하고 불도저와 같은 전진을 멈추지 않는 청춘의 내면에는 과연 어떠한 동력이 숨겨져 있는 걸까?

오늘날 청년 세대는 사회 전체가 불확실성에 휩싸이고 시장경제가 요동을 치는 상황에서도 언젠가 한 떨기 꽃송이를 피워내고야 말 것이다. 왜냐하면 청년들의 삶은 언제나 충만한 지혜와 놀라운 생존력으로 세상과 맞서기 때문이다. 이러한 원동력은 아마도 불완전한 초년 시절의 시련을 이겨내는 과정에서 내면에 축적된 것으로, 쉽고 편한 길을 마다하고 가시밭길을 거치는 동안 차곡차곡 쌓인 저력에서 비롯된 것이 아닐까? 청대 시인 홍량길洪亮吉은 "사람들은 꽃 피는 계절을 다투어 즐기며 오로지 둥근 보름달만 사랑한다네"라고 운을 뗀 후 "이제는 젊은 날의 낡은 적삼이 그립구나"라며 초라했지만 아름다웠던 초년 시절에 대한 그리움을 토로했다. 오늘날 젊은 세대는 끝없는 무한경쟁으로 내몰리며 아등바등 살아간다. 이들은 아직 꽃망울을 터뜨리지 못한 미완성 혹은 이지러진 초승달처럼 불완전한 세대다. 그럼에도 청년 내면의 강인한 생명력마저 부정해서는 안 될 것이다. 과거에 사회적 돌파구를 찾을 수 있는 계층은 사대부의 자제로 한정되어 있었다. 이들의 운명을 가르는 잣대는 오로지 관료 사회에 나가 입신양명하는 것이었다. 현대에 와서도 크게 바뀌지 않았다. 경제가 거듭 발전함에 따라 도시로 진출하여 자신만의 사업을 개척하려는 청년 세대 역시 늘어나는 추세다. 사회의 가장 낮은 밑바닥에서 출발하여 정상을 향해 한 단계씩 올라가려는 것이다. 따라서 기득권층은 사회를 위해 자신의 '불완전한 아름다움'을 기꺼이 헌신하려는 청년 세대에게 박수를 보내야 할 것이다.

청년 세대 중에는 경험을 쌓기 위해 낯선 외지로 나가는 사례가 적지 않지만 단숨에 성공을 거머쥐는 것은 아니다. 오히려 숱한 우여곡절 끝에 빈털터리가 되어 낙향하는 경우가 더 많다. 민국 시기의 시인 우팡지 吾芳吉의 삶도 이와 다르지 않았다.[1] 하지만 무엇을 망설이고 두려워할 텐가? 청년에게는 이미 젊음이라는 밑천이 있지 않은가?

> 나뭇가지 위의 매화, 둥근 보름달은 교교히 빛을 발하고
> 도롱이 강여울에 배를 묶어두고
> 초라한 봇짐은 전혀 부끄럽지 않네.
> 여전히 부부 사이에 젊음이 있으니 걱정할 것 없네.
>
> 우팡지, 〈장자구저귀가선기내將自求宁歸家先寄內〉

---

[1] 시인이었던 우팡지(1896~1932년)는 '9·18사변' 이후 19로군十九路軍의 항일운동을 기리는 시가 〈파인가巴人歌〉를 지어 유명해졌다. 1932년 5월, 우팡지는 충칭에서 열린 항일 집회에 참석하여 〈파인가〉를 낭송하며 비분강개의 심정을 대중에게 눈물로 호소하였다. 결국 강연대 위에서 실신한 우팡지는 서른여섯의 젊은 나이에 요절했다.

늦게까지 회사에 남아 야근을 하는 젊은이들(외곽에 집이 있어 출퇴근의 불편을 겪는 이들까지 포함하여)은 자주 즉석 식품으로 끼니를 때운다. 운이 좋으면 회사 근처의 친구 집에 얹혀 지내기도 한다. 젊은 세대의 보편적인 일상을 상상해보면 이 시를 좀더 쉽게 이해할 수 있을 것이다.

기업 설립 초기나 사업상 위기에 처했을 경우 이처럼 열정으로 충만한 청년 계층을 고무하려면 대체 어떻게 해야 할까? 가장 합리적인 해결책이라면 청년 특유의 잠재력과 상상력을 충족시켜 그들로 하여금 대기만성의 꿈을 실현할 수 있도록 사업의 기반을 조성하는 일일 것이다.

대기만성은 때때로 매우 유용한 개념이다. 현실에서 당장 가시적인 성과를 얻을 수 없을 때 청년 계층이 가장 신뢰할 수 있는 실용적인 위인이 될 수 있기 때문이다. 설립 초기의 기업은 대부분 평범한 인재들로 구성되며, 재능이나 학력 면에서 엇비슷한 수준을 유지한다.

평범한 사람들로 구성된 조직이 하루아침에 개개인의 능력을 괄목할 만한 수준으로 향상시킨다는 것은 불가능한 일이다. 오합지졸인 군대가 어느 날 갑자기 정예부대로 탈바꿈할 수는 없기 때문이다. 특히 조직의 목표를 위해 개인적 자아를 희생하라거나 혹은 과거 중국의 노동 개조대와 같은 억지를 강요하기란 쉬운 일이 아니다. 따라서 기업의 리더는 청년 계층과의 대화에 앞서 조직원의 언어로 의사소통할 수 있어야 하며, 기업과 조직의 구성원이 서로 어깨를 나란히 한 채 동반 성장함으로써 개개인의 자아를 실현할 수 있도록 뒷받침이 되어야 할 것이다.

이른 봄날의 꽃망울은 대부분 활짝 피기도 전에 차가운 빗방울에 스러지고 만다. 그러나 설령 꽃망울을 터뜨리지 못했어도 봄날의 꽃은 그 자체로 아름답다. 왜냐하면 비록 하나의 꽃망울이 스러져도 또 다른 꽃송이가 꽃망울을 터뜨리기 때문이다. 청춘 또한 성장을 거듭한다. 젊음이란 최악의 열악한 환경에서도 가장 왕성한 생명력을 뿜어내는 소나무처럼 시련 속에서 오히려 생을 향한 강한 의지를 발한다.

소나무가 가장 아름답게 보이는 계절은 언제일까? 사람들은 혹한 속에서 가지마다 흰 눈을 수북하게 덮고 있는 겨울 소나무의 모습에서 가장 큰 감동을 받는다. 자신을 무겁게 짓누르는 고통과 혹한을 묵묵히 이겨내는 소나무의 의연한 모습에서 많은 이들의 가슴이 뭉클해지기 때문이다.

홀로 고독과 추위를 견뎌내는 눈 덮인 낙락장송은 인간이 상상할 수도 없는 저력을 내면에 품고 있다. 수많은 좌절과 시련을 통과한 뒤 자신의 인생을 한층 더 진취적이고 성숙하게 발전시키는 청년 세대의 삶이야말로 가장 가치 있는 일임을 대변하는 것은 아닐까?

65 리더의 성향이 직원의 운명을 바꾼다

춘추전국 시기의 지식인들은 발전적인 미래를 꿈꾸며 학문에 매진했으며, 천하를 유랑하며 각자의 이상을 실현했다. 그러나 생계를 유지한다는 것은 누구도 피해갈 수 없는 영원한 숙제가 아닐 수 없었다.

순자의 제자였던 이사李斯는 기왕이면 최대 강국에서 자신의 능력을 펼치기로 결심하고 진나라로 향했다. 현대식으로 따지면 대략 국립사회과학원 원장 격인 순자는 이사의 성급한 결정에 크게 우려하며 이렇게 말했다. "진이 비록 강대국이긴 하나 문화에서는 후진성을 면하기 어렵다." [1]

스승의 충고에도 불구하고 이사는 자신의 뜻을 굽히지 않았다. 그는 진나라가 문화적으로 낙후했지만 오히려 자신에게 좋은 기회라고 여겼

---

[1] 순자는 조나라 출신으로 전국 시기 말에 유명한 사상가이자 문인이며, 선진 유가사상을 집대성한 학자로 성악설을 주장했다. 그의 제자인 한비와 이사는 법가를 대표하는 인물이며, 순자는 후에 수많은 유학자의 비난을 받아야 했다.

다. 이사와 함께 공부하던 동문 중에는 어릴 적부터 말을 더듬기는 했으나 학문적 소양이 결코 뒤처지지 않는 친구가 있었다. 훗날 『한비자』를 지어 진시황에게 발탁되었으나 이사의 모함을 받아 목숨을 잃은 한비이다.

순자의 또 다른 제자 장창張蒼은 수학자이자 과학자였다. 그 또한 진으로 가서 나중에 어사가 되었으나 어수선한 정국을 피해 한나라로 도망쳐 나왔다. 그는 후에 한의 문화 부흥에 매진하였기에 결국 한 왕조의 승상이 되었다.[2]

순자는 이처럼 많은 문하생을 휘하에 두고 줄곧 유학 경전을 연구했다. 이 가운데 포구包丘 혹은 포구자包丘子라고 불리던 부구백浮丘伯은 순자와 함께 제나라를 떠나 초나라의 난릉으로 이주했다. 그 뒤에는 노나라 남쪽 일대에서 청빈한 생활을 하며 유학에만 매진했다.

사람들은 진이 육국을 능가하여 천하의 대세를 주도할 것이라는 사실을 이미 간파하고 있었다. 하지만 순자는 진이 아무리 막강한 군사력과 물리력을 지녔다고 해도 문화적인 후진국에 가서 직위를 구걸할 마음이 전혀 없었다. 따라서 조용히 은거한 후 제자 양성과 저서 집필에만 몰두했다.

반면에 전도유망한 젊은 과학도 장창은 고위직에 오르지 않고는 자신의 원대한 포부를 실현할 길이 없다고 믿었다. 진으로 가는 것만이 그가 할 수 있는 유일한 선택이었다. 하지만 막상 진에서 우연히 『춘추좌씨전春秋左氏傳』을 접한 장창은 진의 위세가 오래 지속되지 못할 것이라고 내다보고 이에 대처할 방법을 강구하기 시작했다. 당시 어느 누구도 장창

---

2 장창은 춘추전국에서 진한에 이르기까지 활동한 저명한 학자이자 정치가, 과학자다. 그는 진의 어사를 지내며 한 고조 때에는 북평후로 봉해졌다. 한 문제 때 마침내 승상이 되었으며, 10년 재임 기간 동안 역법을 제정하고 중국 최초의 수학 전문 저서인 『구장산술』을 펴냈다. 100세까지 장수했다는 후문이 있으며, 그의 문하생 가운데 가의가 있다.

에게 이 사실을 알려준 이가 없지만 그의 놀라운 선견지명 덕분에 후일을 도모할 수 있었다.

이들 가운데 가장 현명한 선택을 한 사람은 부구백이었다. 그는 경학을 전수하려 했으나 봉기로 인해 전국이 극도의 혼란을 빚자 재야로 돌아가 후학을 양성했다. 역사의 기록에 의하면 유방은 해하에서 승리를 거둔 후 군사를 이끌고 노(곡부)나라 외곽을 포위했다. 마침 부구백 등은 노나라의 유학자들과 함께 예악을 연주하고 있었다. 유방은 성 안에서 들려오는 이들의 현악 소리에 감탄하며 노나라에 투항하기로 결심했다고 한다. 한나라를 세운 이후 부구백은 장안에 머물며 유학 강의에만 매진하였기에 '노학魯學'의 창시자가 되었다.

이들 가운데 가장 불운했던 한비자를 제외한다면 진의 강대함에 일말의 의심도 품지 않은 인물로 이사를 들 수 있다. 덕분에 그는 진나라에서 부귀영화를 누리며 출세가도를 달렸다. 사실 부구백과 장창은 이사에 비해 훨씬 높은 수준의 수양을 쌓았으며 고도의 사회적 책임 의식을 지닌 인재였다. 진의 황제는 이들의 지지와 인정을 얻지 못하자 이사를 시켜 회유하려 했다. 훗날 이사는 궁정정치의 희생양으로 전락하여 이들보다 먼저 참혹한 죽음을 맞았으니 사필귀정의 결과라 할 수 있다.

현대 사회를 진나라와 비교해보면 인재의 스펙트럼이 매우 다양해지고 규모도 상당히 확장되었다. 그러나 세월이 흘러도 절대 변하지 않는 불변의 진리가 있다. 즉 사악한 가치를 표방하는 조직을 따르는 자는 사리사욕에 눈이 멀었으며, 보수 성향의 조직을 따르는 자는 반드시 개혁의 반대 세력이라는 사실이다.

조고趙高와 이사의 종말처럼, 도덕성이 낮은 경영자의 손에 갈팡질팡 흔들리다 붕괴의 길을 걷는 것은 당연한 결과이다. 설령 이러한 조직이 강직한 인재를 초빙하기 위해 파격적인 조건을 내건다 해도 결국은 큰 고초를 겪게 될 것이다. 이들의 이상 역시 서서히 소멸되어 악의나 한비처럼 정치적 희생의 표적이 될 뿐이다.

결론을 내리자면 '청렴'과 '절개', '의리'를 표방하는 구직자라면 자기 스스로 예와 도에 관해 철저히 고민해야 할 것이다. 『황석공삼략黃石公三略』에 의하면 "청렴결백한 선비는 결코 직위나 녹봉으로 불러들일 수 없다. 절조와 의리를 표방하는 선비는 형벌이나 협박으로 묶어둘 수 없다. 현명한 인재를 구하고자 한다면 반드시 이들의 평소 행동거지를 눈여겨보고 정당한 방법으로 불러들여야 한다. 청렴결백한 선비에게는 그에 맞는 예를 다해야 한다. 절개와 의리를 강조하는 선비라면 도를 다해 맞이해야 한다. 오직 이러한 방법만이 현인을 불러들일 수 있으며, 길이 명성을 보전할 수 있다"고 강조했다.

오늘날에는 연 소왕의 전철을 밟아 황금을 주고 인재를 회유하려는 어리석은 이는 없을 것이다. 진정으로 걸출한 인재라면 고작 황금에 눈이 멀어 자신의 미래를 저당 잡히는 어리석음은 범하지 않을 것이다. 청년 사대부의 명맥을 잇고 싶다면 한 번쯤 가슴에 새겨두어야 할 교훈이다.

소왕 시절에 높은 고대가 있으니
곽외 선생이 계단을 열어
황금을 쌓아 선비를 잡아두려 했으나
더 이상 인재가 찾아오지 않았네.

호증, 〈황금대〉

66 위대한 인물은 초가를 탓하지 않는다

　탁상공론은 중국인들에게 끊이지 않는 논쟁거리다. 전국시대 후기 조나라는 단지 장수 가문의 자제라는 이유만으로 실전 경험이 전혀 없는 신참 조괄을 전선으로 파견했다. 병서에 통달했다는 것이 이유였다. 조괄은 노련한 장수였던 염파 장군의 지휘권을 박탈한 후 진의 공격에 맞섰다.

　하지만 중앙정부의 어이없는 조치는 거대한 재앙을 초래했다. 전쟁의 실상에 관해 전혀 아는 것이 없는 이 귀족 자제는 자신이 꿰고 있는 병법과 전략이 실제 전쟁터에서 전혀 위력을 발휘하지 못한다는 사실을 뒤늦게 깨달았다. 한 치 앞도 내다볼 수 없는 생사의 각축전 속에서 그는 40만 병사를 앞세우고 투항을 결정했다. 이들은 결국 적장에 의해 모두 생매장되고 말았다. 조나라의 위정자는 어째서 국운의 흥망이 걸린 전투의 지휘권을 경험이 전무한 조괄의 손에 쥐어준 것일까? 금나라의 주앙周昻은 비분강개한 심정을 억누르지 못한 채 다음과 같은 시를 남겼다.

풋내기의 오만함이 산서의 노장을 불러들였네.

가는 사람을 쫓지 않고 오는 자는 경계하지 않으니

부디 장수 가문의 인재라는 말은 하지 말게나.

주앙周昻, 〈과성원곡過省冤谷〉[1]

군이 면밀히 분석하지 않더라도 이 시에는 겉만 번지르르하고 변변한 실력조차 갖추지 못한 권문세가 출신 자제에 대한 원망이 담겨 있다. 또한 비록 서민 출신이지만 총기와 용맹함을 두루 갖춘 인재에게 공평한 기회를 주어야 한다는 사실을 역설적으로 강조하고 있다. 이러한 비판의식은 전국시대 이후 중국 역대 왕조에 '출신과 가문을 따지지 않고' 인재를 기용하는 전통이 뿌리내리게 된 중요한 배경이 되었다.

유가의 전통 아래 중국인은 줄곧 교육을 중시해왔다. 교육을 중시하는 사회에는 반드시 엄격한 계급의 구분이나 문벌의 개념이 존재한다. 하지만 평민 출신의 인재에 대한 찬사도 이어졌다. 예를 들어 당대 문인 최응은 "자고로 충신열사는 미천한 집안에서 나는 경우가 대부분"이라고 했으며 원대의 왕열은 "왕을 보좌하는 재상 중에는 원래 밭을 가는 농부이거나 고기잡이 어부였던 사례를 쉽게 찾아볼 수 있다"고 했다. 청초의 굴대균 역시 "천하의 영웅은 거의 평민 출신"이라고 일축했다.[2]

이러한 주장은 두 가지 명제를 남긴다. 첫째, 높은 지위와 안락한 생활을 영위하는 부류의 실체를 파헤치면 무능력의 표본인 경우가 적지 않다는 사실이다. 둘째, 출신 성분이 낮은 인재일수록 세상의 풍파를 일찍이

---

1 성원곡은 진의 백기 장군이 투항해오는 조괄의 병사를 산 채로 묻었던 곡구의 마을을 가리킨다. 지금의 산시성에 위치하며 곡구 안에는 백기대白起台가 있다. 산서의 노장이란 염파 장군을 지칭한다.
2 최응의 〈감흥感興〉, 왕면王冕의 〈우의십수차경조운寓意十首次敬助韻〉, 굴대균屈大均의 〈노연태魯聯台〉에서 차례로 인용하였다.

겪으며 두루 경험을 쌓다 보면 훗날 전도유망해지는 사례가 있다. 이들은 출신 성분에 얽매이지 않고 '천하의 사대부'를 목표로 스스로 자신을 단련시킨 결과 마침내 천하의 대업을 완수하게 된다.

만약 최소한의 야망조차 기대할 수 없다면 중요한 인적자원을 낭비하는 셈이다. 오늘날 시장경제는 시소를 타듯 극심한 기복을 보인다. 이처럼 변동이 가중되는 시기에는 언제나 혼란한 틈을 타서 한몫 챙기려는 세력들이 있기 마련이다. 이는 비단 일부 국가에 국한된 일이 아니며, 중국은 물론 미국에서도 이러한 선례를 쉽게 찾아볼 수 있다.

혼란한 상황에서 유감없이 능력을 발휘하며 맹활약하는 이들에게도 반드시 지켜야 할 기본 원칙이 있다. 이 기본 원칙을 고수하는 일은 천하를 호령하는 경지에 오르기 위한 필수 관문인 셈이다. 실례로 타이완에 파견되었던 초대 순무巡撫 유명전劉銘傳(증국번의 협력 제의를 받은 적이 있다)은 이러한 소신을 철칙으로 삼았던 인물이다. 안휘성 출신의 평범한 농민이었던 그는 열여덟 살이란 어린 나이에 민족 단체의 지도자가 되었으며, 스물여섯 살에는 장수가 되어 병사들을 이끌고 전쟁에 출정했다. 후에 타이완에 파견되어 7년간 주둔하는 동안 현지의 경제를 일으켰으며, 행정상으로도 적지 않은 공헌을 했기에 '타이완 현대화의 아버지'로 불리게 되었다. "위대한 인물은 허름한 초가를 탓하지 않는다" 또는 "영웅은 언제나 평민 틈에서 탄생한다"는 말은 유명전을 지칭하는 가장 정확한 수식어이다.

67 누가 인재를 알아볼 것인가

과거에는 남녀 간에 수많은 불평등 요인이 존재했다. 사나이 대장부의 덕목 가운데는 다음 세대가 나아갈 방향을 제시해줄 인재를 발굴하는 것이 반드시 포함되었다. 마치 첫눈에 명마를 구별하는 백락伯樂의 안목을 갖추라는 말과 다를 바 없다. 하지만 이러한 덕목이 여자라고 해서 예외일 수는 없었다. 역사상 만두 몇 개를 통해 한신韓信의 불우한 처지를 일깨워주었던 표모漂母의 행동은 단순히 선심을 베푼 것으로 간주해서는 안 될 것이다.

한낱 여인의 말이라도 귀담아듣는 자는 자고로 후회를 남기지 않는다. 어렵게 쌓은 명성을 하루아침에 잃고 벼랑 끝에 몰리는 남자들 대부분은 여인의 충고를 한 귀로 듣고 한 귀로 흘려버렸다. 반면에 역사상 여인의 격려를 통해 큰 공적을 쌓은 위인들의 선례 역시 그 수를 헤아릴 수 없다.

홍불녀紅佛女는 그 대표적인 사례다. 원래 수 왕조의 권신 양소楊素의 가기家妓(원래 그녀의 성은 장씨였다)였던 홍불녀는 혼란한 시국에 정치적 궁지에 몰린 이정李靖을 만난 자리에서 첫눈에 반했다. 그녀는 한밤중에 남장을 한 채 이정의 처소에 숨어들어 당돌한 제안을 했다. 수 왕조가 이미 가망이 없음을 예견한 그녀는 이정과 부부의 연을 맺은 후 당 왕조를 세운 이씨 부자에게 가서 여생을 의탁하기로 했다.

홍불녀가 제안한 이 대담한 '도피 행각'은 이정에게 새로운 이정표를 제시해주었다. 몇몇 작가는 홍불녀의 치명적인 매력을 부각시키기 위해 이정을 우유부단한 인물로 묘사했으나 사실 그는 『이위공문대』의 저자였다.

명조의 유명 화가 당인唐寅은 홍불녀를 소재로 그린 그림 위에 다음의 시를 지어 대작을 완성했다.

> 양소의 가기 홍불은 영웅을 알아보고
> 두건을 쓰고 야밤을 틈타 이위공과 달아났다네.
> 오늘날 영웅이 없다고 말하지 말게나.
> 영웅은 반드시 누군가의 눈에 띄는 법이라네.
>
> 당인, 〈제자화홍불기권題自畵紅拂妓卷〉

동시대의 또 다른 문인(화가이자 서법가) 문정명文徵明은 홍불녀를 다룬 당인의 그림을 감상한 뒤 아래의 시를 지었다.

> 육여거사의 붓끝은 봄바람과 같다네.
> 신의 손으로 아름다운 미녀를 탄생시켰다네.
> 화폭을 펼치니 두 눈의 눈물을 참을 수 없구나.
> 애끊는 슬픔은 미녀를 위한 것이 아니라네.
>
> 문정명, 〈제당륙여화홍불기이수題唐六如畵紅拂妓二首〉

홍불녀와 이정의 고사에서 누가 먼저 영웅을 알아보았는가 하는 문제는 중요하지 않다(물론 이정이 범상치 않은 인물임을 첫눈에 알아본 것은 홍불녀였다). 사실 현대 사회에서는 어느 분야를 막론하고 인재가 넘쳐난다. 물론 인재를 발굴하는 것 자체는 바람직한 일이다. 문제는 인재를 발굴한 뒤 어떤 방식으로 관리할 것인가 하는 것이다. 업무의 핵심을 파악하지도 못한 상황에서 무조건 인재부터 초빙한 후 우왕좌왕하며 "차라리 원래 방식대로 업무를 처리하는 편이 나을까요?"라고 물어볼 수는 없지 않은가?

설령 이정의 활약이 없더라도 대당제국의 탄생은 막을 수 없는 천하의 대세였다. 하지만 화하민족의 위대한 문화유산으로 전해오는 『이위공문대』는 영영 세상의 빛을 보지 못했을 수도 있다. 후대인들의 입장에서는 이정은 물론이고 홍불녀의 존재에 대해서도 감사하지 않을 수 없다. 그녀는 이정의 비범한 능력을 알아보는 안목을 지녔을 뿐 아니라 이정이 자신의 능력을 십분 발휘할 수 있도록 최적의 공간을 제공하는 일에 가장 큰 역할을 했다.

청나라 시기에 홍불녀의 고사가 대중적 인기를 얻게 된 것은 결코 우연의 일치가 아니다. 청대 사회의 일부 사대부들은 먼 하늘가로부터 서서히 몰려온 먹구름이 순식간에 천지를 뒤덮듯이 국가의 몰락이 멀지 않았음을 예견하고 있었다. 따라서 이들은 홍불녀와 이정의 '도피 행각'을 자신들의 정신적 도피처로 삼고 싶었던 것은 아니었을까?

특히 청대의 여인들은 남성 못지않은 학문적 소양을 갖추고도 단지 여인이라는 이유만으로 사회적 역할에 제약을 받았기에 자신의 불우한 처지를 홍불녀를 통해 대리만족했을 것이다. 만주족의 여류 문인 고춘顧春은 바로 그 대표적인 여인이다.

세상에는 기이한 인연이 너무나 많다.

호걸의 마음이 우주와 하나가 되니 영웅이 나고 협녀가 탄생한다.
가기로 평생을 사는 것은 세상살이 경험하느니만 못하니
평생 몸 둘 곳을 결정하고 군자의 거처를 물었다.
두 사람은 처소에서 서로 하나가 되어 부부의 연을 맺었다.

고춘, 〈금루곡 · 홍불〉

『홍루몽』의 작가 조설근은 소설 속 여주인공의 입을 빌려 홍불녀를 자유정신이 충만한 여류 대장부의 대열에 올려놓았다. 천하의 권세가였던 양소도 홍불녀의 눈에는 쓰러져가는 왕조의 별 볼 일 없는 사대부에 불과했기에 도도한 그녀의 마음을 사로잡은 사내가 가난한 서생 이정이라는 사실은 극적인 묘미를 더해준다.

공손히 허리 굽히는 영웅의 태도 남다르니
미인의 넓은 안목은 궁지에 다다랐음을 알아보았네.
마지막 숨이 끊어지기만을 기다리는 양공의 막사에서
무슨 수로 여장부를 가둬둘 수 있으랴?

조설근, 〈홍불〉

홍불녀는 양소를 '마지막 숨이 끊어지기만 기다리는 늙은이'로 간주했다. 양소는 사위어가는 석양에 불과했으며, 이러한 인식은 당시의 정치 상황을 그대로 반영한 셈이다. 평소 궁정정치를 예의 주시해왔던 홍불녀는 천하의 대세가 어디로 기울고 있는지 예감하고 자신의 계획을 이정에게 허심탄회하게 털어놓았다. 사실 수 왕조는 수면 위로 드러나지 않았을 뿐 이미 체제의 궤멸을 앞두고 있었다.

현대인들은 본능적으로 파멸을 체감한다. 특히 인재들이 대거 이탈하는 현상은 기업과 산업이 쇠퇴할 때 나타나는 최초의 징후인 셈이다. 피터 드러커의 지적에 의하면 미국의 철도산업은 제1차 세계대전이 끝난 이후로 더 이상 청년 인재들을 유입하지 못했다고 한다. 당시만 해도 경영상의 별다른 문제점을 발견하지 못했지만 20년이 지난 후 제2차 세계대전이 끝날 무렵 맹렬한 상승기류를 타고 발전기에 접어들었을 때도 철도산업은 내리막길에 접어들었다. 이것은 이미 돌이킬 수 없는 사태였다.

혹시 우리 주위에서도 이와 유사한 징후가 있지 않은가? 창조적이고 유능한 인재들을 체제 안으로 유입하지 못하고 변방으로 내몰기만 한다면 조직은 '마지막 숨이 끊어지기 직전의' 붕괴를 피할 수 없게 된다.

당신은 혹시 이러한 조직에 몸담고 있지 않은가? 가라앉고 있는 배에서 탈출하고 싶다면 동료 여직원에게 진지하게 고민을 털어놓아라. 그녀로부터 일생일대의 기막힌 충고를 듣게 될지도 모른다.

68 효율성과 창의성을 높이는 비결

시를 감상하는 것은 일종의 문화적 향유이다. 그러나 일반적으로 문학에 종사하는 전문가이거나 혹은 노다지(시간은 금이라 하지 않던가)라도 캐내어 시간이 남아돌지 않는 이상 두보의 〈북정〉, 이상은의 〈행차서교작일백운〉 같은 대서사시를 접하기란 쉬운 일이 아니다. 설령 의심의 여지가 없이 위대한 불후의 고전이라고 할지라도. 주위를 돌아보면 의외로 많은 이들이 문화의 향유에 갈증을 느끼고 있음을 알게 된다. 사람들은 때로 간결하면서도 재치 넘치는 단편 시가 몇 편 정도는 통째로 외우는 정성을 보인다. 다만 한 가지 아이러니한 사실은 시를 감상하며 얻는 미적 희열은 갈망하면서도 막상 사전을 뒤적거려야 하는 번거로움은 꺼리는 습성이 있다. 따라서 본문 아래에 끝도 없이 주해가 달리거나 수많은 참고문헌이 별첨된 작품일수록 외면당하기 쉬운 것이 현실이다.

이런 탓인지 몰라도 사람들은 항상 새로운 작품의 발굴에 비상한 관심을 보인다. 세상에는 사람들의 이목을 끌지 못했지만 짧고 간단하면서도 한번 읽고 나면 오래도록 여운이 남는 시들이 있다. 예를 들어 강서 시파의 비조 황정견黃庭堅의 외조카 서부徐俯는 당대 문단의 거성으로 불리는 황정견과 비교조차 할 수 없는 풋내기이지만 그의 충만한 시적 감상은 송시 선집을 통해 감상할 수 있다.

> 한 쌍의 비둘기 어느 세월에 돌아오려나?
> 강 건너편 언덕에 복숭아꽃이 만개했구나.
> 봄비에 다리가 끊겨 건널 수 없어
> 작은 배 띄우니 버들가지 그늘을 만드네.

서부, 〈춘유호〉

봄비가 내리면 불어난 강물로 인해 다리를 건널 수 없다. 나룻배가 등장하는 강나루의 시적 정취를 통해 봄날의 평화로운 정경 속에서도 자연스레 시장경제가 형성되고 있음을 엿보게 된다.

송대 시인 장뢰張耒는 시를 짓는 과정에서 때때로 낙담하게 된다고 토로한 적이 있다. 하지만 내면의 고뇌가 없다면 이처럼 짤막한 한 줄의 시에 어찌 잠재된 재능을 마음껏 담아낼 수 있을까?

솔직히 송대 문학은 줄곧 후대의 비난을 받아야 했다. 그 원인 중 하나로 사회 전체에 엄숙한 정주학程朱學의 기풍이 만연해 있었던 탓도 있다. 다만 시종일관 굳은 얼굴로 진지한 표정을 짓고 있을 것만 같은 강서 시파의 시인 가운데서도 항상 예외는 있었다. 자연스러운 시풍을 표방하던 진여의陳與義가 바로 그런 부류였다.

현대 문학의 거장 첸중수錢鐘書의 『송시선주宋詩選注』에 수록된 당시의 특징을 보면 마지막 각운을 '래來' 자로 통일했음을 확인할 수 있다. 이는 특별한 의미보다는 시적 긴장을 완화시키는 역할일 뿐이다. 유학자라고 어찌 온종일 무게만 잡고 있었겠는가? (사실 현종 대란이 일어나 늘 긴장의 연속이었다.) 콘크리트 빌딩 숲의 삭막한 사무실에 갇혀 잠시도 긴장을 늦출 수 없는 현대인들처럼 그들 역시 숨 막히는 일상에서 벗어날 비상 구가 필요했는지도 모른다.

미국 경제자문기구Conference Board에서 조사한 직장인의 업무 만족도를 보자. 1987년 통계에 의하면 자신의 업무에 흥미를 느낀다는 응답자는 미국 전체 직장인 중 70%에 달했으나 2008년 금융위기를 겪은 뒤로는 45% 이하로 곤두박질쳤다. 25세 이하의 64%는 자신이 종사하는 업무에 대한 열의가 크게 떨어지는 것으로 조사되었다. 업무 만족도가 떨어지는 가장 큰 요인은 단연코 스트레스가 1위였다. 현대 인터넷 관련 기업들이 철야 근무를 마다하지 않는 근무의 여건을 떠올리면 이러한 현상은 당연한 결과가 아닐까?

인터넷 관련 업종의 이상 과열 현상이 발생한 후로 10년이 흘렀지만 아직도 일부 기업은 야근을 다반사로 여긴다.

이처럼 체제의 개선으로 기업의 모든 문제를 원활히 해결할 수 있다고 믿는 리더들은 관리 프로그램을 정할 때마다 하나같이 '방대한 스케일'을 추구한다. 그들이 추구하는 영업 방침이나 업무의 특성을 음악에 비유한다면 경쾌한 재즈처럼 가벼운 소품을 추구하기보다는 장대한 규모의 교향곡에 치우쳐 있음을 확인하게 된다. 이러한 성향의 리더가 어쩌다 유럽이나 미국의 대기업을 탐방하고 돌아오는 날이면 소규모 교향곡에 만족하던 기업의 관리 프로그램이 순식간에 구스타프 말러의 대규모 교향곡으로 변모한다. 이들은 전문 매니지먼트 이론 서적에 나열된 각종 제한과 규정을 신봉하는 것만이 기업 관리의 핵심인 양 왜곡된 양상을 보이는데, 사실 이러한 조항은 쳐다보기만 해도 현기증이 날 지경이다.

실제로 조직 구성원의 일거수일투족을 제한하고 구속하는 관리 방식은 생각보다 그 효과가 크지 않다. 단지 일상적인 궤도의 운행을 보장해 줄 뿐 오히려 반드시 한계가 드러나게 되어 있다. 특히 최근 들어 대규모 생산 라인이 자취를 감추면서 기업의 지속적인 발전을 원하는 대기업인 경우 직원들의 마음속을 파고들어 자발적인 참여를 유도하는 것이 가장 큰 관건이 되었다. 따라서 고도의 지적 자원을 활용하는 일부 대기업이나 창의성을 중시하는 업계의 경우에는 "직원 개개인의 자유 공간을 개방하고 확대하며 각종 제도와 틀에 박힌 업무에 구속되지 않도록 한다"는 원칙을 기본 지침으로 삼고 있다. 이러한 원칙이 기업 경영에 미치는 효력은 다채로운 사례를 통해 입증되고 있다.[1]

중국 사회는 이러한 보편적 시스템의 개선에 관해 얼마나 관심을 갖고 있을까? 성공적인 실행 여부에 관해서는 어느 누구도 섣불리 장담할 수 없다. 나는 새삼 불필요한 논쟁을 일으킬 의도가 전혀 없으나 제조업 특유의 관리 방식은 이미 심각한 문제를 드러내고 있음을 지적하지 않을 수 없다.

이러한 현상을 제조업에만 국한한다면 이는 문제의 본질을 가리는 것이다. 거미줄처럼 복잡다단하며 종종 가혹하기까지 한 중국의 행정 유형은 중국의 전통 사회에서 비롯된 특징이다. 이러한 체제는 송조로부터 이어진 구태의연한 습성으로, 효율은 마다하고 단순히 시간만 때우면 된다는 사고방식을 지니고 있다. 의욕을 갖고 새로운 것을 시도하려 할수록 오히려 높은 현실의 벽에 부딪힐 뿐이다. 구양수 역시 과거 체제로부터의 변화를 추구했으나 좌천이라는 쓰디쓴 대가를 치러야 했다. 그는 답답한 현실에서 느꼈던 울분의 심정을 담아 한 편의 시가를 지었다.

마음대로 다니며 온갖 소리 다 내고
붉은 꽃 자주 꽃, 높은 나무 낮은 나무 어디서든 지저귄다.
이제야 알았다네. 금으로 된 새장 속의 소리가

| 1 로버트 헬러Robet Heller의 『리더의 추세』에서 인용하였다.

수풀 속에서 제멋대로 내는 소리에 미치지 못함을.

구양수, 〈화미조畵眉鳥〉

한낱 미물인 새들도 새장에 갇히면 목청껏 노래하지 못하는데, 하물며 사사건건 규정의 속박을 받아야 하는 인간이 어찌 제 능력을 발휘할 수 있겠는가? 송대 사회는 상업 문명과 해상 통로의 발달로 유통과 운송업의 발전을 앞당겼다. 육로를 이용하여 낙타의 등에 짐을 실어 나르던 실크로드와는 차원이 달랐다. 하지만 국가 전체의 관리 효율이라는 측면에서는 이러한 상승세를 이어갈 수 없었다. 왜냐하면 새로운 제도의 수립이 반드시 새로운 경제의 기초 위에서 이루어지는 것은 아니기 때문이다. 희녕변법을 실시하는 과정에서 왕안석은 이러한 문제에 가장 큰 주안점을 두었으나 정치상으로 아무런 진척을 보이지 못했다. 단순히 오대십국의 혼란한 상황을 되풀이하지 않겠다는 정치적 일념 아래 오로지 통치를 위한 통치에 불과했으며, 이것이 가장 결정적인 패인으로 작용했다.

시대는 급변하고 세상은 상전벽해를 거듭하고 있다. 과연 구태의연한 관리 체제 및 목표 의식이 결여된 채 현상 유지에만 급급했던 과거의 기본 원칙은 역사의 뒤안길로 완전히 사라진 것일까?

현대 기업의 인력자본 비율은 기업 전체 운영비의 50% 이상(대다수 중국 기업 역시 이 수준에 도달했다)을 차지한다. 신흥 서비스산업의 경우 70% 혹은 그 이상에 달한다. 현대 사회는 조직원의 열정과 정서적 안정이라는 요인이 기업의 경쟁력 발휘에 지대한 영향을 미치게 되었다. 여전히 강압적인 방식으로 직원들을 책상 앞에만 앉혀놓을 것인가? 아니면 자발적인 참여를 독려할 것인가? 기업의 리더가 관리상의 절차를 만들 때 과연 무엇을 우선순위에 둘지 반드시 고민해야 한다. 구양수라면 이런 식으로 질문을 던질 수도 있다. 대나무 바구니를 짤 것인가, 아니면 대나무 숲을 만들 것인가?

옛 선현들은 예술은 자연의 섭리이므로 인위적으로 재단할 수 없다고 했다. '자연'이란 인간의 의지대로 조성할 수 있는 것이 아니기 때문이다.

하지만 현대 사회에 와서는 대자연 역시 구성 요건의 일부로 작용한다. 삼림자원의 보호와 원시림의 유지를 위해 '자연'을 조성하는 일은 국가 차원에서도 쉬운 일은 아닐 것이다. 유일한 방법이 있다면 자연 공간을 그대로 놓아두고 만물을 '태고의 상태'로 되돌리는 일이다. 이는 인간에게도 그대로 적용될 수 있다. 영국 《파이낸셜 타임스》의 기사에 의하면 사람들이 가장 창조적이고 놀라운 아이디어를 떠올리는 순간은 샤워 중이거나 혹은 홀로 있거나 또는 홀홀 떠난 여행지라고 대답한 경우가 대부분이었다. 딱딱한 사무실 책상에 앉은 채 창의적 업무가 이루어지는 경우는 고작 1%뿐이라는 것이다. 이는 기계적으로 사무실 책상만 지키고 앉아 있는 이들이 적지 않음을 반증한다고 볼 수 있다. 일시적 방안으로는 결코 해결할 수 없는 중대한 문제에 직면했을 때 책상 앞에 앉아서 머리를 쥐어뜯어가며 탁상공론에만 심취하는 일은 심각한 자원 낭비에 해당한다.

믿을 수 없다면 당장 거리에 나가 직장인들을 붙잡고 무작위로 질문을 던져보라. 퇴근 시간이면 썰물처럼 우르르 사무실을 빠져나가는 이들에게 과연 오늘 하루 얼마나 구체적인 업무를 완수했는지 질문해본다면 이 통계가 얼마나 정확한지 금방 알 수 있을 것이다.

혹은 직장인을 대상으로 향후 1년 혹은 2년 후의 미래에 관해 추적 조사를 실시해보라. 과연 자신의 업무 분야에서 얼마만큼의 창의성을 발휘했는지 혹은 어느 정도의 개혁을 이루었는지 질문해본다면 마찬가지의 결론에 도달할 것이다.

현대인들은 타인에게 속박당하는 것을 극도로 싫어한다. 겉보기에는 멀쩡하지만 속을 들여다보면 하나같이 불쌍한 삶을 살고 있다. 기업의 관리자들은 이들에게 필요 이상의 압력을 행사해서는 안 된다. 왜냐하면 억압적인 방식은 인간의 자연스러운 인성에 위배되는 일인 동시에 전혀 실효성을 거둘 수 없기 때문이다. 노련한 관리자들은 동서양을 막론하고 기업의 본래 취지와 무관할 뿐 아니라 딱딱하기만 한 기존 관리 방식에서 탈피하여 직원들의 긴장을 일정 정도 덜어주려는 노력을 이어가고 있다. 이는 갈수록 외부 경쟁이 치열해지는 기업 풍토에서 내부의 긴장을 완화하기 위한 자구책이다. 기업 내부에 자연 친화적이고 화기애애한 인간관계를 조성한다면 직분의 구애됨 없이 직원 전체의 상상력과 감정지수의 상승을 기대해볼 수 있다.

얼마 전 모 기업이 사옥의 일부를 스타벅스 매장에 무료 임대한 후 직원들을 대상으로 음료 서비스를 실시했다는 기사를 접한 적이 있다. 직원들은 여가 시간을 이용하여 이곳에서 커피를 마시거나 대화를 하기도 하고 때로는 생일 파티 장소로 활용하기도 했다. 이러한 장소를 제공한 후 이 기업의 내부 분위기가 한층 개선되었음은 새삼 말할 필요가 없다. 출근 이후부터 퇴근 전까지 직원들의 행동을 관찰한 결과 이전보다 친밀도가 향상된 것으로 드러났다.

동서고금을 막론하고 '자연'의 위력은 실로 막강하다. 자연을 억누르는 곳에서 어떻게 새로운 생명이 싹틀 수 있겠는가? 이백의 시 한 수가 떠오르는 순간이다.

> 풀이 무성하다 하여 봄바람을 고마워하지 않으며
> 나무는 잎이 진다 하여 가을날을 원망하지 않는 법이라네.
> 누가 채찍을 휘둘러 사방을 쫓을 것인가?
> 만물이 흥취를 더하니 모든 것이 자연스럽지 아니한가?
>
> 이백, 〈일출행日出行〉

제8장

인력 관리와 안정

둥근 옥을 깎으려면 사흘을 달궈야 하고,
좋은 재목을 고르려면 일곱 해를 기다려야 한다네.
주공이 유언을 두려워하고 왕망이 겸손을 가장하여 아직 왕권을 찬탈하지 않을 때.
차라리 그때에 죽었더라면 일생의 참과 거짓을 어찌 능히 알 수 있으랴?
試玉要燒三日滿, 辨材須待七年期. 周公恐懼流言後, 王莽謙恭未簒時.
向使當初身便死, 一生眞僞復誰知?
— 백거이白居易, 〈방언오수지삼放言五首之三〉, 원화元和 10년(815년) —

69 얼음 바다 속으로 침몰한 대당제국

한 곡조가 채 끝나기도 전에 왕조의 기세가 사라지니
기러기의 행렬은 성곽 위를 무심히 날아가네.
강산은 왕조의 흥망에는 관심이 없으니
지는 해만 나그네의 설움 더해주네.

포길包佶, 〈재과금릉再過金陵〉

당대 시인 포길은 육조의 고도 금릉을 지나는 길에 회상에 잠겨 이와 같은 시를 남겼다. 그는 어째서 "강산은 왕조의 흥망에 관심이 없다"는 역설적인 표현에 자신의 심정을 대변했을까? 태평성세가 막을 내리던 시절, 안사의 난을 직접 겪고 난 후의 참담한 심정을 무심한 강산에 비유했는지도 모른다.

천지개벽하듯이 몇 차례 대변혁을 치르게 되면 그제야 사람들은 역사에 눈을 뜨며 흥미를 느끼게 된다. 당대 시선을 펼쳐 들 때마다 옛 문인들의 시어를 새롭게 곱씹어보게 되는 이유가 바로 여기에 있다. 여기에 수록된 시 가운데는 변방을 넘나들며 전쟁의 포연을 직접적으로 묘사한 작품보다는 고적을 답사하며 옛 역사를 되짚어보는 내용이 점차 늘어남을 알 수 있다.

통계에 의하면 당 왕조를 회고하는 시는 모두 1,424편이며 이 중에서 만당晩唐에 관한 시는 1,014편에 이른다고 한다. 이는 전체의 70%에 달하는데 한 가지 특징이라면, 회고시 대부분이 유독 금릉을 지나며 육조의 흥망을 떠올리고 있다는 사실이다.

과연 이들이 탄식을 금치 못하는 이유는 뭘까? 안사의 난을 겪은 직후 전국에 내란이 분분한 가운데 중국의 북방은 초토화되었다. 이로 인해 중앙정부는 경제적인 이유를 들어 장강 삼각주에 더욱 집착하게 되었다. 따라서 정부 관원은 물론이고 문인들까지 육조의 고도인 금릉을 찾아 답사에 나서는 경우가 잦았다고 한다. 하지만 단지 이것만으로 당대에 회고시가 기하급수적으로 증가했다고 말할 수는 없다. 유우석劉禹錫의 〈금릉오제金陵五題〉는 대표적인 회고시로, 아래의 시가는 『당시선본唐時選本』에 수록되어 있다.

산은 고국을 빙 둘러 있고,
조수는 빈 성에 부딪혀 쓸쓸히 돌아가네.
회수의 동쪽 가에 돋던 달은
깊은 밤 여장 넘어 비쳐오네.

유우석, 〈석두성石斗城〉

주작교 언저리에 들풀 피어나고
오의항 어귀에는 석양이 기운다.
옛날 왕과 사의 저택에 살던 제비가

지금은 일반 백성들의 집을 찾아드는 구나.

유우석, 〈오의항烏衣巷〉

〈석두성〉은 이미지를 통한 상징적 수사에 치중했다. 〈오의항〉은 진대의 권문세가였던 '왕연'과 '사안'의 고급 사가가 있던 곳으로, 검은 옷을 입은 병사들이 불철주야 지키고 있었다. 동진의 지방 호족들이 밀집한 주거지역인 만큼 호화스러운 생활과 사치와 방탕이 극에 달했음을 짐작할 수 있다. 그러나 이 시가는 권력과 세월의 무상함과 이로 인해 단명할 수밖에 없었던 정치 상황을 역설적으로 풍자하고 있다.

한 가지 재미있는 사실은 유우석은 정작 금릉에 가본 적이 없다는 점이다. 따라서 시 속의 모든 이미지는 그의 상상 속에서 나온 것이었다. 유우석은 변혁에 참여했지만 결국 '샤팡下放 간부'(관료화를 막기 위해 일정 기간 농촌 지역의 노동에 투입되는 간부_옮긴이)로 전락한 인물로, 당조의 문인들은 오히려 그에게 뜨거운 갈채를 보내고 있다. 이는 그의 시가 한 대목이 당조의 정치적 상황과 공교롭게도 일치하는 탓이기도 하지만 사회 전체에 만연했던 몰락의 그림자가 망국의 시기를 앞당겼음에 대한 전반적인 공감대가 형성되었기 때문은 아닐까?

역사에 대한 감회는 현실 인식에서 기인한다.

과거의 역사를 빌려 오늘의 교훈으로 삼는 일은 경계 심리에서 비롯된 것이다. 한 차례 위기를 겪고 난 통치 집단에서는 제국의 초기 시절 전횡을 일삼던 무리가 더 이상 발 디딜 곳이 없다. 체제의 유지를 위한 효과적인 방안을 제시하지 못했던 육조의 우매한 군주들처럼 망국의 수순을 밟을 뿐이다. 후대인들은 한때 성공가도를 달리던 기업이 서서히 몰락해가는 모습을 지켜보며 역사의 교훈을 되새기게 된다.

당조 시기에 이러한 영사시詠史詩의 전성기가 오게 된 이유는 문학계의 현실주의 성향과 학술계의 유학 부흥, 그리고 사대부의 변혁에 대한 정치계의 요구 등이 시기적으로 맞아떨어졌기 때문이다. 당조는 자신들의 제국이 남조의 어리석은 전철을 밟고 있음을 자각하고 있었다. 물론 역사의 흐름을 거스르기에는 역부족이었으나 덕분에 중요한 문화유산을 후대에 남겼다. 통치자의 두 눈과 귀를 막고 오로지 맹목적인 충성을 맹세하는 이들 대부분은 간신일 가능성이 높다는 사실이다. 성대한 만찬과 연회석상에는 부패한 권력이 자라나는 법이고, 위기는 음주와 가무 속에서 잉태되기 마련이다. 너나없이 넋을 놓은 채 망국의 나락으로 빠져들 때 묵묵히 충정을 지켜온 이들은 어둠을 밝히기 위해 스스로를 촛불의 심지로 삼았던 것이다.

충신과 간신을 구분하는 일은 조직의 지속적인 발전과 순조로운 운행을 위해 반드시 선행해야 할 문제이다. 이는 전쟁과 같은 절대 위기가 닥쳤을 때 국가가 살아남을 수 있는 원동력이 된다. 중국의 역대 통치자들은 이점을 명확히 구분하지 않았기에 왕조의 전복을 피할 수 없었으며, 이러한 폐단은 그들의 뒤를 이은 왕조 역시 마찬가지였다. 현대 기업의 리더들도 기업의 영속성을 원한다면 이러한 역사의 교훈을 멀리해서는 안 될 것이며, 옛 선현들의 외침을 결코 잊어서는 안 될 것이다.

안사의 난을 겪은 당나라 사람들은 마치 차가운 얼음 바다 밑으로 서서히 가라앉는 타이타닉 호의 승객들처럼 강대한 제국의 침몰을 속수무책으로 지켜봐야 했다. 회고시에 자주 등장하는 폐가, 잡초, 부서진 성곽 등등의 시어는 침몰하는 제국을 상징하며 후대인들에게 깊은 자성을 요구하는 일종의 경고가 아닐까?

오융吳融은 후대 평론가들로부터 절세의 명문이라 칭송받으며 '만당 절창晩唐絕唱'이라는 찬사를 받았다. 그의 시가 〈폐택廢宅〉에는 작품 전체를 관통하는 신비하고 초자연적 힘이 있다. 한때 화려한 대문을 지키던 거마車馬의 호령 소리, 사람들의 발길이 끊이지 않던 대저택, 위풍당당한 문지기도 결국 아무도 알아차리지 못하는 사이에 서서히 무너져가고 있었다. 이러한 운명의 열쇠를 손에 쥔 자는 경제학자 애덤 스미스의 '보이지 않은 손'처럼 사람들의 눈으로 확인할 수 없다. 그러나 보이지 않는 힘에 의해 한 개인의 영화는 물론이고 가문의 존망, 지역의 성쇠, 나아가 국가의 흥망까지 좌지우지된다.

현대인들이 누리는 모든 혜택은 선조들이 쌓아온 업적이자 이전 세대의 리더들이 고통 속에 일궈온 정책 덕분이다. 하지만 윤택한 삶에 안주한 채 미래를 향해 한 걸음도 전진하려 하지 않는다면, 오융의 시에 등장하는 초자연적인 힘에 의해 파국을 맞이할 수도 있다.

깊은 밤, 옛 유적이 즐비한 고도의 골목을 걸어보라. 이제는 폐허로 변한 고성의 수북한 수풀더미를 헤치고 어디선가 불어오는 스산한 바람소리를 느낄 수 있다. 이는 마치 옛 성곽을 떠나지 못하고 배회하는 유령의 발걸음 소리 같다.

어두운 베일에 싸인 이 그림자는 결코 사람들의 눈에 띄지 않는다. 하지만 보이지 않는 그림자는 대도시의 구석구석을 떠돌며 오로지 현재만 맹신하고 역사의 교훈에 귀 기울이지 않는 자들의 폐부 깊은 곳까지 파고든다. 이러한 기업은 '보이지 않은 손'에 의해 서서히 폐가로 전락할지도 모른다.

70 간신이 모여드는 조건

    중국인은 둘만 모여도 '충신'과 '간신'으로 편 가르기를 좋아한다. 하지만 곰곰이 생각해보면 충신과 간신은 상충되거나 모순되는 관계가 아니다. '충신'은 결코 '간신'의 반대 개념이 아니라는 뜻이다.

    충신이란 도덕적 신념과 숭고한 사상의 체현이자 인성의 발현이며, 나아가 자기희생의 결과이다. 간신은 일반적으로 능력도 없으면서 속물근성만 강한 소인배 무리를 대표한다고 볼 수 있다. 아무리 보잘것없는 자리를 차지했다고 해도 이것이 그들 자신의 노력에 의해 얻어진 결과라고 보기 어렵다. 때로 간신은 운 좋게 '영명한 군주'의 눈에 띄어 발탁된다. 이런 관점에서 본다면 역대 통치자들은 자신의 '치즈'를 빼앗긴다고 누군가를 원망할 권리가 없다. 왜냐하면 결코 빼앗겨서는 안 되는 상대의 손에 자신의 치즈가 들려 있는 것을 훤히 보면서도 방치한 죄가 있기 때문이다.

    역사상 가장 다채롭고 가장 혼란스러웠던 당 현종 시대가 바로 대표적인 사례다. 현종의 측근들 역시 화하문명의 르네상스를 열었던 자신의 리더가 말년에 이르러 몇몇 치기 어린 소인배(물론 양귀비도 빼놓을 수 없다)의 꾐에 넘어가 조상 대대로 이어온 대업은 물론이고 자신이 세운 업적마저 혼탁한 정국으로 몰고 간 미증유의 사태를 수수방관한 책임을 면할 수 없다.

이렇게 된 원인을 단적으로 지적한다면 첫째, 현종은 총애하던 무혜비가 죽은 후로 심리적인 공허함을 채울 길이 없자 서서히 정사를 돌보지 않게 되었다.[1] 이임보李林甫, 고력사高力士의 계보를 잇던 양국충은 늙고 쇠약해진 현종의 눈을 피해 궁정 안에서 방탕과 유희를 즐겼다. 연일 치러지던 대규모 연회와 사치스러운 풍조는 훗날 여러 문인과 시인들의 비난을 면치 못했다.

여류 시인 이청조는 "어느 누가 안사의 이름을 알겠는가? 용맹을 자랑하던 건아는 영면에 들었을 뿐이네"라는 시가를 통해 당시의 울분을 애써 억누르고 있다. 양국충 이외에도 만조의 모든 문무대신 역시 전성기의 달콤한 취기에 탐닉한 채 이성을 잃고 혼미한 상태였다. 모든 이들이 이처럼 방탕한 세월을 보내는 사이에 국가의 생산성은 점차 하향곡선을 그렸다. 당시 유희를 즐겼던 이들은 무슨 정치적 의도(그들은 그만한 식견도 갖추지 못했다)를 품었던 것도 아니고, '반혁명주의자'를 자처하며 특수 임무를 이행했던 것도 아니었다. 이들은 단지(어쩌면 처음부터 목적의식이 없었기 때문인지도 모른다) 지나치게 '리더의 고충'을 헤아리려 했거나 '리더의 성가신 일거리'를 덜어주려 했을 뿐이다. 한마디로 이들은

---

1 무혜비의 죽음으로 당 현종은 커다란 충격에 휩싸였다. 현종은 20년 동안 자신을 보필했던 무혜비에게 정순황후의 작위를 내렸다. 그녀는 사실상 당 현종의 '개원성세'를 함께 보냈으며, 천상의 배필인 무혜비의 죽음 이후 52세의 현종은 급속도로 정신이 피폐해져갔다. 현종은 조정에서 퇴궐한 뒤 무혜비의 처소에 들러 혼자 우두커니 앉아서 울적한 기분에 젖어 있는 날이 많았다고 한다. 이러한 내용은 오울吳蔚의 『755년의 중국성쇠지교755年中國盛衰之交』(해구 : 하이난출판사, 2006)에 상세히 기록되어 있다.

통치자를 향해 어떠한 요구도 하지 않았다. 현종은 정사에 게을렀으며 대신들은 중대한 업무 보고도 하지 않았다. 골치 아픈 일에 새삼 휘말리길 원치 않았던 이들은 모든 것이 순조롭게 돌아가고 있다는 위안으로 자신의 역할을 대신하고자 했다. 이것은 매우 심각한 결과를 가져왔다. 리더는 더 이상 쓴소리를 듣지 않게 되었고, 충신을 멀리하며 더욱 강도 높은 향락을 찾았다. 통치자의 주변인들은 낙심한 리더를 기쁘게 하기 위해 오로지 연회 준비에만 혈안이 되었다. 이 모든 행위가 '도를 왜곡하여 군주를 섬기는'[2] 반역죄에 해당한다는 사실을 그들은 까맣게 잊고 있었으며, 심지어 그들의 가치관으로는 이것이 문제가 된다는 사실조차 자각하지 못했다. 이는 결과적으로 국가 전복을 초래했을 뿐이다.

얼마 전 《포춘Fortune》에 실린 칼럼 가운데 자기애가 강한 CEO가 어른에서 어린아이로 변질될 수밖에 없는 현실을 다룬 기사를 접했다. 이러한 리더와 기업은 철부지 아이와 다를 바 없는 몇 가지 공통점을 지니고 있었다.

이들에게는 어린 왕자 혹은 소小황제와 같은 칭호가 따라 다닌다. 이들의 말은 곧 진리요, 법이고, 우주의 중심이다.

이들은 두서없이 말하는 경향이 있고 다른 사람이 제안한 의견은 말꼬리만 잡으려 한다. 누가 무슨 말을 하건 귀담아듣지 않고 때론 자신의 측근들과 의사소통에 문제가 생겨도 개의치 않는다. 수시로 취미와 기호를 바꾸며 늘 새로운 오락거리를 찾는다. 마치 시소를 탄 듯 항상 기분이 오락가락한다. 따라서 누군가 늘 옆에서 비위를 맞춰야 하며 일거수일투족 시중을 들어주어야 한다. 다른 사람의 시간이나 일정 따위는 신경 쓰지 않으며 모든 것을 자기 위주로 변경한다. 어느 날 갑자기 변덕을 부려 이

---

2 유가 정치학은 "도덕으로 군주를 섬기다"라는 가치를 표방하고 있었다. 양백준의 『논어역주論語譯注』에서 이를 인용하여 신조어를 만들어냈다.

미 정해놓은 다른 사람들의 스케줄까지 모두 뒤죽박죽으로 만들어놓기 일쑤이다.[3]

당 현종 말년, 그는 자신이 그토록 신임하던 측근들의 방임 아래 스스로 성세의 막을 내린 불운한 군주의 길을 걸었다. 그의 심리는 강보에 싸인 갓난아기처럼 의존적으로 변해 어리광만 늘었다. 고력사의 강권에 못 이겨 어쩔 수 없이 사랑하는 양귀비를 죽음으로 몰아넣은 현종은 눈물을 짜내야 했지만 그들의 말을 거역할 수 없었다. 이러한 현종에게서 '영민하고 용맹한 성품에 말타기와 활쏘기에 두루 능했던' 소년 시절의 호방하고 위풍당당한 모습을 상상하기란 불가능했다.

당 현종의 불행은 단순히 애욕에 눈먼 영웅이 초년 시절의 웅지를 잃고 몰락하는 것에 그치지 않았다. 몰락한 영웅은 말년에 이르면 심리적으로 완전히 열정을 잃어버리게 된다.

권력의 속성은 1,200여 년이 흐른 오늘날에도 전혀 변하지 않았다. 권력을 독점한 자는 과거의 성공에 집착한다. 그의 주변은 마치 죽은 짐승의 살점을 뜯기 위해 몰려드는 맹수처럼 권력에 빌붙고 아첨하려는 부류로 넘쳐난다. 그들에게서 정치적 이념이나 야심을 찾아보기란 쉽지 않다. 왜냐하면 이들은 단순히 굶주린 하이에나처럼 본능에 의해 자신의 생존 논리를 지향할 뿐이기 때문이다.

이러한 부류는 만면에 친절한 미소를 띤 채 권력의 중심을 맴돌며 온갖 조화를 부려 제삼자의 접근을 차단한다. 이들이 두려워하는 것은 어느 날 문득 이성을 되찾은 군주가 정상적인 업무 능력을 갖춘 이들에게 자신의 권력을 내어주는 것이다. '입으로는 끝없이 아첨을 늘어놓으며 황제의 두 눈과 두 귀를 가리는' 간신들은 시정잡배와 무엇이 다르다는 말인가? 그러나 이들에게 온갖 유희를 제공한 장본인을 지적하라면 이

---

3 Stanley Bing, "You're a CEO, baby!", *Fortune*(2005. 2. 28).

러한 소인배 무리를 직접 발탁한 황제 자신이다.

현대 사회 역시 마찬가지다. 성공가도를 지향하는 기업은 스스로 의식하지 못하는 사이에 '권력형 생태계'에 발을 들여놓게 된다. 시간이 갈수록 이들이 점유하는 자원의 양이 증가하면서 서서히 업무가 나태해진다. 당 왕조 원년의 업적을 오늘날의 관점에서 본다면 안사의 난은 발전의 흐름을 거스른 전대미문의 사건이 아닐 수 없다. 이는 다시 말해 현종의 치명적인 관리 실패를 입증하는 사례로 봐야 할 것이다.

현대 기업에는 이사회와 관리자 계층의 상호 견제가 존재한다. 하지만 급변하는 시장경제 체제 아래서는 보다 신속하고 결단력 있는 정책 결정이 필요하다. 따라서 소수에게 결정 기능이 강화되고 집중되는 현상이 빚어질 수밖에 없다. 이러한 관리 제도가 제대로 완비되지 않은 이상 일부 기업에서 드러나는 정책 결정의 폐단은 고대와 근본적인 차이를 두기 어렵다.

현대 기업은 여전히 심각한 고민에 빠져 있다. 사업상 연속적으로 다가오는 위기를 어떻게 넘겨야 할까? 자칫 방심하면 느슨해지기 쉬운 기업을 어떻게 관리하고 통제할 것인가? 혁혁한 실적을 이룬 고위 관리의 효율적인 역할을 지속적으로 유지·발전시키려면 어떤 제도를 마련해야 할까? 업무의 확장을 시도하는 과정에서 일상적 오류에서 벗어나 전면적인 위기의 도래를 모면하고자 한다면 어떻게 해야 할까? 이사회(물론 대당제국에는 결정적으로 이러한 기구가 없었지만)에 대한 효과적인 감독기구를 어떤 식으로 운용할 것이며, 그와 동시에 기업가와 경영인에 대한 사회적 감독의 효율성을 어떻게 제고할 것인가?

이 질문에 대한 해답을 찾으려면 원점으로 돌아가야 한다. 현재 최고 리더의 위치에 있는 이들은 직속 부원들의 긴장이 풀어질 수 있는 여지를 없애야 한다. 유연한 사고는 허용하되 권력 교체 이후에는 철저히 자신의 편리를 도모하는 것이 바람직하다.

권력의 상층부에 도덕적 해이가 만연하고 여기에 리더의 정신적 해이를 촉진하는 '권력형 생태계'에 진입하는 순간 아무리 전도유망한 기업일지라도 바닥으로 추락하는 것은 시간문제라는 사실을 당 현종은 몸소 입증해주었다. 호시탐탐 틈새를 노리는 하이에나와 같은 간신들의 접근을 막으려면 우선 리더 스스로 자신을 철저히 단속해야 한다.

리더는 '정신적 해이'에 빠지지 않도록 세심한 주의를 기울여야 한다. 현종의 가신들은 자신의 리더와 함께 음주가무를 즐기며 흥청망청 지낼 뿐 누구 하나 통치자의 최후를 염려하지 않았다. 그것은 최소한의 도덕적 기준조차 도달한 이가 전혀 없었음을 반증한다. 마침내 거대한 제국이 백척간두의 벼랑 끝에 내몰리는 순간, 이들은 70세 고령의 군주가 자신의 애첩을 죽음으로 몰아넣는 비극을 보고만 있었을 뿐만 아니라 결국 리더마저 파국으로 내몰았다.[4]

이상은은 40여 년간 권좌를 누리던 황제의 말로가 사랑하는 아내와 백년해로를 함께하는 일개 백성만도 못한 처지로 전락한 역사를 회상하며 개탄해 마지않았다.

바다 밖에 구주九州(전설의 영토)가 또 있다는 소문이 들리네.

다음 생에 사랑하는 사이로 만나자는 맹세, 이 세상의 연은 여기서 끝이 났구나.

부질없는 호위군이 순라를 돌며 호각소리를 내네.

궁중의 계인은 더 이상 새벽을 알리는 소리 듣지 못하네.

이날의 군대는 황제의 가마를 가로막고

---

4 현종은 촉으로 도피하는 중에 마외역을 지나게 되었다. 환관 고력사의 지시를 받은 금군대장 진현례는 양국충을 제거하고 양귀비를 살해했다. 이 내용은 황영년의 『당사십이강唐史十二講』(북경 : 중화서국, 2007)에서 발췌하였다.

칠월칠석의 견우직녀를 비웃었지.

어찌하여 천자를 모신 말로가 여염집의 여인,

막수보다 못한 신세가 되었단 말인가?

이상은, 〈마외이수馬嵬二首〉

피터의 원리와 관료주의

조직 관리를 담당하는 리더가 가장 주의해야 할 것이 바로 '관료주의'다. 이는 조직뿐 아니라 개개인(실제로 이 둘은 결코 떼어놓을 수가 없다) 역시 예외로 둘 수 없다.

관료주의의 가장 보편적인 현상 중 하나는 유명한 패러독스이다. 서양에서는 이를 '피터의 원리Peter's Principle'라고 부른다. 모든 행정 체계는 개인의 업적에 따라 상벌을 구분하고 승진 여부를 결정한다. 일반적으로 현재의 직급에서 최대의 능력을 발휘할 경우 상위 단계로의 승진 조치가 이루어지기 마련이다. 하지만 피터의 원리에 따르면 이러한 조치는 개인이 현재 상태에서 보유한 지식과 능력의 한계를 초월하는 훨씬 더 상위의 개념이라고 보았다. 다시 말해 기업 관리상 현 직위에서 발군의 능력을 발휘하여 상위 단계로 승진한 직원은 결과적으로 상위 업무를 달성해내지 못하는 모순에 빠지게 된다는 것이다. 결국 이러한 조치는 조직의 효율성을 떨어뜨릴 뿐이다.

리더 가운데 자신의 직속 부원이 가진 능력의 한계를 알면서도 그의 적극성을 높이 사서 승진 결정을 내리는 경우가 있다. 이런 식으로 발탁된 경우는 주변 동료들을 감시하고 리더에게 보고하는 역할을 수행할 뿐이다. 심지어 이들은 업무상 전혀 신뢰감을 주지도 못하고 리더에게 '순종적'이고 '말을 잘 듣는다'는 이유로 동료로부터 무시당할 때가 있다. 이들에게 도전적 사고를 기대한다는 것은 거의 불가능하며 사실 그럴 만한 능력도 없다. 따라서 이들(특히 진정한 능력과 재주를 갖추지 않고 단지 리더가 제안한 업무만 처리하는 부류)은 직장 내의 '졸개'로 전락할 뿐이다.

가장 대표적인 졸개 유형의 인물을 들자면 당 현종 재임 기간에 재상을 지냈던 이임보를 들 수 있다. 말단 하급 관리 출신인 그는 734년 당 왕조의 재상 자리에 오른 후 안사의 난으로 752년 죽음에 이르기까지 대당제국이 쇠락의 길을 걷고 몰락하게 된 결정적인 요인을 제공했다. 후대의 일부 사대부들은 이임보의 이름만 떠올려도 치를 떨며, 그의 악행을 떠올리면 무덤을 파헤쳐 부관참시를 한다고 해도 분이 풀리지 않는다며 울분을 터뜨리기도 했다.

군사들이 양귀비를 단죄하니
군주의 눈에서 피눈물이 흘러내렸네.
어찌하여 양국충이 죽은 후에
이임보에게 더 센 채찍을 내리치지 않는가?

이구李覯, 〈마외역馬嵬驛〉

이임보는 세상을 떠난 후 혹독한 대가를 치러야 했다. 후임자 양국충(그야말로 재능과 덕망도 갖추지 못한 소인배였다)은 이임보의 직위를 박탈한 뒤 재산을 몰수하여 국고에 환수했다. 가족들은 유배지로 쫓겨나고 사실상 무덤까지 파헤쳐진 셈이었다. 이를 지켜보던 이들은 허망한 심정을 지울 길이 없었다. 과연 이임보는 생전에 자신이 저지른 업보로 인해 남아 있는 가족들마저 이처럼 비참한 운명에 처하리라는 사실을 전혀 예상하지 못했단 말인가?

사실 이임보는 무능하지 않았다. 역사에 따르면 이임보는 "스승의 가르침 없이 독학으로 경전에 통달한 법가의 전수자"라고 기록되어 있다. 당 현종은 그의 이러한 능력을 높이 평가하여 행정상 입법부의 요직에 기용한 것이다. 게다가 이임보는 내부의 기밀을 빼돌렸다거나 모반을 꾀했다는 증거도 없다. 비록 도덕을 목숨처럼 여기는 사대부와는 거리가 멀었지만, 굳이 그의 결함을 꼽는다면 기본 소양의 차이를 들 수 있다. 이임보는 세부적인 권술에는 능했으나 대세를 헤아리는 안목이 없었으며, 국가의 종묘사직과 천하의 창생을 돌보려는 의지가 미약했다. 혼탁한 당조의 통치자가 피터의 원리를 이해했다면 '황권조차 두려워하지 않는 풍조'는 발을 붙이지 못했을 것이다. 따라서 이임보가 아무리 총명하고 뛰어난 인물이라고 한들 다른 생존의 묘안이 없었을 것이다. 마치 헝클어진 실타래를 풀려고 할수록 더 엉키는 것처럼, 혼자 힘으로는 도저히 헤쳐나갈 엄두가 나지 않았을 것이다.

"맹목적으로 책을 신봉하는 자는 사회 혼란의 원인을 찾지 못한다"[1]는 말이 있다. 행정 관원들의 지나치게 세밀하고 꼼꼼한 업무 처리 방식은 오히려 국가 사직의 근간을 해칠 수도 있다는 의미로 해석할 수 있다. 개혁·개방 과정에서 드러나는 수많은 부정부패는 리더의 비서 혹은 기업의 요직을 맡은 이들과 깊은 연관이 있으며, 이는 앞서 설명한 피터의 원리와 졸개 정치의 풍조가 결합된 결과라고 할 수 있다.

일각에서는 이러한 역사적 교훈에 대해 날카로운 비평을 서슴지 않는

---

[1] 노자의 제자였던 문자文子의 말로, 그는 본래 유가에 비판적인 태도를 취했다. 남부근의 『역사의 경험』(상하이 : 푸단 대학 출판사, 2002)에서 인용하였다.

다. 만약 당 왕조의 중요 정책을 결정하고 이를 주관했던 이들이 당의 태평성세를 주도했던 명재상 요숭姚崇 혹은 송경宋璟이었다면 비록 황제가 정사를 돌보지 않고 향락을 일삼았다 해도 붕괴하지는 않았을 것이다. 그랬다면 당 현종은 자신의 바람대로 양귀비와 백년해로하면서 여생을 보낼 수도 있었다.

역사는 어떤 가설도 허용하지 않지만, 이러한 상상이 결코 황당무계한 것은 아니다. 요숭과 송경은 무측천 시대 정국의 동요와 혼란을 직접 겪으며 국운이 위기에 처한 시대를 살아가는 사대부로서 충분히 단련되어 있었다. 이들의 인품과 덕망은 후대에 귀감이 될 만하며, 전체 판세를 내다보고 통찰하는 능력이 있었다. 대당제국 초기 현종이 태평성세의 문호를 활짝 열 수 있었던 배경에 이들의 보좌가 있었던 것은 결코 우연이 아니다.

유사 이래 중국은 고위 관료와 하위 관리의 구분이 엄격히 존재해왔다. 따라서 정책 결정권자로서의 고위 관료들에게 통상적으로 매우 높은 수준의 자질을 요구했다. 유학자 출신이 대부분인 그들은 상당히 까다로운 도덕적·문화적 자질을 검증받은 후에야 일선 행정 업무를 맡을 자격을 얻곤 했다. 단순한 행정 관리들의 경우는 즉각적인 파견도 가능했지만 이러한 인사 관리는 종종 허점을 드러냈다. 예를 들어 사회 기층민의 실상을 제대로 파악하지 못한 관리들이 백성들을 대상으로 '현실과 동떨어진 이론'을 적용시키는 과정에서 부작용이 생긴 것이다. 따라서 이들은 일선에서 다양한 경험을 쌓는 과정을 통해 현실과의 괴리를 좁혀나갔다. 단순히 실적과 경험을 기준으로 선발하는 방식으로는 역사를 바라보는 깊은 안목과 도덕적 책임감을 가늠할 수 없다.

정책 결정자는 실행 가능한 일과 실행 불가능한 일을 끊임없이 제안받게 되는데, 이를 무조건 억압할 수만은 없다. 간신과 충신의 개념이 상호 대립할 수 없는 이유가 바로 이 때문이다.

때때로 사사건건 반대만 하는 조정 대신들에게 신물이 난 군주는 덕망도 능력도 갖추지 못한 이들을 선발하여 '집 지키는 졸개'로 훈련시키는 경우도 있다. 이런 식의 무책임한 인사는 일시적 편의와 효율의 증대를 가져오지만, 한편으로는 권력의 부패를 방조하게 만드는 상당히 위험한 게임에 속한다.

당 현종 말년의 정치적 유희는 영락없는 제로섬 게임에 가까웠다.

후대인들은 이러한 졸개 몇 명만으로도 역사상 가장 강력한 제국을 한순간에 붕괴시킬 수 있다는 뼈아픈 교훈을 얻었다. 기업도 예외가 없다. 전체적인 국면을 파악할 수 없도록 리더의 눈과 귀를 막는 졸개의 유희는 굳이 '피터의 원리'와 결부하지 않더라도 경계 대상으로 삼아야 할 것이다.[2]

---

2 현종은 말년에 이임보에 관해 배사엄에게 이르길 "어진 자를 질투하는 것으로 따지면 그를 따를 자가 없다"라고 했다. 이에 배사엄이 "폐하, 그 사실을 알고 계신다면서 어째서 그를 이토록 오래 기용하십니까?"라고 반문하자 현종은 아무 말도 못했다고 한다. 이 내용은 유숙의 『대당신어大唐新語』에서 인용하였다.

72 실패한 리더십에서 무엇을 배울 것인가

안사의 난이 일어난 뒤 장구령과 이임보를 대하는 당 현종의 태도가 돌변한 사실을 통해 리더 집단의 건설이란 측면의 또 다른 교훈을 찾을 수 있다.

앞에서 언급한 바와 같이 졸개 정치인들의 권력 게임에는 치명적인 위험이 뒤따르기 마련이며, 시간이 갈수록 리더십의 근간이 흔들려 결국 붕괴된다는 사실을 깨달을 수 있었다.

하지만 이러한 '졸개 정치'의 원인을 객관적으로 분석해보면 우회적인 태도로 일관하거나 실행 불가능한 의견을 제안하는 순진한 사대부에게도 책임이 있다는 생각을 떨쳐버릴 수 없다. 이러한 풍속도는 현대에 와서도 쉽게 찾아볼 수 있으며, 현실에서 벗어난 정치는 여전히 경계할 필요가 있다.

독일의 학자 막스 베버는 중국을 연구하는 과정에서 이상한 점을 한 가지 발견했다고 한다. 국가 관리를 선발하는 중대한 상황에서 개개인의 문제 해결 능력을 따지지 않고 어째서 작문으로 대신했는가 하는 의문이 들었던 것이다. 문장 실력이 당락을 좌우한 것은 당 왕조의 오랜 전통이었다.

개원성세를 열었던 당 왕조의 주요 관료 중에는 뛰어난 문장가가 적지 않았다. 장구령張九齡은 당 왕조 최후의 문장가인 셈이었다. 영남의 권문세가 출신인 그는 시를 잘 짓기로 유명했는데, 타고난 언변에 수려한 문장까지 완벽히 갖추었으며, 행동거지 하나하나에서 고아한 선비의 기품을 느낄 수 있었다. 『당시 삼백 수』에 수록된 그의 작품은 1,300년 전에 이미 선풍적인 인기를 끌었다.

> 바다 위로 떠오르는 밝은 달
> 하늘 저 끝에서 임도 보고 있겠지.
> 그리운 님, 긴긴 밤 원망하며
> 밤이 새도록 나만 생각하겠지.
> 촛불 다하니 아름다운 달빛 가득하고
> 걸친 옷은 이미 이슬에 젖었네.
> 손에 가득 담아 임에게 보낼 수도 없으니
> 잠들어 꿈속에나 만날 것을 기약하네.
>
> 장구령, 〈망월회원望月懷遠〉

장구령은 문학적 감성과 재능은 물론이고 성품 또한 바르고 정직했다. 그가 첫눈에 안녹산을 보고 속으로 못마땅하게 여겼다는 후문은 신기할 뿐이다. 안사의 난이 터지기 15년 전, 그는 환란의 싹을 애초에 제거할 것을 중앙정부에 제안했으나 당 현종은 끝내 그의 진언을 받아들이지 않았다.

대제국의 경영을 어찌 한두 명의 어진 선비가 지닌 도덕성에만 의존할 수 있단 말인가? 당 현종은 강력한 관리 능력을 갖춘 새로운 인재를 필요로 했다. (현종은 황제로서 우수한 자질을 지니고 있었다.) 다만 자신이 재상으로 임명한 이임보가 권력의 중심에 진입한 후에 장구령을 밀어내리라고는 전혀 예상하지 못했다. 이것은 '졸개 정치'의 신호탄이 되었고, 강대한 대제국은 이후 수십 년간 여론을 억압하고 인재를 매장하기에 이르렀다. 결국 악인들이 활개를 치고 다니며 사회적으로 큰 혼란을 초래했다.

현종은 '국가 정책의 수석 책임자'로서 안사의 난이 발생한 사태에 대해 막중한 책임을 피할 수 없다. 하지만 황제 이융기의 책임이 태산보다 높다 한들 설마 그가 작정하고 자신의 가업을 망쳤을 리가 없지 않은가? 장기간 고위 관직을 독점했던 이임보 역시 아무리 역사의 기록이 진실과 다를 바 없다 해도 단순한 속죄양에 불과하다. 책임 소재를 시시콜콜 따진다면 우선 부적절한 인물을 기용한 황제의 과오를 꼽을 수 있다. 둘째로는 편협한 안목을 가진 재상의 문제였다. 양국충, 안녹산, 사사명, 고력사 등은 실패한 관리자의 환상적인 조합이라고 해도 과언이 아니다.

그렇다면 당 현종은 어째서 장구령처럼 순수한 관리를 눈여겨보지 못하고 하필 이임보 같은 소인배를 후임자로 발탁한 것일까?

이쯤에서 우리는 성당盛唐 시기(사실 과거제도는 역사가 그리 오래되지 않았다)의 인재 배출 현황과 실제 관리 수요의 부조화를 눈치챌 수 있다. 조직이 안정기에 접어들 무렵 고위 관리 계층이 흔히 직면하게 되는 고충이 아닐 수 없다. 리더의 관점에서 볼 때 사회 경험이 절대적으로 부족한 순박한 선비들의 업무 처리 방식은 결단력과 효율성 측면에서 부족하다고 느껴질 수도 있다. 하지만 도덕적 수양이 결여된 관리들이 권력을 장악할 경우에는 시시비비를 구분하기가 더욱 어려워진다. 공사의 구분이 불분명해지는 현상은 조직의 지속적인 발전을 가로막는 요인이 된다.

이러한 병폐는 비단 고대에 국한되지 않고 지금까지 줄곧 이어지고 있다. 현대 기업의 경영 관리상 과거 시험은 더 이상 등용문이 될 수 없지만, 어떤 방식으로 시험을 치르건 현실과 이론의 괴리를 좁히기는 어렵다. 관리자의 선발과 시험은 조직의 업무상 단순한 처리방식일 뿐이다. 덕망과 재주를 겸비하며 업무 능력도 뛰어난 인재들이 오늘날에 와서는 학력을 위조한다거나 졸업 논문을 베낀다거나 혹은 대리 시험 등과 같은 속임수를 쓰고 있기 때문이다.

관리자의 도덕적 기준과 전략적 안목을 정확히 평가할 수 있는 간편하고 쉬운 방법은 세상에 없다. 특히 기업의 이사장과 CEO의 자질에 관해 점수를 매기기란 더더욱 어려운 일이다.

그러다 보니 고위 관리층 구성원은 세상 물정에 닳고 닳은 속물(이임보)이거나 하나같이 순진한 백면서생(장구령)일 뿐이다. 이러한 유형은 어느 조직에나 존재하며 이들의 결함은 위기 상황에서 드러나기 마련이다. 둘 중 어느 누구도 믿고 의지하기가 쉽지 않다. 피터 드러커는 기업이 어떤 업적을 완수하느냐는 리더가 어떤 유형의 인재를 기용하는가에 달려 있다고 말했다. 인사 결정이야말로 기업의 효익을 좌우하는 관건인 셈이다.

당조를 평가할 때 현종은 이미 초기의 개원성세를 이룩한 전력이 있기에 그의 측근들이 주요 정무를 주관하는 과정에서 정관지치의 대업을 완수하는 일은 그리 요원한 일이 아니었다. 중국의 역대 어느 시기에 당 왕조처럼 방대한 관료층을 갖춘 왕조가 있던가? 요숭, 송경, 연국공燕國公 장열張說, 허국공許國公 소정蘇貞 등은 하나같이 문무를 겸비하고 패기와 능력을 갖춘 걸출한 인재들이었다.

그러나 평화 시대에 성장한 후진들이 본격적으로 무대에 오르자 혁혁한 공을 세운 과거의 인물들은 모두 자취를 감추고 말았다. 당 현종이 점차 노쇠해짐에 따라 남은 가신은 장구령과 이임보뿐이었다. 현종이 설사 이임보를 재상에 임명할 때 장구령을 실각시킬 의도가 전혀 없었다 해도 하나의 항아리 안에 물과 기름을 동시에 담을 수는 없는 노릇이 아닌가? 이렇듯 두 사람의 협력은 요원한 일이었다. 대부분의 리더가 그러하듯 체제의 순조로운 운행을 위해(동시에 자신의 '안락한 일상'을 유지하기 위해) 문장력과 도덕성으로 무장한 순수한 선비보다는 능수능란하게 일을 처리해낼 수 있는 관리를 선택한 것은 지극히 당연한 일이었다.

아름다운 시가와 현실적 정략, 이 중 어느 하나도 관리자의 도덕의식과 전략을 있는 그대로 표출할 만한 것은 없다. 단지 풍파가 한 차례 훑고 지나간 후에야 비로소 검증되는 것이다.

만약 이임보가 재상에 임명되지 않았다면 간신배라는 오명을 뒤집어쓰지 않았을 것이며, 장구령 역시 안타깝게도 안사의 난이 일어났을 때 세상을 떠났기에 과연 그에게 반란을 진압할 만한 능력이 있었는지 확인할 길이 없다. 다만 양국충의 뒤를 이어 재상으로 임명된 방관房琯의 처지와 비교한다면 오히려 장구령이 훨씬 더 나았다.

기록에 의하면 방관은 돌궐과의 전쟁을 치르기도 전에 공공연히 상대를 얕잡아 보는 발언을 했다고 한다. 안사의 휘하에 있던 거란족 용사는 '출정 경험'이 전혀 없는 방관이 춘추 전법만 믿고 모사 유질을 앞세워 돌진해오자 참혹한 죽음으로 설욕해주었다. 당시 거란족 용사에 의해 섬멸된 병사들의 시체가 산더미처럼 쌓여 언덕을 이룰 정도였다. 방관은 자신을 따르는 귀중한 병사들의 목숨을 헛되이 희생시켰을 뿐 아니라 국위마저 땅에 떨어뜨리는 치욕을 당했다.

이러한 참담한 역사 속에서 후대인들은 당대 초기의 영웅들을 그리워하거나 혹은 『이위공문대』에 실린 다채로운 병법을 떠올려보지만 현실에서는 세상 물정에 어두운 선비와 속물 관료 간의 괴리만 볼 수 있을 뿐이다. 현대적 시각에서 부연하자면 오랜 연륜과 풍부한 경험을 지닌 선배 세대와 물질적 풍요 속에서 아쉬움 없이 성장한 후진 간의 결코 좁힐 수 없는 간격이 엄연히 존재하고 있음을 알 수 있다.

기업이 안정적인 궤도에 접어들수록 결코 긴장의 끈을 놓아서는 안 된다. 당 현종과 이임보의 실패한 리더십의 전철을 밟지 않도록 주의를 기울이는 것도 중요하지만 사회의 대변혁을 지탱해낼 수 있는 내공을 키우는 것이 더욱 중요하다. 이와 동시에 거센 변혁의 물결 속에서 안심하고 정세를 맡길 수 있는 후진을 양성하는 일이 급선무일 것이다. 이는 기업의 지속적인 성장에 정점을 찍는 일이자 마지막 관문을 무사히 통과하는 비결이다.

73 간신의 두 얼굴

간신의 첫 번째 유형은 정치 건달이다.

그들은 겉으로 상대를 한껏 추켜세우고 비위를 맞추고 억지로 화기애애한 분위기를 조성한다. 그들은 스스로 매우 큰 공헌을 하고 있다고 착각하지만 실제로는 유명무실한 존재다. 온갖 우여곡절에 연루되어 결국은 헌신짝처럼 내팽개쳐질 때도 있다. 물론 동정의 여지가 전혀 없는 것은 아니지만 어찌 되었건 국정 실패의 책임에서 벗어날 수 없다.

진제국의 승상 이사李斯의 '역산비嶧山碑'[1]는 서예 애호가라면 누구나 알 것이다. 이는 소전체 서법을 대표하는 고전으로, 이사(특히 문장과 서법에 탁월한 조예를 지녔다고 한다)의 뛰어난 문화적 소양을 보여준다.

진시황의 업적은 육국의 평정과 중국 통일 이외에도 제도와 도량형의

---

[1] 역산에 세운 각석을 말한다. 『사기』의 〈진시황본기〉에는 "시황 28년 동방의 군현을 순시했는데, 노자의 유생들이 진의 공덕을 기리는 각석을 새길 것을 건의하였다. 승상 이사는 이러한 건의를 받아들여 역산비를 제작했다"라고 기록되어 있다.

정비를 통해 문화적 통일을 앞당겼다는 점이다. 특히 빼놓을 수 없는 것 중 하나가 바로 '문자의 통일'이다. 대전에서 소전에 이르기까지 서체를 통일한 정책은 문자 개혁으로 이어졌다. 이러한 문화 정책의 시행에 가장 큰 공헌을 한 사람이 바로 이사이다. '역산비'는 당시 각석 중에서도 최고의 걸작이라 불렸다. 현재 서안의 비림에 남아 있는 '역산비'는 원본이 훼손된 탓에 대의 번각 작품으로 알려져 있다.

소전은 문화 통일을 실시한 진 왕조의 '공식 서체'로, '역산비'는 화하의 영토를 천하의 근간으로 삼겠다는 이념을 담은 진의 정치 선언이라 할 수 있다. 마치 애국가나 국기처럼 국가를 대표하는 상징성을 지닌 현대적 개념으로 보아도 무방하다.

만리장성이나 병마용처럼 진 왕조가 후대에 남긴 유산은 표면적으로 매우 방대한 규모를 자랑한다. 하지만 문자의 경우에는 근대에 출토된 죽간이나 목간 등을 제외하면 그 흔적을 찾아보기 어렵다. 전적으로 수량이 부족한 상황에서 이사가 직접 한 자 한 자 써내려간 '역산비'는 매우 특별한 의미를 지니고 있다.

후대의 서예 전문가들은 이사의 서체에서 풍기는 고아하고 정중하며 정교한 기풍에서 고대 병마용의 치밀한 진용이 연상된다며 입을 모은다. 한 자 한 자 써내려갈 때마다 손목에 전해지는 긴장감이 어떠했을지, 속으로 얼마나 가슴을 졸였을지 충분히 짐작할 수 있기에 오늘날 그의 서체는 이러한 평가를 받기도 한다. "'역산비'에 새겨진 서체로 미루어 보아 그는 분명 마음속 깊이 심사숙고한 후에 붓을 잡았을 것이며, 치밀한 계산에 따라 글자 하나하나에 온 정신을 집중했을 것이다. 따라서 이 서체는 서법에 의거하여 완벽하게 진행되었으며 한 치의 오차도 허용하지 않았다. 비록 그의 붓놀림을 신의 솜씨라 말하기는 어려우나 매우 탁월한 조화를 이루고 있다."

그 후로 2,200년의 세월이 흘렀다. 오늘날 서예를 익히려는 이들은 그의 서체를 교본 삼아 한 자 한 자 베껴 적을 때마다 당시 상황을 떠올리게 된다. 이사는 아마도 냉랭한 공기가 감도는 대전 앞에서 엄숙한 표정을 짓고 있는 만조의 모든 문무대신과 황제가 지켜보는 가운데 '역산비'를 빌려 이렇게 선포했을 것이다.

"황제께서 천하를 하나로 통일하시니 더는 군사를 일으키지 않을 것이며, 재난을 멸하여 백성 만민을 편안케 하시니 그 홍복이 만대에 이르시어……."

그러나 현실은 '역산비'의 취지가 무색하리만치 참혹했다. 진 왕조는 그의 이러한 선포와 달리 백성의 노동력을 착취하여 장성을 쌓거나 왕릉을 지었으며 군사력의 절반 이상을 동원하여 전에 없이 가혹하고 엄격한 통치를 실시했다. 착취와 억압은 백성 만민을 죽음의 공포로 몰아넣고 말았다.

이처럼 무력과 억압으로 생존과 안위마저 위협받는 상황에서 이사의 결의에 찬 선포는 실로 무력하고 무의미할 뿐이었다.

사실 '역산비'는 진의 중앙정부가 상당한 노력을 기울여 완성한 국가적 문화유산이었다. 하지만 아름답고 정교한 예술적 가치를 지닌 작품을 이처럼 졸렬한 정치적 홍보를 담은 선전물로 삼았다는 점에서 이율배반적인 진의 정치적 특성을 고스란히 엿볼 수 있다. 이는 진대에 나타난 문화적 특징이라고 할 수도 있다. 왜냐하면 진은 거듭되는 승전보 속에서 이미 천하 정복을 눈앞에 두고 있었고, 이로써 끝없는 자아도취에 빠질 수밖에 없었다. 하지만 역사적 기록을 두고 단언하건대, 천하와 백성을 기만하는 정치 풍조에 대하여 일말의 죄책감과 두려움도 갖지 않는 사회는 돌이킬 수 없는 대가를 치러야 한다. 진대에는 정치와 문화를 막론하고 한마디로 기만과 허풍 일색의 문화가 만연해 있었다.

그들은 정녕 자신을 스스로 기만하고 있음을 깨닫지 못했던 것일까? "더는 군사를 일으키지 않고 자손만대가 홍복을 누리게 하겠다"며 반석에 새긴 맹세를 잊은 걸까? 설마 바위를 깎아 새긴 정교한 예술작품을 명분 삼아 천하를 기만하고 백성을 속일 수 있다고 믿었던 걸까? 어찌 바보가 아닌 이상 이처럼 눈 가리고 아웅 하는 어리석음을 범할 수 있단 말인가?

진의 통치자는 자신의 웅지를 새긴 정치적 선전물을 후대에 길이 남기는 데 성공했는지 모르지만, 정작 국가의 웅대한 목표를 실현하는 구체적인 방식에 관해서는 전혀 고민하지 않았다. 정치상의 이질화(국가 관리의 이질화)는 반드시 정책상의 이질화를 초래하기 마련이다. 당시 언어는 사상의 교류와 소통을 위한 매개체가 될 수 없었다. 진대 조정 기록 가운데 '황송하오나', '청컨대'라는 투의 의례 용어가 유독 눈에 띄는 것은 당시 통치 집단의 의식 수준을 가늠하는 잣대라고 해도 과언이 아니다.

이처럼 관례와 의식에만 치중하는 통치자가 어떻게 진실한 정치를 펼칠 수 있다는 말인가? 국가의 의식을 주관하는 이들이 오로지 통치자의 비위를 맞추는 일에만 전념한다면 국가와 백성을 위한 실질적인 공헌을 기대하기 어렵다. 심지어 사회적 여론(특히 그들의 허세에 극심한 반감을 지닌 백성)이 거세진다고 해도 자신의 눈을 가리고 귀를 막을 뿐이다. 이러한 행위 자체를 극악무도한 반역이라고 단정 짓기는 어려우나 국가와 민족에게 커다란 재앙이 아닐 수 없다.

전국 시기의 지식인들은 깊은 고민 끝에 스스로 생존의 길을 모색해야 했으며, 결국 폭압과 전제정치로부터 벗어나 은둔 생활을 택했다. 이사의 스승이었던 순자가 그 대표적인 인물이었다. 반면에 이사는 산 입에 거미줄을 칠 수는 없다면서 강대한 제국 진의 재상이 되는 길을 택했다. 비록 위대한 스승으로부터 학문을 전수받았으며 만대의 걸작인 '역산비'를 남겼으나 그의 얕은 식견마저 용서받을 수는 없는 일이다. 이사는 천하의 대세에는 어두웠으나 무엇이 이득이 되는지는 본능적으로 알고 있었다. "뒷간의 생쥐가 될 바에는 차라리 곡식 창고의 생쥐가 되겠다."

이것은 그가 젊은 시절부터 지향해온 삶의 가치였다. 뒷간이나 들락거리는 생쥐는 먹이를 구하기는커녕 늘 쫓겨 다니는 신세지만 곡식 창고 안의 생쥐는 빗자루에 맞을 염려도 없이 배불리 곡식을 먹을 수 있지 않겠냐는 것이 그의 생각이었다. 이 얼마나 졸렬하고 편협한 논리란 말인가?

이사는 오로지 곡식 창고 안의 생쥐가 되겠다는 목적으로 학문을 닦고 열심히 서도를 연마했다. 진의 세력이 강대한 육국을 제압할 만큼 커지고 천하통일이 눈앞으로 다가올 무렵 이사는 진으로 향했다. 대국의 융기를 앞둔 진의 정치 판도에 제 발로 뛰어든다는 것은 평생 창고에서 배불리 먹다 죽는 생쥐를 자처하는 일이었다.

하지만 안타깝게도 현실은 그가 상상하던 곡식 창고와 너무나 달랐다. 진은 비록 물질적인 측면에서 감히 견줄 대상이 없을 정도로 풍요로웠으나 물질에 초연할 수 없었던 이사는 자신이 움켜쥔 재물을 통제하는 능력을 갖추지 못했다.

이사의 정치 인생은 관료사회라는 거대한 바다에 뛰어들었으나 권력의 부침과 알력 다툼에 따라 이리저리 요동치는 조각배와 다름없었다. 진시황 사후 그는 조고를 도와 성지를 위조하고 태자를 옹립하는 음모를 꾸몄으나 무정한 조고의 모함에 걸려들어 요참에 처해졌다. 이사는 형장으로 호송되기 직전 아들을 향해 이렇게 읍소했다.

"네가 어릴 적에 너와 함께 상채 동문 밖에서 누런 개를 끌고 토끼 사냥에 나섰던 때를 기억하느냐? 안타깝도다. 더 이상 좋은 시절은 우리 것이 아니로구나."

청대 문인들은 이사가 고깃배나 띄우며 여생을 보냈다면 비참한 종말은 피할 수 있었을 거라며 탄식했다. 시인 왕단王丹은 이사가 진시황의 폭압적인 정치 아래서 황제의 앞잡이 노릇을 서슴지 않았음을 비난했고, 장계張繼는 그의 '역산비'를 평가하면서 비록 서법만 본다면 가치 있는 예술작품이나 그 안에 담긴 내용은 새삼 논할 가치조차 없다며 일축했다. 진 왕조 시기 민간에서는 이사를 국가 전복을 초래한 매국노와 전혀 다를 바 없다고 여기는 정서가 만연해 있었다.

> 진국의 인재들이 다하니 눈물을 흘리네.
> 부소는 원통하게 스스로 나무에 목을 매어 목숨을 끊었구나.
> 계곡의 샘물은 지금도 오열하듯 흐르는데
> 마치 이사를 원망하는 백성들의 한 맺힌 울음소리 같구나.
>
> 호증, 〈살자곡殺子谷〉[2]

자신의 능력을 과대평가했던 이사는 권력을 향해 달려갔다. 진대의 정치적 기준에 입각하자면 당대 최고의 인재는 아마도 이사와 같은 정치 건달이 아니었을까? 문화적 정의를 유린하고 말살했던 그들의 야만성은 급기야 사슴을 말이라고 우기는 웃지 못할 일화를 남겼다. 그들은 한 점 두려움도 없이 대낮에 황제를 기만하고, 태자 부소는 물론이고 공신까지 살해하는 만행을 일삼았다. 이유 여하를 불문하고 지식인을 자처하는 이들이 오로지 공명을 추구하고 국가의 봉록을 탐닉하는 일은 자신에게도 결코 득이 될 리가 없다.

예나 지금이나 구직은 쉬운 일이 아니다. 하지만 교육의 혜택을 받은 이들이 지나치게 물질적 기준을 내세우는 태도는 바람직하지 않다. 혹은 허위로 문서를 날조하거나 사회 정서에 위배되는 행위를 저지르는 것은 궁극적으로 자신을 기만하는 일이다. 해적선에 올라타기는 쉽지만 해적선에서 뛰어내리기는 쉽지 않다. 곡식 창고의 생쥐로 살아가겠다면 굳이 말릴 도리가 없다. 다만 생쥐를 자처하다가는 언젠가 반드시 빗자루에

---

[2] 살자곡은 협서성 수덕에 위치하며, 조고와 이사가 거짓 성지를 들고 태자 부소扶蘇를 협박하여 스스로 죽음에 이르게 한 장소라고 전한다.

맞아 쫓겨나는 신세가 된다는 진리를 결코 망각해서는 안 될 것이다. 일각에서는 비참한 최후를 맞이한 이사에게 동정의 눈길을 보낸다. 하지만 이러한 눈길은 주인에게 버림받고 성문 외곽을 홀로 어슬렁거리는 처량한 개를 향하는 연민의 시선 그 이상도 이하도 아니다.

74 당신의 이름이 정치가 된다

'충신' 하면 가장 먼저 머릿속에 떠오르는 이름이 바로 굴원屈原이다. 그의 뒤를 잇는 인물로는 안사의 난 시기에 반군에 저항하다 희생된 안고경顔杲卿, 안진경顔眞卿 형제[1]와 장순張巡[2], 문천상文天祥, 원숭환袁崇煥 등이 있다. 이들은 자신의 숭고한 도덕의식을 실천하기 위해 끝까지 본분을 잃지 않았으나 통치자의 리더십이 더 이상 효력을 발휘하지 못하자 돌이킬 수 없는 상황으로 내몰리고 말았다. 후대인의 관점에서 이들은

---

1 안고경(692~756년), 안진경(709~785년) 형제는 안사의 난이 발발했을 때 맹활약했다. 안고경은 상산의 수비를 책임지고 있었고, 평원 태수 안진경은 반군을 진압하여 안녹산이 동관으로 진공하지 못하도록 철저히 막았다. 756년 안록산 반군이 상산을 포위하고 안고경의 아들 안계명을 포로로 잡아 투항을 강요했으나 그는 굴복하지 않았다. 이로 인해 아들은 살해되었고 얼마 후 성마저 함락되는 바람에 안고경은 장렬히 전사했다. 구양수와 유공권, 조맹조와 함께 '해서사대가海西四大家'로 불리던 안진경 역시 비장한 최후를 맞이했다.
2 장순(709~757년)은 안사의 난 시기의 유명한 장수이다. 안사의 난 기간에 두 개 고을의 병력을 이끌고 옹구를 지켰으며, 2년 가까이 저항하다 성이 함락되자 포로가 되었다. 하지만 그의 영웅적인 기개는 후대에 높이 평가되었다.

고대 정치의 낙후성과 비참함을 떠올리게 하는 존재일 뿐이다.

나는 어린 시절 베이징 왕릉을 찾았을 때의 기억을 지금도 잊지 못한다. 이자성이 농민부대를 이끌고 자금성까지 진공하자 숭정崇禎 황제는 이곳에서 스스로 목을 매고 자살했다. 이곳은 원래 숭정이 총애하던 애첩의 능이 있는 곳으로 왕비의 공식 왕릉과는 거리상 꽤 멀리 떨어져 있다. 왕릉 주변에는 고작 소나무 몇 그루와 초라한 비석 두 개가 전부였다. 그중 하나는 황제 곁에 유일하게 남아서 자금성을 지키다 최후를 함께했던 태감 왕승은王承恩의 비석이었다.

비석 위에 새겨놓은 '열사'라는 칭호를 보는 순간 나는 알 수 없는 분노에 휩싸였다. 이러한 감정은 태감 왕승은을 향한 분노가 아니었다. 공명정대를 제 목숨처럼 받드는 이들은 국가 안위를 위해 일신을 돌보기보다는 국가의 폐단을 바로잡는 일에 앞장섰다. 그럼에도 불구하고 이들은 왕조 말기에 이르러 왜 최소한의 존경과 인정조차 받지 못했을까? 그들의 희생이 어찌 태감 왕승은에 미치지 못한다고 할 수 있는가?

조직을 향한 개인의 충성은 어째서 번번이 자신의 소중한 생명을 내던지는 방식을 통해 비로소 가장 완벽하게 실현되는 것일까? 나는 그들의 덧없는 희생 앞에서 착잡한 심정을 감출 수 없었다. 물론 개개인의 선택은 존중받을 가치가 있다. 다만 이들이 속한 사회의 충성지수가 현저히 미달되거나 심지어 충신들의 숭고한 공헌이 제대로 인정받기는커녕 오히려 배척당한다면, 그러한 왕조가 어떤 결말을 맞이하는지 숭정은 좋은 선례를 남겼다. 방대한 중앙정부의 수많은 문무대신 가운데 군주를 위해 목숨까지 내놓을 수 있는 최후의 충신이 고작 왕승은 한 명에 그쳤다는 것이 그 반증이다.

국가와 조직을 불문하고 순조롭고 원활한 운영을 유지하려면 형편없는 처우에도 불구하고 마지막 피 한 방울까지 짜내는 희생이 필요하다. 희생을 마다않는 이들이 어느 한쪽으로 세력이 치우치게 될 경우 갑자기 주변의 이목을 받게 되는데, 이렇게 얻은 명성은 결국 반대 세력의 공격을 초래할 뿐이다.

사천 사람들은 소동파를 일컬어 평생 '문자에 얽매인 불운한 인물'로 평가하지만 그는 자신이 인정하는 공명정대한 방식에 의해 관직에 올랐다. 서른둘의 나이에 정치적 박해를 받아 투옥되었으나 구법당의 득세로 복권되어 다시 재상에 임명되었다. 그 후로도 그는 신법당 정책에 대한 비판을 멈추지 않았다. 52세의 나이에 유배를 당하고 60세에 해남에서 귀양살이를 하는 등 우여곡절을 겪고도 또다시 사면을 받았다. 하지만 조정으로 복귀하는 도중에 안타깝게 세상을 떠나고 말았다.

현대인들은 소동파의 삶을 이해하기 쉽지 않다. 한 문제가 현군이 되도록 보좌했던 풍당馮唐의 공명심과 강직함을 표방하던 그가 고작 '줄서기'를 잘 못하는 바람에 두 차례나 정치적 생명에 큰 타격을 입어야 했다. 문인이란 원래 이러한 운명을 타고나는 것이라고 항변한다면 왕안석과 사마광의 사례는 어떻게 설명할 것인가? 사대부의 인생 목표를 어찌 문인에만 한정지을 수 있을까? 소식蘇軾은 어린 시절 어머니로부터 『한서漢書』를 열심히 배운 덕에 스무 살에 진사가 되어 세간의 이목을 집중시켰다. 훗날 구양수로부터 미래의 재상감이라는 극찬을 들었던 것은 결코 우연이 아니었다. 소동파의 짧은 관직 인생을 평가하자면 그가 항주에 부임한 이후부터 서주에 이르기까지 이룩한 업적은 전설이라고 해도 과언이 아니다.

역사상 강인한 의지와 기개를 지닌 인물은 많지만 모두 같은 길을 걷는 것은 아니다. 주희와 육구연은 학문적인 논쟁에 몰두했고 왕안석과 사마광은 국책 사업에 매진했다. 소동파는 과연 무엇을 위해 다투었는가? 분명한 사실은 그가 학문적 성과도 정치적 명분도 얻지 못했다는 점이다. 그에게서는 왕안석과 사마광 같은 정치 성향을 찾아볼 수 없었다. 소동파는 스스로 '시의에 편승하지 않는 인물'로 평가받고자 했으며, 자기 스스로도 간에 붙었다 쓸개에 붙었다 하는 식의 처세에 적합하지 않음을 잘 알고 있었다. 오히려 그의 자유분방한 사상은 신당과 구당을 불문하고 정파와 관계없이 언제나 공격의 대상이 되었다. 이처럼 암울한 현실에서 그의 미래는 불투명하기만 했으며 원대한 포부 역시 하루하루 시들어갔다. 덧없는 세월을 흘려보내는 동안 어찌 '불어오는 시류에 몸을 맡기고' 싶은 충동이 들지 않았겠는가? 때로는 '강산이 이러하니 다시는 돌아가지 않으리'라고 탄식하며 현실에서 도피하고 싶은 심정을 토로하기도 했으나 완전히 발을 빼지는 못했다. 그는 시류에 편승하지 않으면서 자신의 정치 신념을 견지해나갔다. 송대는 중기에 이르러 사대부 계층의 분열과 내홍으로 왕조 초기의 정기를 완전히 상실했다. 소동파는 편향된 노선으로 치닫는 송조의 정치 사회를 향해 공개적인 비난을 서슴지 않았다. 사실 송대의 정치는 도덕적 고상함으로 위장한 채 '극단적 좌파' 행위를 감추기에 급급했다.

소동파를 모종의 정책을 전복시키려는 세력 혹은 모종의 정책을 지지하는 세력(또다시 후발자에 의해 전복당할지라도)으로 몰아붙이기에는 다소 부적절하다. 왜냐하면 그에게는 기회조차 없었기 때문이다. 북송 중기부터 이어져온 당쟁의 여파로 개혁 시도가 번번이 물거품이 되자 사람들은 더 이상 개혁을 논의하지 않게 되었다. 송대 정부가 철저히 실패한 정치의 전철을 밟게 된 결정적인 원인은 무엇보다 핵심 리더의 역할이 적절하지 못했기 때문이다. 솔직히 송대는 붕당을 초월한 공명정대한 기준에 따라 각 계층 간의 이익을 조율하는 데 실패했으며, 정치상의 조화를 이루지도 못했다. 특히 소동파와 같은 인재가 자유롭게 시시비비를 논의할 수 있는 풍토를 제공하지 않은 것은 송대 정치의 낙후성을 반증하는 결과이다.

소동파의 최후를 보면서 현대인들은 하나의 교훈을 떠올린다. 그것은 바로 "당신의 행동이 바로 당신의 정치가 된다Let your action be your politics"[3]라는 말이다. 소동파의 삶을 단순한 문인으로 한정하는 것은 바람직하지 못하다. 그에게서 아무런 정치적 의도도 찾아볼 수 없다고 비난하는 이들도 소동파가 송나라의 충신이라는 사실마저 부인할 수는 없을 것이다.

현대의 기업 내부에도 고대의 붕당 논쟁이 존재한다. 일부에서는 이러한 명분상의 투쟁이 민주정치와 다를 바 없다고 주장한다. 민주정치는 한쪽이 정권을 잡으면 다른 한쪽은 정권에서 물러나야 하며, 이것은 불변의 진리이다. 일부 기업의 리더는 조직 내부의 세력 다툼을 알면서도 못 본 척한다. 이들이 막상 반대 세력을 물어뜯고 싸우느라 세력이 약해지면 양측의 세력이 균형을 유지하도록 돕는다.

소동파가 오늘날 부활하여 현대 기업의 고문을 맡는다면 분명 망국의 풍조라며 개탄했을 것이다. 북송 정치의 '베테랑'이었던 소동파야말로 극심한 심신의 고통을 겪어보지 않았던가?

당시 소동파가 가장 경멸했던 대상은 희녕변법의 실행 과정에서 정계를 주름잡았던 '신진 정예 용사'들이었다. 시대를 불문하고 지식인 가운데는 입으로만 감 나라 배 나라 떠들면서 정작 사회에 새로운 패러다임을 제공하는 일과는 담을 쌓고 사는 부류가 있기 마련이다. 이들은 가장 기본적인 소통과 교류의 미덕조차 갖추지 못했으며 근본적으로 정상적인 범주를 벗어난 논쟁에만 혈안이 되어 있다. 이는 북송의 역사를 통해 이미 입증된 바 있다. 소모적인 논쟁은 결과적으로 세상을 기만하는 세력들이 공론의 장을 독점하도록 방조할 뿐이다. 이러한 과정을 종합해보면 편파적인 여론을 조장하는 이들에게 무조건 간신이라는 멍에를 씌우기에는 섣부른 감이 있으나, 묵묵히 공명정대의 길을 걷는 충신에게 반드시 그에 합당한 찬사를 보내야 할 것이다.

---

3 Jefferey J. Fox, *How to Become CEO*(New York: Hyperion, 1998), p. 118.

소동파는 북송이 완전히 멸망하기 전에 세상을 떠났다. 하지만 그는 자신이 처했던 정치적 상황이 훗날 역사에 어떤 상흔을 남길지 예견하고 있었다.[4] 소동파는 총기가 넘치며 뼛속까지 자신감으로 가득 차 있었다. 따라서 좌절과 굴욕의 현실 속에서 오히려 미래에 대한 희망을 품을 수 없었다. 그가 남긴 작품 중에 유독 각 파벌의 졸개들이 제멋대로 판을 치던 시대의 울분을 토로하는 내용이 많은 것만 보아도 짐작할 수 있다.

"달팽이 뿔같이 조그만 땅에서 뭘 그리 다투는가? 부싯돌에서 튀는 불꽃처럼 짧은 인생이라네."[5] 원래 조직의 기량은 파벌 싸움이 길어질수록 줄어들기 마련이다. 송대는 영토도 협소한데다 정치인의 도량마저 손바닥만 했으니 결과적으로 국력의 쇠퇴를 스스로 초래할 수밖에 없었다.

남송의 신기질은 이러한 점에서 북송의 소동파와 비슷한 면이 있다. 그는 적벽의 도도히 흐르는 강물을 바라보며 소동파를 '설당천객雪堂遷客'에 비유했다. 송대 비판문학의 기수였던 소동파와 신기질은 문인이기 전에 위대한 충신으로 기록되어야 마땅할 것이다.

---

4 『송사宋史』의 비평론 중 일부를 인용하였다.
5 백거이의 『대주오수對酒五首』에서 인용하였다.

75 노병은 죽지 않는다

"Old soldiers never die"라는 말은 영락없이 신기질辛棄疾을 두고 하는 말이다. "노병은 죽지 않는다"라고 해석하거나 "노병의 사전에 패배는 없다"로 옮기는 경우도 있다.[1] 이와 유사한 중국 속담으로는 "천리마는 마구간에서도 천 리를 달린다"는 말이 있다.[2] 굳이 부연하자면 전자의 경우에는 노병이 처해 있는 상황을 구체적으로 밝히고 있지 않은 반면 후자의 경우는 마구간에 묶여 오도 가도 못하는 천리마의 처지를 대변하고 있다.

오랜 전통을 지닌 기업에는 '노병'이 존재하기 마련이다. 사실 거액의

---

1 이 말은 맥아더 장군이 한 말로 유명해졌다. 1951년 4월 19일, 71세의 맥아더 장군은 트루먼에 의해 강등을 당한 뒤 이처럼 유명한 연설을 하였다.
2 건안 12년(207년) 조조는 원상과 오항의 연합군을 대파하고 원씨 일가를 제거했다. 이로써 북방 통일을 이루었다. 조조는 군사를 이끌고 회군하는 도중에 이 시를 지었다고 한다. 이때 그의 나이 53세였다.

연봉을 받는 원로급 인사 중에서 발바닥에 불이 나도록 일선에서 뛰어다니는 경우는 거의 없다. 이들은 자진하여 '마구간' 안으로 들어간 셈이다. 동양 문화권의 기업 대다수는 이러한 원로급 인사들의 요구에 순순히 응하는 경향이 있다. 반면에 원로로 전락한 노병 가운데 일부는 CEO가 성가셔 할 정도로 들락거리며 잔소리를 늘어놓는 경우도 있다.

신기질의 경우는 일반적인 노병과 다른 차원에서 평가해야 한다. 중국 고대 역사를 통틀어 학문적 소양을 겸비한 동시에 유격대장 역할을 수행했던 인물은 많지 않다. 다만 권력자의 입장에서 볼 때 결코 듣기 좋을 리 없는 정치적 주장을 줄기차게 펼쳤던 신기질은 말단 관리로 강등당하는 수모를 맛볼 수밖에 없었다. 노병 취급을 받으며 수준 이하의 말단 업무에 만족할 리 없었던 신기질의 심사는 늘 불평불만으로 가득할 수밖에 없었다. 신기질 휘하의 장군 범개范開는 "강직한 기개와 높은 자부심을 지닌 그는 공훈에 도취되어 있었다"라고 평하기도 했다. 그러나 노병이라 불리는 이들이 선대의 유업을 계승하기 위해 고군분투하는 모습을 단 한 번이라도 보았다면 아무도 이의를 제기하지 못할 것이다. 당대 시가 작품 중에는 전선에서 퇴물 취급을 받는 노장들의 울분을 토로하는 작품이 적지 않다.

다만 노장 스스로 무관심으로 일관하거나 심지어 자신의 몰락을 당연시하는 풍조에 젖어 있다면 이들의 '푸념'에 관심을 기울일 필요가 전혀 없다. 신기질의 최대 '불만'은 고작 처우 개선이나 입신출세와 같은 개인적인 욕망에 머물러 있지 않았다. 그보다는 기존 관료 사회에 대한 날카로운 비판 의식과 혼탁한 정치판에 대한 원망이었다. 이러한 노병들의 불평불만에 대해 비난으로 일관하는 것은 바람직하지 못하다. 왜냐하면 때때로 노병의 불만 속에는 당대 사회를 비판하는 의미심장한 칼날이 숨겨져 있었으며, 이는 비평을 주업으로 삼는 문인들도 감히 내뱉기 힘든 독설이기 때문이다.

신주神州는 어디에 있느뇨?
눈에는 북 고루뿐이로다.
천고의 흥망성쇠는 많고 많은 일
유유하도다!
끝없는 장강만 도도히 흐르는구나.
소년은 투구를 쓰고
동남을 끊어내는 전쟁은 끝이 보이지 않는데
천하의 어느 누가 영웅의 적수가 되겠는가?
조조와 유비로다!
아들을 낳으려거든
손중모 같은 아들을 둬야 하리로다.

신기질, 〈남향자〉

이 시가는 수만 대군을 이끌고 영토 확장에 대한 웅지를 드러냈던 손권의 젊은 시절을 주제로 삼고 있다. 동남을 기점으로 삼았던 손권은 남송으로 중심을 옮겼다. 그에게 남송은 어떤 의미를 지니고 있을까? 신기질은 직접적인 언급을 회피하며 자신을 철저히 '비영웅'으로 몰아갔을 뿐이다.

『삼국지』의 조조는 "아들을 낳으려면 손중모 같은 아들을 둬야 한다"면서 유경승(유표)의 아들은 개돼지나 다름없다고 비난한 바 있다. 신기질 역시 사사로운 이익에만 집착해 매사 안일한 대응으로 일관했던 남송의 중앙 관료들이야말로 제 발로 투항 의사를 밝힌 유표의 아들과 다를 바 없다고 느꼈을 것이다. 신기질은 당시 사대부들이 그러하듯 굳이 거친 욕설을 입에 담지 않고도 상대를 통렬히 비난하는 방식을 취했다.

따라서 그의 풍자 시가는 수많은 사람들에게서 회자되곤 했다.

장년의 나이에 깃발로 만 명을 이끌고
비단 안장에 올라앉아 강을 건너갈 처음에
금 군대는 밤마다 은빛 화살통을 잡고 있는데
한나라의 화살은 아침부터 창공을 날고 있으니 금복고가 따로 없구나.
옛일을 회상하며 지금 나의 늙음을 탄식하네.
봄바람도 흰머리를 검게 할 수 없으니
만 자에 이르는 부질없는 전략서는
이웃의 나무 심는 책과 바꿔보는 수밖에.

신기질, 〈자고천鷓鴣天〉

이 시의 서두는 말을 타고 화살이 비 오듯 쏟아지는 전쟁터로 뛰어드는 장면을 생생하게 묘사하고 있다. 전쟁에 직접 참가하여 생사고락을 넘나들던 용사가 아니고는 이처럼 실감나게 표현할 수 없다. 신기질은 문학적 창의성은 물론이고 뛰어난 미적 감각마저 지녔다.

하지만 이 시가의 문학적 가치를 분석하기 이전에 마지막 두 구절에 담긴 의미가 무엇인지부터 파악할 필요가 있다. 마지막 구절의 '나무 심는 책'이 비유하는 깊은 의미를 제대로 짚어내지 못한다면 이 시를 제대로 감상했다고 말할 수 없기 때문이다. 진시황의 분서갱유가 자행될 당시 예외로 남겨두었던 서적 중 하나가 바로 '나무 심는 책'이라고 한다. 신기질은 이 시를 통해 여론을 탄압하고 국토 수복에 대한 자신의 염원에 정치적인 압력을 가하는 조정이야말로 분서갱유를 자행했던 진 왕조와 본질적인 차이가 없음을 암묵적으로 시사한 것이다. 나와 다른 의견을 인정하지 않는 것, 그것이 바로 전제정치의 출발점이다. 후대에 가서 사람들은 신기질의 이러한 저항 정신에 찬사를 보내며 "영웅의 눈물은 이미 중원에서 다하였고, 군주의 마음에는 북벌의 염원이 사라지고 없네"[3]라고 탄식했다. 이는 신기질이 평생 가슴속으로 꾹꾹 눌러야 했던 진실인 것이다.

남송 정부의 무능과 나약함은 모두 아는 사실이다. 기업과 개인을 막론하고, 태평성세는 물론이고 초기의 역경을 겪고 난 뒤에도 이전 세대가 이룩한 위대한 사업을 계승 발전시키기는커녕 오히려 정체되거나 후퇴하는 경우가 적지 않다. 과감하게 도전장을 내던져야 하는 순간에 뒤로 물러서고 결정적 선택의 순간에 망설이다 기회를 놓치고 만다. 어느덧 세월이 흘러 일선에서 물러나 텃밭이나 가꾸며 여유를 즐겨야 할 원로들조차 여전히 밤잠을 설치게 되는 것이다. 신기질 역시 정치 현실에 대한 염려로 근심이 쌓여만 갔다. 하는 수 없이 자신이 애타게 염원해왔던 대업을 망쳐놓은 무리를 향해 비난의 목소리를 높일 수밖에 없었다. 신기질의 문집이 유독 송조의 관료에 대한 애증과 질타, 각종 병폐에 대한 신랄한 독설로 가득한 것도 바로 이 때문이었다.

그는 고작 서른셋의 나이에 탄식을 금치 못하며 "검을 잡고 보네, 난간을 두드려도 사람들은 모르리. 누각에 오르는 기분을"이라고 했으며 "인간 세상의 썩은 악취가 코를 찌르네. 예로부터 유일하게 향을 풍기는 것은 술뿐이지 않은가?"라며 냉정한 세태를 술에 비유했다.

함께 몸담은 조직 안에 용렬한 행동거지와 추잡한 언행을 일삼는 이가 있다면 제 발로 걸어 나오면 그뿐이지, 무엇 때문에 침을 튀겨가며 시시비비를 따지겠는가?

리더의 자질을 갖춘 인물을 발굴해내지 못하고 정예 부대를 배양하지 못한 책임을 뒤늦게 누구의 탓으로 돌리고 원망할 것인가? 스탠퍼드 대학의 리처드 파스칼Richard Pascale 교수와 하버드 대학의 제리 스터닌 Jerry Sternin의 이론에 의하면 기업 내부의 염원을 담아 스스로 식견과 능력을 갖추고 개혁을 시작하려는 인물은 창조와 쇄신을 표방하고 이를

| 3 장이저의 〈과신가헌신도〉에서 인용하였다.

견지하는 것으로 조사되었다. 하지만 현실 속에서 이러한 인물을 대체어디서 찾아야 할까? 학자들의 주장에 의하면 기업이나 조직의 대세를 따르는 부류보다는 주변을 맴도는 이들 가운데서 이러한 인재를 찾아야 하며 리더가 가장 먼저 할 일은 이들을 발굴하고 의견을 경청하며 이들로부터 개혁의 정신을 배우기 위해 힘써야 한다는 점이다.

사실 송조가 진정으로 북벌을 원했다면 신기질을 기용했어야 했다. 한탁주가 비록 신기질의 파직을 종용했으나 실은 그의 명성을 시기했을 뿐이며, 만약 집권자가 진심으로 변혁을 원했다면 한탁주가 아니라 신기질에게 더 많은 기회를 제공했어야 했다.[4]

송조의 정치적 상황은 신기질의 대의를 짓밟고, 자유로운 비평을 억제하고, 이성마저 억눌렀다. 그럼에도 화하민족의 영속성을 염원하는 신기질의 사명만큼은 꺾을 수 없었다. 그것은 송 왕조가 영원히 휘날릴 수 없었던 깃발이었다.

---

4 한탁주(1152~1207년)는 남송 정권에서 13년을 집권하며 세도가로 명성을 유지했다. 남송 후기에 정권을 잡은 그는 조정과 재야를 향해 더 이상 금군이 침입하는 것을 허용치 않겠노라 선언하며 죽은 악비를 추서하고 진회의 관직을 박탈하였다. 그는 다시 신기질을 기용하여 북벌의 깃발을 드높였다. 1204년 항금전선으로 파견된 신기질은 금군의 실정을 파악하는 등 여러 가지 의견을 제안했으나 받아들여지지 않았다. 원래 한탁주는 공을 독차지할 욕심이 앞선데다 주전파의 원로를 중용하는 일에 불만을 표시했다. 그러나 상황이 급박해지자 서둘러 신기질을 불러들였으나 금의 토벌 정책은 실패로 끝났다.

76 자유로운 영혼을 대하는 방법

  중국의 사서를 통틀어 음주가무를 즐기면서 『손자병법』까지 통달한 인물은 흔치 않다. 대표적인 인물을 손꼽으라면 첫째가 조조曹操이고, 둘째가 두목杜牧이다.

  물론 병법에 능수능란하고 실전 경험까지 풍부했던 조조를 시인 두목과 비교한다는 것 자체에 어폐가 있을 수 있다. 그러나 두목은 사회과학의 모든 분야를 두루 섭렵한 인물이다. 후대인들은 사회의 흥망성쇠와 혼란한 정국을 꿰뚫어보고 이를 통제하는 능력과 군대, 행정, 자금에 관한 업무 능력은 물론이고 지형지물의 파악과 활용까지 두목을 따를 자가 없다고 평가했다. 권문세가 출신인 두목의 조부는 세 왕조의 재상을 지낸 인물로 『좌전집해左專集解』의 편찬자로도 유명하다. 대당제국은 비록 두목의 고향은 아니었으나 그의 선조들이 누누이 심혈을 바친 제2의 고국과 마찬가지였다.

  일반적으로 권문세가의 자제는 두 가지 유형으로 나뉜다. 세상 무서운

줄 모르고 사치와 향락에 젖어 앞뒤 가리지 않는 안하무인이 있는가 하면, 탁월한 재능과 놀라운 식견을 겸비하여 자신의 열정을 정치판에서 시험해보고자 하는 부류도 있다. 두목은 당연히 후자에 해당한다. 그가 지은 〈아방궁부阿房宮賦〉(물론 여전히 논쟁이 끊이지 않고 있다)의 마지막 문장은 21세기에 보아도 불과 스물세 살 청년의 식견이라고 믿어지지 않을 만큼 놀라운 통찰력을 보이고 있다.

육국을 멸한 자는 육국이지, 진이 아니다. 진을 족멸한 자는 진이지, 천하가 아니다. 아! 육국이 모두 제 나라 사람을 아꼈다면 진을 물리칠 수 있었을 것이며, 진이 육국의 사람들을 모두 사랑했다면 3대는 물론이고 만대에 이르기까지 왕위를 이어갈 수 있었을 것이니 누가 진을 멸할 수 있으리? 진은 스스로 그것을 슬퍼할 겨를이 없는데 후대인들이 오히려 이를 슬퍼하는구나. 후세인들이 이를 귀감으로 삼지 않는다면 그 후대 사람들이 다시 그 후대인들을 슬퍼하게 될 것이다.

촌철살인의 문장력을 지닌 그가 고작 "스물네 개의 다리 위로 명월이 떠오르니 옥인은 어디서 퉁소를 불고 있을까?"라는 단가를 읊는 것으로 자기 위안을 삼거나 혹은 철저히 비주류로 자신을 몰아가기는 쉬운 일이 아니었을 것이다.

두목은 만당 무렵 안사의 난을 겪으며 새로운 국면을 맞이했다. 전대 선현들이 설립한 대당제국이 이민족의 침입과 번진의 위협을 받아 위태로워지자 그는 시국과 정세를 논하는 것을 본업으로 삼았다. 대중매체가 없던 시기에 선각자들은 자신의 주장을 종종 이러한 시가에 담아 퍼뜨리려 했다. 두목 역시 한 편의 시를 발표했는데, 훗날 평론가들로부터 "두보와 어깨를 나란히 하는 명작"이라는 찬사를 받으며 고전의 반열에 올랐다. "육조의 문물은 무성한 잡초로 뒤덮이고 산천은 예나 지금이나 변함이 없네"로 시작되는 이 시가는 한때 번성했으나 어느새 잡초로 뒤덮인 옛 유적지를 돌아보며 산천은 유구하나 인걸은 유한한 세태에 대한 회고를 유감없이 드러내고 있다. 특히 마지막 구절에는 권력의 부침에 연연하지 않고 홀연히 강호를 떠났던 범려를 부러워하는 심정이 잘 드러나 있다.

한 가지 의아한 점은 왜 하필이면 시대적·공간적으로 자신과 동떨어진 월나라의 공신 범려를 떠올리며 이러한 회고시를 지었을까? 강변의 수려한 경치를 바라보던 중 우연히 범려가 떠올랐을 뿐일까? 이는 결코 우연의 일치일 리가 없다. 사실 범려는 역사상 보기 드문 공신으로 한 나라의 정세를 회생시켜 국가를 재건하는 기틀을 마련한 인물이다.

육조의 역사상 범려와 같은 인물을 찾아보기란 쉽지 않았으며 와신상담의 진정한 의미를 깨닫지 못한 통치자는 스스로 단명을 초래할 수밖에 없었다. 두목은 대당제국 역시 범려와 같은 인재가 절실히 필요하다는 사실을 만천하에 공포하고 싶었던 것은 아닐까? 범려를 비롯해 자신과 같은 인재들이 마음껏 재능을 펼칠 기회를 얻지 못한 현실에 대한 서글픔을 이 회고시를 통해 역설하고자 한 것인지도 모른다.

이러한 두목의 숭배를 받았던 인물로는 사안謝安을 빼놓을 수 없다. 사안은 동진東晉의 재상을 지냈으며 비수전투의 총책임자로 알려져 있다. 두목의 아우가 이덕유의 추천을 받아 윤주 해군절도사의 막후에 투입되었을 때 그는 양주에 파견되어 있었다. 두목의 아우가 양주를 지나는 길에 이들 형제는 기쁨 어린 상봉을 했고 며칠 후 두목은 아우의 건투를 빌며 시 한 편을 지어 배웅해주었다. 이 시는 아우에 대한 축하의 메시지로 서두를 열었으나 그 속에는 한없는 부러움이 있었다. 왜냐하면 자신의 능력을 높이 사는 승상을 만나 추천을 받는 일은 일생의 '지음知音'을 얻은 것이나 진배없기 때문이다. 두목에겐 이러한 행운을 접할 기회가 없었다. 사실 이렇게 된 원인은 권문세가 출신의 자제들이 지닌 공통된 폐단으로, 남 앞에서 고개를 숙이지 않는 강직한 성품 탓이기도 하다. 당시 정계에서는 우이牛李 양당이 있었는데, 두목은 양쪽을 두루 왕래했으나 어느 한쪽 세력에 빌붙어 아첨하는 것을 좋아하지 않았기에 '말단 관리'에 머물 수밖에 없었다.

두목은 아우에게 매사를 공정하게 처리한 것을 충고하는 한편 도덕적 품위와 신뢰를 잃지 말라고 당부했다. 끝으로 전국을 유람하다 사안의 묘소에 들르게 되면 제 몫까지 대신하여 참배를 올려달라는 말을 덧붙였다. 사안은 동진東晉이 국가 전복의 위기를 맞았을 때 직접 나서서 이를 해결한 적이 있었으나 아쉽게도 동진은 이 기회를 제대로 활용하지 못했다.

동진의 사안과 춘추의 범려, 이들은 현대 매니지먼트 용어로 말하자면 '기사회생의 경영인'임이 틀림없다. 이는 리더가 누릴 수 있는 최고의 경지에 도달한 셈이다. 만당의 국력이 과거에 비하여 나날이 쇠락해가는 시기에 청년 시절부터 병법과 학문에 매진했던 두목은 내심 이러한 기회를 바라고 있지 않았을까?

두목의 시가 중에는 전쟁 중에 전사한 장군을 추모하는 내용이 있다. 이러한 시가를 관통하는 주된 정취는 영웅다운 죽음을 선택함으로써 청사에 길이 남은 전사들의 의연한 기개와 우국충정이라고 볼 수 있다. 하지만 국가가 백척간두의 위기에 처한 순간에도 이들을 뒤에서 조롱하거나 희생정신마저 헛되이 만들려는 부류는 어느 시대나 있기 마련이다. 두목은 대의를 위해서라면 희생도 마다않는 열사들에게 전선을 향해 달려 나갈 기회조차 주지 않는 무능한 통치자에 대한 원망을 마음껏 토로했다.

충성스러운 무사를 향한 문인의 동경은 영웅에 대한 찬양으로 이어진다. 이러한 현상은 새삼스러울 것도 없으나 송나라가 투항하기로 결정한 이후로는 급격히 줄어드는 경향을 보였다. 당조 이후로 문무의 분리 현상이 나타나기 시작한 것은 어찌 보면 필연적인 결과라 할 수 있다.

두목이 시와 술에 빠져 지냈던 것은 이백의 광기와도 유사한 면이 있다. 두목의 우울한 심정은 현실에 대한 불만에서 기인한 것이었으며, 그의 외침과 주장은 '고위 관리 계층'에 의해 번번이 좌절을 맛봐야 했다. 어느 사회나 구속의 틀을 거부하며 방랑의 세월을 보내는 이들이 존재하기 마련이다. 다만 이들이 허무하게 세월을 보내는 이유는 도덕의식이 결여되었거나 변변한 재능을 갖추지 못해서가 아니다. 오히려 덕망과 재능을 겸비한 걸출한 인재인 경우가 적지 않다. 물론 이들이 강호에 은거하는 까닭은 개인적 성향도 무시할 수 없으나 사회적 원인이 더욱 큰 비중을 차지한다. 개성을 중시하는 현대 사회에서는 이러한 풍조가 더욱 만연해지고 있다. 관리자는 세속의 조류 앞에서 중심을 지켜야 하며, 업무상의 편의를 바라고자 이처럼 개성 강한 인재의 기용을 망설이는 어리석음을 범해서는 안 될 것이다. 높은 도덕성과 숭고한 자질을 지닌 인재를 발굴하여 조직의 적재적소에 배치하는 일이야말로 사회 정의를 실현하고 조화로운 발전을 유지하는 길이다.

두목의 비극은 공교롭게도 대제국의 쇠락과 일치했으며, 그의 몰락은 인재의 가치를 인정해주지 않았던 불운의 시대가 낳은 슬픈 역사이다. 사람들은 어째서 시간을 돌이킬 수 없게 된 후에야 비로소 지난날의 과오를 뼈저리게 뉘우치는 것일까?

77 내부 공감대를 상실한 조직의 말로

태산이 높으면 골짜기도 깊다. 음지가 있으면 양지도 있듯 세상의 모든 사물은 양면성을 지니고 있다. 광활한 만리장성을 보라. 망원경 속의 장성을 면면이 살펴보노라면 어느새 가슴이 먹먹해진다. 이 장성을 축조하기 위해 얼마나 많은 이들이 피와 땀을 흘렸을까? 장성의 외벽을 지탱하는 벽돌 하나하나마다 이를 실어 옮기느라 스러져간 이름 모를 백성들의 땀과 피눈물이 배어 있다고 해도 과언이 아닐 것이다. 만리장성은 대외적으로 강대한 화하문명의 상징이자 역사상 끝없이 이어진 이민족의 침입이 빚은 역사의 산 증인인 셈이다.

해질녘 북방의 태산에 올라 오랜 세월 꿋꿋이 제자리를 지켜온 장성에 시선을 고정하면 어둠 속에서 검은 그림자를 길게 드리우고 있는 장엄한 모습을 확인할 수 있다. 허물어진 담장 틈새를 뚫고 돋아난 한 포기 잡초를 통해 무한한 생명력을 느끼는 동시에 평화의 시대인 21세기 들어 과거에 장렬한 희생을 치르며 쌓아올린 영웅들의 업적 또한 서서히 퇴색되어가고 있음을 느끼게 된다.

두목은 시의 한 구절을 통해 "기녀들은 망국의 한을 모른다"고 했다. 이는 만당 시기 몰락해가는 사대부 사회의 무기력한 분위기를 풍자하는 동시에 영웅을 돌보지 않는 작금의 세태에 대한 원망이 서려 있다. 두목과 동시대 인물이자 안사의 난이 발발한 후에 이를 평정하려 했던 공신 곽자의郭子儀의 옛 사적에서 눈에 띄는 것은 폐허로 변한 마당을 수북이 덮고 있는 잡초뿐이다. 국가는 하루가 다르게 쇠락해가고 예전의 명성을 되찾아 재기할 가망마저 전혀 보이지 않는 현실에서 문인들은 자조 섞인 탄식을 금할 수 없었을 것이다.

평론가 유폐운兪陛云은 〈시경천설詩境淺說〉에서 "당 왕조의 군주와 재상들은 충성스러운 신하를 추모할 줄 모르니 대대손손 충신의 업적을 보존하기 위해 시가를 짓고 이에 곡조를 붙이는 바이다"라고 밝혔는데, 이는 현실에 대한 불만을 독자와 공유하기 위한 것이다.

현대 사회에 와서도 이러한 현상은 크게 나아지지 않았다. 중화인민공화국의 국민은 물론이고 심지어 고위 관리층의 간부들조차 시련과 고난으로 점철된 투쟁의 역사에 관해 모르고 있는 경우가 의외로 많다. 설상가상 대대로 전해오는 유적지를 상업지구로 변경한다는 일부 지방 도시의 소식을 접하면 참으로 어처구니가 없을 뿐이다.

전통과 권위를 자랑하는 모 중국 국유기업의 홈페이지에 접속하면 정장과 넥타이 차림을 한 현직 간부들의 프로필 사진이 메인 페이지를 뒤덮고 있음을 볼 수 있다. 반면 2만 5,000리 장정에 동참했던 혁명 영웅은 이름조차 모르는 경우가 비일비재하다.

'문화대혁명' 기간 동안 극좌파 세력은 도처에서 혁명열사와 역사적 위인들의 유적을 파헤치고 고분을 마구잡이로 훼손했다. 해외 탈레반 세력의 경우 세계 3대 석불 중 하나인 바미얀 석불을 폭파하는 만행도 서슴지 않았다. 이는 고대 아시아의 불교를 대표하는 상징적인 유적으로,

유네스코에서 지정한 세계문화유산으로 등재되어 있다. 문명의 영속성과 강인함으로 치자면 지구상의 어느 국가에도 뒤지지 않음을 자부하는 중국 정부가 선조들의 유업을 계승하지 않고 고대의 전통을 함부로 유린하는 현실 앞에서 나는 개탄을 금할 수 없다.

만약 전대 리더의 공적을 부정하고 선조들의 업적을 말살하는 것으로 자신의 능력을 입증하고자 하는 리더가 이끄는 조직이라면 내부 공감대의 형성을 전혀 기대할 수 없다. 인간의 최소한의 가치도 존중하지 않고, 값진 공훈을 세운 영웅들에게 돌을 던지며, 그들의 자아실현에 대한 모독을 일삼는다면 과연 어느 누가 조직을 위해 앞장설 것인가?

해외의 저명한 기구 혹은 기업 중에서 오랜 역사를 자랑하는 조직은 건물의 벽면마다 역대 간부들과 조직에 지대한 공헌을 한 인물(유럽의 경우 제2차 세계대전 시기에 희생된 열사까지 포함한다)의 초상화를 진열해놓는 전통을 이어오고 있다. 세월이 흘러 액자 속 사진은 빛이 바랬으나 여전히 후대인들의 존경을 받고 있다는 점에서 시사하는 바가 크다.

중국은 아직도 해마다 청명절이면 조상의 묘를 돌보려는 사람들로 인산인해를 이루고 있다(경우에 따라서는 성묘가 목적이 아니라 고향에 돈 자랑을 하러 가기도 한다). 반면에 자신이 속한 단체 혹은 조직을 위해 희생을 아끼지 않았던 선현들의 업적을 기리는 기념식은 무색하리만치 냉랭한 태도와 무관심한 표정으로 일관하는 풍조가 만연해 있다. 이는 그 사회의 인문학 정신이 바닥을 드러내고 있다는 증거가 아니겠는가?

황혼이 사라질 무렵, 나는 장성의 거대한 그림자 속에서 과거의 우물을 들여다본다. 2,000년이 지났지만 대통일 관료 제국의 병폐가 우리 사회에 여전히 뿌리 깊이 남아 있다. 이러한 폐단은 전대 위인과 희생자들의 업적을 하찮게 여기는 현상과 맞물려 있으며, 현재의 권력자를 향한 지나친 아첨이 더해져 조직사회의 건전한 기풍을 해치는 요인이 되고 있다. 이는 결국 사회 전체를 부식시키는 결과를 초래할 수도 있다.

제9장

학습과 조직

바위를 치면 불꽃이 일지만 바위를 치지 않으면 연기가 날 리가 없다.
인간이 배우면 도를 깨우치게 되지만 배우지 않으면 헛되이 살게 된다.
擊石乃有火, 不擊元無烟.
人學始知道, 不學非自然.
— 맹교孟敎(당唐, 율양위凓陽尉), 〈권학勸學〉 —

78 상전벽해는 눈앞에서 일어나고 있다

최근의 급격한 변화는 상전벽해桑田碧海를 방불케 한다. 하지만 진정한 의미의 상전벽해(역사가는 '대변혁', 철학자는 '패턴의 전이'라고 부른다)를 일반인의 눈으로 확인한다는 것은 쉬운 일이 아니다.

고대 문헌을 살펴보면 예나 지금이나 중국인들에게는 미래를 내다보는 원대한 안목이 있었음을 알 수 있다. 고대의 관점에서는 도저히 상상도 할 수 없을 만큼 시대를 초월한 사상이 종종 문헌을 통해 발견되기 때문이다. 하늘을 나는 비행기나 자동차 같은 현대식 교통수단이 전혀 존재하지 않았던 시절에 고대인들은 어떻게 이처럼 놀라운 상상력을 발휘할 수 있었을까?

옛 시가 속에는 지금 봐도 놀라운 초자연적인 현상이 자연스레 벌어진다.

물결 한 번 드니 모래 밀려오고, 한 번 나니 씻겨가네.
다시 몰려오니 물결 사라지고, 다시 한 번 물결이 인다.

씻어내고 헹구며 그칠 날이 없으니
마침내 산과 바다가 일시에 평평해지는구나.

백거이, 〈낭도사사륙수기일浪淘沙詞六首其一〉

눈앞에서 상전벽해를 목격한 듯 벅찬 장면을 시로 묘사하기도 한다.

흰 물결 망망한 바다와 이어지고
평평한 백사장은 넓디넓어 끝이 없구나.
조석으로 오고 가며 물결은 멈추지 않고
마침내 동해가 뽕나무 밭을 바꾸는구나.

백거이, 〈낭도사사륙수기이浪淘沙詞六首其二〉

낭만주의는 하늘에서 뚝 떨어지는 것이 아니다. 만약 인간의 의식을 결정하는 것이 존재라면 거대한 변혁이란 사계절의 순환, 흥망성쇠, 정권교체, 돌발적 재앙 등을 삶의 일부로 인식한 후에야 비로소 가능해진다.

사실 '상전벽해'라는 개념은 도교에서 비롯되었다. 이 단어를 처음 사용한 사람은 도교의 이론적 기초를 세운 동진東晉의 학자 갈홍葛洪[1]이었다. 중국 사회는 유사 이래 노자, 장자와 같은 대사상가가 숱하게 등장했다. '동해가 세 번씩이나 뽕나무 밭으로 변하는' 것은 중국인들에게 만물의 섭리를 따르듯 자연스러운 현상일 뿐 전혀 특별한 일이 아니다.

따라서 당대 시가에 빈번하게 등장하는 '상전벽해'는 스님이 공염불

---

[1] 갈홍의 〈신선전〉에 의하면 마고와 왕원, 두 신선은 술을 마시기로 약속한 뒤로 서로 만나지 못했다. 500년이 지난 어느 날 마고는 채경가라는 곳에서 왕원을 만나 이렇게 말했다. "나는 도를 터득한 후로 동해가 뽕나무 밭으로 변하는 장면을 세 번이나 보았다네. 방금 여기로 오는 도중에도 동해의 바닷물이 절반이나 사라지고 수면이 낮아졌지." 그러자 주위에 있던 다른 신선들은 의견이 분분해졌다. 이에 왕원이 이제 곧 바다가 육지로 변할 것이라고 하자 과연 동해에 흙먼지가 휘날리더니 거대한 육지로 변했다고 한다.

을 외우는 것보다 흔한 일이었다. 예를 들어 "소나무가 땔감이 되는 것을 보았으니 뽕나무 밭이 바다가 되는 것도 이미 당연한 일이라네" 혹은 "창해를 건너고 나면 물이라 하기 어렵고 무산을 빼고 나면 구름도 구름이 아니라네", "인생에서 소년기가 얼마나 길다더냐? 바닷물이 뽕나무밭으로 변하는 것일 뿐이지"와 같은 표현 역시 인생무상에 대한 시인의 감회를 대변하고 있다.[2]

지나간 한 세기 동안 중국인들은 천지개벽과도 같은 격동의 세월을 보냈다. 뽕나무 밭이 바다로 변해버린 것 이상의 희열과 감동을 안겨주었다. 특히 중국의 개혁·개방 정책 덕에 구습에 젖어 있던 중국인들은 '상전벽해'라는 제목의 드라마 한 편을 감상한 것과 같은 격세지감을 느끼게 되었다. 가령 한동안 소식이 끊겼던 친구를 몇 달 후 우연히 만났을 때 확연히 달라진 그의 모습에서 격세지감을 느끼듯이 책도 마찬가지이다. 오래전에 읽었던 책을 어느 날 다시 펼쳐보았을 때 100년은 더 지나간 것처럼 낯설었던 경험은 누구나 한 번쯤 있을 것이다. 최근 중국 사회는 자고 일어나면 달라지는 상전벽해를 매일같이 경험하는 중이다.

사실 상전벽해는 자연적·물질적 치원이라기보다는 인간의 정신 영역에 가까운 형이상학적 개념이다. 과연 무엇을 의미하는지 정확히 파악하기는 쉽지 않다. 과거에 분명 바다였던 추억의 장소가 몇 년 후에 다시 가보았을 때 뽕나무 밭으로 변해 있다고 생각해보라. 원래는 뽕나무 밭이었던 곳이 바다로 변하는 기적 역시 마찬가지이다.

중국의 모든 기업은 상전벽해와 다를 바 없는 거대한 변혁의 시대를 맞이하고 있다. 막대한 자금력을 가진 콧대 높은 국유기업은 물론이고, 동네의 골목 상권을 형성하고 있는 소점포 경영주에 이르기까지 변화의

---

2 류희이의 〈대비백두옹代悲白斗翁〉, 원진의 〈리사오수離思五首〉, 이하의 〈조소년凋少年〉에서 차례로 인용하였다.

격동기를 지나고 있다. 중국의 경제는 농촌 청년이 주를 이루던 노동집약형 기업에서 지식집약형 기업으로 도약했다. 1950년생이 주축이던 사회 조직은 어느새 1970년생 혹은 1980년 이후에 출생한 청년들로 교체되었다. 그러나 세대를 불문하고 잠시도 방심해서는 안 된다. 자칫 한순간이라도 한눈을 팔았다가는 들고 있던 '치즈'를 남의 손에 빼앗길 수 있기 때문이다. 거대한 파도처럼 밀려오는 변혁의 물살에 송두리째 휩쓸리지 않으려면 현실을 똑바로 직시해야 한다.

따라서 중국과 중국 기업은 더 이상 국가 발전의 수혜에 기댈 생각은 하지 말아야 한다. 중국은 오랜 시간을 외부와 격리된 채 획일화된 방침을 유지해왔다. 2008년 금융위기 이후 세계적인 금융자산가이자 철학가인 조지 소로스George Soros와 카를 포퍼Karl Popper는 '확정성의 가정'은 철학적 측면에서 볼 때 황당무계함 그 자체라고 강조했다.

특히 상전벽해를 방불케 하는 급격한 사상의 흐름과 문화 변혁 운동, 사회 진보 세력의 등장과 직면했을 때 넋을 놓은 채 감탄사만 연발할 수는 없는 노릇이다. 반대로 사회 조류를 맹목적으로 따르는 것 역시 과거의 패배의식에 젖은 행동일 뿐이다. 현대인이 선택할 수 있는 유일한 진취적 방안은 바로 학습이다.

매사추세츠 공과대학의 《MIT 슬론 매니지먼트 리뷰》에는 "학습의 진보는 조직의 경쟁적 우위를 유지하게 만드는 유일한 원천이다"라는 내용의 기사가 실렸다. 이 말은 기업의 계획에 의해 점유한 모든 우위는 일시적이고 유한하며, 기업의 영속성을 유지해주는 경쟁력은 오로지 개인의 학습 능력에 달려 있다는 뜻이다.

피터 드러커 역시 현대 사회는 갈수록 자금이 풍부해지고 기술이 대중화됨에 따라 지구상의 어느 국가 혹은 어떤 산업이나 기업도 영원한 경쟁 우위를 독점할 수 없다고 천명했다.

그렇다면 미래 경제 시장의 구도 속에서 국가적 차원의 우위를 차지하기 위한 유일한 방법은 지식 노동자의 전면적인 지식 생산력의 증대를 제고하는 일일 것이다. 이때의 지식은 여타 모든 자원과 다른 특징을 지닌다. 그것은 바로 옛 방식을 기본으로 새로운 것을 찾아내려는 노력을 통해서만 가능해진다는 점이다. "오늘의 새로운 지식이 내일이면 낡은 지식이 된다"[3]는 말은 이제 상식이 되었다. 현대 사회는 끊임없이 학습해야 생존 가능한 세상이 되었다. 더구나 지식은 졸업장 하나로 유지될 수 있는 것이 아니다. 옛것을 바탕으로 항상 새롭고 참신한 방식을 창조하려는 환골탈태의 노력이 뒤따라야 한다.

3 Peter Drucker, *On the Profession of Management*(Boston: Harvard Business Review Publishing) 1998.

79 MBA 출신들의 관음증

    캐나다 맥길 대학의 헨리 민츠버그 교수가 매니지먼트 경영 과정을 이수한 각 기업의 리더들에게 던진 쓰디쓴 경고는 한때 화제가 되었다. 그는 현행 MBA 출신에 대한 우려를 가감없이 드러냈다. "책상에 틀어박혀 매니지먼트 사례를 연구하는 일은 강의실에 앉아 예술작품을 감상하는 것과 다를 바 없다. 관음증이 만연한 조직은 결코 창조적인 활동을 할 수 없다."[1] 그는 어째서 '관음voyeurism'이라는 자극적인 단어를 사용했을까? 통상적으로 관음증이란 타인의 은밀한 사생활을 남몰래 지켜보면서 희열을 느끼는 심리 상태를 지칭한다.

    민츠버그 교수가 이처럼 극단적인 표현을 서슴지 않고 사용한 것은 경영 관리의 일선에 있는 MBA 출신들에게 매니지먼트 사례에 의존하지 말고 자신이 직접 경험한 사안들을 중심으로 기업을 경영하라는 충고로

---

[1] Henry Mintzberg, "The MBA Menace", *Fast Company*, June 2004, pp. 21-22.

받아들여야 할 것이다.

그가 중국 사회와 대학의 지식인 사이에 이러한 '관음증'을 대수롭지 않게 여기는 풍조가 만연해 있음을 알게 된다면 어떤 조언을 해줄까?

비즈니스 스쿨 출신들은 입만 열었다 하면 잭 웰치를 운운하고, 델 컴퓨터 사건의 전말을 늘어놓거나, 마이클 포터의 다섯 가지 경쟁 세력 모형five competitive forces model을 들먹이며 전문가 행세를 한다. 자신들과 일반인과의 차별성을 은근히 강조하는 셈이다. 하지만 이는 문학 교수들이 비문학 전공자를 앞에 놓고 『홍루몽』의 가장 인상 깊은 대목을 외워보라고 강요하는 것과 마찬가지다. 일부에게 국한된 질문은 결코 일반적인 능력의 잣대가 될 수 없다. 민츠버그에 따르면 이러한 현상은 사회를 향해 자신의 '관음' 전력을 과시하는 것에 지나지 않는다.

'모사模寫'는 이러한 형태의 '학습' 방식을 다른 말로 완곡히 표현한 단어다. 하지만 생명의 탄생은 결코 모사의 대상이 될 수 없다. 왜냐하면 '눈길이 닿은 곳에 마음도 함께 움직이는 법'이기 때문이다.

> 눈이 닿은 곳에 마음이 따라 움직이면 절로 시구가 신묘해지네.
> 어둠 속에서 시구를 찾는다면 모두 참되지 못하다네.
> 진천의 풍경을 그림으로 그려낼 때
> 직접 장안에 가는 이는 대체 몇이나 되는가?
>
> 〈논시절구論詩絕句〉

21세기에 접어든 지 10여 년이 훌쩍 지났다. 사회 각계에서 연일 개혁의 구호를 외치고 있지만 교육계는 여전히 '관음'의 풍조로 가득 찼다. 청대의 시인 원매袁枚는 '모사'란 '베끼기'에 지나지 않는 일이라고 일축했다. 세계적인 예술 분야에서 활약하고자 하는 미래의 청년들이라면 더더욱 이러한 '관음'과 '모사'에 급급해서는 안 될 것이다.

매니지먼트 연구는 사회적 능력을 학습하는 것이다. 사회적 능력이 단순히 기계를 고치는 기술과 확연히 다른 점이라면 도덕적 함의를 내포하고 있다는 사실이다.

사회적 능력을 학습하는 과정에서 청년 세대가 최종적으로 배워야 할 것은 결국 사회 속에서 어떤 식으로 개인의 위치를 정상화할 것인가 하는 문제로 귀결될 수 있다. 만약 청년 세대가 방문을 걸어 잠근 채 은둔형 외톨이가 되어 '관음'과 '모사' 혹은 '베끼기'에만 열중한다면 현실과의 괴리를 메울 길이 없다. 하버드 대학교 경영대학원의 라케시 쿠라나Rakesh Khurana 교수는 현재 하버드 비즈니스 스쿨은 책임 의식이 불분명할 뿐 아니라 기준에서 현저히 미달되기 때문에, 과연 이러한 시스템을 통해 양산된 리더들이 마구잡이로 사회에 배출되는 현상을 어느 누가 어떤 방식으로 책임질 것이냐고 지적했다. 또한 관음증은 관리자로서 갖추어야 할 직업 정신에도 위배되며 학술적 가치를 저해하는 것은 물론이고 사회적으로도 백해무익한 일이라며 우려의 목소리를 높였다.[2]

공교롭게도 지구촌 경제의 동반 침체 현상과 맞물려(사실 이는 피할 없는 추세다) 비즈니스 스쿨과 매니지먼트 스쿨 역시 거대한 구조조정의 칼날을 피할 수 없게 되었다. 와튼 대학교 경영대학원에서 금융위기에 관한 강의를 맡고 있는 모로 길런Mauro Guillen 교수는 앞으로는 금융 서비스업에 대한 감독이 강화되고 업무의 대대적인 전환이 이루어질 것이라고 내다보았다. 결론적으로 고액 연봉을 보장해주는 평생 직장이 줄어들고 그런 회사의 취업 기회가 대폭 감소한다는 경고의 일종으로 봐야 할 것이다. 수많은 MBA 출신들은 이제 '실질적인 매니지먼트 업무'에 매진해야 한다. 강의실 혹은 사무실 책상에 앉아 단순히 숫자놀음이나

---

2 Rakesh Khurana, *From Higher Aims to Hired Hands: The Social Transformation of American Business Schools and the Unfulfilled Promise of Management as a Profession*(Princeton, NJ: Princeton), 2007.

제9장 학습과 조직 ·439

하던 시대는 지나갔다는 뜻이다.

그의 우울한 경고에 사람들은 걱정부터 앞선다. 실제로 실천보다는 이론에만 편중된 현재의 교육 시스템을 통과한 청년 세대는 일선 업무와 동떨어진 기관 혹은 대기업의 본사 근무를 선호하는 성향이 강하다. 하지만 이들의 미래는 결코 밝지 않다. 규모가 큰 기관 혹은 기업의 본사는 그들만의 논리에 따라 운영된다. 사회에서 그들이 담당하는 역할은 기본적으로 안정된 기제를 중심으로 운영되므로 급격한 변화를 기대하기는 어렵다. 빈틈없이 짜인 틀에 따라 움직이기 때문에 상상력과 창의성의 발휘를 요구하지도 않는다. 그럼에도 이들 기관과 기업의 연봉은 다른 업종, 다른 직위에 있는 사람들보다 높은 편이다. 다만 알다시피 세상에 공짜는 없는 법이다. 그들이 누리는 혜택은 억압과 침체의 조직에 자신의 청춘을 저당 잡힌 것에 대한 보상일 뿐이다.

오랜 시간이 지난 후에 이들은 문득 '사람은 구습에 얽매이고 세월은 쏜살같이 흘러가는 법'[3]이라는 진리를 깨닫게 될 것이다. 자고 일어나기 무섭게 새로운 지식과 정보가 쏟아지는 현대 사회에서 기업의 관리 방식은 끊임없이 진보하고 있다. 이러한 미래의 주역이 될 청년 세대가 어찌하여 세상의 수많은 '치즈 덩이'를 제 발로 걷어찬 채 무료한 일상에 안주하기를 바란다는 말인가?

미래 사회에는 점차 정신적 조화에 중점을 둔 사업을 목표로 삼는 기업들이 증가할 것으로 전망된다. 따라서 실무 경험도 없이 오로지 학위와 증서만 남발하는 현재의 교육 시스템이 배출하는 청년들의 학습 능력은 그 가치가 점점 떨어지는 추세다.

MBA 과정을 이수한 인재라면 기업 운영상 실제 업무에 곧장 투입될 수 있는 절호의 기회를 놓치지 말아야 한다. 오랫동안 갈고 닦은 이론을

---

3 두목, 〈용상사기리빈龍翔寺寄李頻〉

실행할 수 있는 천우신조로 삼아 자신의 능력을 공고히 하는 계기로 만들어야 한다. 특히 겉보기에는 화려하나 실제로는 안정적이고 장기적인 업무를 제공하지 못하는 기업이 보기보다 많다는 사실을 명심해야 한다. 민츠버그 교수는 MBA를 졸업하는 학생들을 향해 이러한 충고를 했다.

여러분에게 학습의 중요성을 말씀드리고자 합니다. 우리 사회는 확실히 최선의 노력을 다하는 리더를 필요로 합니다. 여기서 말하는 리더는 홀로 고군분투하는 슈퍼맨이 아니라 여럿이 머리를 맞대어 성공을 이뤄내는 리더입니다. 여러분 모두 미래의 리더가 되고자 한다면 스스로 MBA를 초월해야 비로소 가능하다는 사실을 명심하십시오.

민츠버그 교수가 말한 학습은 영어의 'study'와는 의미가 다르다. 그것은 점수 따기 식 공부가 아닌 안목과 식견을 넓히는 사회적 학습을 뜻한다. 'study'가 아닌 'learning'으로서의 학습은 오로지 실천을 통해 얻을 수 있으며, 이로써 현실을 보완하고 더욱 강화시켜준다.

"같은 지식이라도 타인이 성취해놓은 것은 결코 내 것이 될 수 없다"는 격언이 있다. 진정한 깨달음을 원한다면 실천을 향한 첫 발걸음부터 내딛어야 할 것이다.

바위를 치면 불꽃이 일지만
바위를 치지 않으면 연기조차 나지 않는다.
사람은 배우면 도를 알게 되지만
배우지 않으면 헛되이 살게 된다.

맹교孟郊, 〈권학勸學〉

80 독서와 여행

"처소에 들 때면 검을 바라보고 길을 나서면 책을 든다."[1] 송대 시가의 한 구절의 이 문장은 후대에 와서도 그 의미를 천천히 되짚어볼 필요가 있다. 예로부터 중국은 문화인의 경계를 가르는 두 가지 기준으로 독서와 여행을 손꼽았다. 평소 배움을 가장 큰 즐거움으로 여겨온 사대부들은 천하를 유람하거나 혹은 지방의 관리가 되어 외지에 파견될 때도 손에서 책을 놓지 않았다. 심지어 좌천되어 변방으로 향하는 수레 안에서도 책을 읽었다. 어디에 있건 무슨 일을 하건 독서의 본분을 저버린 적이 없다는 뜻이다.

사대부들은 머나먼 여정을 앞두고 짐을 꾸릴 때도 '여장의 반은 책 꾸러미'[2]를 삶의 철칙으로 지켜왔다. 언제 어디서나 간편하고 손쉽게 휴대

---

1 대복고戴復古의 〈우송행又送行〉에서 인용하였다.
2 장문도張問陶의 〈경술구월삼일이거송균庚戌九月三日移居松筠〉에서 인용하였다.

할 수 있는 노트북이 등장한 현대에도 독서의 중요성을 대체하지는 못하고 있다. 전 세계 주요 공항 서점은 여전히 사람들로 붐비고 있다.

여행은 지친 머리를 식히고 새로운 아이디어를 떠올릴 수 있는 좋은 기회이다. 달리는 차창 밖으로 빠르게 지나가는 구름, 혹은 광활한 바다에서 하얗게 부서지는 거대한 파도를 바라볼 때면 사람들의 두뇌 역시 요동치기 시작한다. 여행지에서 읽은 한 권의 책은 도시에서는 상상할 수 없었던 놀라운 연상 작용을 불러온다.

중국 고전 문학의 면면을 살펴보면 유독 대자연을 벗 삼아 독서 삼매경에 빠진 선현들의 시적 정취를 담은 내용이 많다. 중국 문학 작품 중에는 겹겹이 벽을 쌓은 수도원에 은거하면서 학문에만 매진하는 인물은 좀처럼 찾아보기 힘들다. 왜냐하면 책상머리를 지키고 앉아 책만 들여다본다고 해서 도를 깨우치는 것이 아니기 때문이다. 책상물림에 의존해서는 호연지기는 물론이고 심오한 학문의 체계를 세우기도 역부족이다. 최근 서점가에는 수백 페이지에 달하는 박사학위 논문을 개괄적으로 짧게 줄여 각색한 책들이 주류를 이루고 있다. 솔직히 서양의 저자 가운데는 특정 분야의 학문적 체계를 수립한 이들이 적지는 않지만 이들이 미친 영향은 미미하다고 본다.

반면에 중국인들은 학문적 계통을 명확히 세우는 일에 몹시 서툴다. 그보다는 특수한 환경에서 돌발적으로 발생하는 기발한 사상에 더 열광하는 편이다. 심미적 체험이라는 측면에서 이를 분석해보면 인성의 승화라고 볼 수 있으며, 학문적 가치와 질적인 측면에서는 큰 차이를 발견하기 어렵다. 결론적으로 중국인들은 사상적 체계를 확립하는 데 있어 실천적 의미를 강조하거나 혹은 자연적인 지속성에 더욱 큰 비중을 두고 있다는 사실을 확인할 수 있다. 따라서 위대한 자연현상을 빌려 자아승화를 실현하는 사례를 종종 찾아볼 수 있다.

깊은 밤 홀로 깨어 책을 펼치면 어디선가 홀연히 아득한 피리 소리가 들려온다. 선비의 마음은 어느새 신선의 누각에 앉아 있는 듯하다.

> 눈보라가 흩날리다 다시 맑게 개니
> 투명한 서리는 기와 위를 비추는 달빛과 짝을 이루는구나.
> 어디선가 고아한 선비의 피리 소리 들려오니
> 창가에서 글을 읽는 소리와 어우러지네.
>
> 육유, 〈문적聞笛〉

먼 여행길 배에 오른 노인은 왕안석(반산半山)의 절구를 끼니 삼아 언어의 유희를 즐긴다.

> 배 위에 올라 시편을 지으니 당시를 말하고 반산을 말하네.
> 노인이라고 밥을 먹지 않을 수 없으니
> 반산의 시가 바로 아침 끼니라네.
>
> 양만리, 〈독시讀詩〉

위의 시가 추구하는 시적 정취는 혼탁한 관료 사회에서 부대끼거나 서당 울타리 안에서 글만 읽는 부류는 결코 도달할 수 없는 신선의 경지인 셈이다. 현대인들은 콩나물시루 같은 지하철에 자신의 몸을 억지로 구겨 넣고 회사에 도착하면 퇴근 시간이 될 때까지 사무실에서 벗어나는 법이 없다. 다람쥐 쳇바퀴 돌듯 기계적인 일상을 반복하는 샐러리맨들이 이처럼 고아하고 유유자적한 경지를 체험하기란 거의 불가능하다. 경제의 현대화와 글로벌화가 가속화되면서 도시 근로자들은 아무런 감각도 느끼지 못하는 '나무토막'처럼 살아갈 뿐이다.

영국 《파이낸셜 타임스》의 조사에 의하면 가장 왕성한 창조력과 상상력을 발휘하는 순간은 회의를 하거나 책상 앞에 앉아 기획안을 짜내거나 각종 보고서를 작성할 때가 아니라 모든 것을 훌훌 털어버리고 홀로 여행을 떠날 때라고 한다. 특히 여행 도중의 독서는 정신의 비타민과도 같다.

잠시나마 복잡한 업무에서 벗어나 높은 산과 푸른 들, 넓은 바다와 마주할 때면 인간의 사상과 정신은 비로소 소탈한 자연과 하나가 된다. 옛 선현들은 좋은 시를 쓰려면 시 밖에서 시를 찾아야 한다고 말했다. 현대인 역시 책 밖에서 책을 읽을 여가를 찾아내야 한다. 산더미처럼 쌓인 업무를 잠시 뒤로하고 틈틈이 짬을 내어 홀로 고민할 수 있는 시간과 공간을 스스로 제공할 수 있어야 한다. 상황이 허락한다면 책 한 권을 옆구리에 끼고 어디로든 떠나라. 도저히 그럴 시간이 없다면 출장을 이용하여 업무 준비를 서둘러 마친 후 최대한 조용하고 편안한 자신만의 시간을 가져보는 것도 바람직하다. 이는 현대인의 삶을 보다 지혜롭게 경영하는 첫 번째 비결이다.

81 정상에 올라본 경험

온종일 책에 얼굴을 묻고 사는 중국의 지식인들(나 자신을 포함하여)은 때때로 자괴감에 빠진다. 저자들의 수준이 종종 기대 이하이기 때문이다. 중국 사회가 지난 10여 년간의 혼란기를 겪는 사이에 일부 원로 학자들은 학문 연구와 동떨어진 채로 낡은 교본 몇 권을 밑천 삼아 여전히 강단에 서고 있다. 해가 거듭될수록 대중의 박수갈채는 늘어가지만 정작 남은 것은 그들의 현란한 언변뿐이다.

개혁·개방 시대에 최전선으로 내몰렸던 세대(이들을 폄하할 생각은 전혀 없다. 나 역시 여기에 속한다)는 대체로 외국어에 서툴다. 세상을 바라보는 안목이나 식견 역시 과거 경험의 한계에서 벗어나지 못한다. 심지어 극심한 파벌 의식에 사로잡힌 우리 세대 지식인들은 외국의 유명 석학들과 비교할 때 현격한 수준 차이를 보인다.

20세기 들어 1990년대를 배경으로 성장한 청년 세대는 풍족한 자원의 혜택을 누리며 외국어 실력이 크게 향상되었고, 덕분에 해외 학술 문헌도 자유자재로 접할 수 있게 되었다. 이로 인해 분야별로 심층적이고 전문적인 정보를 스펀지처럼 흡수하며, 해외에서 돌아온 유학파들이 국내 요소요소에서 창조적인 역량을 발휘하고 있다. 다만 요즘 청년 세대가 과연 얼마나 진지한 태도로 학문에 임하고 있으며 인내심을 갖추고 있는가 하는 의문과 이러한 현상은 별개의 문제이다.

학문을 집대성하려면 반드시 폭넓은 시각에서 접근해야 한다. 고도의 학문적 능력을 갖추지 못한 이들은 상대를 설득함으로써 논란을 종결할 방법이 없기 때문이다.

중국은 바야흐로 대국굴기의 시대를 맞이하고 있다. 하지만 스스로 대국을 자처하는 중국의 서점가를 둘러보면 한심하다는 생각이 절로 든다. 인터넷 서점의 베스트셀러 목록을 훑어보면 사정은 더욱 심각하다. 실망을 넘어서 혐오감마저 든다. 이것이 현실이라면 대국의 굴기는 아직 시기상조가 아닐까?

하지만 최근 청년 세대를 대표하는 일부 저자들이 야심차게 발표한 매니지먼트 관련 서적을 보면 중국 사회가 서서히 '경쟁력'의 단서를 찾아가고 있다는 안도감이 든다. 30년간 축적된 개혁·개방만으로는 과거 수백 년간 누적된 보수주의와 전통을 당해낼 수 없지만, 중국의 전란은 오히려 새로운 도약의 발판을 마련해주었다.

이런 측면에서 본다면 최근 발표되는 저서들 가운데 일부는 이미 학문적 집대성을 이루었다는 평가를 받고 있다. 한때 여기저기서 발췌한 내용을 단순히 끼워 맞춘 번역 서적들이 유행하거나 저자의 독창적 견해라고는 눈곱만큼도 찾아볼 수 없었던 '이론서'들이 행세를 하던 시절과 비교한다면 괄목할 만한 변화이다. 최소한 학문을 대하는 진지한 태도는 저자의 의도를 불문하고 하나의 출발점에서 시작하고 있음을 알 수 있다. 즉 선조들이 성취한 학문적 결과에 대하여 '뭇 산의 작음을 둘러보리라'[1]는 식의 비판적인 시각을 갖추었다는 점에서 높이 평가할 만하다.

사실 과거의 문헌과 기록들을 모조리 싸잡아 조잡하다고 비난할 수는 없다. 만약 이것이 사실이라면 '집대성'이라는 단어가 존재하지 못했을 것이다. 과거에는 현대적 시스템을 갖춘 엄격한 논문 체계가 잡혀 있지 않았으나 결코 적지 않은 저서들이 폭넓게 읽혔다. 따라서 과거의 학자들이 축적한 기록과 문헌을 본보기 삼아 학문의 집대성을 이룰 수 있었던 것이다. 춘추전국의 모든 자서(노자, 장자, 묵자, 순자 등)는 이러한 수순에 따라 집대성되었으며, 중국 선불교의 사상적 원천으로 알려진 『육조단경六祖壇經』도 마찬가지이다. 비록 통속적인 문장과 혜능대사의 문맹을 주장하는 학설로 인해 다소 의심스러운 부분도 있으나 어쨌거나 당시 불교의 수준을 보여주는 불경의 일부를 포함하고 있다.

오로지 학문 연구에 매진하는 학자들에게 학문의 집대성이란 분명 험한 산의 정상을 정복하는 고난과 시련의 여정일 것이다. 이는 자아를 초월하는 동시에 과거의 진부한 지식과 케케묵은 식견에서 탈피하여 보다 높은 경지에 오르는 일종의 정신적 승화라고 볼 수 있다.

고대 중국인들은 이처럼 산 정상에 오르는 경이로운 체험을 시가를 빌려 후대에 전달했다. 예를 들어 왕지환王之渙은 "천 리 밖 세상이 보고 싶어 다시 한 층을 올라가네"라고 읊었고 대숙윤戴叔倫은 "어느 누가 최고봉을 마다하겠는가? 해가 동에서 떠오르는 것을 바라보았네"라는 시가[2]를 통해 학문의 경지에 오르는 희열을 표현했다.

만당의 시인 방간方干이 지은 〈정상頂上〉에서는 심오한 철학적 의미가 물씬 풍기는 대목이 눈길을 끈다.

　산 정상에는 무더운 여름이 없으니

---

1 두보의 〈망악望岳〉에서 인용하였다.
2 왕지환의 〈등관작루登觀樓〉, 대숙윤의 〈제천주산도題天柱山圖〉에서 인용하였다.

삼복더위에도 산에 오르네.
깊은 꿈은 해를 뚫기 어렵고
교목은 더 많은 바람을 머금고 있다네.

산봉우리에 올라 아득히 먼 곳을 바라보라. 그 정상에 오르는 순간 옛 선조들의 얼과 혼을 마주치게 될 수도 있다. 만약 매니지먼트 연구에 종사하는 현대 학자들이 공자와 노자를 만나 그들로부터 질문을 받는다면 어떤 식의 답변을 할 수 있을까? 쑨원과 마오쩌둥의 날카로운 비판 앞에서 어떤 식으로 대응할 수 있을까? 하물며 피터 드러커와는 과연 몇 시간이나 대화를 이어갈 수 있을까?

82 모두 나의 스승이다 1

　기업을 경영하는 가장 중요한 원칙은 무엇일까? 다수의 전문가들은 경영 관리 제도를 정립하는 것도 중요하고 제품의 디자인도 무시할 수 없는 항목이지만 이보다 중요한 것은 타인의 장점을 널리 흡수하는 태도라고 입을 모은다. 다만 타인의 사상과 패턴을 맹목적으로 모방하거나 복제하는 식으로 변질되지 않도록 주의해야 한다.

　자본 시장에서 후발 주자의 경우는 법이 허락하는 테두리 안에서 선발 주자의 모델을 참고하는 것이 자연스러운 현상이다. 다만 타인의 장점을 타산지석으로 삼을 때 가장 어려운 것이 바로 경계를 지키는 일이다.

　타인의 장점을 폭넓게 받아들이는 가장 좋은 방법은 여러 스승에게서 배우는 것인데, 두보의 시에서 바로 이러한 자세를 엿볼 수 있다.

　　옛 사람이 좋다 한들 요새 사람 비웃지 말고
　　맑고 고운 말과 구절 반드시 곁에 두어라.

굴원 송옥 따르고 싶지만 수레나 함께 가리니

제와 양의 겉치레 따를까 염려하노라.

옛 사람에 못 미친들 내가 이룬 것 의심 말고

서로서로 배우면서 앞뒤 가릴 것이 없다네.

위선은 가려내고 시경 풍아 다가서면

선현들 하나하나 모두 너의 스승이 되리.

두보, 〈희위육절구戲爲六絕句〉

이 시는 세 가지 특징을 지니고 있다. 첫째, '선현들 하나하나 모두 너의 스승이 되리轉益多師是汝師'라는 마지막 문장에 스승 '사師'자를 두 차례 사용했다. 아무리 '재미 삼아 여섯 절구의 시를 지은戲爲六絕句 것'이라고 하지만 대시인 두보가 아무 생각 없이 시어를 함부로 중복하지는 않았을 것이다. 여기에는 분명 또 다른 의미가 있을 것이다.

둘째, '너의 스승(혹은 나의 스승)'이 구체적으로 누구를 지칭하고 있는지 두보는 밝히지 않았다. 중국 사회에서 스승은 존경의 대상이다. 하지만 여기에서는 단순한 스승의 의미를 넘어 '멘토mentor'의 개념에 가깝다고 보인다. 실제로 당송 시가에 수없이 등장하는 '너의 스승吾師'은 대부분 추상적 개념이다. 따라서 두보가 말한 '너의 스승'은 특정 저작물을 지칭하는 것일 수도 있고, 그 저작물의 저자일 수도 있다. 혹은 저자가 밝혀지지 않은 저작물까지 모두 포함될 수도 있다.

셋째, 이 시에서 두보가 말하는 스승은 시인 자신일 가능성도 배제할 수 없다. 두보는 역설적으로 "나의 스승은 바로 나 자신이다"라고 강조한 것인지도 모른다. 물론 두보에게는 스승을 삼는 그만의 기준이 있었다. 시어 속에서 찾는다면 "위선은 가려내고 시경 풍아 가까이 다가서면"이라는 구절이 바로 그가 바라는 스승의 기준인 셈이다. 두보의 이러한 자주의식은 후대의 소인배는 결코 상상할 수 없는 경지에 도달해 있었다. 그는 전대의 모든 선현을 자신의 '스승'으로 삼고자 했다. 다만 자신이 어느 스승 휘하이고 어느 학파의 문하생이라는 사실을 내세워 으스대거나 뽐내는 것을 혐오했다. "선현들 하나하나 모두 너의 스승이 되리이 누구라도 배울 점만 있다면 얼마든지 스승으로 삼고 싶다는 겸손함을 갖추고 있다. 두보의 위대한 일면이 바로 이 시구에서 빛나고 있다.

세상의 모든 지식은 시장경제의 영향을 받는다. 지식 역시 세속의 잣대로부터 완전히 자유로울 수 없기 때문이다. 일반적 수준을 뛰어넘은 탁월한 능력자이거나 혹은 사상의 독립성을 이룬 몇 사람을 제외한다면 보통사람들의 눈에는 타인이 힘겹게 성취해놓은 지식이라도 시중에 유통되는 화폐처럼 대수롭지 않게 여겨진다.

따라서 제3세계 국가의 지식인들이 감당해야 하는 심리적 압박과 부담은 상상을 초월한다. 왜냐하면 그들은 서방 세계에 대한 연구에 매진하는 동시에 자국민의 낙후한 삶을 개선해야 하는 이중고에 시달리고 있기 때문이다. 또한 자국 문화의 정수를 바탕으로 세계 무대에서 통용되는 방식을 창조해내야 한다는 숙제를 안고 있다. 또 하나의 딜레마라면 서방 지식의 단편적인 브로커로 전락할 것인지, 아니면 자국에 복귀하여 '천년의 도덕과 전통의 수호자'가 될 것인지 양자택일을 해야 하는 기로에 놓인다는 사실이다.

그런 차원에서 보면 두보처럼 능력을 갖추었으면서도 놀라운 결단력을 발휘하는 인재는 많지 않다. 현대 사회는 비록 교육의 표준화를 이루긴 했으나 인재는 여전히 부족하다. 문화대혁명은 바로 이 점을 간과했다. 어느 세대를 불문하고 '모반'의 세력은 일정한 틀을 갖추고 동일한 양식을 따른다는 사실이다.

두보의 시가에서 볼 수 있듯이 중국의 선현들은 활용 가치만 있다면 타인의 경험이라도 적극 수용했으며, 이를 종합하여 자신만의 체계를 세워나갔다. 오늘날에는 도리어 자아의 틀에 갇혀 벗어나지 못한 인재가 적지 않다. 담대한 도량으로 스스로 굴레를 벗어던지지 않고서 어찌 위대한 문명을 창조할 수 있으며 민족의 굴기를 기대할 수 있단 말인가?

선종 불교의 선사들은 "나의 견해가 스승과 같으면 스승의 덕을 반으로 감하는 것이며, 나의 견해가 스승을 뛰어넘어야만 비로소 율법을 전수할 수 있다"[1]고 말했다. 동한 시기, 중국으로 유입된 불교는 600년의 세월을 거치며 오늘의 경지에 이를 수 있었다. 현대 자본주의의 관점에서 선사들의 이러한 견해를 어떻게 해석하면 좋을까? 21세기 들어 국학을 대하는 후손은 과연 어떤 식으로 그들의 도를 실현할 수 있을까?

---

1 석회해언釋懷海言, 임곡방의 『천봉영월千峰映月』(태원 : 산서출판집단, 2007)에서 인용하였다.

83 모두 나의 스승이다 2

중국 사회에 만연한 사제관계는 그 문화의 뿌리가 매우 깊다. 이로 인해 스승의 뒤를 추종하는 전통적 집단의식에서 벗어나기란 생각처럼 쉬운 일이 아니다. 이러한 전통과 견주어 본다면 두보야말로 전대의 의식을 초월한 위대한 선각자가 아닐 수 없다. 후대 평론가들은 두보의 남다른 역량을 앞장에서 소개한 '희위육절구'에서 찾았다. 그의 시가는 중국 평론문학의 새로운 지평을 열었다는 찬사를 받았다. 두보의 시가에 영향을 받은 후대인은 청대에 이르러 마침내 하나의 기풍을 형성하게 되었다. 왕완, 왕사정, 원매, 조익, 홍량길, 송상, 장문도, 온장, 요옥 등이 이러한 대열에 동참했고, 오늘날에도 두보의 기풍은 면면히 이어지고 있다.

하지만 두보를 위대한 시인이라고 평가하게 된 이유는 단지 이것이 전부는 아닐 것이다. 두보 스스로 자신을 '스승'으로 삼아 당시唐詩 최고의 경지에 도달했으며, 후대의 모든 문인이 기존의 틀을 부수고 다채로운 풍격을 창조할 수 있도록 용기를 북돋아주었다. 당 왕조 이후로 가사와 희극을 제외한 나머지 창작 시가들은 형식 면에서는 1,000년간 이어오는 기존의 틀을 깨부수지 못했던 것이 사실이다. 그럼에도 역대 문인들은 숱한 가작을 남겼으며 시대별로 참신한 기풍을 창조했다. 문단 내부에서도 자신의 사부가 누구인지 드러내지 않았으며, 누가 어느 종파의 기풍을 전수받았는지에 관해서도 전혀 개의치 않는 분위기가 조성되었다.

그러나 송대에 이르러 강서시파江西時派의 족보를 중시하는 경향이 두드러지면서 이러한 계통을 밟으려는 유사한 작풍이 만연하기 시작했다. 이러한 풍조 덕에 강서시파[1]는 송대 유학자들의 실천적 활동 측면에서 가장 진부하다는 평을 들어야 했다.

한 가지 아이러니한 사실은 두보 역시 표면상 이렇다 할 존경을 받지 못했으며 오히려 형편없는 취급을 받아야 했다.

예를 들어 방효유方孝孺는 이렇게 읊었다.

사람들은 이백과 두보를 받들지만
이백과 두보가 누구를 받들었는지는 알지 못하네.
시경과 풍아의 의미를 찾아보면 의미심장함이 가히 없으니
비로소 건곤의 절묘함을 알게 되리라.

방효유, 〈답시오수談詩五首〉

이백과 두보의 시가 만인의 입으로 전해지지만
지금은 신선하지가 않다.

---

1 송대 강서시파의 창시자는 황정견黃庭堅으로, 문하생 대부분이 강서 출신이었다. 이들은 고대 작품에서 시어를 찾아내어 자신의 시에 녹여 넣거나 구시대적 이미지를 빌린 작풍을 유행시켰다.

천지에 대대로 재주 있는 자가 나타나서
각기 국풍과 이소 같은 시풍을 백 년간 이끄네.

조익, 〈논시오절論詩五絶〉

　중국의 현대 작가 쑨리는 나라의 멸망을 앞둔 상황에서도 당시唐詩가 창작의 르네상스를 열 수 있었던 배경으로, 파벌에 연연하지 않는 문단의 기풍을 언급했다. 그는 또한 후배 문인들이 관료 사회는 물론이고 패거리(사실 이 또한 관료사회의 일종이다) 문화를 형성하여 자신과 다른 문화는 무조건 이질화하고 배척하는 작금의 현상에 대해 깊은 우려를 표명했다. 그의 염려가 어찌 특정 세대만의 고민이겠는가? 이쪽에서 천고에 길이 빛날 훌륭한 시가일수록 파벌과 종파를 가르지 않으며, 파벌의 정의조차 무색하게 만들었다는 사실을 돌이켜 반성해야 할 것이다.

　세상은 넓고 다채로움으로 가득하다. 특정 문호와 종파를 고집하여 끼리끼리 모이는 현상은 마치 칡덩굴이 서로를 칭칭 휘감고 있듯이 결코 바람직하다고 볼 수 없다. 어느 종파의 제자인가, 어느 문단의 문하생인가, 하는 문제를 놓고 시시콜콜 따진다면 결코 '선현들 하나하나 모두 너의 스승이 되리'라는 두보의 정신적 경지에 도달할 수 없다. 학문 연구에 종사하는 이들은 각 종파의 관점과 특정 문호의 입장을 고집하는 폐단에서 벗어나야 한다. 학계는 물론이고 정치계 혹은 과학계 가릴 것 없이 이처럼 편협한 시각을 지닌 채 보수적인 관계 맺기에만 몰두한다면, 이러한 종파를 양산해내는 사회는 영원히 학문의 체계를 세울 수 없다.

　수년 전 나는 취재차 세계적 이동통신 업체인 노키아의 본사를 방문한 자리에서 노키아의 디자이너가 되기 위한 자격 요건에는 어떤 것이 있는지를 물었다. 놀랍게도 졸업장이나 추천서 혹은 사회적 배경 등은 전혀 고려 대상이 아니며, 그들이 가장 중요하게 여기는 것은 오직 '풍부한 상상력과 동료와의 협동심'뿐이라는 대답이 돌아왔다.

그러나 몇 년 후 노키아는 휴대전화 시장이 새로운 경쟁 체제로 돌입하는 과정에서 처참히 무너졌다. 후문에 의하면 노키아의 고위 관리층 대부분이 핀란드 출신이라고 한다. 아마 그들 자신도 의식하지 못하는 사이에 현실에 안주하여 새로운 지식을 받아들이는 노력을 게을리했는지도 모른다. 아니면 동일한 문화적 배경을 가진 관리자들로 인해 세상을 보는 시야가 좁아진 건 아닐까?

이러한 요인이 하나둘 모여 강대한 조직은 서서히 와해되어갔다. 물론 나의 이러한 추측은 결코 누군가를 폄하하기 위한 것이 아님을 밝힌다.

결론적으로 후대인들이 두보의 예술적 경험의 정수를 높이 평가하며 이에 감탄하는 이유는 가장 위대한 예술(매니지먼트 역시 하나의 예술이다)은 위대한 사부나 위대한 종파를 통해 창조되는 것이 아니라는 사실을 두보 자신이 몸소 실천했기 때문은 아닐까? 그렇다면 개인적인 성취 여부는 '모두 너의 스승이 되리'라는 두보의 충고를 모토로 삼아 힘껏 매진하는 태도에 달려 있다고 해도 무방할 것이다.

84 '유학'과 도덕 경영

　최근 중국의 경영대학원 구내 서점가에는 이론 서적이 자주 등장하고
있다. 특히 매니지먼트 관련 서적이 주를 이루는 서가에 유학에 관한 서
적이 적지 않게 끼여 있음을 알 수 있다.

　중국 학술계의 거대한 줄기를 이루는 유학은 유학자들의 학술 저서를
포함한다. 하지만 사람들은 종종 이런 의문을 품는다. "GDP와 유학이
대체 무슨 상관인가?" 혹은 "『논어』는 과연 21세기에 어떤 생산력을 지니
고 있는가? 물질만능주의 시대에 도덕은 과연 어떤 의미가 있는가?"[1]

　이러한 회의적 시선은 가시적인 이익을 내야만 직성이 풀리는 최근의
세태를 반영한 것으로, 중국 사회에 만연된 심리적 병폐를 고스란히 드
러내고 있다. 이러한 심리 내면에는 학습형 조직 혹은 창조적 사회의 개

---

1 《중국일보》 영문판에 칼럼을 연재한 적이 있는데, 당시 독자들이 보내온 의견 중에 이와 유사한
　내용이 적지 않았다.

념에 관한 한 가지 오해가 있다. 즉 정통 과학기술에 대한 숭배가 도를 지나쳐 당장에 활용할 수 있는 기능을 갖추지 못한 학문은 아무런 쓸모가 없다고 여기는 현상이다. 이것이 사실이라면 지금까지 『논어』를 읽은 숱한 사람들은 하나같이 시간이 남거나 머리가 텅 빈 바보라는 말인가?

몇 가지 사례를 살펴보자. 2008년 세계 경제 위기 당시 인류가 느낀 공포는 과거 '검은 백조black swan'[2]의 출현 그 이상이었다. 더구나 당시의 경제 위기는 사전에 아무런 징후도 없었기에 사람들의 예상을 완전히 벗어난 재앙이었다. 비록 미국에서는 부정적인 경제 전망을 관측하는 보도가 이어졌음에도 불구하고, 일부 아시아계 미국인들은 안정된 직업을 구하지 못한 상황에서도 무턱대고 주택을 구입하는 일을 멈추지 않았다. 이로 인해 '경제 이론과 위배되는 주택의 과열 구매 현상'을 우려 섞인 시선으로 바라보는 여론이 형성되기도 했다. 물론 금융 전문가들은 이미 투기 열풍의 위험성을 경고했지만 요행을 바라는 사람들의 심리를 완벽히 억제할 수 없었다. 경제 위기는 사실상 투기 과열이 조장한 결과라고 해도 과언이 아니다.

주목할 만한 또 다른 사례들이 있다. 예를 들어 2011년 중국에서 발생한 고속철도 사고이다. 벼락으로 기계 고장을 일으켜 멈춰 있던 열차를 뒤따라오던 또 다른 열차가 추돌한 이 사고로 수많은 사람이 죽거나 다쳤다. 사건 발생 후 일각에서는 이러한 대형 사고의 위험성은 이미 몇 해 전에 예고된 것이라고 공분했다. 중국 매체의 정통한 소식통에 의하면 안전에 만전을 기해야 하는 고속철도의 특성상 각 공정의 전문가들이 하나의 안전 시스템을 통합하여 기본적인 상식에 따라 한 단계씩 공정이 완성될 때마다 검증 절차를 거쳐야 했으나 현실은 그렇지 못했다. 막상

---

2 '검은 백조' 현상은 사람들의 예측을 불허하는 중대한 사건의 발생을 지칭한다. 17세기 유럽 사람들은 백조는 당연히 흰색이라고 생각했다. 하지만 어느 항해가가 검은색 백조를 발견한 후 기존 관념을 뒤짚는 사건이 발생할 경우 '검은 백조'에 비유한다.

대형 참사가 터지고 난 뒤에야 사람들은 중국의 고속철도가 어떤 방식으로 기술의 표준화와 관리상의 검증 절차를 거쳤는지 어느 누구도 확인할 수 없다는 사실에 경악을 금치 못했다. 충격적인 정황이 모두 드러난 마당에 더 이상 진실을 조작해봐야 무슨 의미가 있겠는가?

소위 재난이라고 일컫는 세상의 모든 비극은 결국 도덕적 가치를 저버린 채 '두려움을 방치한 과학 정신'에만 치우친 결과라는 사실은 의심의 여지가 없다. 기술적 측면(금융위기를 포함한)에 대한 인간의 자만심이 커질수록 대위기를 초래할 수 있다는 뼈아픈 교훈을 얻은 셈이다. 청교도의 개척 정신으로 충만했던 미국(80% 이상의 미국 기업가들은 성공의 제일 요소로 여전히 가치관을 첫손에 꼽고 있다)은 물론이고 자칭 5,000년 전통의 문명대국 중국 역시 (아직도 유교 문화가 곳곳에서 이어지고 있기에) 이러한 인재에 있어서는 초보적인 수준에 머물고 있다. 이는 결국 또 다른 위기를 불러올 수 있다.

한 가지 분명한 사실은, 기술적 문제를 해결하기 위한 최선의 방안은 결코 기술적인 방식에 의지하는 것만으로 개선될 수 없다는 점이다.

현대 기업이 직면한 여러 문제들 또한 마찬가지일 것이다. 기술적인 방식으로의 접근만 고집한다면 단점을 보완하기 어렵다. 따라서 기술과 관리상의 각종 현안은 결국 도덕적 지표에 의지하는 수밖에 없다.

그러나 주위를 둘러보면 일상적 업무 과정에서 도덕의식을 자각하는 것은 강 건너 다른 세상의 이야기인 양 요원하기만 하다. 산, 바다, 강, 호수 중 어느 하나 인류의 생존에 직·간접적인 영향을 미치지 않는 것이 없는 것처럼, 조직 내부의 기풍과 업무를 수행하는 구성원의 도덕의식은 결국 조직의 최종 재무제표는 물론이고 기업의 발전 전반에 영향을 미친다.

따라서 도덕적 해이가 만연하는 조직은 쓰나미가 휩쓸고 간 해변처럼 기술과 관리상 최소한의 원칙과 기준조차 유지할 수 없게 된다. 수많은

사회심리학자들이 이미 이러한 경고를 한 바 있다.[3]

경제학 사상가 로베르 하일브로너Robert Heilbroner는 애덤 스미스의 '보이지 않는 손'은 단순히 유령처럼 모습을 드러내지 않는 '시장경제'를 가리키는 말이 아니라 신의 계시를 뜻한다고 주장했다. 도덕철학자의 관점에 입각한 애덤 스미스의 『도덕 감정론』에 의하면 '보이지 않는 손'은 인류의 도덕성을 고무하고 유지하여 평온한 사회를 조성하는 데 매우 중대한 작용을 한다.[4]

피터 드러커 역시 도덕의 중요성을 강조했다. 물질 공급이 더 이상 사회의 주요 문제를 해결하는 수단이 될 수 없음을 깨달을 때 인류는 비로소 정신적 가치를 중시하는 초기 사회로 회귀하게 된다고 보았다. 즉 정신적 · 도덕적 회귀 없이는 물질을 실현할 수 없으며, 정신적 균형도 이룰 수 없다. 특히 물질의 효용가치를 기대하기 어렵게 된다.

사람들은 때때로 최첨단 기술과 새로운 관리 방식이 생산성을 증대할 것이라고 착각한다. 이러한 지표상의 숫자에 의지하는 사람이 늘어날 경우 천고불변의 문명 법칙을 간과하는 경향이 강해지고, 이것은 더욱 큰 위기를 초래하여 사람들의 정신적 해이와 태만을 허용하는 결과를 낳는다.

국가와 기업 혹은 조직이 이러한 풍조를 조장하거나 방임했을 때 이를 바로잡으려면 반드시 참혹한 대가를 치를 대상(사회적 질책 혹은 법률적 제재를 비롯하여 경제적 패널티가 여기에 포함된다)이 등장하기 마련이다. 당대 승려 귀인은 초패왕 항우의 무덤을 지나며 "천지 만물이 도덕(유방)을

---

3 Kerry Patterson et al., *Influencer*(NY: McGraw-Hill), 2008. 이론 구조는 심리학자 앨버트 밴두라Albert Bandura의 사회학습 이론을 인용한 것이다.

4 로버트 하일브로너(1919~2005년)는 『세속의 철학자들』이란 저서에서 애덤 스미스의 '보이지 않는 손'에 관한 자신의 견해를 주장했다. Robert Heilbroner(ed.), The *Essential Adam Smith*(NY: W.W. Norton), 1986.

향해 나아가니 천하의 영웅도 더 이상 힘을 쓰지 못하는구나"라고 읊었다.

문명의 법칙은 대자연의 섭리를 따른다. 패기가 지나쳐서 도덕을 멀리하거나 뱃속에 검은 모략을 숨기고 있는 이들의 미래는 그리 밝지 않다. 자연과 도덕의 법칙을 무시한 자, 이를 회피한 자, 그리고 신의 계시에 도전장을 내민 자는 모두 파멸의 길을 걸었으니 이는 인간의 힘으로 저항한다고 해서 막을 수 있는 것이 아니다.

85 '유학'과 학습하는 기업

중국 사회는 앞에서 언급한 것처럼 도덕 혹은 비도덕이란 주제에 관해 무감각한 반응을 보이고 있다. 이러한 도덕 불감증은 실제로 사회의 또 다른 측면의 도덕적 문제로 굴절되어 나타난다. 따라서 도덕 불감증 현상은 사회 전반에 악영향을 미칠 뿐 아니라 개개인이 속한 조직의 참신한 풍조마저 저해하는 요인이 된다. 특히 사회적 귀감을 형성해야 하는 공중의식의 결여는 매우 심각한 폐단을 초래하고 있다.

기업 역시 이러한 도덕 교육의 중요성을 깊이 인식하고 있다. 일부 기업에서는 전체 직원들을 대상으로 사장의 훈화를 강화하고, 심지어 중간 관리자 이상의 간부들에게는 훈화 내용의 숙지 여부를 테스트하는 경우도 심심찮게 찾아볼 수 있다. 그러나 기업이 이와 같은 상명하달식의 도덕 학습을 실시한다고 해도 이에 대한 본보기를 보이려는 사람이 없다면 직원들의 자발적이고 진심 어린 공감을 이끌어내기 어려울 것이다.[1]

문화대혁명 이후 중국에는 조직의 귀감으로 삼을 만한 도덕 학습이 전혀 이루어지지 않았으며, 따라서 조직원 전체가 고도의 응집력을 발휘할 수 있도록 기대하는 것은 아직 시기상조라고 할 수 있다. 기업의 총수가 직접 나서서 직원들에게 『논어』를 달달 외우라고 강요한다고 해서 달라질 문제가 아니라는 뜻이다.

그러나 도덕은 영원히 마르지 않는 샘물처럼 사회의 저변을 묵묵히 지켜왔다. 역사상 이러한 도덕의 샘물은 단 한 번도 마른 적이 없었다.

중국인들은 궁핍한 살림살이에도 불구하고 자녀가 조금이라도 좋은 사회적 환경에서 성장할 수 있다면 잦은 이사도 마다하지 않았다. 다음 세대의 발전을 위해 현실의 고통을 묵묵히 견디며 자녀들에게 학문과 예술의 공간을 제공하려는 세상의 모든 부모는 이 시대의 맹모들이다.

쫓겨나듯 강남을 떠나 유배지로 향했던 소동파는 '시대를 타고나지 못한' 불운한 학자였다. 비정한 정치 세태 속에서도 배신이 아닌 우정과 인도주의를 선택한 이들은 모두 이 시대의 소동파이다.

태평세월을 위장한 혼란한 정국 속에서 현실을 개탄하던 청년은 "천하의 정세가 날이 갈수록 혼탁해지고 있구나"라는 상소를 올렸다. 가의의 이러한 용기는 "오랫동안 대아의 기풍을 진작시키지 못했으니 나마저 쇠약하다면 누가 이를 펼치리"[2]라고 탄식하던 이백에 견줄 수 있을 것이다. 교착 상태에 빠진 정치 풍조와 부패한 관료를 향해 직언을 서슴지 않은 이들은 모두 이 시대의 가의와 이백이다.

산서 지방의 상인들은 신용을 제 목숨처럼 아끼고 철두철미한 경영 방

---

1 리더십 연구는 최근 특히 인간의 자성과 자아 인식, 성실한 자아 함양으로 변모하는 추세를 보인다. Bill George, et al., "Discovering Your Authentic Leadership," in *On Leadership*(Boston: Harvard Business Review Press), 2011, pp. 163-177
2 『시경』 중에서 정치색이 다분한 대목은 바로 〈대아〉이다. 사회적 귀감에 대한 칭송과 역사를 전승하고 시정을 비평하는 내용이 주로 실려 있다. 여기서 인용한 구절은 유가의 배려에 기인한 것으로 『논어』 중의 "심하도다. 나의 쇠약함이여!"라는 대목과 〈예기〉 중의 "태사에게 명하여 시를 펼쳐 백성의 삶을 보게 하라"는 대목의 전고를 차용하고 있다. '세속의 도덕이 날로 혼탁해지는 마당에 시인마저 늙고 쇠약해진다면 어느 누가 이야기에 귀를 기울일 것인가?'라는 차원에서 이를 인용하였다.

식으로 전국 방방곡곡에 자신의 전장을 퍼뜨렸다. 그들의 근면 성실한 태도와 절제의 미덕을 물려받아 세계 각지의 자본 시장에서 선진 경영에 매진하고 있는 중국의 모든 기업가는 그들의 자랑스러운 후예다.

이렇듯 조직 관리 이론에 굳이 공자, 맹자를 들먹일 필요는 없다. 다만 기업의 리더라면 직원들과 동등한 수준의 도덕적 지표에 따라 스스로 귀감이 되도록 노력해야 한다. 사회적 역량이 발현되려면 이것이 전제되어야 하기 때문이다. 국학은 단순히 학자들의 전유물이 아니므로 더 이상 낡아빠진 골동품 취급을 해서는 안 될 것이다.

일찍이 화하문명은 서주에서 시작되었다. 대략 300년이라는 세월에 걸쳐 유학과 경전을 잉태했으며 민간의 선과 책임의식, 정치 기풍을 형성해왔다. 공자가 그토록 동경해 마지않던 성취감 또한 반복적으로 도덕을 학습한다는 전제 아래 세워진 것이다. 오늘날 『시경』을 읽는 현대인들은 대부분 사랑을 주제로 하는 시에 매료되기 마련이지만, 『시경』이 갖고 있는 또 다른 중요한 의미라면 위정자에 대한 민중(물론 민중의 정의는 현대와는 조금 다르다)의 비평과 풍자라고 볼 수 있다.

백성들이 모여 밤마다 횃불을 밝히고 하나의 목소리로 외치는 장면을 상상해보라. 여기에는 권력을 향한 무언의 채찍질 혹은 경고의 의미가 있다. 또한 상호 간의 도덕 교육이자 이러한 군중 현상을 통해 내면의 학습을 촉발하기 위한 자극제다.

어느 누구도 하늘을 기만할 수는 없다. 국가의 통치자로서 백성의 신뢰와 존경을 받고자 한다면 우선 문왕을 본보기로 삼아야 하지 않을까?

> 하늘의 일은 소리와 냄새가 없어서 헤아리기가 불가하니
> 오직 문왕에게서 법法 삼을 만한 것을 취한다면
> 만방이 흥기하여 그를 믿을 것이다.
>
> 〈문왕文王〉

백성의 의견에 귀를 기울이고 허심탄회하게 비판을 받아들이는 군주만이 이를 통해 덕행을 바랄 수 있을 것이다.

> 들은 것은 활용하시고
> 간언하는 것은 받아들이시니
> 어른들은 덕 있게 되고
> 아이들은 성취가 있으리라.

〈사제思齊〉

위의 시가에 담긴 가치들은 위대한 화하문명의 밑거름이 되어 중국의 성장과 발전에 원동력이 되었다. 사회적 쇄신과 경제적 팽창은 단지 일부 측면에서 나타난 효과일 뿐이다. 막스 베버의 이론[3]에 따르면 정신적 활력으로 충만한 군중보다 중요한 것은 없다. 왜냐하면 인적 · 물적 자원의 투입 없이는 창조를 이룩할 수 없기 때문이다. 경험상 사람들이 업무 효율을 높이는 계기는 단순한 개인적 이익이 아니라 도덕적 신념에 의한 경우가 훨씬 많았다.

세계적인 추세 또한 학습형 조직의 창시자들이 주축이 되어 학술적 배경을 시시콜콜 따지기보다는 정신적 측면을 강조하는 경향이 증가하고 있는 것이다. 『제5경영』의 저자이자 MIT 교수인 피터 셍게Peter Senge 역시 조직 학습 연구회를 설립하여 '상업주의와 과학 및 정신 영역'의 융합을 강조했다.

시대적 변천과 사회적 요인 등을 감안하더라도 우리 사회 스스로 내면의 도덕 학습을 발현하지 못한 채 군중의 귀감이 될 리더상을 제시하지

---

3 Max Weber, The Protestant Ethic and the Spirit of Capitalism(NY: Charles Scribner's Sons), 1958.

못한다면, 아무리 위대한 문명(혹은 문명의 일부인 조직이나 기업)이라 할지라도 군중과 함께 창조의 과업을 이룰 수 없다.

86 '유학'과 리더의 자세

공부의 목적은 최소한 아래의 세 가지로 축약할 수 있다.

첫째, 인간답게 살기 위해서이다. 인간은 교육을 통해 '인간다운 삶'을 누리고 사회의 일원으로서 책임을 다하게 된다.

둘째, 사회적 존경을 받으려면 학습량을 늘려야 하는데, 타인의 학습을 돕는 행위도 포함된다. 우리 사회가 선생님을 존중하는 이유가 여기에 있다.

셋째, 평생 지속해야 한다. 지식의 습득은 컴퓨터에 대량의 문서를 저장하듯이 한 번으로 끝나는 것이 아니다. 소프트웨어적인 면에서 끊임없는 업그레이드가 이루어져야 한다. 특히 책을 통해 얻는 지식과 실천적 의미의 지식, 가시적 지식과 잠재적 지식 등의 종합으로써 개인이 발휘할 수 있는 사회적 작용, 특히 사회 구성원 간의 도덕적 감화력 등의 끊임없는 수련이 요구된다. 이로써 학습과 실천은 따로 떼어놓고 생각할 수 없는 평생의 벗이다. 이러한 학습 형태는 종교적 교리를 실천하는 수도자와 별반 다를 것이 없다. 따라서 학벌, 자산, 직업, 신분 등의 외적 요인에 따라 사회적 귀천을 구분해서는 안 된다.

이는 학습의 중요성을 이해하는 데 있어 매우 중요한 일이다. 당시唐詩 가운데 이런 대목이 있다. "세상 만물에는 추함과 아름다움이 있어 각자의 자태와 생김새에 따라 구분하네. 사람은 이와 달리 오로지 배운 자와 배우지 않은 자의 구분이 있을 뿐이네." 이처럼 유학자들은 '배운 자와 배우지 않은 자'의 차이와 기준을 중국 사회 깊숙이 심어주었다. 이러한 문화적 기준은 사실 중국 사회의 심층적인 규범으로 자리 잡게 되었다.

과거제 실시 이후 중국의 관료 사회는 더 이상 왕후장상의 출신을 따지지 않는다. 이를 통해 많은 평민 세력이 일선에 나서서 사회와 국가를 관리하게 되었다. 이러한 점을 이해하지 않고는 중국 사회가 기본적인 안정과 평화를 유지하게 된 배경을 결코 이해할 수 없다.[1]

중국은 현대화의 전환기를 겪는 과정에서 많은 희생을 치렀다. 그럼에도 불구하고 세계의 다른 국가들처럼 하루아침에 조직 혹은 조직원의 신분이 뒤바뀌거나(독일의 나치당 가입을 예로 들 수 있다) '철권단서鐵券丹書'와 도덕성을 맞바꾸는 대가로 자행된 대학살을 피할 수 있었던 이유가 뭘까?[2]

물론 사회 대변혁의 시기에는 조잡한 영웅과 패거리 잔당에 대하여 '혁명이 곧 당위원'이라고 비아냥대기도 했고, '낙하산 간부'를 경멸하는 분위기도 존재했다.[3]

---

1 당대 권문세족의 세력은 점차 쇠퇴했다. 학자들의 연구에 의하면 송대는 이미 평민 사회에 접어들고 있었다. 명대 역시 마찬가지였으며, 원대와 청대의 귀족들은 전면적인 전제정치에 나서지 못했다.
2 '철권단서'는 고대 제왕들이 공을 세운 공신에게 상을 내리거나 죄를 지은 자에게 처벌을 내릴 때 사용하는 공증서 역할을 대신했다. 본문에서는 신분상의 변화를 가져오는 정치적 공증을 가리킨다. 한나 아렌트의 『전제주의의 기원』에 의하면 1930년대와 1940년대에 발생한 가장 상징적인 인류 정치의 대재난으로 독일의 나치주의와 소련의 대숙청 사건을 꼽았다.
3 구체적인 인물을 지칭하기보다는 일련의 정치적 현상을 가리키는 말이다.

만청晚青의 유학자들 역시 서양식 학습의 중요성을 자각한 뒤로 자강부활의 노선을 선택했으며, 대외적인 학습과 대내적인 논쟁의 역사를 동시에 거쳐야 했다. 한 가지 이해하기 힘든 점이라면 현대 국가로서 필요한 모든 자원을 장악하고 역사상 가장 방대한 조직의 진용을 갖춰놓은 오늘날에도 이처럼 학습형 정당을 제안하고 국가 쇄신을 요구하는 주장이 여전히 줄어들지 않고 있다는 사실이다.

사회는 끊임없이 변화해나간다. 기업가와 경영인은 유학자가 남긴 문화와 정신적 유산의 중요성을 더욱 깊이 인식해야 한다. 중국 사회는 여전히 사회적 귀감을 요구한다. 서양 사회를 설명할 때 제도화된 종교 의례를 떼어놓고 생각할 수 없듯이 중국 사회 역시 대중의 존경을 받는 지식인과 도덕적 모범이 되는 인물의 등장을 간절히 바란다. 이러한 도덕적 추구는 자신들이 숭상하는 구도자의 인도가 있다면 어떠한 고행도 기꺼이 받아들이는 초기 기독교 신도와 사제들의 간절한 심리상태와 유사하다고 볼 수 있다. 다만 이러한 주장은 '인치人治(선진 시대의 유가 사상으로, 현자에 의지하여 나라를 다스려야 한다는 주장)'를 강요하려는 것이 아니라 기본적인 원칙을 주지시키기 위한 것이다. 조직 내부의 도덕적 공감대를 무시하는 관리 방식을 아무 비판 없이 수용할 수 있는 사회는 지구상의 어디에도 없기 때문이다. 만약 이를 간과하고 강행한다면 다수의 조직원들이 심리적인 이질감을 느끼는 것은 물론이고, 결국은 아무도 따르지 않게 된다. 실제 매니지먼트 사례 중에는 이를 입증하는 경우가 적지 않다.

기업을 경영하는 가장 중요한 가치는 도덕이다. 중국의 어느 분유회사가 가짜 분유 파동을 겪은 후 파산했다는 소식을 접하고 이를 안타까워한 이는 아무도 없었다. 너무나 당연한 결과였다. 최고 관리자의 자질을 논하는 과정에 이러한 논리를 적용하자면 역시 최우선으로 손꼽아야 할 것은 신뢰와 위엄, 사회 자원을 조율하는 능력이라 할 것이다.

잘못을 시정하는 일은 사회적 응집력을 위한 첫 출발이다. 단 한 사람이라도 불공정한 대우를 받는다면 결국 조직 전체의 사기 진작에도 악영향을 미치며 개개인의 미래마저 불투명해진다. 이로써 관리자의 도덕성이 구성원 개개인에게 미치는 감화력이 얼마나 지대한지 미루어 짐작해 볼 수 있다.

　특히 청년 세력을 응집시키지 못하는 기업은 어떠한 발전도 기대할 수 없다. 최대의 경쟁력을 갖춘 조직이 되려면 동일한 연령층, 동일한 고향 혹은 동일한 출신 배경 등의 조건을 충족시키지 않아도 좋다. 이러한 현실에 눈감은 채 CEO의 '복제인간'을 지향하는 조직의 미래를 계승할 자는 없다.

　쾌락과 유흥에 탐닉하는 기업이 조직 경영에서 성공을 거두는 사례는 매우 드물다. 직원들과 허심탄회한 대화를 해도 모자랄 시간에 먹고 마시고 골프를 치느라 이러한 고민을 할 여유가 없기 때문이다.

　이러한 충고를 귀담아듣지 않거나 혹은 이를 이행할 능력이 없는 리더는 사회적 존경의 대상이 될 수도 없다. 기업가와 경영인이 자아를 방치하고 귀감이 될 만한 본보기로서의 역할에 소홀하다면 아무도 모범적인 이미지를 기대하지 않게 된다. 아울러 사회적 귀감이 존재하지 않는 조직은 법치法治는 물론이고 인치人治마저 통하지 않게 되므로 위기가 닥쳤을 때 속수무책으로 당하게 된다.

　예로부터 최강의 전투력과 경쟁력을 자랑하는 조직(특히 농민사회)은 사회 전반을 이해하려는 노력을 멈추지 않았으며, 고전을 숭상하고 구성원 간의 교류를 촉진했다. 특히 사회적 모범이 되는 리더는 조직의 학습을 이끌어나가고 구성원의 사기를 독려하는 특징을 보인다. 고대 중국의 역사에서 이러한 선례를 찾는다면 악가군, 척가군의 지휘관이야말로 전형적인 모범답안이라 할 수 있겠다.

　학자들은 이구동성으로 유교 정치학의 관건은 교육이라고 강조했다.

유교 관리의 핵심은 자신이 본보기가 되어 스스로 모범을 보이는 데 있다. 성공적인 기업 관리를 원한다면 현대 기업의 리더 스스로 이 사회의 본보기가 되어야 한다. 만당 시인 두목은 임종을 앞둔 시점에서 "배움이란 그 꽃을 찾으려는 것이 아니라 뿌리를 찾는 일이다"라는 의미심장한 유언을 후손에게 남겼다.

87 '유학'과 개방적 기업

유교 도덕은 중국 사회에서 여전히 논쟁의 불씨로 남아 있다. 일부 학자들은 유교의 깃발을 다시 드높여야 한다고 주장하는 반면에 유가라면 무조건 반기부터 드는 이들도 있다. 이처럼 분분한 견해들은 13억 인구의 흐름에 따라 변천을 거듭해온 중국 사회의 정신문명이 그러했던 것처럼, 일부 세력이 행정 수단을 이용하여 자신들의 뜻을 관철하는 도구로 사용되었다.

하지만 매니지먼트를 연구해온 관점에서 볼 때 논점을 흐리는 막무가내식 주장을 펼친다면 어느 누구의 손도 들어줄 수 없다.

헤겔은 충만한 시적 언어를 통해 이렇게 설명한 적이 있다.

(정신적) 전통은 결코 보관하는 것이 아니다. 선인들이 물려준 것을 경건
히 보존하고 아울러 그것을 후대에 돌려줄 수 있어야 한다. 이것은 끝없
이 변화하는 것이 아니다. 원시의 규율은 결코 변하지 않으며 발전의 과

정을 따르지도 않는다. 하지만 전통은 아무런 동요도 없고 아무런 감정도 없는 조각상과는 다르다. 무한한 생명력을 지닌 대하와 같이 원류로부터 멀어질수록 방대해지며 물살은 더욱 기세를 드높이게 된다.[1]

백가쟁명으로 상징되는 문화적 생태계 속에서 유학은 성장을 거듭해왔다. 오랜 세월 경쟁과 시기를 겪으며 전국 말기를 기점으로 진한이 교체하는 시기까지는 극심한 진통을 감수해야 했다. 그러나 어느 한 시기도 성장을 멈춘 적이 없다는 사실은 실로 놀라지 않을 수 없다. 이는 마치 험준한 계곡에서 자라는 매화나무에 비유할 수 있다. 다만 여기서 말하는 매화는 청대 공자진恭自珍이 〈병매관기病梅館記〉에서 서술한 내용과는 현격한 차이가 있다. 유학은 후대로 내려갈수록 심산 계곡의 매화나무를 베어다 황궁의 뜰에 옮겨 심은 듯이 그 뿌리를 제대로 내리지 못했다. 현대의 유학자들 역시 이러한 비유에 동조하는 분위기다.

사실 행정 권력의 속성에는 국가 이익과 공공복지의 명분을 앞세워 물리력을 동원하고 강제 독점하려는 특징이 있다. 손자는 특히 전쟁에 관해 "그 해로움을 속속들이 알 수는 없으나 결코 선한 용도는 찾아볼 수 없다"고 정의했으며, 단지 '도구적 기능'의 범주로 분류하는 데 그쳤다. 왜냐하면 이러한 도구를 무절제하게 사용한다면 인성과 지식의 오염과 부패를 막을 수 없기 때문이다. 정신의 화원을 해치지 않는 가장 좋은 방법은 태초의 원형이 오염되지 않도록 하는 것뿐이다.

인류의 정신적 산물은 복제품이 될 수 없다. 아무리 정교하게 복제한다 한들 그 이상의 가치를 실현하지 않고는 정신의 산물이라 말할 수 없다. 오히려 진품을 위조한 죄로 사기로 몰릴 가능성이 높다.

1 G. W. F. Hegel(trans. T. M. Knox and A. V. Miller), *Introduction to the Lectures on the History of Philosophy*(Oxford: Oxford University Press), 1985.

화하문명의 장대한 물줄기를 하나로 응집하고 더욱 세찬 기세를 몰아치게 하려면 수많은 사회 조직은 물론이고 개개인의 실천과 참여를 통해 새로운 창조력과 감화력을 발휘하도록 노력해야 한다.

실천이성적 관점에서 보면 다민족, 다종교 국가 내부에 차별 요인이 존재할 경우에는 '독존유술獨尊儒術'과 같은 기풍을 더 이상 이어가기 어렵다. 유가의 전통을 빼놓고는 중국 사회를 설명할 수 없는 것과 마찬가지다. 유가는 외부의 억압을 받을수록 마른 들판에 불씨가 번지듯이 삽시간에 퍼져나갔다. 비가 내리고 난 후에 새싹이 대지를 뚫고 솟아오르는 것처럼 아무도 그 기세를 막을 수 없었다. 이러한 현상은 유학의 제도화와 행정화가 이루어지는 방식으로는 설명하기 힘든 일이다.

현대에 와서 한 가지 주목할 점은 중국 사회의 일각에서 유학으로의 회귀를 주장하는 목소리가 있다는 사실이다. 유교가 확립할 무렵 가장 뛰어난 생산력을 바탕으로 대외적으로 그 세력을 뻗쳐 나갔다는 사실에 비추어보면 그리 놀라운 일이 아니다. 다만 세계 시민의 관점에서 볼 때 중국이 내세운 유가 이념은 여전히 낯선 이질감(화하문명 안에서는 결코 상상해본 적이 없는)을 안겨줄 뿐 미래의 세계화 과정에 동참하기가 쉽지는 않을 것이다.

오늘날 지구촌을 주도하는 것은 특정한 학파나 전통이 아니다. 세계의 다채로운 전통이 하나의 물줄기가 되어 거대한 강을 이루고 있다. 현대 사회에 가장 적절한 생존 방법은 이미 예견된 방식이나 정해진 형식을 따르는 것이 아니라 과거 화하문명이 전 세계에 떨쳤던 위대한 웅지와 백가쟁명 시대의 웅장하고 장엄한 기량을 마음껏 펼치는 것을 핵심으로 삼아야 한다.

시인 소동파의 말처럼 가장 위대한 문화는 내부가 텅 비어 있는 것인지도 모른다. 동양 건축의 전통을 상징하는 정자는 하나의 지붕 아래 자연의 사계절을 모두 품는 동시에 다양한 각도에서 세상 만물을 조망할 수 있다는 장점을 지녔다. 정자에 올라 산 너머로 펼쳐지는 광활한 세상을 향해 머나먼 상상의 날개를 펼쳐보는 것은 어떨까? 본래 정자의 용도는 제자리에 안주하기 위한 것이 아니라 먼 길을 떠나는 이들을 위한 것이다. 이점에 입각하여 전통의 의미를 다시 한 번 되새겨봄직하다.

88 역사에서 배우는 지행합일

경영대학원 학생들은 매니지먼트 사례에 과도하게 탐닉하는 경향을 보인다. 각종 경제 현안을 다루는 매체를 통해 수많은 사례가 연일 소개되고 있음에도 이러한 현상이 수그러들지 않는 원인을 민츠버그 교수가 분석한 '관음증'의 욕구와 관련지을 것인지에 관해서는 별도로 논의하기로 하자. 이유 여하를 막론하고 다양한 매니지먼트 사례에 대한 사회적 욕구(특히 성공 사례에 탐닉하는)는 이미 대량 상품화의 경지에 도달하고 있다.

업무상 관리 계층에 종사하는 이들은 거의 매일 이러한 사례에 노출되어 있다. 이들이 현재 맡고 있는 업무, 몸담고 있는 부서, 눈만 뜨면 상대해야 하는 고객, 같은 사무실의 동료 혹은 거래처 등등은 이미 친숙한 사례들이다. 만약 이처럼 다양한 계층의 관점에서 바라보는 현상에 익숙해진다면 경영대학원 교수라 한들 이러한 견해를 따라잡기 힘들 것이다.

왜냐하면 그들은 근본적으로 타인의 눈으로 세상을 바라보지 못하기 때문이다.

한 가지 더 덧붙이자면 우리 자신은 모두 다양한 사례의 일부분이다. 따라서 공동의 사안에 관한 비교 분석을 통해 판단의 근거로 삼을 수 있다. 여기서 말하는 공동 사안이란 역사를 가리킨다. 이미 알려진 사건과 역사의 전환기는 전략적 사례와 깊이 연관되어 있다는 공통점을 지니고 있다. 이것은 일단 사색의 기회를 제공하지만 결국 역사를 어떤 시각으로 회고할 것인가 하는 문제는 항상 '두 갈래 노선의 투쟁'으로 귀결된다. 그중 하나는 사극 드라마식의 감상적 접근 방식이거나 평론가적 태도다. 이러한 태도의 특징은 일부 사실을 극히 생생하게 묘사하거나 심지어 다소 과장하여 없는 사실을 보태기도 한다. 이것이 대중의 역사의식을 일깨우기 위한 극적인 장치라면 크게 문제 삼을 일은 아니다.

다른 하나는 두보와 이백, 이상은, 두목 등으로 이어지는 당 왕조의 기풍을 말한다. 당시 문인들이 역사를 비난한 배경에는 지행합일知行合一과 현실 참여 의식이 있었다. 그에 비해 송 왕조가 후대에 와서 비난의 화살을 면치 못하게 된 이유는 '한당대정漢唐大政' 탓이 크다고 볼 수 있다. 후대인들은 당시에서 한대 영웅의 그림자를 종종 엿볼 수 있다. 예를 들어 "한나라 군사 삼십만인데 곽표오가 장군을 맡았다네"라는 구절이 한나라 장수 곽광霍光을 지칭함을 확인할 수 있으며, "용성에 비장군이 있었다면 오랑캐의 말이 음산을 넘지 못했을 텐데"라는 구절[1]에서는 전한의 장군 이광을 떠올릴 수 있다.

문인들은 실제로 시적 상상력을 뛰어넘어 희생을 무릅쓰고 전쟁터 앞으로 돌진할 때도 있다. 사실 당대의 수많은 청년 사대부는 책과 붓을 던

---

[1] 이백의 〈호무인胡無人〉, 왕창령의 〈출새이수〉에서 인용하였다. 곽광 장군은 명장 곽거병의 이복동생으로, 한 무제 시기의 중요한 모신이었다. 한 무제 사후 그는 한 소제의 명으로 보정대신에 올랐으며, 한 왕실의 최고권력자로 거의 20년간 집정했다.

지고 전쟁터로 뛰어들었던 동한의 젊은이들을 동경해 마지않았다. 이들은 정식 훈련을 받은 군사가 아니라 스스로 본보기가 되고자 외교, 정치, 군사의 일체화를 몸소 실행한 정예부대였다.[2]

> 연나라 누대에 한 번 가보니 놀라기 그지없네.
> 퉁소 소리와 북 소리 시끄러운 한나라 병영이라
> 만 리의 머나먼 차가운 빛, 쌓인 눈에 감돌고
> 변방의 새벽 여명이 높은 깃발에 번쩍거리네.
> 모래벌판 봉홧불은 오랑캐 땅의 달까지 피어오르고
> 바닷가 눈 덮인 성은 계성을 에워쌌네.
> 젊어서 붓을 던진 관리는 못 되어도
> 갓끈으로 적장의 목을 졸라 공을 쌓으려 하네.[3]

조영, 〈망계문望薊門〉

　이러한 영웅들의 위대한 정신을 계승 · 발전시키지 못하는 민족이라면 새로운 영웅의 탄생을 기대할 수 없다. 독립적 사고에서 잉태된 사회적 책임감을 기꺼이 감내하려는 청년 세대를 조직 차원에서 격려하지 못한다면, 과연 이러한 조직에서 배출된 인재들이 위기가 닥쳤을 때 이를 수습할 수 있을까? 주변을 돌아보면 회의 시간마다 말만 번지르르하게 늘어놓는 사람치고 실제로 이행하는 경우를 거의 찾아볼 수 없다. 본래 난세가 닥치면 더더욱 인재를 찾기 어려운 법이다.

　최근 인터넷에 떠도는 역사소설 가운데 고대의 기이한 전설이나 말초

---

2 여동방의 『세설진한細說秦漢』(상하이: 상하이인민출판사, 2002)에서 인용하였다.
3 '갓끈'이란 시어는 중대한 임무를 주도적으로 자청하는 행위를 의미한다. 『한서』의 기록에 의하면 서한 시기, 한 무제에게서 갓끈을 하사받은 종군의 한 관리가 반드시 남월왕의 목을 바치겠노라 다짐했다는 고사에서 유래하였다.

적인 연애 이야기, 특히 양성을 한 몸에 지닌 인물의 경박한 사랑놀음 혹은 궁정의 암투나 당파 싸움에만 촉각을 곤두세우는 세태 속에서 충일한 정신적 면모를 계승·발전시킨다는 것은 요원한 일처럼 느껴진다.

그러나 정신을 축출한 역사는 영원할 수 없다. 결국 속 빈 강정에 불과하며 남은 것이라곤 고분 속의 백골뿐이다. '민족의 대굴기'니 '세계적인 도약'이니 하는 허울 좋은 구호를 외쳐봤자 이처럼 경박한 세태 속에서 진정한 문화의 숙성을 기대하는 것은 개천에서 용이 나기를 기다리는 것과 무엇이 다르겠는가?

89 병서에서 배우는 승패의 도

　현대인들은 기업 경영을 고대의 전쟁과 비교하는 것 자체가 어불성설이라면서 특히 병서(예를 들어 『손자병법』과 같은)에 의존하는 일처럼 어리석은 짓은 없다며 손사래를 친다. 하지만 치열한 자본 시장을 선점하는 일은 전투를 치르는 그 이상의 전략이 필요한 고도의 두뇌싸움이라면서 병서상의 전략이 여전히 유효함을 인정하는 이들도 있다.

　전자는 병서에 관해 지나치게 회의적인 견해를 피력하고 있다. 살육이 자행되는 전쟁터에서 양측 병사들이 목숨을 걸고 싸우듯이 오늘날 시장 경제 역시 피 말리는 긴장의 연속이다. 비록 원시 형태를 벗어나지 못한 전략이지만 21세기 자본주의 경쟁사회에 이를 응용하지 말라는 법은 없지 않은가?

　하지만 후자 역시 면밀히 따져봐야 한다. 전쟁이란 양측의 욕구가 폭발하고 감정이 격앙된 상태에서 발생하므로 수단과 방법을 가리지 않는다. 생사의 각축전이 벌어지는 상황에서 사람들은 자본의 손실 따위를 계산에 넣을 여유가 없다. 시장 경쟁 역시 치열해질수록 우위를 선점하기 위해 동료를 배신하거나 상대를 기만하는 행위도 스스럼없이 자행한다. 한 술 더 떠서 사기나 위법 행위도 마다하지 않는 지경에 이르렀다. 이것이 천하의 대란이 아니면 무엇이란 말인가? 하지만 양측의 팽팽한 견해에는 상반된 두 가지 양상이 내재되어 있다.

전쟁의 궁극적 목적이 상대의 숨통을 조여 파멸로 몰아넣는 것이라면 기업이 경쟁하는 이유는 오로지 자강自强이다. 시장경제에는 영원한 경쟁 상대가 존재한다. 절호의 기회를 포착하고 시대의 조류를 읽어야 하며, 때로 위기에 직면하여 조직적인 연맹을 결성하는 길만이 성공의 궤도에서 벗어나지 않는 비결이다.

그러나 실제 전쟁이 발발할 경우에는 너나없이 삶과 죽음의 기로에서 생사를 넘나들게 된다. 상대의 공격에 당하지 않으려면 수단과 방법을 가릴 여유가 없으며, 치밀한 계산을 염두에 둘 겨를조차 허락되지 않는다.

기업 간의 경쟁은 전쟁과는 다른 차원의 이야기다. 모로 가도 서울만 가면 된다는 생각으로 승리에만 연연하는 태도는 곤란하다. 이익 경쟁을 위해 물불을 가리지 않는 기업은 반드시 법의 제재를 받기 때문이다. 더구나 기업 스스로 제품 원가 등의 항목을 세밀히 따지지 않고 공격적인 마케팅에만 나설 경우 추후의 손실을 감당하기 어렵다.

전쟁터에는 적군과 아군이 엄연히 존재하지만 기업의 경우 재산권의 개방성으로 인하여 각기 다른 적용을 받는다(고대 전쟁에 비하면 큰 장점이 아닐 수 없다).

이와 다른 측면에서도 중국의 고전 병법이 현대의 기업 경영에 여전히 유효한 현실을 인정해야 할 것이다. 첫째는 승패의 도를 지키는 일이다. 모든 경쟁에는 반드시 전략이 필요하다. 솔직히 말해 전략의 목적은 원가 절감에 있다. 무의미한 희생을 치르면서까지 굳이 승리에 집착할 이유가 어디 있는가? 『손자병법』은 이러한 논리에 입각하여 가장 먼저 '주숙유도主孰有道(어느 편이 더 나은가?)'에 대한 정확한 판단을 내리라고 강조한다. 천도를 모르는 군주는 실현 가능한 것과 불가능한 것의 경계를 구분하지 못한다. 그저 달콤한 승리에만 탐닉한 채 원가 절감 따위는 헤아리지 못하고 저효율의 성공에 집착한다. 덕을 갖추지 못한 군주는 천하의 그 어떤 전략가와도 협력할 방법이 없다.

하늘의 도를 거스른 승자 혹은 승리를 얻었으나 상처뿐인 영광으로 남은 사례는 역사상 셀 수조차 없다. 광폭한 패도주의 노선을 고집하는 안하무인식의 군주는 일시적인 승리는 거둘 수 있지만 오래 버틸 수는 없다. 오히려 자신의 실패를 통해 값진 교훈을 얻은 후발 주자들이 그의 권좌를 대신할 뿐이다. 진과 수나라는 이들 왕조를 따르던 현명하고 용맹한 장수들의 수적 우세에도 불구하고 역사의 무대에서 서둘러 퇴장했다. 후대인들은 군주의 무도無道함을 그 원인으로 꼽고 있다.

둘째는 병사를 다스리는 도를 터득하는 일이다. 측근 세력을 조성하는 일은 갈수록 난관에 부딪히고 배신의 대명사로 알려진 후흑학厚黑學이 세상에 만연해 있다. 각종 권모술수가 난무했던 명대와 청대는 군주의 주변에서 충분한 자질을 갖춘 인재를 찾아보기 힘들었으며, 관리 측면에서 볼 때 효율을 저해하는 오합지졸들이 그를 에워싸고 있었다.

소위 '삼십육계' 전략은 가장 손쉽게 사용할 수 있는 반면 쉽게 무너지는 단점이 있다. 법가의 이론에 의하면 법法, 술術, 세勢를 지나치게 남용하면 모순을 격화시킬 뿐이며 스스로 제 무덤을 파는 격이라고 했다. 따라서 이러한 권력 주위로는 가장 혐오스럽고 가장 부패한 자원들이 모여들게 되고, 결과적으로 지혜롭고 강한 감화력을 지닌 인재들은 권력 밖으로 밀려날 뿐이다. 심지어 군주의 주권을 적의 손에 넘겨주는 경우마저 있으니 스스로 패망의 길을 재촉한다고 해도 과언이 아니다.

고대 선현들의 위대한 지략을 배우고자 한다면 기필코 정正과 반反의 사상에서 교훈을 찾아야 할 것이다. 천도를 아는 군주와 패악 무도한 군주의 사례를 통해 그들의 언행과 업적, 정치 유산을 대조해본다면 세상의 보편적인 이치가 무엇인지 깨닫게 된다.

청대인 조번趙藩은 제갈량 사원의 기둥에 대련 시가[1]를 걸어두었다. 여기에 적힌 내용은 전략을 연구하는 이들이 가슴속에 새겨두고 곱씹어볼 가치가 있다.

능히 마음을 공략하면 반대편은 스스로 사라질 것이다.
자고로 병법을 아는 자는 싸움을 좋아하지 않았으니
세상 돌아가는 운세를 알지 못하면
관용도 엄함도 잘못으로 돌아갈지니
촉蜀을 다스리려는 자는 이를 깊이 생각해야 하느니라.

---

1 광서 28년(1902년) 조번의 문하생인 잠춘훤岑春煊은 사천 지방의 총독으로 임명되었다. 그는 현지에 파견된 후 피비린내가 진동하는 '의화단' 봉기 운동을 진압하여 큰 공을 세웠다. '오늘 퇴각하면 내일은 없다'는 구호 아래 여세를 몰아 현지 관료들을 '관의 돼지'로 간주하고 파직시켰다. 사천에 들른 조번은 잠시 후 잠춘훤이 무후의 사당에 온다는 사실을 미리 알고 이 시가를 지어 무후사 사당에 걸어놓았다고 전한다.

90 학습형 조직을 설립하는 출발점

현대화는 어떤 의미에서 기술화의 진화 과정이라 할 수 있다. 동시에 매니지먼트의 현대화란 관리 시스템의 기술화를 가리킨다. 프레더릭 테일러Frederick Taylor는 과학화된 관리 이론을 발표하고, 자신의 이름을 따서 이를 '테일러 시스템'이라 명명했다. 그는 노동자의 업무를 분석하고 분량을 측정하여 이를 최적화시키는 방안을 고안해냄으로써 노동 생산성을 높이는 데 이바지했다. 테일러 시스템은 미국의 '과학적 관리 시스템'의 시초를 열었으며, 오늘날 과학적 관리의 상징으로 일컬어지고 있다.

그 후로 현대에 이르기까지 관리의 일반적인 방식은 100여 년 전 테일러가 고안한 기본 방식에서 크게 벗어난 적이 없었다. 하지만 21세기에 와서 이를 과학적 관리 시스템의 표본이라고 여기는 사람은 거의 없을 것이다.[1]

최근 보도에 따르면, 인텔 같은 소프트웨어 분야의 기업들이 자신들의

---

1 Peter Drucker, *Management: Tasks, Responsibilities, Practices*(NY: Harper & Row), 1974.

관리 시스템에 인문학과 사회학 분야의 전문가들을 대거 투입하는 추세라고 한다. 심지어 제품 연구와 설계 단계에도 문화인류학자의 참여를 유도하고 있다. 이러한 현상을 통해 현대 기업 현장에 테일러 시스템을 능가하는 고도의 시스템이 도입되기 직전임을 알 수 있다.

공정 관리 시스템은 상당히 합리적이고 엄격한 기반 위에 설립되어 있으며, 정책 결정의 정확도 여부는 이로써 더욱 중요한 요인으로 대두되고 있다. 만약 현대 시장경제 체제 아래서 중소기업의 정책 결정 과정을 자세히 관찰해본다면, 과거 그 어느 때보다 다양한 배경과 다양한 사고에 주안점을 두고 있음을 알 수 있다. 다양한 방식의 해결 방안을 제시할 경우 상호 교류와 대조 논의 과정을 통해 융합 효과를 기대해볼 수 있기 때문이다.

이른바 '백가쟁명'을 과거의 이상적인 역사나 활발한 학자적 기풍을 지칭하는 것에 그치지 않고 현대인이 반드시 따라야 할 행위 준칙으로 삼아야 할 것이다.

피터 드러커는 기업의 프로젝트는 전공을 구분해서는 안 되며 고객의 수요 증대를 최종 목표로 삼는 모든 업무는 필연적으로 전공과 분야를 초월해야 한다고 말했다. 이는 단순한 기술상의 의미에 치중해서는 안 된다는 뜻으로 해석해도 좋을 것이다.

하버드 대학의 심리학 교수 하워드 가드너Howard Gardner는 반드시 프로 의식을 가지고 종합적인 능력을 갖출 것을 새삼 강조했다. 독창적인 안목을 키우고 타인의 존중을 받으며 도덕적 가치를 숭상하는 리더만이 오늘날 급변하는 사회 변천과 정보 범람 시대에 적응해나갈 수 있다고 말했다.[2]

---

[2] Howard Gardner, *Five Minds for the Future*(Boston: Harvard Business School Press), 2007. 인지심리학자이자 교육학 전문가인 하워드 가드너는 다중지능이론multiple intelligences을 주장한 바 있다.

경제 위기에 몰린 미국의 '롱나우 재단Long Now Foundation'은 역사학자 니얼 퍼거슨Niall Ferguson과 미래학자 피터 슈워츠를 초청하여 그들의 담론을 경청하는 시간을 가졌다. 그 강연회에서 두 사람은 미래의 세계적인 리더가 되려면 동일한 학문적 분야와 획일적인 문화적 배경에서 과감히 벗어나야 한다고 지적했다.[3]

매니지먼트 분야에 사회과학과 인문학을 접목할 경우 기업의 경쟁력이 높아지는(최소한 자본 시장에서 방향 상실은 면할 수 있다) 것은 물론이고 인도정신을 구현하는 새로운 조직을 형성할 수도 있다. 현재 학문과 분야를 초월한 협력 관리의 수준은 명령을 이행하도록 요구할 만한 지위에 도달하지 못했다. 따라서 사회과학과 인문과학을 융합한 관리 그룹 조직을 건립하는 것이 유일한 해결책이다.

다원화 학습형 조직의 건립이란 조직 내부에서 학습의 다원화를 추진하는 것을 의미하는데, 이때 가장 주의할 점은 학습의 행정화를 철저히 배격하는 것이다

행정화의 배격이란 일반적 의미의 문제를 지적하는 것이 아니다. 예를 들면 '리더의 시야를 어떻게 확장할 것인가?', '청년들의 재능을 어떻게 발휘시킬 것인가?' 하는 문제로 귀결시킬 수 있다. 만약 행정주의 경향이 강하거나 동일한 전공과 동일한 배경을 중심으로 설립된 조직인 경우 다원화된 지식을 조성하는 일에 심각한 장애를 초래하게 된다.

이쯤에서 중국 사회가 '풍운제회風雲際會'에 대대로 열광해온 전력을 새삼 환기시킬 필요가 있다. 현대적 관점에서 이를 해석하자면 군주와 신하의 운명적인 결합을 동경하기보다는 충충시하의 서열 관계와 불필요한 허례허식을 완벽히 허물고 오로지 인간 대 인간으로서의 만남을 의미한다고 볼 수 있다. 개인의 지식과 능력의 상호 보완에 초점을 맞추는

---

3 미국의 강연 채널 'Fora.tv'의 강연 내용을 차용하였다.

것이 관건인 셈이다. 따라서 이들의 결합은 당연히 평등 교류, 상호 개발, 상호 교정의 의미를 내포하고 있다. 이를 통해 조직은 내부 관계를 공고히 결속하며, 이러한 출발선은 폭넓은 학습과 지식의 수용에 있다.

이것이 바로 '풍운제회'가 담고 있는 진정한 의미다. 사업 초창기에는 규범과 제도가 완벽히 갖춰지지 않아 어수선할 수밖에 없다. '말 위에서 시서를 논하다'의 육가와 '융중대'의 제갈량, 『이위공문대』의 이정 등은 모든 행정화를 초월한 지적 교류의 대표적 사례다. 1980년대 중국은 농촌의 발전을 목표로 경제 개혁과 정치 개혁의 정책 자문기구를 설립한 적이 있다. 청년 학자들은 원로 연구원들의 지도를 받아 선진 학술을 도입하고 실험을 통한 발전으로 이후 정부가 전면적인 개혁을 추진하는 데 중대한 기틀을 마련한 바 있다.

그러나 이러한 활발한 활동 역시 중기로 접어들면서 "이 세상 인생살이 뜻대로 되는 것 없으니 내일 아침이면 머리 풀고 조각배나 저어보리"라는 한탄이 흘러나오기 시작했다. 이어서 "강기슭 모진 풍파 불어온다 한들 어찌 나그네 떠나는 길보다 모질겠는가?"라는 비분 섞인 시가가 등장했고, "하늘에 바라노니 거듭 힘을 내어 인재들이 마음껏 재주를 펼치게 해주옵소서"라는 탄식과 절규가 터져나왔다.[4]

사람들은 이러한 시가가 탄생하게 된 배경을 개인의 불행으로 돌렸다. 특히 소자본 계급의 '개인적 이해득실'을 비판하는 경향이 컸다. 그러나 보다 근본적인 원인은 과도한 행정화로 말미암아 사회 각 분야의 인재들이 정책 결정의 경계선 밖으로 밀려날 수밖에 없는 현실에 있었다. 인재의 소멸을 자초하는 사회라면 결국 아무도 예상치 못한 위기에 침몰하고 말 것이다. 뒤늦게 국가 관리 차원의 '풍운제회'를 기대한들 이미 배가 가라앉은 후가 아니겠는가?

4 이백의 〈선주사조루전별교서숙운宣州謝眺樓餞別校書叔云〉, 신기질의 〈자고천慈姑天〉, 공자진의 〈기해잡시己亥雜詩〉에서 차례로 인용하였다.

91 문화를 이해하지 않으면 핵심에 다가설 수 없다

문화를 이해한다는 것은 말처럼 쉬운 일이 아니다.
다른 사회의 문화를 이해한다는 것은 더욱 쉽지 않다.

그러나 현대 사회는 개방성을 강조하는 과정에서 이익의 추구, 수박 겉핥기식 학습, 지나친 경쟁, 향락과 물질주의의 득세로 인해 고유의 문화가 지닌 가치를 하찮게 여기는 경박한 풍조로 가득 차 있다.

현실이 이렇다 보니 세계적인 이론을 해석하는 방식의 차이에서 여전히 우물 안 개구리 신세를 벗어나지 못하고 있다.

장제스 관련서의 영문 번역을 중국어로 옮기는 과정에서 드러난 실수는 애교로 웃어넘길 수밖에 없다. 사실 이러한 현상은 누구를 비웃을 일도 아니고 잘잘못을 명확하게 가려내기도 쉽지 않다. 문명의 흐름에 억지로 끼어들면 뜻하지 않은 방향으로 와전되는 법이다. 그러나 대중의 뇌리에 한번 잘못 각인된 것을 수정하는 일은 강물을 거스르는 것만큼이나 어렵다.

이러한 사례는 '문화대혁명' 이전과 '문화대혁명' 기간에 성행했던 정치 이론 중에서도 종종 눈에 띈다. 요즘 들어 우후죽순으로 난립하는 번역서는 질적인 면에서 천차만별이다. 때로는 인지도가 높은 번역서 중에서도 이러한 오류를 발견할 수 있다.

피터 드러커는 기술 혹은 과학적 측면보다 예술적인 관점에서 매니지먼트 개념을 해석할 것을 강조했다. 하지만 그가 말한 매니지먼트 예술을 어떻게 정의하면 좋을까? 이에 관해 그는 짧게 서술한 적이 있는데, 아래 내용은 1980년대 말에 발표되어 세간의 이목을 집중시켰다.

매니지먼트 분야는 전통상 인문예술liberal art의 범주에 속한다. '인문예술'이라는 표현에는 지식과 자아 인식, 지혜와 리더십과 같은 가장 기본적인 요소가 내재되어 있다. '예술'이라는 수식어를 붙인 것은 매니지먼트 역시 실천과 응용을 중시하기 때문이다. 매니지먼트는 인문과학humanities과 사회학의 각 영역 안에서 지식과 견문을 흡수하며 심리학, 철학, 경제학, 역사학까지 포함하고 있으며, 자연과학과 윤리학 영역까지 두루 포함하고 있다. 하지만 매니지먼트는 학습한 내용을 반드시 활용해야 하며 실용과 효율성을 중시한다. 이는 의료 행위를 통해 사람의 생명을 구하는 의사나 자녀를 양육하는 일이나 혹은 교량을 건설하거나 물건을 판매하는 일 또한 '사용자 우호형' 소프트웨어의 경로를 따라야 한다는 뜻이다.[1]

---

1 'Peter Drucker, *The Daily Drucker*(NY: HarperCollins), 2004'에서 일부 발췌하였으며 출처는 'Peter Drucker, *The New Realities*(NY: Harper & Row), 1989'이다.

중국에서 출간된 피터 드러커의 번역서에서 두 가지 오류를 짚고 넘어 가지 않을 수 없다. 첫째는 원서의 'liberal art'를 '인문예술'로 번역한 점이고, 둘째는 'the humanities'를 '인문과학'으로 번역한 점이다.

'liberal arts'의 어원은 로마 시대로 거슬러 오른다. 이 말의 창시자는 위대한 철학자 키케로이다. 이 말은 자유인(현대적 의미의 시민과는 다른 개념이다)의 의미와 상당히 밀접한 관계에 있으며 자유인으로서 반드시 갖추어야 할 기본 소양을 말한다.

인문과학으로 번역된 'humanities' 역시 단순히 '과학'의 개념으로 의미를 단정해서는 안 되며 원문에도 'science'(과학)라는 단어는 나오지 않는다. 서방 세계의 학자가 이런 단어를 사용한 이유는 자연과학과 구분하기 위한 것으로, 그리스 철학 및 문예 서적 속에서 단서를 찾을 수 있다. 말하자면 중국의 '국학'과 매우 유사한 개념이자 본래 비과학적인 영역을 뜻한다.

극좌 시대의 지식은 앞다투어 '과학'이라는 꼬리표를 달기에 바빴다. 과학 이외의 분야는 모두 반동으로 간주되었으며, 문화 예술 일체를 마치 노예처럼 정치의 수단으로 삼았다. 개혁·개방 이후 피터 드러커의 번역문은 '자유'라는 단어는 삭제하고 '과학'은 남겨두었다. 하지만 과학의 과장된 개념은 중국의 극좌 시대를 맞이하여 씻을 수 없는 오점을 사회 곳곳에 남겼다.

나는 번역을 물고 늘어져 무의미한 소모전을 벌일 생각이 전혀 없다. 다만 사람들이 매니지먼트를 예술적 개념으로 수용한다면 앞서 설명한 피터 드러커의 이론을 통해 매우 중요한 해답을 얻을 수 있음을 강조하려는 것뿐이다. 안타깝게도 과거 관영 언론에서 소개된 번역 방식에는 분명 이러한 오류가 바로잡히지 않았으며, 마땅히 공개되어야 할 원문을 제공하는 서비스도 전혀 없었다.

피터 드러커의 시각에서 보면 인문학의 지식 영역은 자유예술의 범주

안에 포함된다. 관리 혹은 관리와 연관된 학문은 자유예술의 특수성을 지닌 동시에 실천을 중시하므로 실효성을 강조하는 '경세치용經世致用'의 개념을 내포하고 있다.

따라서 관리자가 피터 드러커의 이러한 이론을 따르려면 철학 등 다양한 인문과학 영역을 두루 섭렵해야 한다. 피터 드러커는 매니지먼트의 정의를 수학이나 경제학 영역에 가두지 말고 심리학과 철학에 적용할 것을 우선적으로 제안한 바 있다. 이러한 상황에서 '이론과 실천의 상호결합'을 추구하는 관리자는 일상적인 업무에서 개개인의 지식을 운용함에 있어 특히 실효성을 강조해야 한다. 이것은 결과적으로 리더의 정확성과 신뢰성을 확고히 입증하는 방법이다.

하지만 동서양을 불문하고 오늘날 관리 교육 분야는 성숙한 경제 발전을 이룬 국가는 물론이고 신흥 시장에 이르기까지 '자유예술'의 연구에 고심한 흔적을 찾아보기 힘들다. 2008년 금융위기 이후 서방 세계에서는 이러한 문제점이 하나둘 드러나기 시작했다. 여전히 많은 사람들이 기술자의 시각에 갇혀 세상을 보고 있다. 이들은 마치 세상에 과학 이외에는 그 어떤 학문도 존재하지 않는 것처럼 매우 편협한 시각을 지니고 있다.

공교롭게도 이러한 편파적 태도는 '공정상의 사소한 실수' 하나가 커다란 사회적 문제로 확대되는 원인 중 하나로 진화되고 있다. 겉으로 드러나는 GDP 수치, 각종 기록, 경제지표를 높이기 위해 도덕과 인격을 유린하고 문화를 말살하고 민족에 대한 배신마저 자행하는 현상이 끝도 없이 이어지고 있다. 이것은 진정으로 현실적 사안을 해결하기 위한 것이라고 말할 수 없으며 오히려 사회 전체의 폐단을 초래할 뿐이다.

별도의 부연 설명을 붙이자면, '자유예술'의 개념을 대신해 통용될 만한 적절한 표현이 전혀 없다고 할 수도 없다. 예를 들어 민국 이후에 '7대 자유예술' 혹은 '자유 7예술', '삼학사과三學四科' 등으로 번역된 기록이 있다. 수준 낮은 번역물은 대부분 홍콩에서 유입되었는데, 이러한 폐단은 그 후로도 끊이지 않았다. 홍콩의 번역물에서는 'liberal arts'를 '박아교육博雅敎育' 혹은 '박아칠예博雅七藝'로 번역하곤 했는데, 이 번역은 자유예술을 중국의 국학 교육 혹은 유가육례儒家六藝에 상응하는 개념으로 해석한 것이다. 다만 이러한 개념 역시 심연의 문명사를 체현하기에 부적절하므로 최적의 번역이라고 할 수 없다.

위기의 시대를 살아가는 현대인에게 'liberal arts'는 관리 이론서 속에서 빈번하게 발견된다. 최근 서방 세계의 관리 교육 과정을 보면 이미 인문학이 시대의 대세임을 알 수 있다. 하지만 이것이 실효성을 지니려면 일단 'liberal arts'의 역사적 심연과 그 안에 함축된 진실한 의미를 이해해야 한다. 이는 매니지먼트 학자들에게 문학 감상을 강요하는 것이 아니다. 말하자면 이제 갓 대학에 입학한 칭화 대학의 본과생들에게 당시唐詩(당시의 범위는 광대하고 심오하다)를 감상하게 할 것이 아니라 경영 관리 대학원생들에게 『논어』를 가르치는 일이다.

전체 규모와 심도 측면에서 서양의 '자유예술'과 가장 유사한 개념은 대학의 무슨 거창한 문과를 지칭하는 것도 아니고, 후대에 와서 서서히 정의의 범위가 넓어져가는 '박아교육'도 아니다. 어쩌면 중국인이 입만 열면 떠드는 선진先秦 학술을 시점으로 한 '문사철文史哲'이야말로 이러한 자유예술의 개념을 대체할 수 있을 것이다.

하지만 'liberal arts'를 어떤 단어로 대체하건 오늘날 중국 사회의 청년들이 이를 수용한다는 것은 쉬운 문제가 아니다. 입으로는 '자유예술'을 외치지만 정작 이에 대한 심도 깊은 이해가 선행되지 않는다면 무슨 소용인가? 따라서 청소년의 이해를 돕기 위해서는 역사의 전면적인 배경을 설명하는 전문 강좌의 개설이 시급하다. 이처럼 다양한 경로의 접근을 시도하지 않고는 중국 청년 세대가 세계적인 석학의 매니지먼트 사상을 이해하고 교류하는 일은 시기상조일 뿐이다.

따라서 현 시점에서 인문학 관련 강좌의 개설은 필수적인 선택이다. 오늘날 세계 선진 국가의 관리 체계는 과거 테일러 시스템에서 인문학으로 서서히 무게중심을 옮겨가고 있으며, 서방 세계의 인문 전통에 대한 이해 없이는 세계 정세의 흐름을 이해할 수 없다. 더욱 심각한 문제는 외부의 관점을 빌려 중국 사회의 인문 전통을 연구하려는 시도가 늘어나고 있다는 것이며, 이런 식이라면 미래의 국제화 관리 과정을 구현할 길이 없다. 이런 상황에서 다양한 인문학의 융합 혹은 상호 보완을 기대하기란 쉽지 않은 일이다.

세상에서 가장 헛된 시간 낭비는 남의 장단에 맞춰 춤을 추는 것이다. 남의 꽁무니를 뒤쫓는 행위는 아무리 최선을 다해도 좋은 결과를 얻을 수 없다. 문제의 핵심은 파악하지 못한 채 자신의 우수성을 발굴할 기회마저 놓치게 된다. 결국 문제만 번잡스럽게 만든 것에 지나지 않는다. 청대 역사가 조익趙翼은 〈논시오절論詩五絶〉이란 시가를 통해 "키 작은 아이가 무대 위의 연극을 구경하려다 보니 남의 장단에 휘둘릴 뿐이네"라고 풍자하고 있다. 이는 확실한 줏대나 소신 없이 다른 사람이 벌인 연극판을 기웃거릴 때 저지르기 쉬운 오류를 날카롭게 지적한 것이다.

만약 그가 기웃대는 무대가 서양 극단의 연극이라면 적절한 번역 자막 하나 없이 어찌 그 오묘한 정수를 깨달을 수 있겠는가?

제10장

브랜드와 마케팅

푸른 이끼 위에 난 나막신 자국 안타까운데
싸리문 두드려도 오래도록 문은 열리지 않는구나.
봄기운은 마당 안에만 머물지를 못하고
붉게 꽃 핀 살구나무 가지 하나가 담 밖으로 내뻗었네.
應憐屐齒印蒼苔, 十求柴扉九不開. 春色滿園關不住, 一枝紅杏出牆來
– 엽소옹(남송南宋, 강호파江湖派 시인), 〈유원불치游園不値〉 –

92 제품이 아니라 의미를 생산하라

중국은 자본 시장의 개혁 이후 전 세계가 부러워할 만한 성장을 거듭하고 있다.

2008년 세계 금융위기 이후 중국은 세계 경제 성장의 견인차 역할을 톡톡히 해내고 있다고 해도 과언이 아니다. 하지만 과거에 비해 높아진 위상에도 불구하고 여전히 해결되지 않은 문제가 산적해 있다. 형이상학적으로 말하자면, 세계인의 이목을 집중시킬 만한 위대한 사상 혹은 대사상가가 출현할지 미지수인 가운데 대외적으로 인정을 받을 만한 우수한 품질의 제품을 생산해내지 못하고 있는 것이다.

이상의 문제는 실과 바늘처럼 서로 맞물려 있다. 혹자는 위대한 사상과 우수한 제품의 상관관계를 따지는 일은 고물상에 버려진 폐가전제품 위에 놓인 썩은 사과처럼 일말의 연관성도 찾아볼 수 없다며 일축한다. 하지만 중국이 세계 시장에서 생존하기 위한 해법은 바로 여기에서 찾아야 할 것이다. 즉 위대한 사상의 창조와 세계인의 사랑을 받는 명품 브랜드를 생산하여 지구촌 어디든 모범적인 가치로 통용될 수 있는 제품을 생산해내는 것은 향후 중국이 지향해야 할 길이다. 일반적으로 동일한 사회적 환경을 배경으로 굴절된 현상은 동일한 문제의 근원을 지니고 있기 때문이다.

30여 년 전, 중국은 활발한 사상 해방운동을 전개했으며 국가의 개혁·개방 정책은 사회의 수많은 모순과 장벽을 허물었다. 현대인은 과거의 수혜를 톡톡히 누리고 있다. 다만 당대인으로서 겪어야 하는 시대적 영웅주의는 세대를 불문하고 존재하기 때문에 모든 세대는 각자 자신의 세대에 직면한 한계에 부딪히기 마련이다. 시대적 운동에 나선 이들은 당장 눈앞에 닥친 문제(당시 인민들은 민생고조차 해결하지 못했다)부터 해결해야 하는 절박한 상황이었다. 그러다 보니 다방면의 모색과 고민을 전제로 하는 사회적 변천에 관해서는 미처 돌아볼 여력이 없었다.

때로 사람들은 자신이 속한 사회 곳곳에 세상을 뒤바꿀 만한 새로운 시도가 시행되는 줄로 오해할 때도 있고, 심지어 참신한 신진 세력이 돌파구를 찾아 새롭게 등장한 것 같은 착각에 빠지기도 한다. 그러나 중국에는 근본적인 사회적 동력의 결여로 인해 이러한 신진 세력의 대부분이 위축되고 와해되어간다. 기업도 마찬가지다. 설립 초기에는 야심차게 현판을 내걸었던 기업들이 하루아침에 자취를 감춰버리고 만다. 사람들은 기업이 사회적 뿌리를 내리지 못하고 성장 동력이 꺾이는 현실을 목도하며 적지 않은 곤혹감에 휩싸였다. 그 배경에는 정책적인 원인도 존재하지만 그 밖에 거시 경제학의 소멸이라는 더욱 큰 문제를 안고 있었다. 사회 구성원 전체가 먼 곳을 내다볼 수 있는 안목과 통찰력을 갖추지 못했으며 경영인 사이에 성실히 일하는 이들을 숭상하고 격려와 지지를 보내는 일을 등한시하는 풍토가 만연해 있기 때문이다. 기업 스스로 이러한 풍토를 조장해왔다 해도 과언이 아니다.

하나의 조직이 유지되고 발전하려면 '사상의 해방'이라는 한 알의 씨앗이 근간이 되어야 하는 법이다. 모든 사회는 문명의 생존을 위해 각각의 세대마다 새로운 역사의 발전에 이바지해야 한다. 특히 오늘날 중국과 중국 기업은 과거 세대의 지식과 안목, 경험 등의 각종 제한에서 벗어나야 한다. 그래야 비로소 전 세계인의 이목을 집중시킬 수 있는 새로운 경지에 도달할 수 있을 것이다.

위대한 사상가의 등장과 신뢰를 주는 브랜드 창조라는 현실적 문제는 의미의 부여에 그 해답이 달려 있다고 본다. 현대 상업 문화의 발달로는 숭고한 사상과 학자들의 이론과 지혜를 대체할 수 없다. 다만 대중과 문명의 전통 사이를 이어주는 교량 역할을 하며 양자의 공감대 형성을 돕는 역할을 할 뿐이다. 사람들로 하여금 일상생활이나 사소한 선택 사항 등을 통해 사회적 가치를 끊임없이 학습하게 해주며 그들이 속한 문화를 정의해준다.

중국은 현재 왕성한 상승세에 놓여 있으며, 세계 시장을 선도하는 대국의 굴기를 눈앞에 두고 있다. 이런 시기일수록 국가적 동력을 하나로 모아 사상과 문화의 거대한 역량을 십분 발휘해야 할 것이다. 만약 국제 정치 문제에 관해 모르쇠로 일관하여 회피하거나 독주를 고집할 경우에는 일시적 인정에 그칠 뿐 문화상(상업 문화를 포함하여)으로는 결코 세계인들의 지지를 얻을 수 없다. 최전성기를 구가하던 미국 역시 매디슨 애비뉴와 할리우드라는 문화적 성지를 미국을 대표하는 양대 상징으로 삼지 않았던가?[1]

국가와 기업의 운명은 하나로 귀결되는 법이다. 발전과 굴기의 역사를 영원히 지속하는 기업이 존재할 수 없는 것처럼, 시장이 요동칠 때마다 성장을 이어가지 못하고 문을 닫는 기업이 속출한다. 이런 시기일수록

---

[1] 미국 매디슨 가와 뉴욕 맨해튼은 대표적인 상업지구로, 다국적 기업과 광고 회사들이 밀집되어 있으며 미국 광고업계를 상징한다.

시설 확장이나 기술 혁신 등과는 담을 쌓은 채 긴축 경영에 돌입하는 기업들도 있다. 기업의 성장 혹은 정체를 결정하는 요인은 보편적인 기준에 달려 있지 않다. 시대를 불문하고 기업의 생존에 가장 중요한 요인은 고정 고객과 시장에서의 지위를 확보하는 길이다. 이는 절대적 개념이라기보다는 상대적인 것으로 『손자병법』은 이를 '불패의 형세를 선점하는 경지'라고 정의했다.

마케팅의 대가 필립 코틀러Philip Kotler는 "우수한 품질을 갖춘 제품만이 평균 이상의 수익을 유지하며 높은 효익을 창출할 수 있다"[2]고 말했다. 식상한 이야기이지만 현대 사회의 소비자는 진정성 있는 감동을 갈망한다. 기업의 서비스에 대한 체험 여하에 따라 자신의 지갑을 열 만한 가치가 있는지 까다롭게 결정한다. 소비자의 이러한 심리에 영향을 미치는 요인은 '단순한 의식주'의 해결을 위한 선택이 아니며, 나아가 기업의 흥망을 결정짓는 요인으로 작용한다.

브랜드 관리에서 제품 디자인, 판매 전략, 고객 서비스 관리에 이르기까지 현대인이 입버릇처럼 외치는 마케팅에는 경영자의 의식이 반영된다. 여기에는 실제로 경영상의 이념이 내포되어 있으며, 이는 사회적 대화의 진행을 뜻한다. 다시 말해 기업이 소비자의 심리적 체험과 사회 문화의 근원을 기반으로 하는 관계의 수립을 말한다.

일부 기업은 실수를 저지르고도 잘못을 시인하지 않는다. 이러한 횡포는 소비자의 정서를 무시하는 것으로, 예로부터 관을 숭상하고 강자의 편을 드는 기풍이 중국 사회에 만연되어 있기 때문에 발생하는 것이다. 이러한 문화가 중국 문화의 심연에 깊이 뿌리를 내린 탓에 소비자들의 반발과 대기업과 정부를 향한 국민의 불신 정서가 수그러들 기미가 보이지 않는 것이다.

---

2 Philip Kotler, *Marketing Insights From A to Z*(Hoboken, NJ: John Wiley % Sons), 2003.

사회 구성원 절대 다수의 이해를 기반으로 형성된 개념은 그 사회의 상징이 되며, 아무리 세월이 흘러도 본질적 의미는 변하지 않는다. 예를 들어 "서호를 서시에 견주어보니 옅은 화장이나 짙은 화장 모두 제격이로구나"[3]라는 옛 시가에는 중국인의 전통적 심미관이 고스란히 담겨 있으며, 백발이 성성한 나이에 강호로 돌아가 천하를 유랑했던 범려를 향한 동경의 심리마저 엿볼 수 있다. 서시와 범려의 고사가 고금을 막론하고 중국 사회에 뿌리 깊이 박혀 있는 현상은 그들의 아름다운 이야기가 중국인들의 마음속에 공동의 기억으로 아로 새겨진 탓이 아닐까?

이러한 문화의 기본 원형은 '화폐의 유통'과 맥락이 비슷하다. 사회를 대표하는 브랜드 혹은 상품은 그 안에 면면이 이어져온 문화적 전통의 기본 원형과 상호 호응을 거쳐 창조된다. 중국 사회가 유독 창세의 영웅이나 강호의 호걸, 이상 속에 그려온 몽중인, 피를 나눈 의형제 등의 키워드에 열광하는 이유는 무의식 저변을 통해 이러한 대상에 자신을 '의탁'해왔다는 반증이다. 이러한 정서의 밑바닥에 서면상의 계약 따위가 존재할 리 없다. 사회적인 성공을 거둔 브랜드의 경우 단 하나의 예외도 없이 이러한 정신적 의탁에 의존하고 있으며 문명을 상징하는 고전의 이미지를 지속적으로 재현하고 있음을 알 수 있다.

이미 알려진 바와 같이 애플 컴퓨터를 상징하는 로고인 사과 이미지는 애초 성경에서 유래되었다. 즉 사과를 통해 애플사의 독립적인 실천과 구속받지 않은 사상을 상징하고 있다.[4]

현대의 수많은 기업이 독자 브랜드를 소유하고 있다. 브랜드의 로고가 상징하는 의미가 무엇이건 기업은 자신의 브랜드에 특별한 의미를 부여

---

3 소식의 〈음호상초청후우飮湖上初晴后雨〉에서 인용하였다.
4 애플 컴퓨터의 로고인 사과가 상징하는 의미에 관해서는 여러 가지 설이 있다. 독이 든 사과를 먹고 사망한 과학자 앨런 튜닝에 대한 추모의 의미가 있다. 원래 최초의 로고는 사과나무 아래에 앉아 있는 뉴턴을 상징하는 것이었으나 디자이너 롭 야노프Rob Janoff에 의해 지금의 로고가 탄생했다. 한 입 베어 먹은 것처럼 그린 이유는 체리가 아닌 사과처럼 보이기 위한 장치이다.

하기 위해 수단과 방법을 가리지 말아야 한다. 특히 이전 세대에서 현 세대로 이어지는 창업자의 경영 스토리를 최대한 부각시키고 신뢰를 구축하는 것이 중요하다. 한편 기술 혁신과 창의적 디자인을 도입하고 제품(서비스)의 진보와 시장의 인지도를 높이는 데 치중해야 한다. 현재 일부 대기업은 이러한 지속적인 노력을 통해 기업의 사회적 책임 영역을 확장시키고 건실한 기업으로서의 모범적 이미지를 형성해나가고 있다.[5]

오늘날 중국의 현주소를 돌아보건대, 과거 그 어느 세대보다 진보된 문화를 향유하고 있다고 확신하기는 어렵다. 하지만 최소한 풍요로운 시대의 도래를 이끌어낸 것은 분명한 사실이다. 예를 들어 창훙長虹 기업 하면 컬러 텔레비전을 떠올리고 렌샹(레노보) 기업은 대표적인 PC 생산 브랜드로 입지를 굳혔다. 이러한 배경으로는 대외 개방의 의미가 포함되어 있다고 할 수 있다.

하지만 최근 소비가 활발해지고 행정 권력이 약해지면서 독점 기업의 전횡이 사라짐과 동시에 신세대 브랜드 제품이 우후죽순으로 등장하고 있다. 다만 속을 파헤쳐보면 화려한 물질만능주의와 행정 관료와의 영합, 그리고 사회적 성공(실은 빈부 격차가 초래한 행운아일 뿐이다)을 추종하는 심리가 팽배해 있을 뿐이다.

허세에 젖어 단순히 몸집만 키우려 한다거나 천박한 기풍에 좌우되는 세태는 문화대혁명 기간에나 찾아볼 수 있는 구시대의 유물이다. 이러한 풍조는 우선 자신을 속이고 대중을 속이는 행위와 다름없다. 중국 경제가 위기를 벗어나기 위한 자구책으로 내수 진작에 중점을 두기로 한 이상 대중 소비자를 경시하는 권력형 마케팅이야말로 시대의 흐름을 역행하는 것이다. 아무도 거들떠보지 않는 폐광처럼 문명의 전통과 대중의

---

5 하버드 비즈니스 스쿨의 존 켈치John Quelch와 인터뷰한 후 작성한 나의 취재노트 중 일부 내용을 발췌하였다.

흐름을 살피지 않는 기업은 스스로 황폐화를 가속할 뿐이다.

한 가지 다행스러운 것은 오늘날 시장경제의 큰 흐름은 "요순 시대처럼 태평하지도, 폭군 걸왕의 시대처럼 암울하지도 않다"[6]는 사실이다. 중국의 개혁·개방은 아직도 완성된 것이 아니며, 결코 멈추어서도 안 된다. 승자독식 시대의 도래를 앞두고 새로운 세대의 기업가와 경영인은 선현들로부터 부여받은 위대한 문명의 의미를 새롭게 각인시켜나가야 할 것이다.

> 영유[7]의 어리석음은 사물을 철저히 통달한 데서 나오며
> 가의가 통곡하는 이유는 깊은 슬픔 탓이네.
> 천도가 말이 없음을 굳이 물어 무엇하리요,
> 인간 세상에 봄이 오면 가을이 다시 찾아오거늘.
>
> 장뢰, 〈영자寧子〉

---

6 『순자』의 〈천론〉 중 일부를 인용하였다.
7 영유寧俞는 춘추시대 위나라의 대부로 시호는 무이다. 공자는 『논어』에 이르기를 "영무자寧武子는 나라에 바른 도리가 행할 때는 지혜로웠고, 나라에 바른 도리가 행하지 않을 때면 어리석었다. 지혜로운 행동은 흉내 낼 수 있지만 그의 어리석은 행동은 아무나 따라할 수 없다"고 말했다.

93 스테디셀러는
어떻게 탄생하는가

미국 나스닥 시장에 당송 시대의 고전 작품을 상장한다면 과연 어떤 작품이 주목을 받을까? 자본 시장에서 참신한 상품의 등장은 언제나 사람들의 호평을 받기 마련이다. 최고의 문학적 상상력을 갖춘 작품이 최고의 상종가를 누릴 거라는 관측에는 변함이 없다.

하지만 실물 시장은 이러한 기대에 못 미치는 경우가 종종 있다. 때로는 뛰어난 아이디어의 산물로 탄생한 위대한 발명품이 대중의 냉담한 반응을 얻는 경우도 있다. 현실에서 "대중의 폭발적인 인기를 얻는 제품은 실험실에서 탄생한 위대한 발명품이 아니라 단지 마케팅의 산물일 뿐"[1]이다. 그렇다면 인기 상품은 어떤 특징을 가지고 있을까? 해답은 소비자의 심리를 분석함으로써 실마리를 찾아야 할 것이다. 인간은 하루에도 수백 번 변덕을 부리며 제자리에 머물지 않는 속성을 지녔다는 사실을

| 1 인텔 사의 고위 간부였던 윌리엄 데이비도우William Davidow의 말을 인용하였다.

간과해서는 안 된다.

소비자들이 선호하는 제품의 특징은 기본 디자인 틀에서 크게 벗어나지 않으며, 때론 지나치게 평범하다. 대중적인 소모품이라면 독특한 디자인과 생산 라인의 진보를 통해 소비자의 기호를 사로잡을 수 있다는 생각은 항상 기업의 예상을 크게 벗어나곤 한다.

자고로 농경사회는 봄날을 예찬해왔다. 고대 사회에서 문자의 유희를 즐기던 문인들은 붓과 먹을 사용하여 아름답고 다채로운 봄의 정취를 향유하고 만끽해왔다. 다만 이들은 전대 문인들의 상투적인 문구를 답습하는 데 그쳤으며, 미증유의 참신한 시적 정취를 창조하는 일에 실패했다. 과거 문인들이 쌓아올린 시어의 기반 위에 새롭고 참신한 문구를 더하여 자신만의 독특한 풍격을 창조한 이들은 극히 일부였다. 송나라 시기에 선보인 아래의 시가는 이런 측면에서 매우 이례적이라는 평가를 받았다.

> 푸른 이끼 위에 난 나막신 자국 안타까운데
> 싸리문 두드려도 오래도록 문은 열리지 않는구나.
> 봄기운은 마당 안에만 머물지 못하고
> 붉게 꽃 핀 살구나무 가지 하나가 담 밖으로 내뻗었네.
>
> 엽소옹葉紹翁, 〈유원불치游園不值〉[2]

조심스레 싸리문을 두드렸으나 안에는 아무런 인기척이 없다. 이끼가 뒤덮은 섬돌 계단을 밟아 행여 발자국이라도 날까 망설이지만 굳게 닫힌 문은 여전히 열리지 않는다. 봄날의 정취가 충만한데 붉은 살구꽃을 뜰 안에만 가둬놓자니 시인의 마음은 안타깝기만 하다. 담장 너머로 뻗어

---

[2] 남송 중기의 시인으로 알려져 있으나 생몰연대가 불분명하다. 한동안 서호에 은거하며 작품을 남겼다.

나간 붉은 살구나무 가지 하나에 이러한 시인의 애틋한 정서가 담뿍 배여 있으니 어찌 절묘한 표현이 아니겠는가?

사실 붉게 핀 살구나무, 높은 담장, 굳게 닫힌 싸리문 등은 봄날의 정취를 표현할 때 문인들이 즐겨 사용한 시어다. 이는 중국 문학가 첸중수를 비롯한 많은 평론가들로부터 수없이 지적되어온 사항이다. 하지만 사언절구의 짧은 시가를 제대로 감상하려면 좀 더 포괄적으로 분석해야 한다. 이 시가는 대체 어떤 특징을 지니고 있었기에 세대를 거슬러 사람들의 마음을 이토록 쥐고 흔들 수 있단 말인가? 이를 경제지표상으로 표현하자면 거의 기적에 가까운 효익인 셈이다.

살구나무는 당대 초기만 해도 좀처럼 찾아보기 힘든 이미지였다. "지붕 위에는 봄을 맞는 비둘기 소리, 마을 밖에는 눈부신 하얀 살구꽃"[3]처럼 살구나무가 당시 농가에서 흔히 볼 수 있는 꽃이라는 사실 정도만 짐작할 뿐이다. 살구나무는 당나라 중기 이후 말기에 이르러서야 서서히 빈도를 늘려가기 시작했다.

남송에 이르러 모든 국가 경제의 중심이 "살구꽃 잎이 비처럼 흩날리는" 강남으로 집중되자 살구나무는 이러한 변천 과정을 통해 부귀영화의 상징인 모란(북방의 꽃) 혹은 요염하고 도도한 이미지의 복숭아꽃(복숭아꽃 비가 내린다는 표현은 들어본 적이 없다), 고아한 문인의 기풍을 상징하는 매화와는 전혀 성격을 달리하게 되었다. 즉 봄날이 도래한 평민 사회에서 봄을 상징하는 시어로 사용되기 시작한 것이다.

물론 현대에 와서 "붉게 꽃 핀 살구나무 가지 하나가 담장 밖으로 뻗었네"라는 구절 때문에 남녀 간의 농염한 사랑을 상징하는 다소 저속한 의미로 변질되기도 했으나 본래의 의미와는 거리가 멀다. 이러한 시적 표현은 전대 문인들이 즐겨 사용했던 것으로, 당 말기의 시인 온정균溫庭筠

---

3 왕유의 〈춘중전원작春中田園作〉에서 인용하였다.

은 "붉은 행화(살구나무) 피어나니 눈꽃송이처럼 흩날리네. 쌓이고 또 쌓여 작은 뜰을 수북하게 뒤덮었구나"라고 읊었고, 오융吳融은 "담장 밖으로 가지 하나가 요염한 손을 내미니 지나는 행인의 마음이 뒤숭숭해지네"라고 노래했으며, 왕안석 또한 "홀로 핀 봄꽃이 나그네에게 손짓을 하네. 담장 밖으로 비스듬히 내민 나뭇가지"라고 표현한 적이 있다. 그밖에도 "버드나무 흩어지는 봄날을 막을 수 없으나 살구나무가 담장 밖으로 가지를 내미네"라는 육유의 시가나 "봄날의 정취를 숨길 수 없다네. 분홍빛 가지 담장으로 비스듬히 뻗어나갔구나"[4]라는 장량신張良臣의 시가를 남송 시기의 문인인 엽소옹이 결코 몰랐을 리가 없다. 따라서 그의 이러한 표현을 독창적이라고 말하기에는 곤란한 측면이 있다. 이렇듯 전대 문인들의 칠언절구 시가 중에서 이와 유사한 표현을 찾기란 그리 어렵지 않다.

시적 표현의 '형이상학적 사유'를 든다 해도 엽소옹의 시어가 지닌 절대적 우위를 인정하기란 쉬운 일이 아니다. 그는 신천지에 인류 최초의 깃발을 꽂았던 탐험대원도 아니지만 선발대를 따라잡기 위해 전력질주를 하는 후발 주자도 아니었다.

높은 담장에 둘러싸여 굳게 닫힌 문은 고스란히 현실을 반영하고 있을 뿐이다. 그 앞에는 온갖 장애가 첩첩이 가로막고 있었다. 권세가의 자손도, 명문가의 출신도 아닌 그의 운명은 처음부터 정해진 것인지도 모른다. 남들보다 불리한 출신성분에 발목이 묶여 옴짝달싹할 수 없는 처지에서 할 수 있는 것은 고작 선인들의 전철을 밟는 것이었다. 아무리 주먹을 불끈 쥐어본들 높은 담장으로 둘러쳐진 현실의 벽 앞에서 시적 언어로 자신의 처지를 대변하는 것만이 아마도 그가 할 수 있는 전부가 아니었을까?

---

4 온정균의 〈행화杏花〉, 오융의 〈도중견행화途中見杏花〉, 왕안석의 〈행화杏花〉, 육유의 〈마상馬上〉, 장량신의 〈우제偶題〉를 차례로 인용하였다.

그러나 이 시가의 마지막 줄에 드러난 그의 선택은 이러한 예상을 뒤엎고 있다. 엽소웅은 마치 반란을 결심하기라도 하듯 세 번째 절구에서 "봄기운은 마당 안에만 머물지 못하고"라며 선전포고를 외쳤다. 이러한 표현은 언어 수사학 혹은 시적 이미지를 극대화한 것이라고는 할 수 없으나 시의 흐름상 극적인 전환을 이루고 있다. 즉 겹겹이 둘러싼 높은 담장과 굳게 닫힌 문이 상징하는 상실감을 말끔히 상쇄해주는 역할을 하고 있다는 뜻이다. 살구나무의 뿌리와 몸체는 비록 좁은 뜰 안에 묶여 있으나 나뭇가지는 담장 밖의 열린 공간을 향해 뻗어나가지 않던가?

이것이 의미하는 것은 일상의 반전 혹은 신천지를 향한 도전이다. 엽소웅의 시어는 자연에 대한 순수한 묘사 그 이상의 이미지를 내포하고 있다. 불우한 개인의 처지를 딛고 일어서려는 모든 이들을 위해 "봄바람은 오로지 세상의 흐름을 거부하네"[5]라며 이들의 잠재된 역량을 고취해주고 있다. 뜰에 핀 꽃 한 송이는 물론 나무 한 그루도 모두 주인이 따로 있다. 하지만 봄날의 햇빛은 어느 한 사람이 독점할 수 있는 것이 아니다. 따사로운 봄날의 햇빛은 담장을 뛰어넘고 가로막힌 문틈마저 통과한다. 눈이 부시도록 아름다운 봄날의 생기는 천하의 모든 사람들이 공평하게 누릴 수 있는 것이다. 결론적으로 엽소웅의 시가는 과거 수많은 문인들이 축적한 시적 이미지 위에 자신의 영감(시가)을 접목시켜 새로운 정의를 창조해냈다. 폭넓은 독자층의 내면과 의기투합하여 이룩한 그의 시가는 이로써 불후의 고전 반열에 오를 수 있었다.

새로운 고객층의 확장을 원한다면 기존 제품에 새로운 의미를 부여하고 참신한 정의를 창조해내야 한다. 모래알처럼 흔한 일반 소모품일지라도 끝없는 수정을 통해 미증유의 첫발을 내딛고자 하는 기업은 엽소웅의 시가처럼 최고 경지에 도달할 수 있을 것이다.

| 5 나업의 〈상춘賞春〉을 인용하였다.

삶이란 일상이 곧 창의의 순간이다. 인생 여정을 통해 창의적인 삶이 끊임없이 이어지는 법이다. 자본 시장은 소비자의 풍부한 정보력과 고객층의 지적 수준 향상으로 인하여 그 수요를 예측할 수 없으며 수없이 전복되는 현상마저 발생한다. 하지만 바로 이 순간 시대적 변화를 꿈꾸며 사회의 귀퉁이 어디선가 새로운 실천과 소망의 씨앗이 봄날 만개하는 꽃봉오리처럼 봄바람을 타고 왕성히 퍼져나간다. 미래의 자본 시장을 향해 출사표를 던지고자 하는 청년이라면, 이미 봄날의 정취가 완연하게 무르익은 오늘날의 발전적 궤도에 어떤 식으로 진입하면 좋을지 한 번쯤 고민해보는 것이 바람직하다.

94 특정 소수인가, 불특정 다수인가

　자고로 중국은 '꽌시關係' 풍조를 이어오고 있다. 수많은 고전 문학과 시가들은 이로써 태평성세를 염원하고 권세에 영합하며 관리 사회와의 유착을 미화해왔다. 그나마 다행스러운 일은 어느 세대나 문학이 지닌 기준은 존재하고 있다는 사실이다. 따라서 누가 봐도 혀를 내두를 걸작들은 시대를 불문하고 대중의 입에서 입으로 영원히 회자되기 마련이다.

　전해오는 고전의 걸작 중에는 격정에 취한 용사들을 묘사한 작품이 있다.

　　야광배 술잔에 맛나는 포도주

　　마시려니 말 위의 비파가 재촉하네.

　　취하여 백사장에 눕는다 해도 비웃지 말라.

　　자고로 전쟁에 나아가 돌아온 사람이 몇이나 되더냐.

왕한王翰, 〈양주사凉州詞〉

물론 흔하디흔한 이별의 정서도 있다.

> 그대 돌아올 날 물으니 기약이 없다 하고
> 파산의 밤비는 못에 넘치는구나.
> 서쪽 창가의 촛불 심지 마주 잡을 날이 언제인가?
> 파산의 밤비 내리는 이야기 그만 접고서.

이상은, 〈야우기북夜雨寄北〉

불후의 명작으로 불리는 고전 시가에는 구체적인 장소와 인물이 등장하며, 화자의 경험은 세월이 흘러도 많은 이들의 공감을 얻는다.

현대 사회의 아이러니는 '경험 경제The Experience Economy'라는 경제 용어의 등장에 따라 대두되기 시작했는데, 이것이 과연 누구를 대상으로 하는지 무엇을 경험하라는 뜻인지는 구체적이지 않다. 따라서 일각에서는 이러한 경험 경제를 단지 소수의 인원이 사회 자원을 점유하거나 혹은 흥청망청 소비를 일삼는 행위로 오해하는 사례도 있다.

인터넷 거품이 꺼져가던 무렵에 한 청년이 나에게 전화를 걸어 조언을 구해왔다. 청년은 상당히 공격적인 투자 성향을 드러내며 자신의 비즈니스 전략을 다음과 같이 밝혔다.

"모든 여행자에게는 허영과 식도락, 오락에 대한 욕구가 존재한다. 나는 인터넷 예약을 통해 베이징을 방문하고자 하는 여행자에게 베이징의 모든 일정을 짜주는 여행 프로그램을 운영할 계획이다. 그들에게 최적의 호텔을 소개하고 최고급 국빈 전용 스위트룸을 예약해주고 공항까지 차편을 제공할 것이다. 연회에서 각종 산해진미를 맛보게 한 후에는 각지의 유명한 장소로 안내하고 명승고적에 대한 정보를 제공하여 유서 깊은 유적지를 방문하게 할 것이다. 특히 밤이 되면 미녀들과 클럽에서 술을 마시거나 춤도 추고……."

나는 그의 야심찬 사업 구상을 도중에 끊으며 이렇게 물었다.

"잠시만요, 이건 대체 무엇을 위한 서비스인가요?"

청년은 전혀 망설이는 기색도 없이 당당하게 대답했다,

"앞으로 저는 'www.high-entertainment.com'이라는 인터넷 사이트를 운영할 계획입니다."

"혹시 고객 중에 오페라 관람을 원한다거나 박물관 혹은 화랑을 방문하고 싶다면 어떻게 할 건가요?"

"요즘 세상에 누가 그런 서비스를 원합니까?"

청년의 이같은 대꾸에 적잖이 실망한 나는 회의 핑계를 대고 서둘러 전화를 끊었다.

설마 청년이 구상 중인 이러한 서비스가 최근 유행하는 경험 경제의 본질은 아닐 것이다. 그의 전략은 단지 사치와 허영의 극을 향해 치닫는 현대화의 일부분를 조명했을 뿐이다. 절제 없는 식욕은 비만을 초래하고 과도한 음주는 이성마저 잃게 한다. 향락 역시 정도를 지나치면 피로를 낳는 법이다. 두보는 "고관대작의 집에서는 술과 고기 썩는 냄새가 진동하고 거리에는 얼어 죽은 백성들의 시체가 나뒹구네"라는 시가를 통해 사회의 양극화 현상에 대해 통한의 심정을 남겼다. 사회의 분화는 결국 경제의 기형을 초래하며 문화적 패배감에 젖게 만들 뿐 아니라 법제의 문란과 부패, 제도의 붕괴를 초래한다. 중국 사회가 청년이 구상하는 이러한 '경험 경제'가 제멋대로 날뛰도록 수수방관한다면 어느 누가 이러한 정부를 신뢰할 수 있을까?

물질의 기본적 욕구를 충족시키고 나면 사람들의 선택의 폭은 보다 다양해진다. 개성을 중시하는 사회일수록 남들과 다른 서비스를 제공하는 산업이 필연적으로 증가한다. 하지만 사회의 극히 일부에게만 허락되는 특별한 서비스가 타인의 권리를 침해하고 유린하는 식으로 이루어진다면 결코 허용되어서는 안 된다. 서비스의 본질은 반드시 사회 구성원 전체에 골고루 혜택이 돌아가야 하며, 포용성과 개방성을 우선적으로 갖춰야 하기 때문이다.

인터넷 매체의 범람으로 우리 사회는 '인지 잉여'[1]의 시대를 맞이하고 있다. 이는 일반인이 자원을 창조하고 시장을 소유하는 시대를 말한다. 하지만 발전의 가장 강력한 원동력은 공유와 분배, 그리고 광대한 인터넷상의 공동 이익을 통해 얻어지는 것이다. 예를 들어 마이크로소프트 사와 애플 컴퓨터 사의 비약적인 발전은 세계 각국 수천여 개의 서비스를 하나의 거대한 경제 생태계로 조성하는 계기로 작용했다.[2] 따라서 사회 자본을 독점해왔던 토착 지주 세력이나 각종 독과점 업자와 인수합병 기업의 연합은 서서히 자취를 감추는 추세다.

하지만 경험이 부족한 사업가일수록 여전히 상류층을 대상으로 하는 서비스 산업이 가장 많은 이윤을 남긴다고 믿는 경향이 있다. 사실 최상위 계층의 기호와 비위를 맞추는 서비스를 제공하는 것은 말처럼 쉽지 않다. 그들은 품격이 낮은 서비스를 제공받았을 때 가장 난색을 표한다. 마케팅 종사자들은 종종 이들을 '나쁜 고객'[3]으로 분류하기도 한다. 만약 변화무쌍한 시장경제에 직면했을 때 소수의 상위 계층을 위한 서비스에 길들여진 기업은 적절한 대응 방법을 찾을 길이 없다.

이로 인해 남다른 특색을 갖춘 서비스일지라도 단순히 눈앞의 고객만을 대상으로 그들의 한정된 욕구를 만족시키는 수준에 머물러서는 안 된다. 기업의 시야를 사회 전체로 확대하고 글로벌한 시장경제상에서 동일

1 클레이 셔키의 '인지 잉여cognitive surplus'는 인터넷으로 연결된 전 세계 네티즌의 여가 시간을 합치면 가치 있는 사회 자원으로 환원될 수 있다는 이론이다. Clay Shirky, *Here Comes Everybody: The Power of Organizing Without Organizations*(NY: Penguin), 2009.
2 Marco Iansiti and Roy Levien, *The Keystone Advantage: What the New Dynamics of Business Ecosystems Mean for Strategy, Innovation, and Sustainability*(Boston: Harvard Business Press), 2004.
3 Jeffrey Fox, *How to Become a Marketing Superstar*(NY: Hyperion), 2003.

한 지불 능력을 갖춘 불특정 다수의 고객을 위한 서비스를 제공하는 데 관심을 기울여야 한다. 고객의 서비스 만족도 향상에 있어 최종적으로 고려해야 할 것은 인문학적 가치이며, 이것을 최고의 가치로 삼아야 할 것이다.

옛 성현의 말씀 중에 비록 찻집의 동자일지라도 찻잔 하나에 모든 진심을 담아낼 수 있다면 그가 바로 성자라고 했다. 억지 미소를 짓거나 마음에도 없는 입에 발린 소리를 늘어놓는 것과 진정한 서비스의 본질을 혼동하는 이가 있다면 마음속 깊이 새겨두어야 할 대목이 아닐까?

"우리는 신사, 숙녀를 위한 서비스를 제공하는 신사, 숙녀들이다." 리츠 칼튼 호텔에서 근무하는 직원들은 이러한 구호를 사훈으로 내건다. 호텔리어가 제공하는 모든 서비스는 오로지 '신사 숙녀'를 위한 것이며 과연 무엇이 진정한 서비스인지 이들의 사훈이 잘 설명해주고 있었다.

인간은 돈을 떠나 살아갈 수 없다. 시장경제는 정신적 경지와 별개의 영역이며 문학예술 작품, 학술적·논리적 사고와도 다른 성질의 것이다. 하지만 앞서 언급한 인문학적 가치와의 적절한 융합 없이는 결코 발전할 수가 없다. 만약 하나의 요인에만 편중되거나 결핍을 초래할 경우에는 천도天道와 인도人道 중 어느 한쪽도 이를 용납하지 않을 것이다

사람들은 행정이 기형적으로 변형되고 독점이 만연된 사회에서, 당장의 이익에 현혹되기 쉽다. 오늘날 스스로 청년임을 자부하며 도전을 두려워하지 않는 기업가들은 자신이 바로 홍정상인紅頂商人 호설암胡雪巖의 진정한 후예임을 의심치 않는다. 중국 총리 주룽지朱鎔基는 2002년 항저우杭州에 위치한 호설암의 고가를 방문하여 머지않은 장래에 중국이 직면할 현실에 대해 경고한 바 있다.

호설암의 고택에선 조각을 새긴 교각과 벽돌을 찾아볼 수 있다. 이층 저택의 높은 담장이 첩첩이 싸여 있고, 강남 정원 특유의 아름다움이 뒤

섞인 정교한 풍격이 물씬 풍겨 나왔다. 한때 왕후장상 부럽지 않은 재물을 모은 그는 국토의 반을 차지한 적도 있었다. 그러나 옛 성인의 말씀에 삼대 가는 부자가 없다고 했다. 홍정상인 호설암이 아무리 철두철미하다 해도 10년의 세월을 견디지 못했다. 사치와 방탕으로 결국 힘들게 쌓은 모든 것을 잃었으니 어찌 천하의 상인들이 이를 경계하지 않을 수 있겠는가?

95 강력한 브랜드로 방어하라

시대를 불문하고 화두가 되는 키워드는 항상 존재하는 법이다. 중국 역사상 북방의 변방 지역을 떠올리면 오늘날과 같은 평화로운 시절을 상상하기 쉽지 않다. 이를 반영하듯 당대 사람들의 입에서 가장 많이 오르내리던 단어는 '군정軍情'과 '관산關山(변방의 요새)'이었다.

현대적 관점에서 이러한 단어가 민간 사회에 미친 영향을 이해한다는 것은 결코 쉽지 않다. 무를 숭상해온 당나라 시기에는 민간 사회 깊숙한 곳까지 영향을 미치며 개개인의 삶과도 밀접한 관계에 있었다. 『전당시』에 수록된 4만 2,000여 편의 시가 중 200여 편에는 '관산'[1]이라는 직접적인 표현이 등장한다. 이는 고대 시가의 단골 소재인 '매화'의 빈도와 맞먹는 비중을 차지한다. 이백의 시를 예로 들어 감상해보자.

---

[1] 관산은 감숙성 천수시 장가천의 회족 자치 구역 경내에 소재한 지명으로, 장가천이 동북 방향을 가로질러 거의 100리에 이른다. 이곳은 전쟁사상 가장 험준한 요새이자 어떤 대군도 쉽게 넘을 수 없는 지형적 특성을 지녔다.

밝은 달 천산에 솟아 아득히 구름 사이에 떠 있네.

긴 바람 몇만 리를 불어와 옥관정을 지나네.

이백, 〈관산월關山月〉

대숙륜戴叔倫은 변방의 달빛 아래서 탄식을 쏟아내며 이렇게 읊조렸다.

기러기떼 병영 위를 연이어 날아가고

흩날리는 서리는 성곽을 뒤덮었네.

어디선가 들려오는 풀잎피리,

한밤중에 들려오는 변방의 소리라네.

대숙륜, 〈관산월이수關山月二首〉

왕유의 붓끝에서는 변방의 긴박한 상황이 펼쳐졌다.

십 리를 한 걸음에 내딛는 말,

한 번 휘두르면 오 리를 가는 채찍

도호의 군서가 이르니,

흉노가 주천을 포위했다네.

관산에서는 눈발이 한창 날리는데

봉수의 연기마저 끊어졌다 하네.

왕유, 〈농서행隴西行〉

고대의 관산은 현대에 와서 시장 혹은 기업의 개념으로 대체되었다. 태평성세를 구가하는 시절의 경쟁 체제와 전란이 발생한 가운데 벌어지는 전투는 일정 부분 유사한 속성을 지니고 있다. 말하자면 어느 누구를 가릴 것 없이 무조건 상대보다 유리한 고지를 선점해야 한다는 사실이다. 고대의 경우에는 천혜의 요새가 위치한 관산이 전쟁상 유리한 고지일 것이고, 현대 경쟁 사회에 와서는 기업의 브랜드를 지칭하는 말로 대체할 수 있다.

포탄이 터지는 실전이든 기업 간의 브랜드 경쟁이든 유리한 고지를 선점하려면 기초부터 튼튼히 해야 한다. 관문을 목숨처럼 지키는 병사가 한 명만 있으면 대군이 와도 요새를 뚫지 못한다는 옛말도 있지 않은가? 천혜의 요새는 정국에 결정적인 영향을 미치는 전략상의 고지이다. 따라서 이 요새를 차지하지 못한다면 설사 천만대군을 거느린들 전쟁의 실효성을 거둘 수 없으며 승리를 기대할 수도 없다(현대에 와서 요새는 제공권의 개념으로 대체되었다).

승패의 관건은 이처럼 치열한 경쟁을 뚫고 불패의 고지를 선점하느냐 못하느냐에 달려 있는 셈이다. 이를 기업에 비유하면 강력한 브랜드의 유무가 성공을 좌우하는 것이다. 파워 브랜드가 없다면 생산력을 비약적으로 향상시킬 수도 없고 사업상의 이윤도 기대할 수 없으며 기업의 발전 계획상 장기적이고 원대한 전략을 실행하기도 쉽지 않기 때문이다.

매니지먼트 학자들은 기업가와 경영인에게 생산 혹은 제품 중심의 업무 방식에서 고객 또는 판매 중심의 업무 방식으로 전환하라고 거듭 당부한다.[2] 여기에는 "재상은 반드시 지방 간부 중에서 선발해야 하고 맹장은 필히 맹졸로부터 기용되어야 한다"[3]는 인식이 밑받침되어야 한다. 이러한 인식의 기반 위에 마케팅 관리와 브랜드 관리를 통해 전체 국면을 조절하는 능력과 전략적 의식을 제고해야 한다. 중국은 이제 더 이상 갑

2 Roland Rust et al., "Rethinking Marketing," in *Harvard Business Review on Reinventing Your Marketing*(Boston: Harvard Business Review Press), 2011.
3 「한비자」의 〈현학顯學〉에서 유래하였다.

싼 인건비를 내세워 세계 시장에서의 경쟁 우위를 독점하기가 어렵게 되었다. 따라서 국제 마케팅 전문가의 역량을 키워 기업의 발전을 유도해야 한다.

고대 전쟁터에서 요새는 공격과 수비가 동시에 이루어지는 무대이다. 비즈니스 경쟁 체제 아래서 브랜드는 소비자의 내면에 오랜 세월을 거쳐 축적된 신뢰의 상징이다. 이것은 기업 발전에 지대한 의미로 작용한다. 오늘날 기업인이 감당해야 하는 긴장감은 창과 칼을 베개 삼아 밤새 한숨도 자지 않고 불철주야 경계를 서야 했던 고대의 병사들과 비교한다면 상대적으로 미미한 수준이라고 말할 수 있다.

브랜드 경영은 부단한 창조적 의미를 지닌 업무이다. 인문학적 관점에서 볼 때 이것은 단순히 요새를 지키는 수비전보다 훨씬 더 빠른 두뇌회전과 도전 정신의 발휘를 요구한다. 미국의 매니지먼트 학자들은 기업의 모든 경영인은 심리학, 인류학, 사회학과 경제학을 두루 섭렵해야 할 뿐 아니라 인류학으로 무장한 정신교육을 통해 접객 업무를 익히고, 고객과 관련된 정보를 수집하고 교류하는 일에 더 집중해야 한다고 말했다. 아울러 여러 경로를 통해 학습한 모든 지식을 실제 경영 업무에 접목시켜 활용하라고 충고했다.

실전 경험을 갖춘 동시에 과학적 지식과 인문학적 사상으로 무장되어 있다면, 그가 바로 우리가 바라던 21세기형 신세대 '리더'가 아니겠는가?

96 브랜드에 인격을 더하라

비록 공장에서 생산된 제품이라도 인격이 결합되면 폭발적인 시너지 효과를 불러오는 경우가 있다. 기업의 총수 혹은 경영 리더로부터 끊임 없이 지지받는 브랜드가 자본 시장에서 발휘하는 역량은 일반인의 예상을 뛰어넘기 마련이다.

남송 사대부 양만리楊萬里가 시에 입문한 배경은 이러한 대표적인 선례로 전해온다. 송대의 문단은 강서시파의 독주 아래 사상이나 수사에 지나치게 치중하는 경향을 줄곧 보였다. 양만리처럼 풍부한 상상력을 지닌 문인들이 이런 풍조에 적응하기란 쉬운 일이 아니었다. 그는 마침내 서른여섯의 나이에(당시 기준에서 결코 젊은 나이가 아니라고 느낄 무렵) "시에 입문하기 전에 자신의 기개부터 세워야 한다"고 선언한 후 "진부하고 케케묵은 옛것을 답습하지 않고 내면의 소리에 귀 기울일 것"을 결심했다. 이후 양만리는 자신만의 독자 노선을 개척하게 되었다.[1]

---

[1] 양만리의 〈류소백화중화소음이수留前伯和仲和小飮二首〉와 〈독장문잠시讀張文潛詩〉에서 인용하였다.

양만리의 선언은, 왜 미국에는 유럽 같은 고유의 커피 브랜드가 없을까 고심하던 미국인이 최초의 아메리칸 스타일의 커피 체인점을 개설하여 1호점의 점주를 자처하는 것에 비유할 수 있다.

하지만 단순히 독창적인 브랜드를 설립하는 것만으로 모든 시험대를 무사히 통과했다고 안심해서는 안 된다. 첫 포문을 연 이후로 과연 어떤 방식으로 자신만의 브랜드에 의미를 부여할 것인가 하는 문제가 산 너머 산처럼 다가오기 때문이다. 과연 만리장정에 달하는 모든 관문을 무사히 통과할지, 아니면 고통과 시련의 연속이 이어질지 아무도 장담할 수 없는 일이지 않은가?

하나의 문명이 최대의 전성기를 구가할 수 있을지 여부는 시대의 파란만장한 곡절을 이겨낸 역사에 달려 있다. 문명의 역사 속에는 해당 민족의 정신적 의지와 사상적 창조 등이 반영되기 마련이다. 물질적인 번영과 지표상의 수치는 단지 문명의 전성기에 표면적으로 드러나는 빙산의 일각일 뿐이다.

브랜드 기업이 갖는 명성 역시 역사적 스토리에 좌우된다. 해당 기업이 소비자에게 전달하는 스토리의 포괄적인 의미가 곧 해당 브랜드의 인격이 되는 것이다. 제품의 다양성이나 풍부한 유동자금과 같은 요인은 세부적인 비중을 차지할 뿐이다.[2]

양만리의 시는 읽기 쉽고 자연스러운 시어를 중요하게 여겼다. 이는 곧 '성재체誠齋體'[3]라는 독특한 문체의 탄생으로 이어졌다. 브랜드 창출과 인격의 결합은 억지로 의도한다고 완성되는 것이 아니다. 양만리 시가의 특징은 평범한 일상 속에서도 자연의 활력으로 충만하며 천변만화의 역동성마저 느껴진다. 문학가 첸중수는 양만리의 시는 마치 순간적인

2 David Aaker, *Brand Leadership*(NY: Free Press), 2000.
3 성재는 양만리의 호다.

사물을 포착하는 사진작가처럼 민첩한 순발력이 돋보인다며 극찬한 바 있다. 이러한 찬사는 그동안 첸중수가 지나친 정형성과 인공미를 추구하는 송시의 기풍을 신랄히 비평해왔던 것과 비교한다면 사뭇 다른 반응이었다.

상상력의 발휘를 통해서 얻을 수 있는 정신적 해방감은 긴장을 완화시키며 복잡한 머리를 깃털처럼 가볍게 만드는 효과가 있다. 양만리 역시 좋은 시란 한순간 전광석화처럼 스치며 떠오르는 영감을 통해 얻는 것이지, 방구석에 처박혀 머리를 쥐어뜯는다고 탄생하는 것은 아니라고 강조했다.[4]

시종일관 독자 노선을 고집한 덕분에 양만리는 고유의 브랜드를 창조할 수 있었다. 만약 고유명사를 브랜드로 내걸게 될 경우에는 더욱 큰 의미를 부여해야 한다. 단순한 고유명사 혹은 상표 그 이상의 의미를 제공하지 못한다면 소비자와의 소통은 물론이고 감동을 줄 수도 없다.

때로 원활히 유통되던 제품이나 서비스가 다른 나라에서 전혀 예측하지 못한 난관에 봉착하는 경우가 있다. 중국은 이처럼 수입품에 관련된 민감한 사안 앞에서 신식민주의라는 비난을 받기도 했다.

이처럼 제품의 브랜드가 갖는 이미지는 사람의 인격에 비유할 수 있다. 왜냐하면 끊임없는 자아 수련과 개선의 절차를 통하지 않고는 결코 이러한 경지에 도달할 수 없기 때문이다. 송시의 기풍을 벗어난 양만리의 독자적인 문체는 비록 평범한 사물을 대상으로 하고 있으나 자연의 왕성한 생명력을 담고 있기에 특유의 패기를 느낄 수 있다.

열흘 동안 하루도 맑은 날이 없네.

---

4 양만리의 〈효행동원曉行東園〉에서 인용하였다.

배를 끄는 나그네 비스듬히 기울고

어린 송아지 강으로 끌고 가서 배불리 먹이니

강가의 풀이 언제 줄어든 적이 있던가?

양만리, 〈근안近岸〉

여름이 다한 끝에 가을이 시작되고

차가운 공기에 살갗은 아직 소름이 돋진 않았다네.

석양은 다행히도 서산 너머에 있으니

비스듬히 기운 놀을 완전히 몰아내지는 못하였네.

양만리, 〈윤육월립추후모열추량군포閏六月立秋后暮熱追凉郡圃〉

새봄은 눈과 짝을 이루어 돌아오니

서리와 우박이 먼지처럼 흩날리네.

눈발에 매화가 시들까 염려하지만

매화는 내리는 눈발을 아랑곳하지 않네.

양만리, 〈무술정월이일설작戊戌正月二日雪作〉

　새로 돋아난 봄풀을 한두 마리의 소가 전부 먹어치울 리 없다. 세찬 바람이 분다고 저녁놀을 몰아낼 수는 없다. 매화도 마찬가지다. 눈보라 치는 엄동설한 속에서도 결코 주눅이 들거나 위축되는 법이 없다. 오히려 회오리바람이 휘몰아치고 갈 때마다 타고난 강인함으로 이를 극복한다. 양만리는 일평생 관직에 몸담고 있었으나 자신의 문학적 재능을 헛되이 사장시키지 않았다. 스스로 정신적인 해이를 경계하면서 자신의 의지를 꿋꿋하게 관철해나갔기에 양만리라는 브랜드의 확립과 의미 부여에 성공할 수 있었다.

    첸중수는 이처럼 현실과의 타협을 거부했던 양만리의 기개에 관해서
는 따로 언급하지 않았다. 하지만 후스胡適는 달랐다. 후스는 1960년 양
만리의 시 한 편을 『자유중국』 창간호에 게재했는데 이 시가는 『송시선』
에도 수록된 적이 없으며, 심지어 양만리의 시선집에서도 찾아볼 수 없
었다. 후스가 굳이 양만리의 시가에 열광한 이유는 뭘까? 아래의 시를 감
상하다 보면 저절로 그 이유를 깨닫게 될 것이다.

    온 산은 계곡이 흐르는 것을 허락지 않아

    흐르는 물을 막았지만 계곡소리 밤낮으로 우렁차게 울리네.

    앞산의 산기슭 끝자락에 다다르니

    기세등등한 계곡물 마을 앞에서 샘솟아 오르는구나.

                                        양만리, 〈계원포桂源鋪〉

97 리더의 이미지가 브랜드를 압도해서는 안 된다

    기업을 설립하고 경영한다는 것은 동화 속 이야기가 아니다. 기업 경영의 책임을 지고 있는 리더가 박사학위 논문을 발표한다거나 청년 리더로서의 사명을 완수한다거나 하는 일은 현실적으로 매우 드물며, 하물며 과거 혁명당 당수의 신출귀몰한 행적을 흉내 내기란 애초 불가능한 일이다. 아이러니하게도 최근 중국의 청년 세대는 기업의 CEO에게 앞서 나열한 모든 능력을 요구하는 경향이 있다. 이들은 이러한 높은 기대에 부응하지 못하는 기업에게는 즉각적인 불만을 표출한다.

    하지만 언제나 이상이 클수록 현실의 벽은 더욱 높아지는 법이 아니겠는가? 사사건건 경영은 난관에 부딪히고, 초기의 주력 사업 역시 정상 궤도에서 밀려나는 기업이 점차 늘어나고 있다. 기업의 리더가 야심차게 추진해온 대외 강연 혹은 논문 역시 더 이상 세상의 이목을 끌지 못한다. 이쯤 되면 등뒤에서 리더를 비난하며 수군대는 사람들의 목소리가 높아진다.

"저 사람은 대체 기업가야, 학자야? 지금 뭐하는 거지?"

잔뜩 부푼 기대 심리를 제대로 충족시키지 못하면 최초의 좋았던 이미지는 서서히 변형되고 왜곡된다. 고대 시가 속의 매화가 대표적인 사례이다.

중국의 문화인들은 자고로 매화 특유의 절개를 숭상해왔다. 엄동설한에 핀 매화의 우아한 자태와 고고한 기품이 세속의 무리와 경계를 두고 싶은 문화인의 욕구와 맞아떨어졌기 때문이다. 하지만 매화는 다른 꽃에 비해 그리 대중적인 이미지는 아니었다. 예를 들어 유우석劉禹錫은 모란의 화려함을 예찬하며 "모란이 피는 계절이면 온 경성이 들썩이네"라고 읊었고, 국화의 소탈한 정취에 반한 도연명陶淵明은 "동쪽 울타리 아래서 국화를 꺾으며 유유히 남산을 바라보네"라며 노래했다. 양만리는 연꽃의 강한 생명력에 관해 "하늘과 닿은 연잎은 한없이 푸르고 햇빛에 빛나는 연꽃은 한없이 붉구나"라고 극찬했다. 이처럼 역대 문인들의 사랑을 받은 꽃이 비단 매화만은 아니었다. 모란과 국화, 연꽃은 물론이고 복숭아꽃, 배꽃, 심지어 버드나무까지 자주 언급되었음을 시가를 통해 확인된 바 있다.

역대 시가 중에서 매화의 자태를 가장 아름답게 비유한 시를 들라면 서호西湖의 은사隱士 임화청林和靖의 "어스름한 그림자 비스듬히 드리운 얕고 맑은 물 위로 그윽한 향기는 황혼의 달빛을 떠도네"[1]라는 대목을 꼽는다. 여류 시인 주숙진朱淑眞은 "임화청의 시가에 드러난 매화의 고결하고 적막한 정취는 천고의 명시라 해도 과언이 아니다"[2]라고 말했다.

역사상 매화는 중국 문인들이 가장 빈번하게 다뤄온 소재 중 하나였다. 수많은 시인들이 앞을 다투어 매화에 자신의 심정을 의지하거나 답

---

1 임포林逋의 〈산원소매이수山園小梅二首〉에서 인용하였다.
2 주숙진의 〈적림화정吊林和靖〉에서 인용하였다.

답한 현실을 원망하는 매개체로 삼아왔다. 그러나 편향적인 현상이 극심해질수록 매화의 희소가치는 점차 낮아질 수밖에 없었다. 브랜드 매니지먼트를 연구하는 학자들은 이러한 현상과 '내용이 외형을 장악하는 substance over style' 이론을 적용시켰다. 특정 제품 혹은 기업을 광고 전략상 거창하게 포장한다고 이미지가 개선되는 것은 아니다. 아무리 화려한 외형도 절대적인 가치가 없다면 반나절도 안 되어 대중의 손가락질을 받게 되어 있다.[3] 매화 역시 "시인들에게 비록 허명을 팔았으나 본색은 어쩔 수 없으니 결국 세상의 비웃음을 살 뿐"[4]이라는 야박한 평가에 시달리기도 했다.

기업이 과거의 경력이나 제품의 대대적인 광고 등을 통해 사회적 여론을 조성하기란 어렵지 않다. 수단과 방법을 가리지 않고 일시적인 화제를 만들어 소비자에게 견강부회하는 경우도 있다. 하지만 단지 이것만으로는 대중 소비자의 전체적인 정서를 주도할 수 없다. 따라서 보다 관심을 쏟아야 하는 것은 품질의 개선은 물론이고 겸손한 태도로 소비자 응대에 임해야 한다는 것이다. 만약 소비자에게 감동적인 경험을 안겨주고 그들의 상상력을 자극할 수 있다면, 굳이 위대한 기업 이념을 호소하기 위해 불필요한 비용을 들이지 않아도 된다.

중국 사회는 혁명의 터널을 지나왔다. 구호와 선동에는 이미 넌더리가 날 정도로 익숙해졌으며 사람들의 이해도와 반응에도 정도의 차이가 존재한다. 오늘날 과거 혁명 시대의 구호를 이용하여 대중을 선동하는 행위가 사회 전체에 동일한 흡입력을 지니고 있다고 보기는 어렵다.

마찬가지로 매화는 그저 매화일 뿐이다. 진정으로 매화를 사랑한다면 매화의 한 가지 모습만 부각시켜 자신을 포장하는 일은 자제해야 할 것이다.

---

3 Mainak Dhar, *Brand Management 101*(Singapore: John Wiley Asia), 2007, pp. 39-40.
4 정여영의 〈영매시詠梅詩〉에서 인용하였다.

SNS의 전파력은 사그라들 줄 모르고 있다. 마케팅 전문가들은 기업의 리더가 인지도를 높이는 수단으로 이러한 전파 매체를 이용하거나 자신의 지지자를 확보하는 일에 지나치게 주력하는 현상은 바람직하지 않다고 지적한다. 그들은 이러한 행동이 오히려 기업 전체의 명예를 실추하거나 해당 브랜드에 대한 대중의 관심을 식히는 역효과를 불러올 수도 있다고 충고한다. 이는 결과적으로 기업의 장기적 발전에 전혀 도움이 되지 않는다는 것이다. 애플 사의 CEO였던 스티브 잡스가 현역에서 물러나기 직전까지 가장 염려했던 부분이 바로 이것이었다. 대중은 잡스의 일거수일투족에 열광했으나 정작 그는 자신의 이미지를 이용하여 애플 브랜드의 지지를 호소하려는 전략을 원치 않았다. 개인의 위상이 애플 전체를 압도하는 것을 극도로 꺼렸던 잡스야말로 진심으로 기업을 사랑한 리더였다.

98 본질로 승부하라

　미국 연방무역위원회는 2011년 9월 아디다스 스포츠의 브랜드 계열사인 리복 사에 대해 2,500만 달러를 소비자에게 배상하라는 판결을 내렸다. 미국 연방법원이 이러한 시정 조치를 단행하게 된 이유는 리복 사가 과학적으로 신뢰할 만한 수치 없이 해당 브랜드의 기능을 과장하여 광고했기 때문이다. 리복은 해당 제품이 여성들의 각선미를 돋보이게 해주며 다리 선을 날씬하게 만드는 효과가 있고, 심지어 타사 제품과 비교했을 때 28%에 달하는 기능성의 차이가 확인되었다고 광고한 바 있다. 리복은 이러한 판결 이후 즉각적으로 잘못을 시인했으나 이것이 곧 법원의 판결을 인정한다는 뜻은 아니라며 난색을 표했다. 단지 법률 분쟁에 휩싸여 시간을 끌 경우에는 더 큰 피해를 초래할 수도 있다는 판단에 따라 논란을 최소화하기 위한 조치임을 거듭 강조했다.

　하지만 세계적인 권위를 자랑하는 『광고 시대Advertising Age』의 조사 결과에 의하면 운동화 제품의 광고 비용은 2009년 들어 2,300만 달러 증가했고, 같은 해 리복 광고 예산의 80% 이상을 차지한 것으로 드러났다. 2010년 리복의 광고 비용은 3,100만 달러로 증가했으며, 2011년에는 상반기에만 이미 1,000만 달러에 육박했다. 따라서 당국의 이러한 조치는 리복 사가 막대한 광고비를 투입하여 제작한 모든 광고를 한순간 휴지조각으로 만드는 결과를 초래한 셈이다. 가장 심각한 문제는 리복의 우수한 브랜드와 디자인이 허위 광고 사태로 말미암아 스포츠 용품 시장에서 사장될 위기에 처했다는 사실이다. 리복 사태는 고고한 본래의 자태를 버리고 복숭아꽃의 화려함을 흉내 내려 하면 매화의 고유한 빛깔마저 잃고 만다는 뼈 아픈 사례로 기록될 것이다.

기업의 명성을 부풀리거나 허세를 부리는 것은 시장판에서 목청을 높이는 장사꾼과 다를 바 없다. 참신한 기술적 발전과 품질 혁신을 이루지 않고 단순히 목에 핏대만 세운다면 얼마나 어리석은 일이겠는가?

허위·과장 광고로 제품을 포장하려는 전략은 시장에서 싸구려 물건을 파는 장사꾼의 호객 행위보다 한 수 아래로 봐야 한다. 장사꾼들은 오가는 행인의 발길을 잡기 위해 박수를 치거나 목청을 높여 사람들의 이목을 끄는 데는 성공할지 모르나 실제 이들의 벌이는 신통치 않다. 기업의 브랜드 제품인 경우에 이런 식의 과장 광고 전략은 결국 기업의 품격과 가치에 먹칠을 하는 행위나 다름없다. 앞서 예로 들었던 리복 사태처럼 소비자에게 한번 낙인이 찍힌 기업은 이를 만회할 기회가 없다. 왜냐하면 해당 기업의 허위 전략으로 인해 선의의 피해를 입은 사람들이 전혀 없음을 스스로 입증할 방법이 없기 때문이다. 결국 소비자들에게 신뢰를 주지 못하는 기업은 설사 리복처럼 법원의 판결을 통해 허위 광고 사실이 만천하에 폭로되지 않는다 해도 대중의 의심을 피할 방법이 없다. 결국 허위 광고를 한 기업이 소 잃고 외양간 고치는 식으로 해명을 하거나 소비자와 대화를 시도하기도 전에 대중은 냉담한 반응을 보이며 서둘러 등을 돌린다. 이러한 기업은 소비자와의 공감대 형성은 고사하고 사업 발전의 기회마저 놓치게 된다.

심각한 사실은 우리 사회(소비자는 물론이고 경제와 상공업에 종사하는 모든 이들이 여기에 포함된다)에는 본래의 능력과 가치에 비해 명성이 지나치게 부풀려진 브랜드와 기업이 존재한다는 점이다. 특히 해당 제품의 광고는 실제 효용보다 기능과 품질이 과장된 측면이 있다.

현대인들은 광고의 홍수 속에서 살아간다. 하지만 소비자들이 진정으로 바라는 것은 간결하고 투명하고 정확한 정보일 것이다. 외양은 화려하지만 속 빈 강정처럼 내용물이 없는 허위·과장 광고를 더 이상 참고 인내할 소비자는 없다. 특히 한자를 사용하는 문화권인 경우 한자가 지닌 독특하고 의미심장한 특징 탓에 단 한 줄의 문구만으로도 평생토록 사람들의 뇌리에 강한 인상을 남긴다. 오늘날 소비자들은 상상력을 증폭시키는 문구나 강렬한 이미지에 탐닉한다. 자신의 삶을 사랑하며 문화의 정수를 마음껏 향유하려는 문화적 욕구 또한 지니고 있다. 따라서 진부한 표현이나 자극적인 단어 혹은 속물적인 수사의 남발로 본래의 참모습에 덧칠을 하는 행위는 혐오의 대상이 될 뿐이다. 기업은 자사 브랜드를 광고할 때 호들갑을 떨거나 과장하지 않으면서도 자신의 품격을 지키며 소비자와 공감할 수 있는 전략을 연구해야 한다.

내가 홍콩에 있던 1990년대, 이층버스에 적힌 "젊음은 당신의 손 안에 있다. 마약으로 당신의 인생을 파멸시키지 말라"는 공익광고 문구를 우연히 본 적이 있었다. 스치듯 지나친 짧은 문구였으나 아직까지도 선명하게 기억에 남아 있다. 청소년 공익광고로 기억하는 그 문구는 한자 특유의 간결하면서도 응축된 메시지를 강하게 전달하고 있었다. 수많은 자동차와 매연으로 복잡한 도심 한가운데서 짧고 강렬한 광고 문구를 향유하는 일은 흥미로운 경험이 아닐 수 없다. 이러한 기억은 홍콩의 도심 속에서 느낄 수 있었던 나만의 특별한 정취로 남아 있다. 비록 거창한 사상은 아니라도 온통 자극적이고 저속한 문구들이 휴지조각처럼 휘날리는 거리에서 간결한 공익 메시지가 주는 파급 효과는 상상을 초월한다.

현대인이 동경하는 고상한 품격은 마치 화장기 없는 민낯의 여인처럼 너무나 소박한 얼굴로 우리 곁을 빠르게 스쳐 지나간다. 위대한 고전 역시 현대인의 삶과 그리 동떨어져 있지 않다. 왕안석의 시가에서는 노골적인 찬사를 찾아볼 수 없으나 그의 시를 읽고 나면 어디선가 매화의 그윽한 향기가 전해오는 듯한 착각에 빠지게 된다.

> 담장 모퉁이에 핀 몇 가지 매화꽃이여.
> 추위를 무릅쓰고 홀로 피었구나.
> 아득한 그것이 눈꽃이 아님을 깨달은 것은
> 매화의 그윽한 향기가 전해오기 때문이 아니겠는가?
>
> 왕안석, 〈매화〉

시의 정경 속에서 매화는 우아한 자태를 한껏 뽐내고 있다. 가지 위에 피어난 흰 꽃은 매화인지 눈송이인지 분간되지 않을 만큼 순백의 아름다움을 발한다. 차가운 잔설 틈에서 피어난 매화의 맑고 청아한 향기는 보는 이들에게 생명의 환희를 일깨워준다. 짧고 간결한 왕안석의 시는 화려한 수사와 형용사를 남발하지 않으나 그 평범함 속에 몇 번이고 곱씹어 음미할 만한 품격이 내재되어 있음을 되새겨봐야 할 것이다.

99 정서적 욕구를 만족시켜라

매화 자체를 극도로 예찬하는 시가는 많지 않으나 역대 문인들은 줄곧 매화와 자신을 동일시하는 경향을 보인다. 왜냐하면 매화의 이미지는 다른 꽃에 비하여 훨씬 강렬한 호소력을 지니고 있기 때문이다. 옛 문인들이 왜 그토록 매화에 자신의 감정을 이입하려고 했는지 관심 있게 지켜볼 필요가 있다.

『전당시』에 수록된 4만 2,000여 편의 시가 중 '매화'의 이미지를 표현하는 시는 150여 편에 이르며, 단순히 '매梅' 자가 들어간 시가는 940여 편에 달한다. 특히 송대 시가 중에는 매화를 향한 충일한 정서를 담은 작품이 많다. 이러한 시장성으로 볼 때 매화의 이미지 수요는 상상을 초월한다.

수요는 사물의 특성을 구분한다. 그렇다면 매화는 어느 계층의 수요를 대변하고 어떤 세분화된 시장을 대표하고 있을까? 광범위한 계층과 다양한 유형의 인구를 대상으로 이러한 설문 조사를 할 경우 의견이 분분해질 수밖에 없다. 더구나 나의 오랜 경험에 비춰본다면 걸핏하면 시장을 세분하려는 태도는 신빙성이 없을 뿐 아니라 이런 식의 소비자 선호도 역시 엉터리인 경우가 종종 있다.

하버드 대학의 클레이튼 크리스텐슨Clayton Christensen 교수가 발표한 공동 연구 결과를 통해 재차 이러한 사실을 확인할 수 있다. 밀크셰이크 제품의 판매 촉진에 나선 한 패스트푸드 기업이 밀크셰이크를 좋아하는 각계각층의 소비자를 대상으로 제품 평가를 실시했으나, 그럼에도 해당 제품의 매출은 제자리걸음을 면치 못했다. 결국 소비 행태를 조사하는 전문기관에 일임한 후 이 패스트푸드 기업은 한 가지 사실을 알아냈다. 밀크셰이크 구매자 중 40%는 손수 운전하며 출근하는 직장인들로 성별이나 연봉 등에서는 별다른 차이를 발견할 수 없었다. 단지 이들이 아침시간에 밀크셰이크를 구입하는 이유는 일단 공복감을 없애 점심시간 이전의 허기를 채우기 위한 것이었다. 특히 운전할 때 마시는 밀크셰이크는 주행에 전혀 방해되지 않을 뿐 아니라 목 넘김이 부드러워 아침식사 대용으로 안성맞춤이다(만약 베이글과 음료를 구입한다면 두 손을 모두 사용해야 하는 단점이 있었다). 결국 이러한 소비자들의 수요를 면밀히 파악한 후에 더 많은 편의를 제공하게 된 패스트푸드 기업의 매출은 급등하기 시작했다. 마케팅 연구가 시어도어 레빗Theodore Levitt은 "사람들이 원하는 것은 4분의 1인치의 구멍을 뚫어주는 드릴이 아니라 4분의 1인치의 구멍일 뿐이다"라는 유명한 말을 남겼다. 시장은 사물의 용도에 의해 형성된다는 지극히 당연한 사실을 지적한 셈이다. 이와 비슷한 맥락에서 고대 문인들이 동경해온 것 또한 매화가 아니라 매화가 상징하는 고결한 이미지라는 결론에 이르게 된다.

인간은 물질적 욕구와 정서적 욕구가 동시에 존재한다. 거리의 카페에 앉아 행인들의 모습을 관찰해보라. 저마다 자신만의 고유 이미지가 있으며, 단순히 걸음걸이만 봐도 각자의 개성을 알 수 있다. 세상의 모든 브랜드와 제품은 '4분의 1인치 구멍'에 불과하다. 대중이 특정 제품, 특정 브랜드에 열광하는 것은 자신이 필요로 하는 구체적인 실용성을 갖추었기 때문이며, 일부 브랜드는 소비자의 독특한 개성과 정서에 부합되는 일면을 지니고 있다(물론 자신과 전혀 어울리지 않는 브랜드를 마구 남용하는 사람도 있다).

솔직히 문인들의 상상 속 매화는 일반인이 느끼는 매화와 전혀 다르다. 사람들이 매화를 좋아하는 이유는 단지 관상용이 아니라 자신의 문화적·정서적 욕구를 충족시켜주기 때문이다. 경기 침체로 장기적인 불황에 접어들자 사람들은 혹한 속에서도 꽃을 피우는 매화에 자신의 감정을 이입하고 현실의 암울한 처지에 대한 모종의 일체감을 느낀다. 예를 들어 "역참의 바깥, 끊어진 다리 위에 주인도 없이 외로이 피어 있네"라거나 "다른 봄꽃들과 아름다움을 다툴 생각은 없으나 단지 봄이 왔음을 알리고 싶을 뿐이라네"[1]와 같은 시가를 통해 매화가 상징하는 이미지를 유추해볼 수 있다.

매화의 심오한 이미지는 "피리는 매화를 연주하고 칼날은 명월의 고리를 드러내는구나" 혹은 "고향을 떠나오던 날 창 앞의 차가운 매화, 꽃을 피웠는가?"라는 시인의 질문 속에도 잘 드러나 있다. 그 밖에 사방득謝枋得은 "봄이 가까이 왔음을 알리는 것은 매화이고, 세한을 견디어내는 것은 소나무다"[2]라며 소나무와 상반된 매화의 이미지를 형상화했다.

사람들은 누구나 흉금을 털어놓길 원하며 밖으로 억눌린 감정을 표출하려 한다. 세상 누구에게도 의탁할 곳이 없는 마음을 의지하게 만들며 내면의 안정을 취하게 하는 것이 바로 매화가 지닌 미덕이다. 후기 현대 사회에 접어들수록 대중의 이러한 내면의 수요가 더욱 확대되고 강화되

---

1 육유의 〈복산자卜算子·영매詠梅〉, 모택동의 〈복산자·영매〉에서 차례로 인용하였다.
2 이백의 〈종군행從軍行〉, 왕유의 〈잡시삼수雜詩三首〉, 사방득의 〈송장자고귀연평送張子高歸延平〉에서 차례로 인용하였다.

는 추세다. 얼마 전 모 심야 프로그램에서 『영혼을 위한 닭고기 수프』를 놓고 열띤 토론이 벌어졌다. 결국 이런 장르의 책들이 사람들의 마음을 흔드는 까닭은 정서적 수요에 의한 것이다. 특히 사회 전반에 이러한 현상이 두드러지는 이유는 '정서 자산'이 결핍되고 정서적인 불안감이 증폭되고 있다는 반증이다.

『영혼을 위한 닭고기 수프』에 드러난 대중의 관심은 홀로서기를 준비하는 사람들에게 집중되고 있다. 인간의 내면에는 독립에 대한 두려움이 있다. 어느 사회학자의 말을 빌려본다면 사회의 압력이 커질수록 사람들은 기술적인 수단을 통해 일상의 소통을 확대하려 한다. 따라서 '홀로서기'를 학습하는 일은 과거 그 어느 세대보다 절실한 과제이며 무엇보다 심신에 유익하다. 심지어 전혀 예상치 못한 즐거움을 얻게 될 수도 있다.[3] 중국의 고전 문학 작품을 통해 만나게 되는 매화의 이미지는 오늘날 홀로서기를 해야 하는 현대인의 영혼에 진정한 반려자 역할을 톡톡히 해내고 있다.

최근 한 통계 조사에 의해 이러한 주장의 타당성이 밝혀졌다. 고대 시가를 암송하는 중국인들은 87.5%에 달했으며 현대시를 좋아한다는 응답은 8.3%에 불과했다. 다만 이러한 현상이 개인주의 성향이 늘어나고 1인 가족이 증가한 탓에 홀로 있는 시간이 많아진 탓인지, 아니면 다른 원인 때문인지 알 수는 없으나 전자에 더 가까울 것이라는 조심스러운 예측이 가능하다.

물론 이러한 통계만으로 수많은 중국인들이 여전히 고전 시가를 애송하는 이유를 밝힐 수는 없으며, 밀크셰이크를 구입하거나 혹은 4분의 1인치 구멍을 원하는 심리와 어떤 연관이 있는지도 입증하기 어렵다. 다만 한 가지 분명한 사실은, 복잡한 현대 사회의 조류 속에서 많은 이들이

| 3 〈홀로서기, 그 행복으로 가는 여정〉(2011년 3월 10일 프랑스 《르피가로》)에서 일부 발췌하였다.

물질적 생활의 개선을 위해 끊임없이 노력하는 것만큼 정서적인 안정을
원하는 사람들 역시 점차 늘어가고 있다는 점이다.

100 여성 고객의 심리를 공략하라

매화에게서는 여인의 향기가 느껴진다. 이것은 매화가 지닌 최대 장점
이다.

선진先秦 문학(갑골문 생성 이후 진대 이전까지의 문학 _옮긴이)에 드러난
매화의 존재는 미미하리만큼 그 존재를 찾아보기 어렵다. 매화와 관련된
최초의 기록은 남송 시기의 〈형주기荊州記〉로 추정된다.

"강남에 살았던 육개陸凱는 장안에 사는 친구 범엽范曄에게 시 한 수를
지어 보냈다. 육개는 시의 일문에 '매화나무 가지를 꺾다가 역부를 만났
으니 몇 가지 묶어서 그대에게 보내네. 강남에 살며 가진 것 없으니 애오
라지 봄꽃 하나를 보낼 뿐이네'라고 적고 있다."[1] 이후 사대부 사회에는

---

[1] 문헌에 따르면 육개는 동명이인이 있는 것으로 보인다. 오나라의 형주목과 좌승상을 지낸 육개와
남송 시기에 북위의 관원을 지낸 육개가 있다. 『후한서』에 등장하는 범엽이 남송 사람이라는 사실
은 맞지만 생몰 시기가 두 명의 육개와 일치하지 않는다. 〈형주기〉에 의하면 이 시를 두 차례 기록
하고 있으나 한 번은 범엽이 아닌 노엽이라는 이름으로 소개되었다. 〈육개(증범엽)시고변〉에 실린
고증에 의하면 육개와 범엽은 동시대 인물이 아니며 범엽 역시 장안 일대에 간 적이 없는 것으로
나와 혼란을 주고 있다.

애틋한 정서를 매화에 담으려는 시가들이 급속도로 퍼져나가며 크게 유행했다. 한 가지 역설적인 점은 매화의 정서를 차용한 문인 대부분이 남성이라는 사실이다. 문인들은 험난한 인생의 기로에 직면하여 정든 고향과 벗을 등져야 할 때마다 옛 고사에 나오는 육개와 범엽처럼 매화 가지에 천 리 밖의 가족과 벗을 향한 그리운 마음을 담아 시를 썼다. 이러한 정서는 내용이 형식을 초월하면서 그 의미가 더욱 증폭되었다.

묻노니 매화는 어디로 사라졌느냐, 간밤 비바람에 온 산으로 흩어져버렸구나.[2]

시적 정취 속에서 고운 매화의 자취는 찾아볼 수 없다. 명월이 변방의 밤하늘을 환히 비출 때 어디선가 들려오는 '떨어지는 매화'의 구슬픈 피리 연주만 흐느낄 뿐이다. 깊은 밤, 잠을 설치며 머나먼 고향을 그리워하는 이들이 어찌 고향의 매화를 잊을 수 있겠는가?

내 마음을 알아주는 유일한 이는 매화와 초승달이라네. 차가운 달빛 창가에 비추니 밤을 새워 책을 읽노라.[3]

적막한 초가집 등불 하나 밝혀놓고 창가에 앉으니 창밖의 매화나무 가지는 달빛 아래 홀로 교교하게 피어난다. 매화의 향기는 마치 여인의 소맷자락인 양 그윽한 향기를 뿜으니 깊은 밤 홀로 깨어 책을 읽은 선비의 가슴에 어찌 그리움이 사무치지 않겠는가?

산에 비가 그치자 천지가 고요한데 몇 생의 도를 닦아야 매화의 경지

2 고괄의 〈새상문적塞上聞笛〉에서 인용하였다.
3 진룡의 〈자부소은自賦小隱〉에서 인용하였다.

에 이를까?[4]

한 떨기 매화는 외세의 침입, 국가의 패망, 문명의 쇠퇴에 직면하여 인간의 도리가 땅에 떨어진 세태를 개탄하면서도 결코 현실에 굴하지 않는 선비의 고고한 기개를 상징한다.

눈 쌓인 산중의 매화는 선비가 누운 듯하고 달 밝은 숲속의 매화는 미인이 오는 것 같구나.[5]

"미인"을 상징하는 수식어인 매화는 옆에서 부추기지 않아도 스스로 도도한 기풍을 풍긴다. 속세를 떠난 사대부들은 매화의 고고한 절개를 자신의 평생 반려로 삼고자 했다.

고대 시가 속에서 매화는 남성 혹은 여성성을 부여받는다. 때로는 구국의 영웅, 때로는 절개 높은 여인, 때로는 세속을 초월한 초인의 이미지를 동시에 품고 있음은 참으로 보기 드문 현상이다. 더구나 이처럼 다양한 이미지를 지닌 매화를 시가 속에서 묘사하기란 쉬운 일이 아니다. 그럼에도 불구하고 당송은 물론이고 명청에 이르기까지 수많은 문인들이 매화에 이토록 수많은 의미를 부여한 이유는 굳이 설명하지 않아도 짐작할 수 있다. 물론 매화의 이미지가 다소 남발되는 현상이 유감스럽기는 하지만 이 역시 대중의 폭넓은 지지와 애정 없이는 불가능하기에 높이 평가할 만하다.

하지만 인기가 있다고 오직 일부 장점에만 의존한다면 장기적인 관심과 애정을 유지하기 어렵다. 매화 역시 시대가 흐를수록 여인의 이미지

---

4 사방득의 〈무이산중武夷山中〉에서 인용하였다.
5 고계의 〈매화구수梅花九首〉에서 인용하였다.

가 강하게 부각되기 시작했으며, 실제 여류 문사들이 대거 창작 활동에 참여하면서 자신들의 억눌린 심정을 대변하는 수단으로 매화를 선택하는 경우가 늘어갔다.

명·청 시기의 여인들은 글을 배우고 문학적 소양을 쌓으며 단체를 조직했다. 이들의 활동이 잦아지면서 여인의 문학은 강남과 경성의 발전을 촉진시켰다. 그러다 보니 매화를 소재로 삼은 매화 예찬 시가들이 즐겨 애송되기 시작했다. 이쯤에서 독자들 중 대체 매화와 마케팅이 무슨 상관이 있는지 반문하는 이가 있을 것이다. 여성은 사회를 구성하는 '세상의 반쪽'이다. 그녀들은 생산 활동에 참여하는 데 만족하지 않고 소비를 주도하기 시작했다. (심지어 소비자의 핵심 세력으로 등장했다.) 동시에 그녀들은 문화를 창조하고 문화를 소유한다. 문화는 시대를 불문하고 성공적인 마케팅의 핵심 키워드로 존재해왔다. 다시 말하자면 여성을 위한 서비스에 주력하지 않고는 기업의 성공을 거둘 수 없다. 현재 성공한 브랜드의 경우 거의 대부분 여심을 공략하고 있으며 이것이 주효하려면 실용성은 물론이고 여성을 감동시키는 스토리가 존재해야 한다. 이러한 마케팅 전략상 예외를 하나 들라면 중국의 백주白酒를 말할 수 있다. 왜냐하면 백주는 오로지 남성적 권력에 호소하는 경향이 있기 때문이다.

마케팅 전문가의 조언에 의하면 대어를 낚고 싶다면 미끼 역시 큰 것을 써야 한다고 말한다.[6] 세상의 수많은 사업 구상은 전부 여인의 머리에서 나온 것이라고 해도 과언이 아니다. 여성의 힘은 이미 사회의 경제 기초(동시에 수많은 사회학의 이론이 되었다)를 이루고 있다. 10여 년 전, 미국의 한 통계 조사에 의하면 여성의 75%가 가계를 장악하고 있으며, 88%가 시장의 매출을 좌우한다고 보고되었다. 여성 11명 중 한 명은 자신의 사업체를 소유하고 있으며, 50만 달러 이상의 자산을 보유하고 있는 여성의 비율 역시 43%에 달했다.[7]

더욱 놀라운 사실은 선진국은 물론이고 개발도상국마저 매년 대학에

진학하는 여학생의 비율이 상승하고 있다는 점이다. 미국은 이미 20여
년 전에 전체 대학생 비율의 다수를 여학생이 차지했으며, 중국 역시 교
육부가 발표한 통계에 따르면 2008년 전국 일반 고등학교 3학년을 대상
으로 600만여 명의 본과생을 모집한 결과 여학생의 비율이 54.7%를 차
지했다. 샤먼 대학의 본과생 중에는 여학생 비율이 2008년에 과반수를
넘겼으며, 2009년에는 52.5%, 2010년에는 53%, 2011년에는 55.6%의
점유율을 각각 나타내며 해마다 상승하고 있다.

이러한 수치는 무엇을 상징하는가? '여인의 입김'이 향후 마케팅 문
화에서 가장 중요하다는 현실을 반영하는 것이다. 지금껏 남성들이 독점
하고 있던 지위, 심지어 철권의 결합으로 상징하는 남성 중심주의가 서
서히 몰락하고 있다는 반증이기도 하다. 흥기와 몰락은 시대의 중대한
도전이 아닐 수 없다.

미국 자본 시장의 경우 1990년부터 2000년까지 여성 참여율이 100배
증가했다는 사실에 주목할 필요가 있다. 21세기 초반 이후에 미국 전체
5,800만 개 스포츠클럽 회원 가운데 여성의 비율이 이미 52%를 점유했
으며, 일상에서 구두 대신 운동화를 선택한 여성 비율 역시 1995년 42%
에서 50%로 증가했다. 스포츠 운동화 업계에서 여성 소비자의 매출 점
유율은 50억 달러에 달하는 높은 비중을 차지한다. 하지만 이러한 추세
를 전혀 감지하지 못했던 나이키 사는 1990년대 말까지도 여전히 남성
중심의 마케팅 전략을 고집했다. 그 결과 새로운 후발 업체에게 시장의
우위를 내주고 말았다. 이처럼 뼈아픈 교훈을 얻은 나이키는 현재 유럽
의 여성을 주요 공략 대상으로 삼는 마케팅을 활발히 전개하고 있다.

여성 중심의 시장경제 촉진은 보수적인 중국의 기업 문화마저 바꿔놓

6 Jeffry Fox, *How to Become a Rainmaker*(NY: Hyperion), 2000.
7 Bernice Kanner, *Pocketbook Power*(NY: McGraw-Hill), 2004.

고 있다. 일부 기업에서는 여성 심리와 관련된 강연을 열어 의식의 전환을 시도하기도 했다. 그러나 남녀 어느 한쪽에 치우치지 않으면서도 강한 호소력을 지녔던 매화(억지로 갖다 붙이는 것을 제외하고)의 경지에 도달한 기업이 얼마나 될까? 마케팅의 해결 방안을 좌우하는 열쇠는 대체 어디에서 찾아야 할까? 송대 비구니가 남긴 아래 시가를 감상하다 보면 이 질문의 해답을 얻을 수 있지 않을까?

하루 종일 봄을 찾아 나섰건만 봄을 보지 못하였네.
짚신 신고 변방을 찾아 헤매다
돌아오는 길에 매화를 집어 들고 향기를 맡으니
봄날 향기, 매화 가지 위에 만발하였구나.

〈오도悟道〉

101 작은 차이가 역사를 바꾼다

대체 얼마나 더 작아질 수 있을까? 최근 출시된 소형 사이즈는 B5 용지 크기만한 것도 있다. 젊은 세대의 호기심을 자극하는 이 제품은 바로 애플 사의 태블릿 컴퓨터. 소비자의 호기심과 노련한 마케팅 전문가 혹은 경영인의 두뇌가 만나면 세상은 빠르게 변화한다.

적절한 투자와 창의적 사고를 갖춘 기업이 기존의 모든 기술과 디자인을 거부하게 되면 대중의 사소한 호기심을 통해 커다란 영감을 얻는다. 제품의 차별화는 무한 게임이나 다름없다. 물론 일반 소비자들은 제품의 차별화가 주는 사소한 차이를 크게 느끼지 못할 수도 있다. 이것은 전자 상가에 진열된 A사의 컴퓨터와 B사의 컴퓨터 기능을 단순 비교했을 때 별다른 차이를 발견할 수 없는 것과 마찬가지로 단지 추가 기능상의 미세한 선택 사항에 불과하기 때문이다.

하지만 이처럼 사소한 차이라도 장기간 누적되는 경우 자본 시장에 거대한 변동을 일으켜 시장의 판도를 뒤집는 결과를 가져온다. 간절히 기다리던 소나기가 한 차례 내리고 나면 사람들은 오랜 가뭄 끝의 희열을 맛보게 된다. 지루한 일상의 전환을 기대하는 사람들의 심리가 최고조에 달하는 순간 눈앞에 펼쳐지는 변화를 목격하는 것은 흥미진진한 일이다. 자본 시장의 대전환은 성공 궤도를 달리는 대기업에게 국한되는 일이 아니다. 왜냐하면 기회는 언제나 위기와 함께 찾아오기 때문이다. 흔히 위기의식은 사건이 발생하고 난 후에 사라지고 마는데, 중요한 점은 차별화 전략의 성패는 사소한 차이에 대한 만족이 아니라 '죽기 아니면 살기'와 같은 강력한 의지에 달려 있다는 것이다.

브랜드 전문가 알 리스Al Ries와 잭 트라우트Jack Trout의 조언에 의하면 타사 제품의 풍격風格을 가로채 만들어지는(as a me-too brand) 이른바 모방 브랜드는 세상에 존재할 수 없다고 한다.

당시唐詩가 그 대표적인 사례다. 제재에 따라 시가를 구분하면 몇 종류되지 않는다. 문인들은 매번 시가를 지을 때마다 전대 문인들이 축적해온 이미지와 한판 승부를 벌여야 했다. 한 시인이 높은 누각에 올라 사방을 둘러보며 시를 지었다고 치자. 이후 수많은 후대의 문인들은 이 시에 각기 다른 의미를 부여할 수밖에 없다. 이러한 맥락은 현대의 산업에도 적용된다. 동정호洞庭湖의 풍경을 노래한 칠언절구 시는 길어야 스물여덟 자를 넘기지 않는다. 다만 맑고 푸른 물결이 끝없이 펼쳐지는 동정호 주변의 사계절 정취와 애틋한 전설을 가미한다면 독특하고 특별한 의미를 부여할 수 있다. 성당盛唐 시기의 정치가 장설張說의 시를 감상해보자.

악양에서 동정호의 가을을 바라보니
산봉우리 날로 물 위에 홀로 솟아오르네.
신선의 가르침을 들으니 감히 범접할 수 없고
이내 마음만 호수의 물결을 따라 유유히 흘러가네.

장설, 〈송량륙자동정산작送梁六自洞庭山作〉

집안 어른과 벗을 모시고 동정호로 유람을 떠났던 이백은 신비한 자태를 발하는 호수의 정취에 넋을 잃고 빠져들었다.

소상 강물에 몸 던진 이 돌아오지 않으니
가을 풀만이 동정호에 드문드문 허무하구나.
맑은 물로 닦은 호수 거울처럼 열리니
붓으로 그려낸 듯 드러나는 군산이여.

이백, 〈배족숙형부시랑엽급중서가사인지유동정오수
陪族叔刑部侍郞曄及中書賈舍人至游洞庭五首〉

최계경의 시 속에 드러난 동정호의 정취는 구름 한 점 없이 맑고 광활하다.

팔월의 장강은 만 리에 푸르고,
돛을 단 배는 순풍이 이끌어주네.
종일토록 하늘과 강을 구분할 수 없으나
동정호의 남쪽에 악양성이 있다네.

최계경崔季卿, 〈청강추망晴江秋望〉

유우석劉禹錫은 한밤중 동정호 주변에 펼쳐진 야경을 노래했다. 호수 위로 교교히 비친 달빛과 수면 위에 내려앉은 산 그림자를 마치 한 폭의 회화를 감상하듯 조망하고 있다.

호수 빛과 가을 달은 서로 어우러져
수면은 바람 없어 갈지 않은 거울.

멀리 바라보는 푸른 동정호 산과 물은

흰 쟁반에 담긴 파란 소라 하나.

유우석, 〈망동정望洞庭〉

동정호 주변의 정취를 묘사한 시가는 수없이 많다. 그중에서도 만당에
이르러 방간方干이 지은 시는 초현실주의에 가깝다.

이역만리에서 우연히 신선 마고를 만났는데

듣자니 군산은 원래 동정호에 없었다네.

원래는 곤륜산 정상의 바위였는데

바닷바람이 불어 동정호 한가운데로 날아온 거라네.

방간, 〈제군산題君山〉

당온여唐溫如[1]는 상대적으로 널리 알려지지 않았지만 선대 대문호들의
시가에 전혀 위축되지 않으며, 오히려 시적 정취에 완벽히 도취된 듯이
유유자적한 시풍을 구사했다. 그의 시는 당나라 시인들이 동정호에 대해
쓴 시가 중에서 단연 압권이라는 찬사를 받고 있다.

서풍이 불어 동정호에 물결이 이니

하룻밤 사이에 상군湘君에는 백발이 무성하였다네.

술에 취해 어디가 하늘이고 어디가 물인지 구별할 수 없구나.

---

1 당온여는 생몰연대가 확실하지 않으나 고증에 의하면 원나라 말기 또는 명나라 초기에 절강성에
서 태어났다고 한다. 이 시의 원제는 〈과동정過洞庭〉으로, 강희 연간에 편찬한 『전당시』에 수록되
어 있다.

반짝이는 은하가 강가를 비추니 배 위의 나그네 천천히 꿈에서 깨어나네.

당온여, 〈제룽양현청초호題龍陽縣靑草湖〉

　　송나라 시기에 이처럼 전설을 노래하고 정경을 묘사하는 시가들이 유행한 이유는 이들이 고지식했기 때문은 아니다. 동정호 하나만 보더라도 어찌 선대 문인들과 동일한 제재를 두고 어깨를 나란히 경쟁할 수 있었겠는가? 이는 마음만 앞선다고 해결될 일이 아니었다. 시를 쓰고 글을 짓는 일은 송나라 사람들이 가장 좋아하는 유희였으며, 악양루岳陽樓를 새롭게 중건한 이유도 그 때문이다. 범중엄范仲淹은 〈악양루기岳陽樓記〉에서 "먼 데 산을 머금고 장강을 삼키고 힘찬 기세는 끝 간 데를 모르네. 아침이면 햇살이 눈부시고 저녁에는 노을마저 아름다우니 천변만화의 날씨로구나"라며 동정호 주변의 정취를 노래하면서도 문득 "천하 사람들에 앞서 근심하고, 천하 사람들이 모두 즐거워한 나중에 기뻐하라"며 선비로서의 흉금을 드러냈다. 이런 식의 마무리는 동정호의 정취와 시적 자아의 내면에 자리한 미적 정경이 서로 결합하여 그의 시를 절대 경지에 올려놓았다.

　　이로써 동정호에 관한 시가는 천하를 제패한 셈이다. 시계로 예를 든다면 스와치Swatch의 발명일 것이며, 컴퓨터로 치자면 타의 추종을 불허하는 아이패드와 견주어도 무방할 것이다.

102 소소한 배려로
고객의 마음을 움직여라

　최근의 마케팅 이론에 의하면, 인터넷 시대에 하나의 브랜드를 소유한 기업가는 단순한 장사치가 아니라 하나의 커뮤니티를 창조한 사람이다.[1] 기업의 브랜드가 이상적인 입지를 구축하려면 반드시 폭넓은 고객층과 관계를 맺어야 한다.

　기업이 고객과 이러한 관계를 맺으려면 우선 대화의 창구를 마련하는 일이 무엇보다 시급하다. 이는 돈을 많이 들인다거나 변덕스러운 고객의 비위를 끝도 없이 맞추라는 이야기가 아니다. 때로는 한두 마디의 진솔한 대화만으로도 충분한 의사 전달이 가능하며, 굳이 거창한 관심과 배려를 요구하지도 않는다. 다만 이러한 교류에는 사회와 인문학이 바탕이 되어야 하며, 이러한 체험은 사람들의 무한한 상상력을 촉발하게 된다. 당대 문인들은 짧은 시어 하나에도 예술혼을 담아내려 노력해왔다.

| 1 Charlene Li and Josh Bernoff, *Groundswell*(Boston: Harvard Business Press), 2008.

시인은 술을 데워놓고 이웃을 청하며 이렇게 읊조린다.

"하늘에선 눈발이 날리고 방안에는 훈훈한 화로가 타오르니, 여기 와
서 술 한잔 하지 않겠나?"

거품 부글부글 이는 술

작은 화로에 붉게 단 뚝배기

저녁이 되어 눈이 내리려 하니

술 한잔 나누지 않겠는가?

백거이, 〈문류십구問劉十九〉

여인은 나룻배 위에 올라선 후에 뱃사공을 향해 수줍게 말을 건넨다.

"말투를 들어보니 고향 사람인 것 같군요."

뱃사공과 여인이 이어가는 다음 대화는 독자의 상상에 맡긴다.

그대는 고향이 어디인가요?

소녀의 고향은 횡당이라는 곳이죠.

뭍에 배를 대자 여인이 둘러대듯 묻네.

혹시 저와 같은 고향 사람 아닌가요?

최호, 〈장간곡사수長干曲四首〉

눈빛 하나에는 수천 마디의 말보다 더 강렬한 의미가 내포되어 있다.
이른 봄날 밭에 나갔다 돌아오는 농부의 손은 텅 비어 있다. 울타리 밖으
로 새어나오는 식구들의 한숨 소리에 농부의 발길은 문가에 멈추고 그의
시선은 물끄러미 개를 향할 뿐이다.

밭에서 돌아오는 길이나 손에 들린 것 없으니

온 식구들이 슬픈 기색이 역력하네.
반기는 것은 누렁이 한 마리
대문에 앉아 꼬리를 흔드네.

반도, 〈말추도가末秋到家〉

이백이 항상 술에 취해 있었던 것은 아니다. 때로 조용히 대자연을 마주하고 앉아 내면의 울림에 귀 기울이지 않았을까?

모든 새들이 높이 날아간 곳 없이 사라지자
푸른 하늘엔 한 조각 흰 구름이 외로이 한가롭게 떠 흐르고 있구나.
그 밑에 나와 산이 마주하여 언제까지 보아도 물리지 않는 것은
오직 너 경정산[2]뿐인가 하노라.

이백, 〈경정독좌敬亭獨坐〉

이러한 시가는 즉흥적인 영감을 받아 일필휘지로 써 내려갔을까? 아니면 항아리의 술이 익듯이 오랜 시간 공을 들인 작품일까? 어느 쪽이 정답인지 장담할 수는 없으나 한 가지 확신할 수 있는 것은 인간 내면의 욕구를 정확히 파악하고 있었다는 사실이다. 예술가들이란 본래 주변보다 자신의 자세를 낮추어 내면의 소리에 귀를 기울이면서 내적 갈망을 채워가는 법이다.

물론 문학사적 관점에서 보면, 앞서 나열한 시가들의 가치는 다소 소

---

2 경정산은 안휘성의 선성시 북쪽 외곽에 위치하고 있다. 원래 이름은 소정산이나 진나라 초기에 황제가 경정으로 이름을 바꾸었다. 황산의 한 지류로서 동서로 100리에 이르고 크고 작은 산봉우리만 60여 개가 있다. 지금은 국립공원으로 지정되어 있다.

소하게 느껴질 수도 있다. 하지만 짧고 간결한 한 줄의 시가에서 느껴지는 여운은 때로 방대한 저작이 주는 웅장함을 능가하는 경우가 있다. 전문적인 금융분석가들이 단돈 5달러의 교역일지라도 어떤 식으로 거래해야 할지 고민에 빠지는 이치와 다를 바 없다. 고객 혹은 독자들은 단순히 작품의 스케일이나 물질적 가치에만 관심을 두지 않는다. 관건은 서비스의 질적 체험에 있다. 따라서 기업의 이익을 증대하려면 고전의 의미를 강조하여 서비스의 질을 향상시키고 고객과의 장기적인 교류에 더욱 관심을 기울여야 한다. 다만 이러한 전략의 가치가 당장 경제적 이익에 반영되는 것은 아니다.

9·11테러 이전으로 돌아가 미국 미드웨스트 익스프레스 에어라인의 사례를 보자. 이 항공사는 비즈니스 여행객을 위한 맞춤 항공 서비스를 제공해왔다. 기내의 모든 좌석이 일등석으로 제공되는 것은 이 항공사만의 특징이며, 특히 기내에서 초콜릿 쿠키를 직접 구워 승객에게 제공하는 특별한 서비스를 실시했다. 이 항공사를 이용하는 승객들은 비행기 안에서 쿠키 향이 진동하는 특별한 경험을 즐길 수 있다. 사실 이 항공사가 제공하는 초코 쿠키는 기내 주방에 설치된 오븐에서 일일이 수작업으로 구워내야 하기 때문에, 상당히 힘들고 번거로웠다. 하지만 비록 사소한 즐거움일지라도 타 항공사에서는 경험할 수 없는 독특한 서비스로 인하여 열혈 고객을 다수 확보할 수 있었다. 미드 웨스트 익스프레스는 미국 전체 항공사 가운데 가장 우수한 서비스를 제공하는 항공사로 선정되기도 했다. 2010년 리퍼블릭 에어웨이즈와 프론티어 항공사와의 인수·합병이 진행 중이라는 소식이 알려졌으나 브랜드가 사라지는 한이 있어도 초코 쿠키 서비스는 여전히 유지될 거라고 주주들은 말했다.

초코 쿠키 몇 개가 무슨 대수냐고 반문할 수도 있다. 사실 사소한 서비스의 원가와 비용을 속속들이 따지고 보면 별것 아닌 경우가 대부분이다. 하지만 사소하다고 해서 덮어놓고 무시하고 전혀 신경을 기울이지 않는다면 대체 어떤 식으로 고객을 배려하고 대화의 창구를 유지할 것인가? 미국의 철학자이자 컬럼비아 대학의 총장을 지낸 니콜라스 머레이 버틀러Nicholas Murray Butler는 이렇게 말했다. "이익만 취하려는 기업은 실패하게 되어 있으며, 반면에 고객에 대한 성실한 서비스를 약속하는 기업은 반드시 성공한다." 미국인이 햄버거에 열광하는 이유는 단지 배고픔을 해결하기 위한 것이 아니라 철판에서 막 구워낸 고기에서 들리는 지글지글 소리 때문이라는 논리와 같은 맥락이다. 21세기 마케팅의 샘플 교본은 바로 여기서 찾아야 하지 않겠는가?

103 이용가치가 있는 것은 무엇이든 활용하라

　서양인의 뇌리에 '꽌시'라는 중국식 개념이 인식되기까지는 상당한 시간이 걸렸다.

　'꽌시 마케팅'에는 중국인 특유의 '네트워킹'이 내재되어 있다. 트위터나 페이스북 역시 이러한 '사회적 기술social technologies'의 일환으로 활용되고 있다.

　'Everybody is somebody's somebody'[1]라는 영어 속담처럼, 사회를 구성하는 사람들은 누구나 타인과의 긴밀한 사회적 관계를 맺으며 살아가기 마련이다. 인맥을 중시하는 기업가와 경영인들에게 '관계 맺기'의 기술은 새삼스러운 일이 아니다.

　동진東晉 시대, 장안의 세력가로 알려진 사대부와 교제하던 상인이 있었다. 그는 명망 높은 사대부에게 한 가지 제안을 했다. 댓잎을 엮어 만

| 1 Jeffrey Fox, *How to Become a Rainmaker*(NY: Hyperion), 2000.

든 부채를 가져올 테니 대신 팔아달라고 부탁한 것이다. 낮은 원가의 부채는 사대부의 후광을 등에 업고 날개 돋친 듯이 팔려 나갔다. 비단 재질의 고가 부채와 맞먹을 정도로 값이 뛰는 바람에 상인은 가만히 앉아서 큰돈을 벌었다.

반면에 또 다른 상인은 비극적인 결말로 이어졌다. 전국 시기 초나라 변화卞和라는 사내는 우연히 주운 박옥을 왕에게 바쳤다. 하지만 박옥의 진위를 입증하지 못한 변화는 사기꾼으로 몰려 다리를 잘리는 모진 수모를 겪어야 했다. 변화는 어째서 왕 측근의 '아무개' 이름이라도 팔아서 자신의 결백을 주장하지 않았을까? 변화의 주변에는 그를 위해 한마디의 변명이라도 거들어줄 사람이 왜 없었을까?

최근의 사례를 보자. 올림픽 기간이면 평소에는 스포츠 경기에 전혀 관심이 없던 사람들도 텔레비전 앞으로 몰려들기 마련이다. 전 국민의 관심과 열광적인 사회적 분위기로 인해 올림픽과 연계된 업종은 올림픽 경기가 치러지는 기간 내내 엄청난 광고 효과를 누리며 소위 '대박'을 기대한다. 해당 기업의 제품들은 올림픽 기간 중에 판매율이 급증하는 후광 효과를 톡톡히 볼 수 있기 때문이다. 베이징 올림픽이 열렸던 2008년 중국은 본격적인 개막식이 열리기도 전에 이미 올림픽 후원 기업은 물론이고 그와 무관한 업종마저 이러한 들뜬 분위기에 편승하여 얄팍한 상술을 남발했다. 시골 마을에서 혼사라도 치르는 날이면 온 동네 사람들이 모두 뛰어나와 어느덧 떠들썩한 동네잔치로 변하듯이, 당시 중국에서는 올림픽 이전에는 상상도 할 수 없었던 기이한 현상이 속출했다. 올림픽과 연관된 것이라면 아무리 사소한 것이라도 억지로 갖다 붙이며 자사 제품의 광고에 열을 올리는 기업이 부지기수였다. 베이징 올림픽 조직위원회는 공식 후원 기업이 아닌 경우에는 올림픽을 상업적으로 이용해서는 안 된다고 분명히 못을 박았으나 교묘한 경영 전략은 공공연히 이루어졌다.

때로는 개똥도 약에 쓰이는 법이다. 법에 저촉되지 않는 한 적극적인 마케팅은 경영 전략상 전혀 문제될 게 없다. 자본 시장에는 세상의 흐름에 편승하는 메커니즘이 작용하고 있기 때문이다. 베이징 올림픽 기간에 행해졌던 각종 상술만 보아도 쉽게 짐작할 수 있다. 물론 지나치면 눈살을 찌푸리게 할 수도 있으나 본래 시장의 속성이 그러한 것을 어쩌겠는가? 솔직히 이러한 의도를 노골적으로 드러내지 않고 겉으로만 '고상한 척' 행동하라고 강요할 수는 없지 않은가?

그러나 세상에는 매사 절도가 있는 법이다. 과유불급이라는 말은 어느 분야에서나 예외가 없다. 우리 사회는 때때로 본인도 의식하지 못하는 사이에 수많은 '저명 인사'를 양산해내는 경향이 있다. 모 유명 인사는 공식적인 모임에서 자신이 '저명 인사 아무개'로 소개될 때마다 난색을 표한다. 어쩌면 자신의 이름이 호명되는 순간 주위 사람들이 코웃음을 치고 있다는 사실을 너무나 잘 알고 있기 때문은 아닐까?

초나라의 변화는 왕은 물론이고 그의 측근들에게 자신의 가치를 설명하고 '마케팅'하는 일에 서툴렀다(설사 왕에게 보석을 바친 이유가 자신을 팔기 위한 의도였다고 해도). 다만 걸핏하면 유명 인사 '아무개'를 끌어다 자신의 편의대로 이용하려는 이들이 변화와 같은 수모를 겪지 않는다고 장담할 수도 없다.

지나치게 잔머리를 써서 자신의 책임을 다른 사람에게 떠넘겼다면, 시간이 흐른 뒤 그 행동이 약이 아니라 독이었음을 깨달을 것이다. 독립성은 물론이고 발전의 기회마저 스스로 내팽개치는 결과를 초래하기 때문이다. 기업으로 확대 해석하자면 정치적 관계를 광고판으로 활용하려 하거나 소비자의 기호에 자신의 브랜드를 억지로 끼워 맞추려는 전략은 사회적 신뢰를 쌓을 수 없으며 세상의 웃음거리로 전락하고 말 뿐이다.

물론 중국은 예로부터 꽌시를 중시해왔으며, '꽌시 사회'가 존재하는 것도 사실이다. 하지만 이것을 인정하는 것과 자신의 독자성을 버리고 인간관계에 맹목적으로 모든 것을 맡기는 것은 별개의 문제다. "남을 따르다 보면 결국 다른 사람의 꽁무니가 될 뿐이다"[2]라는 옛 선현의 말은 성공한 사람의 그늘에 안주하기보다는 모름지기 자수성가를 이루는 것이 바람직하다는 사실을 강조하고 있다. 현대 매니지먼트 이론을 적용한다 해도 일맥상통하는 부분이 적지 않다. 기업이 비중을 두고 있는 '꽌시 자본'은 사실 그다지 신비한 마력을 가진 것은 아니다. 이러한 자본은 관료 사회의 고급 인맥을 통해 정치적 끈을 연결하기 위한 것이라기보다는 광대한 고객층과 끈끈한 관계를 맺는 것을 지칭한다. 기업이 고객과 동반자적 관계를 유지하려면 이들에게 우수한 서비스를 제공하는 일에 사활을 거는 수밖에 없다.

물론 이외의 또 다른 '꽌시 자본' 역시 동일한 사회적 의미를 가진다. 예를 들어 기업과 자연의 관계, 기업과 문화의 관계, 기업과 매체의 관계가 그렇다. 이러한 관계는 비용을 투자할 필요가 없으나 이를 적절한 방식으로 이용할 경우에는 결코 돈으로 환산할 수 없는 자원을 얻게 된다.

반얀 트리 호텔 앤 리조트는 리조트의 입지를 선정할 때 주위 경관은 물론이고 인문학적 요인까지 꼼꼼히 따진다. 반얀 트리 관계자의 설명에 의하면 이러한 노력은 고객을 위한 경영의 일환으로, 리조트를 찾은 여행자들이 세상과 완벽히 차단된 장소에서 낭만적인 추억을 누릴 수 있도록 하기 위한 것이라고 한다. 경쟁이 치열해질수록 기업가들은 남의 깃발을 빼앗아 자신의 매출을 올리기에 급급하다. 하지만 반얀 트리 호텔 앤 리조트의 특별한 사례처럼 자연 회귀의 깃발을 표방하는 기업을 어느 누가 비난할 수 있는가?

전 세계인들은 '반얀 트리banyan tree'라는 브랜드를 통해 동남아의

---

2 영국 소설가 제임스 힐튼James Hilton이 1933년에 출간한 소설 『잃어버린 지평선LostHorizon』에 등장하는 '샹그릴라'는 곤륜산 서쪽 끝자락에 위치한 신비하고 아름다운 곳이다. 소설은 티베트의 샹바라 전설의 현대판이라 할 수 있으며 이상 속의 유토피아를 샹그릴라에 비유하였다.

이국적이고 독특한 풍광을 연상한다. '샹그릴라Shangri-La' 브랜드는 서양의 문학과 동양의 전설이 결합된 세계적인 호텔로 유명하다. 주목할 만한 사실은 이들 스스로 독특한 풍격을 지닌 자신들의 브랜드가 필요 이상으로 남용되는 것을 막기 위해 국제 무역호텔 전용 케리 호텔Kerry Hotel을 새롭게 선보이는 등 브랜드별로 특화된 차별화 서비스를 제공하고 있다.

"행운은 좁은 문으로 들어오지만 불행은 천 리에 미친다"는 속담처럼 각종 매체의 보급으로 인해 전파의 효력은 수백 배 증가했다. 중국의 일부 기업은 매체의 가공할 만한 위력을 감지하지 못하는 것은 물론이고, 사회적 기술에 대해서도 무신경으로 일관하는 실정이다. 이러한 기업은 링에 오르기도 전에 이미 판정패를 당한 복서와 별반 다를 것이 없다. 현대 사회에서 기업의 명성은 물론이고 경영상의 실적을 좌우하는 것은 바로 광대한 고객층의 인식이기 때문이다.

시장경제와 기타 사회 요인이 혼합될 경우 '모종의 관계'는 줄다리기처럼 서로 줄을 잡아당기지 않으면 무용지물이 되는 사례도 있다. 관건은 어느 줄을 잡아당기느냐가 아니라 어떤 식으로 팽팽한 긴장 관계를 유지하느냐에 달려 있다. 이러한 관계 형성은 기업이 최종적인 발전 전략을 실현하는 데 도움이 된다. 시장경제의 본질은 하나의 공동체로 이루어진 사회이기 때문이다.

현대 사회는 '관계와 관계'가 거미줄처럼 복잡하게 얽혀 있다. 기업이 창의성과 경쟁력을 갖추려면 불특정 다수를 대상으로 서비스를 제공함으로써 자신의 능력을 입증해야 한다. 한두 가지 특수 관계에만 집착한다면 스스로 발목을 매어놓음으로써 또 다른 관계와의 자유로운 교류를 상실하는 결과를 가져올 것이다.

104 도시에 문화의 향기를 입혀라

　중국은 서서히 도시화로 진입하고 있다. 중국 전역의 지방도시마다 특색 있는 자연과 유서 깊은 명승고적을 자랑하며, 이처럼 이색적인 전국의 각 지역을 하나의 거대한 행정구역 안에 통합한 것이 바로 도시다. 따라서 도시는 하나의 거대한 인문 박물관이라고 해도 과언이 아니다. 최근 이러한 상업적 환경을 활용하여 서비스를 제공하는 기업들은 놀라운 성장을 거듭하고 있다.

　인구가 많은 국가일수록 강력한 기능을 갖춘 공공 기초 설비(도로 등)에 주력해야 한다. 하지만 각종 중소 서비스 기업이 갖는 사회적 기능마저 무시해서는 안 된다. 단순히 취업률이라는 측면에서 볼 때 이러한 기업이 사회에 제공하는 기회는 대공업화와는 비교할 수 없다. GDP에서 서비스업이 차지하는 취업 기회는 제조업의 약 60% 이상에 달한다. GDP에서 서비스업이 점유하는 비율만 놓고 본다면 중국은 여전히 낙후한 상태를 벗어나지 못하고 있으며, 심지어 수많은 아시아 국가들에 비

해 훨씬 더 뒤떨어져 있다.[1]

마케팅의 본질을 이해한다면 이러한 현실을 쉽게 인정할 것이다. 대공업의 본질은 효율을 높이는 데 있으며, 적은 인건비로 많은 제품을 생산하는 것이 목적이다. 서비스업(특히 중소 서비스업) 역시 수익을 높이려면 고객을 최대한 친절하게 응대해야 한다. 따라서 이러한 업무에 종사하는 사람들의 친절한 행동과 서비스 마인드는 마케팅과 직접 연관이 있다.

그러나 유감스럽게도 행정 관료들은 여전히 인문학적 가치와 동떨어진 발상에 사로잡혀 있다. 행정 차원에서 시행하는 정책의 대부분은 상업 지구의 변화를 꾀하거나 중소 서비스업의 발전을 도모하는 일과는 거리가 멀다. 결과적으로 서비스업의 개선을 기대하기 어렵다. 상업도시로 유명한 거리를 걷다 보면 대형 설비를 갖춘 상가들이 즐비하지만 하나같이 속 빈 강정과 다름없다. 하나부터 열까지 틀에 박힌 문구 일색인 정책을 피부로 접하는 소비자들은 극심한 괴리를 느낄 뿐이다.

옛 속담에 무심코 뿌린 씨앗이 큰 나무 그늘을 만들어준다는 말이 있다. 한때는 아무도 거들떠보지 않던 낡은 콘크리트 건축물이 들어서 있던 곳이 불과 몇 년 사이에 새로운 문화 명소로 각광받는 현상을 보면 틀린 말도 아니다. 베이징 798 예술 지구가 바로 그곳이다. 이곳은 마천루가 즐비한 고층 빌딩 밀집 지구도 아니고 밤이면 불야성을 이루는 상업 지구도 아니다. 단지 예술가들이 모여 있는 공간이라는 사실이 아이러니하기만 하다. 삭막한 도심 한가운데서 문화예술인의 향기를 물씬 풍기는 이곳의 명성이 과연 얼마나 오래 지속될 수 있을지는 미지수다. 하지만 이곳을 찾아올 때마다 마치 주머니 속의 시집을 꺼내어 한 번씩 펼쳐 보는 기분이 드는 것은 무엇 때문일까?

---

[1] 2011년 3월 예일 대학 교수이자 모건 스탠리 기업(아시아)의 의장인 스티븐 로치Stephen Roach 가 베이징에서 열린 중국경제보고학회에 참가한 뒤 이를 취재한 기록에서 인용한 내용이다.

베이징 798 예술 지구의 좁디좁은 골목에 들어서면 다른 상업도시에서는 찾아보기 어려운 아기자기한 점포들이 여행자의 발길을 잡으며 색다른 체험을 제공한다. 감성적인 체험은 비록 내용은 짧지만 격정적이고 풍부한 상상력을 증폭시키는 고대 오언절구 시가처럼 오래 곱씹을수록 우아한 기풍이 우러나온다.

사람들은 누구나 마음이 울컥해질 때가 있다.

구름과 달은 돌아갈 곳이 있으나
고향은 여전히 낙남현에 푸르네.
꽃이 어찌 만개하려나?
봄날의 꿈이 강남에 이르네.

허혼許渾, 〈장안조춘회강남長安早春懷江南〉

때로는 의미심장한 메시지를 전달할 때도 있다.

소나무와 대나무는 신록을 다투고
도화와 배꽃은 서로 향기를 뿜내네.
만약 널리 세상을 구하려거든
뽕나무처럼 서로 의논을 해야 하지 않겠나?

이중李中, 〈감사정소지感事呈所知〉

정의와 의협심에 불타 혈기 왕성해질 때도 있다.

유인이 무릉武陵으로 떠나려 할 때
천금의 보검을 주었네.

헤어질 때 칼을 풀어

평생의 한 조각 마음을 담았다네.

맹호연孟浩然, 〈송주대입진送朱大入秦〉

뜻하지 않은 깊은 근심에 젖어들 때도 있다.

중양절 마지못해 높은 곳에 오르니

누구 하나 술 권하며 배웅하는 이가 없네.

아득한 고향의 국화를 회상하니

전쟁이 바로 코앞에 다가와 있구나.

잠참岑參, 〈행군구일사장안고원行軍九日思長安故園〉

매니지먼트를 연구하는 학자들은 문화 창조와 마찬가지로 물질문명 역시 인문적 표출에 바탕을 두어야 한다고 말한다.[2] 상업 지구를 지을 때도 각각의 거리마다 특색 있는 정취와 특별한 의미를 부여해야 한다. 상업과 문화가 상호 접목되어 시너지 효과를 내고 사람들의 감성을 충족시킬 수 있다면 지역과 장소를 불문하고 누구나 걷고 싶은 거리가 될 수 있을 것이다. 아울러 다수가 기대하는 새로운 도시 브랜드를 창출해낼 수 있다. 도시가 이러한 브랜드의 효능을 발휘하려면 행정적 수단에만 의존해서는 안 되며, 민간 차원의 창조성을 발휘하는 데도 더욱 주력해야 한다.

---

2 John Sherry, Jr.: "Brand Meaning," in Alice Tybout and Tim Calkins(ed.), *Kellogg on Branding*(Hoboken, NJ: Wiley & Sons), 2005.

105 브랜드의 도를 구하라

　　홍콩 국제투자기금의 사장으로 일할 때 지인이 갑자기 미국 지사로 발령이 났다. 그가 맡게 된 새로운 업무를 한 단어로 축약하면 'mingle'이었다.

　　'안면이 없던 사람들끼리 돈독한 관계를 맺으며 하나로 어우러진다'는 뜻의 이 단어는 현대 기업의 리더들에게 핵심 키워드로 부상했다. 특히 기업 경영을 책임지는 고위 관리일수록 한층 밀접하다고 할 수 있다.

　　비슷한 시기 모 다국적 기업의 중국 지사에서 재무관리를 맡고 있던 또 다른 친구 한 명은 회사의 지시에 따라 가족과 함께 미국 서해 연안 도시에 정착하게 되었다. 그는 최소 2년 이상 그곳의 현지 업무를 주관하게 되었다. 두 가지 사례 모두 앞서 언급한 'mingle'과 전혀 무관한 이야기가 아니다.

　　'이라크 전쟁'과 '아프가니스탄 전쟁'이 발발한 후로 전 세계 기업은 국제화 시대에 맞는 인재를 키우는 일이 얼마나 중요한지 새삼 주목하게 되었다. 회계 업무와 자문 서비스를 제공하는 국제 회계법인 PWC(Price Waterhouse Coopers)는 잠재 역량이 뛰어난 직원들을 선발하여 5년에서 10년 주기로 제3세계 국가에 파견하는 제도를 운영하고 있다. 이러한 조치에는 '문제 해결 능력'과 '글로벌한 시야의 확장'[1]을 배양하려는 의도가 있다.

사람들의 이목은 그 이후의 흐름에 집중되었다. 최근 전 세계적으로 내로라하는 유명 기업들은 발전의 전통적인 발판이 되었던 본사를 해외로 이주하는 경향을 보이고 있다. 런던에 본사를 두고 있는 HSBC 지주회사는 최근 HSBC은행의 본점을 런던이 아닌 홍콩으로 이전했으며, 유명한 스타우드 호텔즈 앤 리조트 월드와이드Starwood Hotels & Resorts Worldwide 역시 본사를 상하이로 '임시 이전'하기로 결정했다.[2]

중국의 역대 왕조 가운데 한나라와 당나라, 청나라 역시 광대한 제국을 유지하는 방안으로 이와 비슷한 조치를 단행한 바 있었다. 이처럼 제도적 차원의 다양한 모색을 통한 해결 방안을 동원함으로써 통일국가의 기틀을 마련할 수 있었다. 중앙정부 차원에서 각 지방의 인재 교육과 초빙, 배치, 임용 등의 제도를 강화했기에 가능한 일이었다. 중앙정부의 역할은 전국 방방곡곡에 흩어져 있는 인재들을 하나로 통합하는 'mingle' 기능을 강조한 센터로서의 기능에 역점을 두었다. 각 지역에서 천거된 인재들은 과거제를 거쳐 다시 중앙정부에 발탁되었다. 이렇게 선발된 관리들은 '오호사해五湖四海'를 통해 거르고 걸러진 인재 중의 인재가 아닐 수 없었다. 더구나 이들은 다시 중앙정부의 'mingle' 과정을 통해 중국 전역에 재배치되었으니 다시 오호사해로 뻗어나간 셈이다.

중앙정부는 베이징의 관리를 소수 민족 지역에 파견하는 정책을 마련

1 "It Takes a Village-And a Consultant," *Business Week*, September 6, 2004.
2 "Starwood CEO Makes a Move to China," *The Wall Street Journal*(Asia), June 7, 2011.

하여 현지인의 풍습부터 익히도록 지시했다. 이러한 정부 정책은 사대부의 학문 연구에도 영향을 미쳤다. 중국 근대 가곡의 왕으로 불리는 왕뤄빈王洛浜은 수도권 출신임에도 중국 전역의 소수 민족을 직접 찾아다니며 그들의 민간 가곡을 일일이 수집하여 마침내 소수 민족의 가곡을 집대성하기에 이르렀다.

> 대나무 가지 꺾어 만든 피리를 불면
> 누이를 그리워하는 이내 마음
> 깊은 산에 시 되어 울리네.
>
> 〈백묘白苗〉

청나라 초기의 시인으로 안휘성 출신인 시윤장施閏章은 북방 지역을 처음 방문한 후에야 지역 간의 현격한 차이를 피부로 실감하며 시를 읊었다.

> 삭풍이 불어와 낮에도 누런 모래바람이 이네.
> 홀로 피어난 복숭아꽃 담장 가에 미소 지으니
> 한 해의 봄기운이 오로지 너뿐이구나.
> 말을 달려 쫓아간들 어찌 애끓지 않겠는가?
>
> 시윤장, 〈도중절도화道中折桃花〉

후난성 출신인 담사동譚嗣同은 역사의 도시 동관을 자신의 발로 직접 밟았던 감격적인 순간을 시가에 담아 표출하기도 했다. 청대 희곡 작가 홍승洪昇은 "강산의 놀라운 장관을 제 눈으로 직접 보지 않고서 어찌 천지의 광활함을 짐작하겠는가!"라며 우물 안 개구리로 전락하는 젊은 세태에 대한 우려의 목소리를 높였다.

오늘날 청년 가운데 일상의 사소한 개인적 성향(예를 들어 식습관이나 기호 식품 등)에 대한 집착이 지나친 탓에 외지인과의 원활한 관계를 맺지 못하는 사람들이 늘어나고 있다. 과연 이들이 앞으로 다가올 사회에 적응이나 할 수 있겠는가?

중국 기업은 전 세계 시장의 현지 상황에 대한 '탐색전'을 끝내고 다음 단계로의 진입을 눈앞에 두고 있다. 이전 세대의 정예 청년 조직들이 정부 정책에 적극 호응하여 단기간에 세계 각지에 뿌리를 내리고 현지화를 위해 두 팔을 걷어붙이고 나섰던 것처럼, 오늘날 젊은 세대 역시 국제화 시대에 보조를 맞추며 지구촌 곳곳에서 당당히 사업을 펼쳐가고 있다. 중국 기업은 비록 다른 민족이라고 해도 능력만 있다면 재상(오늘날의 최고운영책임자COO라고 할 수 있다)으로 삼거나 군대의 사령탑에 기용하는 것을 마다하지 않았던 당 제국의 개방 정책을 배워야 할 것이다. 세계 시장을 향해 약진하고 있는 중국 기업들이 자칫 이 과정에서 해외 세력의 유입을 거부하거나 내수 시장에만 의존하려 한다면, 선조의 노력은 물거품이 되고 말 것이다. 해외 시장의 개척은 특수한 사례에 의지하기보다는 반드시 현지 사회에 융화되는 모습을 보여야 한다. 중국 연안 지역의 상업도시에 고작 몇 개 안 되는 전진 기지를 설립하는 것만으로는 세계 시장에서 중국 브랜드의 입지를 구축할 수 없기 때문이다.

중국의 기업가들은 현재 '중국 특수' 현상을 지구상의 모든 국가, 모든 기업들과 공유하기 위해 노력해야 하며, 이것이 전제되었을 때 비로소 '중국 특수'의 현지화에 성공할 수 있다.

화교 기업들은 해외 각국에서 이미 성공가도를 달리고 있으며, 현지인과 기회를 공유한다는 측면에서 상당한 경험을 축적했다. 대표적 사례로는 말레이시아의 화교 기업인 로얄 슬랑고르Royal Selangor를 들 수 있다. 글로벌 최대의 백납pewter(예물의 일종으로 사용되는 은 합금) 제조업체인 이 기업은 대표적인 가족 기업이지만 전문 경영인을 이사회에 투입하여 경영하고 있다. 현재 로얄 슬랑고르의 CEO는 창립자의 3대 계승자로 서유럽과 미국의 유명한 브랜드를 인수했으며, 자신들의 기업이 이처럼 완벽한 브랜드 관리에 성공할 수 있었던 것은 '가족 기업'과 '전문 매니지먼트'가 조화를 이루었기 때문이라고 말했다.

옛 선현들은 "대도大道는 본래 자아를 초월한다"고 말했다. 천하의 모든 사람들이 골고루 수혜를 입는 것이야말로 최대 가치의 선善을 실현하는 것이 아니겠는가? 봄날의 빛은 신분을 따지지 않고 사물을 가리지 않고 세상의 만물을 평등하게 비춘다. 당대 시인 나은羅隱은 이러한 봄날의 정취를 마음껏 즐기고 싶은 심정을 춘풍에 비유했으며, 조송曹松은 만물을 구석구석 밝혀주는 중추절 보름달에 비유했다.

이러한 대도를 경계로 삼아 중국 상업 발전의 대외적인 정의를 새롭게 수립한다면 '오호사해'로 뻗어나간 중국의 기업가들이 세계 도처에서 통용되는 브랜드의 대도를 실현하게 될 날도 머지않을 것이다. 그날이 오면 비로소 중국 경제의 안정된 착륙을 기대해볼 수 있지 않을까?

에필로그 역사는 세대를 아우르는 모범 답안이다

2011년 5월, 이 책의 출간 계약을 마치고 얼마 지나지 않았을 때다. 그무렵 나는 단체 여행객을 따라 시바이포西柏坡를 방문하게 되었다. 이곳은 1949년 3월 5일부터 13일까지 중국 공산당 제7기 2차 중앙위원회가 열렸던 곳이다. 회의가 끝나고 열흘 뒤 "제5대 중앙 서기"였던 마오쩌둥과 저우언라이, 주더, 류샤오치, 런비스는 전체 당원과 가족을 이끌고 베이핑北平으로 향했다.

태행산 기슭의 작은 농촌 마을 – 중국 공산당 중앙회의 최후 은거지 –에서 명·청 두 왕조에 걸친 600년 고도를 자랑하던 베이핑까지는 약360킬로미터에 달했다. 비록 당시의 도로 사정은 좋지 못했지만 미국산야전 지프차에 탑승한 이들의 여정은 2만 5,000리 장정, 혹은 마오쩌둥이 2년 전 섬북陝北 지역을 전전하던 1,000리 공정 시기와 비교한다면 양반 축에 속했다. 그러나 마오는 결코 옛 감흥 따위에 젖어 있을 수 없었다. 그는 당시의 이러한 심정을 "경성에 과거 보러 가는 학생"에 비유했다.

누군가 이 시기의 상황을 이렇게 회고했다. 당시 저우언라이가 "우리는 이 시험에서 기필코 합격할 것이다. 되돌아 나올 이유가 전혀 없다"고 하자 마오는 "되돌아온다면 그것은 곧 실패다. 우리는 절대 이자성이 되지 말자"고 받아쳤다고 한다. 마오의 발언은 지금까지도 누누이 세간에 회자되고 있으며 중국인이라면 누구나 가슴속에 새겨놓고 결코 잊지 못하는 명언이 되었다.

중국인들은 "절대 이자성이 되지 말자"던 마오의 발언에 박수갈채를 보냈다. 그의 진솔하고 담백한 심정이 가장 잘 드러나 있을 뿐 아니라 혈기 넘치는 청년의 의지를 되새길 수 있으며, 마치 선전포고를 알리는 전장의 호각 소리 같기 때문이다. 그러나 종종 "경성에 과거 보러 가는 학생"을 하찮게 여기는 이들도 있다. 그들은 아마도 마오의 비유를 단순한 우스갯소리로 깎아내리거나 혹은 점잔을 빼는 걸로 오해하는지도 모른다. 하지만 이러한 견해는 바로 뒤따라 붙는 "절대 이자성이 되지 말자"는 마오의 본심에서 크게 벗어남을 잊어서는 안 된다.

이에 관한 가장 유력한 해석은 무엇보다 정권을 장악한 중국 공산당이 내륙의 심장을 향해 행군할 무렵의 실상이 후세에 난무하는 선전문학과는 매우 달랐다는 사실에 주목할 필요가 있다. 천리 여정 속에서 이들은 기세를 드높이고 풍악을 울리며 초인적인 풍모를 과시했다기보다 오히려 낡은 신발과 너덜너덜해진 바지를 입은 채로 전장에서 얻은 낡은 지프차에 간신히 몸을 실었을 뿐이었다. 이들이 느꼈을 물질적인 결핍과 심리적인 긴장을 시험을 치르기 위해 경성으로 향했던 학생들의 심정에 비유한 것은 참으로 적절한 표현이라고 볼 수 있다.

선배로부터 물려받을 경험조차 없던 이들은 자신의 운명이 걸린 시험장에 발을 내딛는 순간 온통 불확실성으로 가득한 시험대 위에 올라선 기분이었을 것이다. 문화대혁명이 끝난 직후 1977년에 처음 치러진 대입 고사장에 들어섰던 경험이 있는 사람이라면 아마도 이해하기 쉬울 것이다. 고사장에 들어선 학생 가운데 최후의 승리를 위한 모든 준비가 완벽하다고 자부하는 이는 그리 흔치 않다. 설령 밤을 새워 공부하고 책 속의 행동 강령을 숙지했다고 해도 시험대 위에 올라서는 불안감마저 해소시킬 수는 없었다. 그도 그럴 것이 과거 10년간 중국 대륙에서는 대학입학시험이 치러진 경험이 전무했기에 지난 10년 동안 고사장이 주는 압박감을 경험해보지 못한 학생들이라면 만에 하나 중요한 시험을 그르칠까 두려워하는 것도 당연한 일이다.

그러나 우리가 주시해야 할 사실은 1949년 봄, 3대 전투(해방 전쟁의 3대 주요 전적지)를 종식시키고 북방 지역을 평정하여 장강을 건너온 인민해방군이 장제스의 패망이 불을 보듯 훤한 상황임에도 불구하고 전례 없이 신중한 태도를 보였다는 점이다. 세상에 과연 어떤 승리자가 새로운 정권을 수립하기 직전, 최후의 한 발만 남겨놓은 시점에서 이들처럼 덤덤한 태도를 유지할 수 있을까? 옛 고성 베이핑에는 잡초에 뒤덮인 쇠락한 담장과 인적 없는 궁궐만 남았다. 그럼에도 대체 무엇이 두려워 고사장에 들어선 학생처럼 끝끝내 긴장의 끈을 놓지 못했단 말인가?

과거의 험난했던 모든 역경은 더 이상 마오를 막아설 수 없었다. 하지만 역사의 철저한 변증법적 논리가 초래하는 필연적인 공포마저 떨쳐버릴 수는 없었다. 마오가 이러한 심리를 "경성에 시험 보러 가는 학생"에 비유한 것은 역사를 대하는 그의 경외심을 반영한 결과라고 볼 수 있다.

당시 중국 공산당이 "절대 이자성이 되지 말자"는 마오의 다짐을 실행할 수 있었던 것은 내부의 정예 조직이 있었기에 가능했다. 총괄하자면 이들이 시험을 치르러 고사장에 들어가는 학생처럼 신중하고 겸손한 태도를 줄곧 견지했던 덕분인 셈이다. 반면에 변혁을 꾀했던 이자성이나 홍수전 같은 모반자들은 기세 좋게 콧대를 세운 채 의기양양하게 시험장으로 걸어 들어갔으나 합격은 고사하고 고사장 밖으로 쫓겨나는 신세를 면치 못하지 않았던가? 더구나 이자성의 꽁무니를 따르던 추종자들 역시 공산당 내부의 정예 조직이 견지했던 신중하고 겸손한 태도와는 극명한 대조를 보였다.

그렇다면 장제스는 왜 고사장에 발조차 들여놓지 못했을까? 항일전쟁 승리 이후 인민들은 그들을 민족의 영웅으로 받들었다. 베이핑에서 공산당 지하 활동에 가담했던 장따중[1]의 증언에 의하면 당시 대다수 인민들의 정서는 자신이 공산당원으로서 "공작이 불가능한 지경"이었다고 한다. 국민당원들은 "대원 접수"에 이어 "삼청단(국민당의 외부 조직)에 가입한 지 석 달도 안 된 시점에 이미 무임승차를 할 정도"로 안하무인이었다고 한다. 이러한 국민당원들은 이들의 반면교사 역할을 톡톡히 한 셈이다.

장제스는 국가의 통치권이 마치 제 손 안에 있는 양 거만하게 굴었으며, 특히 역사에 대한 경외감이 부족했고 역사에 대한 철저한 인식을 기반으로 자신의 내부 당원을 단속하고 장악하는 능력마저 현저히 떨어졌다.[2]

"절대 이자성이 되지 말자"는 비유가 중국 공산당 지도자들 사이에서 이처럼 뜨거운 이슈가 된 것은 1949년이 처음은 아니었다. 일찍이 항일전쟁 승리 이전인 1943년 3월, 궈모러는 충칭의 《신화일보新華日報》에 〈갑신삼백년제甲申三百年祭〉라는 논문을 발표한 적이 있는데 이것이 시초였다. 국민당 통치 지구에서 발행되던 공산당 신문인 《신화일보》에 실린 궈모러의 어조는 매우 단호했다. "천하를 얻고자 하는 자는 민심을 근본으로 삼아야 하는데, 이러한 초심을 잃지 않았다면 이자성의 난은 성공했을

---

1 장따중張大中(1920~2007년)은 1940년 3월 중국 공산당에 가입했다. 베이징 옌징 대학에 재학하는 동안 평북 항일근거지에서 묘봉산 교통 공작을 맡았다. 중국 공산당 지하당 베이징 옌징 대학생 지부 서기이자 베이징 지하당 위원을 겸하고 대학 공작위원회 서기를 지냈다. 그 후 《북경일보北京日報》사장과 중국 공산당 북경시 상임위원회 선전부장, 비서장 등을 역임했다.
2 장제스의 「중국의 운명」을 참조하였다.

것이다. 변혁의 실패는 승리 이후에 그들이 보여준 오만과 부패와 타락에 성난 민심이 등을 돌린 결과"라는 것이다.

궈모러의 논문이 게재된 후 장제스 측근의 어용 문인 타오시성 등은 자칭 왕조 계승자의 어투를 빌려 "도둑이 제 발 저는 시늉"이니 "현 시국을 빗댄 내용"이니 "민족주의의 치욕" 운운하며 곧바로 국민당 중앙지 《중앙일보》를 비롯한 여러 당 매체를 이용하여 궈모러를 향한 신랄한 비판에 열을 올렸다.

연안에 머물던 마오쩌둥은 중앙 기관보인 《해방일보》에 궈모러의 논문을 전재할 것을 특별 지시하고 공산당 전 간부들의 학습 문건으로 삼도록 했다. 중앙위원회에서는 덧붙이길, "고급 간부 동지들은 반드시 정신적 각성을 견지할 것이며 끊임없이 학습하는 자세를 잃지 말 것"을 최우선으로 요구했다. 이성을 잃고 판단력을 상실하거나 경거망동하는 일이 없도록 당부하면서 절대 이자성의 전철을 되밟는 일이 없도록 하라고 지시했고, 궈모러의 논문은 중국 각지의 해방 구역에서 단행본으로 발간했다.

그해 11월, 궈모러에게 보낸 마오의 서신에는 이런 내용이 적혀 있었다.

"선생의 〈갑신삼백년제〉를 당내 정풍을 진작시키는 학습 문건으로 삼고 싶소. 작은 승리에 오만해지기 쉽고 큰 승리 이후에는 더욱 오만해지기 쉬우니 결국 그에 따른 고초를 겪기 마련이지요. 사실 이러한 과오를 모면하기 위해서는 보다 주의를 기울일 필요가 있소." 마오는 다시 덧붙이기를, "비록 혁혁한 공을 세웠으나 일을 그르칠까 두렵소. 그러나 실수란 언제 어디서 터져 나올지 장담할 수 없으니 선생이 보시기에 과오가 있다 싶으면 즉시 알려주기를 바라오. 선생의 논문은 인민들을 위해 매우 유익한 문건으로 쓰일 것이니 헛수고라 생각 마시고 계속해서 노력해주길 바라겠소"라고 썼다. 그의 서신 가운데 "일을 그르칠까 두렵다"는 고백은 그 후 4년에 걸친 내전 과정에 마오의 심정이 그대로 투영되었음을 알 수 있다. 인민해방군은 전략 방어에서 포위선과 동북해방구를 공고히 하는 것으로 작전을 변경한 후에 또다시 적극적인 공세를 몰아 전 지역에서 승리를 거뒀다. 이는 유혈 입성이 아닌 오직 관리의 강화를 통해 거둔 값진 결과였다. 이들은 일단 민심을 기반으로 사회를 중건하고 당원 모집에 따른 군량 조달이라는 중국 역사상 전무후무한 조직의 효율성을 구현해냈다. 이러한 효율성의 이면에는 역사적 교훈을 등한시하는 오만한 태도에 대한 가차 없는 응징이 필연적으로 뒤따랐다.

중국 공산당 제7기 2차 중앙회의는 이를 바탕으로 아래와 같은 내용을 제창했다.

전국적 승리의 쟁취, 이것은 만리 장정의 그 첫발에 불과하다. 첫발에 만족하기에 우리는 아직 미약하며 자부심을 가지려면 아직도 갈 길이 멀다. 중국의 혁명은 위대하다. 하지만 혁명 이후의 여정은 더욱 길고 한층 더 위대한 사업을 위해서는 이보다 더한 역경을 이겨내야 할 것이다. 전 당원들에게 이러한 관점을 명백히 밝힐 필요를 느끼며, 동지들은 기필코 겸손과 근면의 정신을 지속적으로 유지하고 조급함과 오만의 풍조를 멀리해야 할 것이다. 당부하건대 기필코 고군분투의 기풍을 계속해서 견지하기를 바라는 바이다.

오늘날 "기필코"라는 말은 많은 사람들이 입 밖으로 내뱉기는 쉬워도 행동으로 옮기기는 쉽지 않다. 마오는 왜 이 단어를 연거푸 두 번이나 강조한 것일까? 이 말의 행간에서 자신들은 이미 그리 하고 있다는 확신을 엿볼 수 있다. 즉 세대를 불문하고 중국 공산당 내부에는 이미 이러한 기풍이 자리를 잡고 있었다는 뜻이다. 그럼에도 굳이 이를 강조하고 확인하고자 한 목적은 단지 당의 선전을 위한 것이 아니었다. 그의 글을 곰씹어보면 문장 어디에도 "천하제일의 패주" 혹은 "내가 아니면 누가 하리?" 식의 자만감을 찾아볼 수 없으며, "나만이 옳다"는 아집이나 날조로 범벅된 작태와도 거리가 멀다는 사실을 알 수 있다. 후대인들은 마오의 문장 속에서 역사의 준엄한 심판대를 마주하고 시험장으로 들어가는 학생과 같은 진지함을 엿볼 수 있다. 심지어 역사의 무거운 짐을 짊어지기에 앞서 자신이 얼마나 보잘것없는 존재인가를 스스로 인정하는 겸손한 태도에 고개를 숙일 수밖에 없다. "절대 이자성이 되지 말자"는 마오의 다짐을 새삼 강조하지 않는다손 치더라도 말이다.

오늘날 중국은 60년 전 "경성에 과거 보러 가는 학생"처럼 진지했던 이들의 정신적 유산을 찾아보기 어렵다. 특히 가장 괄목할 만한 항목으로써 각종 사업 조직은 물론이고 도시와 농촌, 연해와 내륙을 불문하고 중국 전역의 방방곡곡을 뒤덮었던 소위 "단위"[3]라는 조직을 예로 들어 보겠다.

중국의 미래를 전망할 때 사람들은 걸핏하면 "단위"를 들먹이며 개혁·개방 이전의 조직 형태에 상당한 불만을 제기하곤 한다. 하지만 비판의 목소리를 높이기 전에 과거 중국 역사상 전통적인 혈연과 친족, 국가 정권 조직의 틈바구니에서 생성된 첫 번째 조직이 바로 단위라는 점을 간과해서는 안 된다. 단위는 낯선 이방인 간의 조직이자 이방인의 참여를 용인하고 동일한 법률과 구속 하에 동일한 중앙정부의 정책이 이끌었던 새로운 형태의 조직이었다. 바로 이러한 특징을 갖춘 조직을 기반으로 새로운 사회 계층을 구성할 수 있었다.

---

3 역사학자 쉬쥐원은 『역사학자 쉬쩌원 : 신해혁명은 한 번이면 족하다』라는 자신의 책에서 "단위" 제도에 대하여 이렇게 평가했다. "문화대혁명"은 우후죽순의 파벌과 질서의 전복을 통해 수립된 사업이자 보편적인 정규 제도를 수반하였다. 개혁·개방은 정치와 기업을 분리한 실천적 사유이며 단위 조직은 대부분 행정적 구속에서 벗어나 순기능의 경쟁을 초래했다.

중국의 역대 통치자와 개혁자, 모반을 꾀했던 세력 중 어느 누구도 이러한 사회 조직의 변화와 흐름을 따라잡지 못했다. 단위의 규모와 심도에 관해 논하자면 혁명 이전의 양무운동에서 서방의 경제 위기 혹은 제국주의 전쟁의 틈새에서 토착화된 중국의 본토 자본주의까지 언급해도 부족할 지경이다.

첫 번째 개혁은 역사의 지속성에 대한 돌파였다. 아마도 2,000년 전의 군현제를 대체했던 분봉제의 개혁과도 비교할 수 있다. 한 세대에도 미치지 못하는 짧은 기간 내에 아무도 예상치 못한 사회적 프로젝트를 실현했을 뿐더러 전 인민의 공감대를 형성하는 가운데 수많은 희생과 기쁨의 눈물이 서려 있었다. 하지만 이러한 단위 개혁의 이면에 숨겨진 진정한 의미는 이것이 중앙집권제도의 연장이라고 치부하기에는 확연히 드러나는 차별성이 존재한다는 점이다. 따라서 이를 "현대판 진 정권"으로 폄하하려는 주장에는 이들을 싸구려 취급하는 것도 모자라 본래의 의미마저 퇴색시키려는 저의가 숨어 있다고 본다. 행정과 법치화의 수단이자 현대적 시장경제 교육을 통한 대중적 경쟁성을 근간으로 삼았던 이러한 제도가 두 번째 개혁의 발을 내딛게 해주었음은 필연적인 추세였다.

중국은 사상 해방과 개혁·개방 이래로 이미 상당수의 "단위"를 구축했다. 이들은 행정적 구속에서 벗어나 시장경제의 규칙에 따른 이익과 손실을 스스로 책임졌으며 기업 혹은 행정적 귀속이 불분명한 단체와의 합작과 경쟁을 허용했다. 대중은 해방 이후 쏟아져 나오는 이러한 사회적 활기에 주목하기 시작했다.

개조된 "단위"는 새로운 가능성을 제공했다. 즉 강력한 법제도 아래서 자주적 관리를 강조한 단위는 놀라운 발전상을 이룩해나갔다. 공동 이익의 발전과 경영이 동시에 이루어졌으며 사회 복지와 공민 조직의 증진을 불러일으켰다.

최근의 통계에 의하면 이러한 조직에는 4,000여만 개의 기업이 포함되어 있으며 중소기업과 비영리 기업의 수는 4,200만에 육박하는데, 이는 전체 기업의 99.8%에 달한다. 이밖에도 고용인 수가 1,000만에 달하는 행정기관, 정당, 사회단체와 고용인 4,000만이 넘는 126만 개의 사업단위(학교 혹은 병원)도 여기에 포함되었으며 농촌의 2,800여 현에는 아직도 400만 개의 농촌 단위 조직이 있는 것으로 조사되었다.

고대 중국의 발전이 더딜 수밖에 없었던 이유는 취약한 사회 구조 탓이었다. 전통적 혈연과 친족 조직의 구습을 탈피할 만한 조직이 탄생하지 못했기 때문이다. 노쇠한 제국은 백성들과 눈높이를 맞추는 일에 서툴렀을 뿐더러 이러한 구조적 제도를 개선하기 위한 방편으로 역사적 교훈을 새롭게 인식하려는 노력보다는 오로지 공자, 맹자 혹은 고대 성인들의 현묘한 제안에만 의지했기 때문이다.[4]

당시 개개인의 진취성은 "제가"와 "치국"을 제외한 다른 경로를 찾기 어려웠다. 즉 유가의 사유에 사로잡혀 "제가"는 결코 "치국"을 뛰어넘을 수 없었으며, 이 두 개념은 대부분 상충하기 일쑤였고[5] 군현제 역시 행정상의 제도에 불과했다. 행정 논리에 치우친 정부는 현재의 통치 방식에 대해 틀에 박힌 고정관념을 강요할 뿐 그 밖의 모든 사회 공간의 점유에 대한 민간 차원의 자발성과 개척정신은 허용하지 않았다.

반면에 자주적 관리를 강조하는 현대 기업과 조직은 그들과 다른 논리를 따른다. 시장경제의 본질은 개방과 참여에 있으며 이러한 발전은 평범한 이들의 수신제가와 정치 참여가 늘어나고 개개인의 능력과 기호에 따라 다양한 조직 속에서 자아 성취를 맛보는 일이 가능해질 때 비로소

---

4 『허드슨 강변에서 중국 역사를 논하다』에서 발췌하였다.
5 『대학』에 이르길 "만물의 이치가 극에 이른 후에야 아는 바가 있고, 아는 바가 명확한 후에야 뜻을 이루며, 뜻이 참되게 된 후에야 마음이 바르게 되느니라. 마음이 바르게 된 후에야 몸이 닦여지고, 몸이 닦여진 후에야 집안이 가지런해진다. 집안이 가지런해진 후에야 나라를 다스리고, 나라를 다스린 후에야 천하가 태평을 얻는다"고 했으나 철학자 장션푸張申府는 유가가 지닌 전통적인 모순을 여러 차례 지적한 바 있다.

사회적 동량의 대열에 동참하게 된다.

오늘날 중국에는 이러한 의무와 경쟁력을 겸비한 기업가와 경영인들이 존재한다. 물론 개인적인 배경은 천차만별이지만 어쨌든 이러한 논리에 입각하여 조직 발전의 기틀로 삼고 있다.

하지만 어느 사회나 반드시 해결해야 하는 현실의 난제들이 존재하기 마련이다. 현대인의 삶은 항상 크고 작은 불편사항에 직면하게 되는데, 이는 현재의 생존 환경이 과거와 커다란 차이를 보이기 때문이다. 사람들은 이로 인해 오히려 전통에 대한 향수를 갖게 된다. 기업가와 경영인의 경우 시대가 급변할수록 창조력이 고갈되어가고, 그럴수록 선인들의 지혜와 역사적 전통을 향한 갈증이 더욱 극심해지는 양상을 보이게 된다.

기업가와 창업주들은 인생에는 반드시 한계가 뒤따름을 알고 있다. 다만 그들은 이러한 운명에 복종하기보다는 자신을 알고 타인을 이해하고 세계를 인식하는 방식을 통해 난관을 극복하고 창조성을 드높이려 할 뿐이다.[6] 이러한 성향으로 인해 역사에 대한 이들의 호기심과 탐구심은 거의 선천적으로 타고난 것처럼 자연스럽다.

현재 중국 대륙의 서점가에는 경영 관련 서적의 열기가 뜨겁다. 이는 중국 기업가들이 역사 인식에 대한 필요성을 절실히 체감하고 있음을 고스란히 반영하는 세태라고 볼 수 있다. 이러한 열기는 시간이 지나도 전혀 사그라질 기미가 보이지 않는다.

중국 본토 기업은 독립 경영의 역사가 그리 길지 않을 뿐더러 성공 사례 또한 많지 않다. 기업가와 경영인은 기업의 발전이 기하급수적으로 증가할수록 더욱 열악해져가는 국내 기업의 생존 환경을 개선하기 위해서 화하민족의 유구한 역사와 전통을 오늘에 되살리려고 노력해야 하며

---

6 철학자 이사야 벌린은 "진정한 역사 연구"에 대해 이렇게 정의했다.(*The CrookedTimber of Humanity* (NY: Random, 1992)).

그 가운데서 현실적인 문제를 해결하는 열쇠를 찾아야 할 것이다.

최근 역사를 소재로 한 서적들은 이야기에만 치우친 나머지 정작 사유는 결핍된 경우가 있다. 혹은 허황된 이야기나 차를 마시며 나누는 한담이나 모아놓은 책도 많다. 그러나 진정한 역사 연구는 시간이 흐를수록 의미심장한 계시를 내포하고 있으며, 우리의 정신을 새롭게 단련시키는 주제를 끝없이 제공해준다. 역사 속에는 반드시 양날의 검과 같은 비판 의식이 특징적으로 보이며, 역사적 인물이 처했던 환경 속에서 드러난 불합리성과 합리성을 찾아볼 수 있다. 우선 역사의 현실적 장벽 앞에서 그들이 어떤 식으로 대처했으며 사상과 행동 면에서 그들의 불합리성과 합리성을 낱낱이 파헤치게 된다. 두 번째 단계에서는 그와 동일한 잣대를 자신에게도 적용하게 되므로 자신의 사상을 스스로 각성하게 된다.

역대 모반자들에게는 구체적인 명분이 있었다. 그러나 후대의 모반자는 비단 전대의 "정통(예를 들어 명조)"에 대한 비판은 물론이고 전대의 모반자(이자성)에 대한 충분한 비판 의식도 갖추어야 한다. 아울러 이러한 역사 인식을 바탕으로 자신이 처한 현실에 대한 비판을 해야 하며 자신을 포함한 동시대인들 역시 새롭게 정립된 사상으로 구시대의 악습과 오류에 대처하고 수정해나갈 필요가 있다. 무지했던 자신의 선대가 자행한 구시대의 악습을 시정해야만 비로소 구시대의 유산을 정리할 수 있으며 전대에 전혀 기대하지 못했던 최고의 효율성을 발휘하게 된다. 그래야만 전통 유산은 비로소 제 역할을 다하게 될 것이며, 양적·질적 측면에서의 사회 발전과 활력 넘치는 사회 조직을 새롭게 창조할 수 있을 것이다.

하나의 사건을 보면 하나의 문제를 해결할 수 있다. 모든 성공의 원천은 이성의 작용에 있다.[7] 경영인의 입장에서 학습의 목적이란 사상적인 주체를 기반으로 실천적 자유를 구체화하는 일이다. 물론 여기서의 자유는 방종과 구별할 필요가 있다. 이는 사업상의 자유로운 선택이며, 전략상 거침없는 결단력이고, 자유자재로 변화하는 유연성을 뜻한다.

오늘날 세계는 1944년과 한 가지 공통점이 있다. 즉 구질서와 구세력의 기반이 무너져내렸지만 아직 새로운 사유와 구조가 형성되지 않았다는 사실이다. 한 시대를 대표하는 기업가와 경영인의 경우 이런 시기일수록 국력 증강의 기회로 삼아야 한다. 불황일수록 사업의 호기를 노려 오히려 사업 경영상의 활황기를 맞이할 수 있기 때문이다. 현재 세계 경제는 끝도 없는 나락에서 벗어나지 못하고 있다. 하지만 오래지 않아 중국 기업의 발전을 저해하는 이러한 물질적인 장애 요인들은 사라질 것이다. "절대 이자성이 되지 말자"는 역사의 교훈을 가슴속 깊이 새긴 중국 기업이라면 어찌 더 이상의 과오를 저지르겠는가? 이들 기업가와 경영자들은 사상과 정신적 측면의 강화를 통해 자아 조절과 현실 파악의 능력을 갖추게 될 것이다.

지금은 인성에 대한 극한 도전의 시기이다. 지금 우리는 역사의 시험대 앞에 서 있는 것이다. 나는 새로 건립한 시바이보 기념관에서 과거 수많은 조직의 리더들이 부하를 지휘하는 장면을 우두커니 바라보았다. 동지들의 뒤를 따르는 당원들의 행렬이 끝도 없이 이어지고 있었다. 60년 전, 이 작은 농촌 마을에는 반평생을 바쳐 생사를 넘나드는 역경도 마다하지 않았던 이들이 존재했고, 60년이 흐른 후에 다시 이곳을 찾은 우리의 눈에 비친 것은 그들이 품었던 풍운의 꿈이 아닐까 한다.

우리 사회는 상상을 초월하는 고난과 역경을 극복하는 과정을 통해 발전을 이룬다. 인구의 증가로 인해 지구상의 자원은 고갈되어가고 있으

---

7 "인간의 성공은 자유의 운용에 기원을 둔다." 이는 역사학자 JH 플럼브가 한 말로 "역사학자의 이용 가치는 이를 토대로 하는 교육과 선전과 전시에 있으며, 인류의 신뢰를 증진시켜 장기적이고 위대한 소임을 완성시키는 데 있으며, 자고로 상호 간의 모든 긴장과 불화를 종식시키는 데 있다"고 덧붙였다.(*The Death of the Past* (NY:Macmillan, 2004)

며, 역사의 질풍노도가 거세질수록 이 틈바구니 속에서 이러한 시련을 딛고 성장을 이끌어낼 위대한 선지자의 출현을 기대하게 된다. 과거에는 결코 상상해본 적 없는 새로운 이념과 새로운 방식으로 조직의 효율성을 높이고 인류의 생존 환경에 변화를 안겨줄 그 무언가를 소망하는 것이다. 기념관 안에 전시된 당시 대표들의 군상을 지켜보면서 나는 공자의 "제여재祭如在"[8]라는 말을 떠올렸다. 군상 속의 하나가 무리에 섞인 나를 응시하며 마치 이렇게 묻는 듯했다.

"자네는 답안을 완성했는가?"

나는 대답했다.

"아니요, 아직 작성하지 못했습니다. 돌아가서 좀 더 써야 할 것 같습니다."

그러나 나의 답변은 더 이상 전쟁을 통한 역사 창조가 아니다. 이는 지난 역사에 대한 원망이 아니며, 하물며 당대인으로서는 부득이한 상황임을 알고 있다. 어차피 이미 지나간 시간은 돌이킬 수 없지 않은가? 이제 전쟁의 상흔은 서서히 자취를 감추고 변혁의 풍운이 세찬 소용돌이를 일으키고 있다. 운명의 주인다운 담대한 식견을 갖추고, 시험장에 들어서는 학생처럼 겸허한 태도를 유지하며, 글로벌 지식의 자산을 흡수한 사상의 자유를 창조하고 이를 실천하는 심오한 경지에 이르는 것. 이것이 야말로 최고의 모범 답안이 아니겠는가? 이것이 바로 이번 역사 시험의 주제가 될 것이다.

---

[8] 공자는 『논어』, 〈팔일〉편에 이르길, "조상에게 제를 올릴 때는 조상이 와 있는 듯이 정중한 예를 갖춰서 하라."고 전했다.

감사의 말

이 책을 쓰면서 나는 많은 사회관계망 서비스SNS의 영향을 받았다. 이러한 매체를 통해 독자들과의 즉각적인 소통의 기회를 얻은 것에 감사를 드린다. 오랜 기간 동안 이 책의 편집과 마무리 작업을 도와준 동룽밍 선생의 노고에 감사의 말을 전하며 모든 은사님을 비롯해 내게 많은 자료를 제공해준 여러 기업체와 기관의 동료들에게도 감사드린다. 영문판 《중국일보》의 고문으로 재직하는 동안 나와 교류를 나누고 인터뷰에 응해주었던 많은 이들에게도 감사의 인사를 드린다.

이 책의 내용 가운데 역사 문헌관리학적 측면에서 보자면 초보적인 실수가 있을 수 있으며, 다소 어설프거나 정확하지 못한 정보가 있을 수도 있다. 이러한 오류는 독자들의 지적을 통해 기꺼이 수정할 용의가 있다. 그러나 이는 궁극적으로 이론과 실천의 결합이라는 측면에서의 교류이자 관심 어린 비판일 것이다.

옮긴이의 말

최근 네티즌 사이에서 모 자동차 그룹의 입사시험 문제가 화제가 되었다. 관련 기사를 찾아보니 올해 하반기 대졸 공채인 적성시험 문제에 "고려·조선시대 인물 중 가장 존경하는 사람을 꼽고, 그 이유를 설명하라" 혹은 "세계 역사에서 중요한 결정을 하나 들고, 그 결정의 아쉬운 점, 자신이라면 어떤 결정을 했을지, 그렇게 결정했을 때 후세에 미칠 영향 등을 서술하라"는 두 개의 문항이 출제되었다고 한다.

그중 한 문항을 선택하여 1,000자 이내로 서술하는, 이른바 '역사 에세이'를 마주한 지원자들이 적잖이 당황했다는 후문이다. 국내 굴지의 대기업 입사시험에 역사관을 묻는 문제가 등장한 것에 관하여 네티즌의 반응은 크게 엇갈렸다. 사실 입사시험에서 이처럼 '뚜렷한 역사관'을 강조한 사례는 해당 기업은 물론이고 우리 기업 문화에서도 매우 이례적인 사안이었다. 그러나 세계 경제의 끝없는 추락과 살벌한 글로벌 시장의 치열한 각축전 속에서 미래의 인재 역량을 측정하는 수단으로 역사 문제를 내세웠다는 사실은 매우 상징적인 의미가 있다. 어쩌면 이 책의 저자 장샤오강이 그토록 부르짖는 역사관과도 일맥상통한다는 점에서 소름 돋는 평행이론마저 느껴졌다.

그러나 어차피 이윤이 목적인 기업인 만큼 '최소한의 비용으로 리콜 문제를 해결하는 방법' 또는 '글로벌 시장에서 현지 고객을 확보하는 방법'에 관한 문제를 내는 것이 보다 현실적이라는 의견이 대두되면서 혹시 기업의 이미지 제고를 위한 단순한 생색내기용이나 대외 과시용이 아니냐는 차가운 시선도 존재했다. 하지만 최근 중국 시장에서 일본을 상징하는 대표적인 기업들이 고전을 면치 못하거나, 심지어 불매운동의 대상이 되는 이유가 왜곡된 역사 인식이 초래한 민족 감정 때문이라는 분석이 지배적인 것을 본다면 기업인들의 역사관 수립이야말로 글로벌 시장에서의 도태를 막고자 하는 치열한 생존 경영 차원의 전략이 아닐 수 없다.

처음에 이 책을 접했을 때 서양의 경영 이론을 나열한 딱딱한 경영서가 아닐까 했던 오해는 첫 장을 펼침과 동시에 저자의 순도 높은 역사관과 방대한 독서량, 그리고 중국 고전 시가 문학에 대한 해박한 지식에 대한 탄사로 이어졌다. 세계 실물 경제의 일선에 몸담는 기간 동안 이 책과 관련된 수많은 자료를 수집하고 해외의 유명 석학을 직접 취재하면서 저자는 과연 무엇을 느꼈을까? 제국의 멸망과 영웅들의 부침이 이어졌던 유구한 중국 역사를 오늘에 다시 마주하며 혹시 한 치 앞도 내다볼 수 없는 미래 생존 전략의 초석으로 삼아야겠다는 평범한 진리를 깨달았던 것은 아닐까.

기존의 경영 계발서와 마찬가지로 저자 장샤오강 역시 서양의 과학적이고 체계적인 이론을 원서 곳곳에 인용하고 있다. 다만 다른 점을 하나만 꼽으라면 중국의 본토 자본주의에 대한 철저한 분석과 비평 정신으로 이를 재해석하고 있다는 사실이다. 특히 현재의 중국 경제 상황과 대입하여 절묘하게 맞아떨어지는 중국 전통 시가에 대한 저자의 해박한 지식과 애정은 중국 문학 전공자도 혀를 내두를 정도이다.

"지금 세계는 예전에 내가 역사의 전환기라고 불렀던 경계를 건너가고 있다. 이 전환의 시기에 사회는 스스로 수십 년 동안에 걸쳐 사회를 재정비한다. 세계를 보는 관점, 기본적인 가치관, 사회적 정치적 구조, 예술을 보는 관점, 그리고 사회 주요 조직들을 재조직하게 된다."

'경영학의 아버지' 피터 드러커의 책에 나오는 한 구절이다. 동시대를 살아가는 우리는 역사의 전환기를 지나고 있으며 현대인들은 유형무형의 가치관을 재정비할 것을 끊임없이 강요받고 있다. 이처럼 혼돈의 갈림길에서 길을 잃지 않으려면 어떻게 해야 할까? 이 질문 앞에서 국내 모기업 CEO의 역사관 수립과 이 책의 저자 장샤오실이 강조하는 '역사 바로 보기'가 '온고이지신溫故而知新'이라는 평범한 고사성어를 가슴속에 되새기는 계기가 되기를 바란다.

KI 신서 5326

역사, 경영을 말하다

초판 1쇄 인쇄 2014년 4월 10일
초판 1쇄 발행 2014년 4월 15일

지은이 장샤오강 **옮긴이** 임지영
펴낸이 김영곤 **펴낸곳** (주)북이십일 21세기북스
부사장 임병주 **이사** 이유남
해외기획실장 김상수 **해외콘텐츠개발팀** 이현정
해외기획팀 박진희 김영희 **디자인 표지** 김인수 **본문** 다우
마케팅1본부장 안형태 **영업본부장** 이희영
마케팅 최혜령 김홍선 강서영 **영업** 이경희 정경원 정병철
출판등록 2000년 5월 6일 제10-1965호
주소 (우 413-120) 경기도 파주시 회동길 201(문발동)
대표전화 031-955-2100 **팩스** 031-955-2151 **이메일** book21@book21.co.kr
홈페이지 www.book21.com **트위터** @21cbook
블로그 b.book21.com **페이스북** facebook.com/21cooks

ISBN 978-89-509-5268-6 03320
책값은 뒤표지에 있습니다.